给青少年的大师文化课

给/青/少/年/的/人/文/素/养/课/丛/书

柳诒徵
吕思勉◎著

中国友谊出版公司

图书在版编目（CIP）数据

给青少年的大师文化课 / 柳诒徵,吕思勉著. -- 北京：中国友谊出版公司, 2022.2
ISBN 978-7-5057-5399-0

Ⅰ. ①给… Ⅱ. ①柳… ②吕… Ⅲ. ①中华文化－青少年读物 Ⅳ. ①K203-49

中国版本图书馆CIP数据核字（2022）第014291号

书名 **给青少年的大师文化课**
作者 柳诒徵　吕思勉
出版 中国友谊出版公司
发行 中国友谊出版公司
经销 北京时代华语国际传媒股份有限公司　010-83670231
印刷 涿州市星河印刷有限公司
规格 690×980 毫米　16 开
24.5 印张　290 千字
版次 2022 年 2 月第 1 版
印次 2022 年 2 月第 1 次印刷
书号 ISBN 978-7-5057-5399-0
定价 49.80 元
地址 北京市朝阳区西坝河南里 17 号楼
邮编 100028
电话 （010）64678009

出版说明

1900年2月10日，梁启超在《清议报》第35册发表了《少年中国说》一文，以激情澎湃的语言，呼唤一个气象一新的“少年中国”诞生。梁启超在文中说：少年智则国智，少年富则国富，少年强则国强，少年独立则国独立，少年自由则国自由，少年进步则国进步，少年胜于欧洲则国胜于欧洲，少年雄于地球则国雄于地球。

100多年后，在庆祝中国共产党成立100周年大会上，共青团员和少先队员代表集体献词，许下了青春的誓言：听党话、感党恩、跟党走！同心向党，奔赴远方！献词最后，他们连呼：“请党放心，强国有我！”八字誓词铿锵有力，这响亮的青春誓言在天安门广场上空久久回荡，这是今日青少年对党和祖国的庄严承诺！

在2021年全国两会期间，全国政协委员、江苏省锡山高级中学校长唐江澎说：学生没有分数，就过不了今天的高考，但孩子只有分数，恐怕也赢不了未来的大考。一个学校，没有升学率，就没有高考竞争力，但是我们的教育只关注升学率，国家恐怕也就没有核心竞争力。分数是重要的，但是分数不是教育的全部内容，更不是教育的根本目标。好的教育应该是培养终生运动者、责任担当者、问题解决者和优雅生活者，以孩子们健全而优秀的人格赢得未来的幸福，造福国家社会。今天孩子的全面素质，就是我们国家未来的整体实力，也就是我们社会的幸福程度。教育要培根、铸魂、启智、润心，这是习总书记在看望医卫教育界委员，和大家共商国是时所说的，这八个字道出了教育的真谛，深刻地揭示了教育的使命与价值。十四五发展规划纲要，已经把教育作为一个专章提出来了，它的标题应该成为我们社会各界的共识，那就是：提高国民素质，促进人的全面发展。

青少年作为祖国未来的栋梁，是全面建设社会主义现代化、实现中华民族伟大复兴的中坚力量，他们素质的好坏，他们学识的高低，他们能力的强弱，决定着现代化的质量，决定着中华民族的未来。为此，中共中央办公厅、国务院办公厅印发的“双减”意见指出：坚持以习近平新时代中国特色社会主义思想为指导，全面贯彻党的教育方针，落实立德树人根本任务，促进学生全面发展、健康成长。同时要求：科学利用课余时间，开展阅读和文艺活动，为学有余力的学生拓展学习空间，开展丰富多彩的科普、文体、艺术、劳动、阅读、兴趣小组及社团活动。

为落实“双减”意见要求，让青少年科学合理安排课余时间，帮助青少年构建自己的知识体系、提升人文素养，我们策划了这套《给青少年的人文素养课丛书》。该套图书选取了国史、国学、文学、文化、诗词、书画等领域的顶流大师的著作进行归集和整理，其中包括吕思勉、张荫麟、柳诒徵、郑昶、陈师曾、章太炎、陈柱、郑振铎、吴梅、朱自清、闻一多等，让青少年通过阅读，不但对中国的文化有多方面的认识，更可以体会跨界阅读的乐趣，构建自己的知识体系。

这套书适合12—25岁的青少年自主阅读。通过图文结合的形式，在配合相关课本的知识点的基础上，发散思维和各方面知识，巩固课堂所学知识点的同时，让读者了解更为丰富的中国历史知识与文化精髓。轻松简洁的语言，以及丰富经典的原典的引用和解析，满足了青少年读者在课堂上无法得到完全满足的好奇心和求知欲，这不但是对课堂知识的补充，更可以让读者从中体会更多道理。

出版说明

本书辑录了柳诒徵、吕思勉两位著名史家对中国文化的经典解读，从思想、学术、文艺等方面，全面阐释中国文化的内涵，力求使读者深刻理解中国文化之源远流长的真正核心。其中第一讲至第五讲选自柳诒徵的《中国文化史》，第六讲至第十六讲选自吕思勉的《吕著中国通史》。编辑过程中将柳著部分原文变章为节，几节合为一讲，讲之题目自拟；吕著部分，将章改讲，题目如旧。

柳诒徵（1879—1956），字翼谋，号知非，江苏镇江人，著名学者。学贯中西，著述极丰。一生奉行“三不敷衍”原则：一不敷衍自己，二不敷衍古人，三不敷衍今人。

吕思勉（1884—1957），字诚之，江苏常州人，著名史学家。他的史学研究通贯各时代，周瞻各领域，在中国通史、断代史和各种专史领域都做出了独到的贡献。

本书尽可能地选用最初的版本，以保留大家著作的原貌。鉴于当时的历史条件，原版本中尚存在一些错讹之处，对其中确系误写、错排的个别文字，参照其他版本和部分学者的研究成果，确有把握者，予以改正。其他一仍其旧，均未作变动。

书中对一些历史事件、历史人物的点评，在编辑出版过程中，除比较敏感处略作注释，其他均未作特别说明，望广大读者考虑到作品创作的历史背景，及各位先生独特的学术观点，在阅读过程中加以区分和正确解读。

由于编者水平有限，疏漏及错讹之处在所难免，敬请广大读者不吝指正。

目录

第一讲　文化起源

第一节　文字之兴

文字之功用有二，通今及传后也。草昧之世，交通不广，应求之际，专恃口语，固无需乎文字。其后部落渐多，范围渐广，传说易歧，且难及远，则必思有一法，以通遐迩之情，为后先之证，而文字之需要，乃随世运而生。吾国之有文字，实分三阶段：一曰结绳，二曰图画，三曰书契。是三者，皆有文字之用，而书契最便，故书契独擅文字之名。

> 《说文序》："黄帝之史仓颉，见鸟兽蹄迒之迹，知分理之可相另异也，初造书契。……仓颉之初作书，盖依类象形，故谓之文；其后形声相益，即谓之字。"

是书契独擅文字之名也。惟三者为同时并兴，抑后先相禅，则古史懵昧，未能确定也。依《说文序》，则图画始于庖羲，结绳始于神农。

> 《说文序》："古者庖牺氏之王天下也，仰则观象于天，俯则观法于地，观鸟兽之文，与地之宜，近取诸身，远取诸物，于是始作《易》八卦，以垂宪象。及神农氏结绳为治，而统其事……"

而段懋堂则谓结绳在画八卦之先。

《说文序》注谓："自庖牺以前，及庖牺，及神农，皆结绳为治，而统其事也。《系辞》曰：《易》之兴也，其于中古乎？虞翻曰：兴《易》者，谓庖牺也。庖牺为中古，则庖牺以前为上古，黄帝、尧、舜为后世圣人。按依虞说，则《传》云上古结绳而治者，神农以前皆是。""庖牺作八卦，虽即文字之肇耑，但八卦尚非文字，自上古至庖牺、神农专恃结绳。"

夫以"上古"二字，定结绳为庖牺以前事，未足据为确证。惟《易·系辞》言结绳者凡二：

《易·系辞》："古者庖牺氏之王天下也，……作结绳而为网罟。""上古结绳而治。"

既以作结绳而为网罟专属于庖牺，则结绳而治不属于庖牺可知。庖牺以下，神农、黄帝、尧、舜所作，一一可以指实，则所谓上古者，必非神农、黄帝之时代又可知。以此推之，结绳之法，盖先图画而兴也。

结绳之法，不可详考。郑玄所言，殆出于臆测。

《周易正义》引郑康成注云："事大，大结其绳；事小，小结其绳。"

近人所谓一、二、三等字之古文，及一、丨、丶、乀诸字，皆结绳时代之字，尤为傅会。

《文学教科书》刘师培："结绳之字，不可复考，然观一、二、三诸字，古文则作'弌''弍''弎'，盖田猎时代，以获禽记数，故古之文一、二、三字，咸附列'弋'字于其旁，所以表田猎所得之物数也。是结绳时代之字。盖结绳时代并无‘弋’字之形，惟于所获得禽兽之旁，以结绳记数。结绳之文，始于‘一’字，衡为—，从为｜，缩其形则为丶，斜其体则为丿考密切，反其体则为乀分勿切，折其体则为𠃍及，反𠃍为𠂆鸣旱切，转𠂆为𠃊隐，反𠃊为亅居月切𠃍，及、𠃊隐之合体为□，转环之则为○。是结绳文字，不外方圆平直，此结绳时代本体之字也。”

实则结绳时代，初不限于太古，即近世之苗民，犹有结绳之俗。

《苗疆风俗考》严如煜：“苗民不知文字，父子递传，以鼠、牛、虎、马记年月，暗与历书合。有所控告，必倩土人代书。性善记，惧有忘，则结于绳。为契券，刻木以为信。太古之意犹存。”

欲知太古结绳之法，当求之今日未开化之人种，以所结之绳实证其分别表示之法，不可徒以后世篆隶字画求之。古今人类思想，大致相等，惟进化之迟速不同耳。美洲之秘鲁、亚洲之琉球，皆有结绳之俗，吾国古代之结绳，当亦与之相近。观东西学者所述，自可得其梗概。

伏羲像

伏羲，亦称庖羲、牺皇、皇羲、太昊，《史记》中称“伏牺”，所处时代约为新石器时代早期，是中华民族人文始祖之一。

《涉史余录》若林胜邦：“法国人白尔低猷氏之《人类学》尝记秘鲁之克伊普法曰：秘鲁国

土人，不知文字，惟以克伊普为记号。克伊普者，即以絛索织组而成，于其各节各标，表示备忘之意之法也。凡人民之统计，土地之界域，各种族及兵卒之标号，以及刑法、宗教之仪仗，无不用克伊普，且各异其种类，故有专攻克伊普之学者焉。克伊普之法虽不一，大抵以色彩示意，赤色为军事及兵卒，黄色为黄金，白色为银及和睦，绿色为谷物。其纪数以绳索之结节为符号，如单结、双结、三结等，即所以示其单数、复数及十、百、千、万等之数也。及其记载家畜之法，以一大绳为轴，附以小绳若干。其第一绳为牡牛，第二绳为牝牛，三为犊，四为羊，其头数年龄，悉以结节表之。"又曰："琉球所行之结绳，分指示及会意两类。凡物品交换，租税赋纳，用以记数者，为指示类；使役人夫，防护田园，用以示意者，则为会意类。其材料多用藤蔓、草茎或木叶等，今其民尚有用此法者。"

结绳者必托于绳以示意，无绳或未及携绳，则所记识者无从表示也。进而为图画，则随在皆可表示其符号。或画于地，或画于石，或以指蘸水，或以垩示色。既无携持之累，且免积压之患，其为便利，过于结绳远矣。《世本·作篇》谓黄帝时史皇作图，以图画与书契同时并兴。

《历代名画记》张彦远："史皇，黄帝之臣也。始善图画，创制垂法，体象天地，功侔造化。"云见《世本》。

然图画实始于伏羲。

《易·通卦验》："伏羲方牙、苍精，作《易》，无书，以画事。"

《尸子》："伏羲始画八卦。"

世谓史皇作图者，图画之法，至史皇而始精耳。

《易》称庖羲作八卦，以仰观俯察诸法得之，又称其出于“河图”“洛书”。

《系辞》：“河出图，洛出书，圣人则之。”

《春秋纬》：“河出通乾出天苞，洛以流坤吐地符。河龙图发，洛龟书感，河图有九篇，洛书有六篇。”

《礼含文嘉》：“伏羲德合上下，天应以鸟兽文章，地应以河图、洛书。”

后世说者，又谓包羲因燧皇之图而制八卦。

《魏志·高贵乡公传》：“《易》博士淳于俊曰：‘包羲因燧皇之图而制八卦。’帝曰：‘若使包羲因燧皇而作《易》，孔子何以不云燧人氏没包羲氏作乎？’俊不能答。”

是一奇一偶之卦象，初非偶然创获，实积种种思考经验，而后发明此种符号。以《易·说卦》考之，八卦所以代表各种名物，如“乾为天，为圜，为君，为父，为玉，为金，为寒，为冰，为大赤，为良马，为老马，为瘠马，为驳马，为木果；坤为地，为母，为布，为釜，为吝啬，为均，为子母牛，为大舆，为文，为众，为柄，其于地也为黑”之类。非专象一事一物，故能以简驭繁，不必一一求其形似。其后事物日多，众庶难于辨别，因之一一图像，务求相肖，而象形之字作矣。

八卦之性质，介乎图画文字之间，故世多谓卦象即古之文字。

《易纬乾凿度》：“☰古天字，☷古地字，☴古风字，☶古山字，☵古水字，☲古火字，☳古雷字，☱古泽字。”

《文学教科书》刘师培：“八卦为文字之鼻祖，乾坤坎离之卦形，即天地水火之字形。试举其例如下：

“乾为天，今天字草书作≷，象乾卦之形。

“坤为地，古坤字或作巛，象坤卦之倒形。

“坎为水，篆文水字作□，象坎卦之倒形。

“离为火，古文火字作□，象离卦之象。”

《蜿言》赵曾望：“伏羲画八卦，为万世文字之祖，人皆知其然，未必皆知其所以然也。夫八卦之画，有何文字哉？盖因而屈曲之，因而转移之，因而合并交互之，而文字肇兴焉。如乾三连，☰也，屈曲之则为□，合并之则为□矣；坤六断，☷也，屈曲转移之，则为□，合并交互之，则为□。”

夫以八卦为八字，则其象甚少，其用甚隘。仅以八字示人，人必不能解也。谓后世之篆隶因袭卦象，颠倒屈曲之则可，谓古之卦象，只作后世篆隶一字之用，则大误矣。世人附会中国人种西来之说，谓八卦即巴比伦之楔形字。愚谓卦象独具横画，不作纵画，实为与楔形字之极大区别。楔形字或纵或横，且多寡不一，故亦无哲理之观念。八卦之数止于三画，又以一画之断续，分别阴阳，而颠倒上下，即寓阴阳消息之义。故八卦可以开中国之哲学，以⚊为太极，以⚋为两仪，以☰为天地人，举宇宙万有悉可归纳其中。虽伏羲画卦时未必即有此意，然文王、周公能因之以推阐，实亦由卦画之简而能赅所致。使世人观玩巴比伦楔形文字，虽极力附会，必不能成一有系统之哲学也。

书契之作，亦非始于仓颉，仓颉盖始整齐画一之耳。

《造字缘起说》章炳麟：“《荀子·解蔽》篇曰：‘好书者众矣，而仓颉独传者，壹也。’依此，是仓颉以前已有造书者。亦犹后稷以前，神农已务稼穑；后夔以前，伶伦已作律吕也。人具四肢，官骸常动，持莛画地，便已纵横成象，用为符号，百姓与能，自不待仓颉也。今之俚人，亦有符号，家为典型，部为徽识，仓颉以前，亦如是矣。一、二、三诸文，横之纵文，本无定也。马、牛、鱼、鸟，诸形势则卧起飞伏，皆可则象也；体则麟、羽、毛、鬣，皆可增减也。字各异形，则不足以合契。仓颉者，盖始整齐画一，下笔不容增损。由是率尔箸形之符号，始为约定俗成之书契。彼七十二王皆有刻石，十二家中，无怀已在伏戏前矣。所刻者则犹俚人之符号也。”

以近世苗民之俗证之，中国数千年来，已成同文之治，而苗民之俗，犹沿契刻之文。

《峒谿纤志》陆次云：“木契者，刻木为符，以志事也。苗人虽有文字，不能皆习，故每有事，刻木记之，以为约信之验。”

《傜僮传》诸匡鼎：“刻木为齿，与人交易，谓之打木格。”

《苗俗纪闻》方亨咸：“俗无文契，凡称贷交易，刻木为信，未尝有渝者。木即常木，或一刻，或数刻，以多寡远近不同。分为二，各执一，如约时合之，若符节也。”

足见仓颉之时，各部落皆有契刻之法。黄帝部落欲统一四方之部落，则以其所定之符号，与各部落相要约，而书契之式，遂由而画一。世遂以为文字始于黄帝时之仓颉矣。《易》称“百官以治，万民以察”，知文字之用，始于官书。吾国幅员辽阔，种族复杂，而能抟结为一大国家者，即恃文字为工具也。

仓颉时之文字，不可详考。依许慎之说，则其时文字，止有指事、象形二种。

《说文序》：“仓颉之初作书，盖依类象形，故谓之文；其后形声相益，即谓之字。”段玉裁注：“依类象形，谓指事、象形二者也。指事亦所以象形也。”“形声相益，谓形声、会意二者也。有形则必有声，声与形相附为形声，形与形相附为会意。其后，为仓颉以后也。仓颉有指事、象形二者而已。”

然以韩非子说“公”“厶”考之，则仓颉作书，已有会意之法。

《韩非子·五蠹》篇：“仓颉之作书也，自环者谓之厶，背私者谓之公”。段玉裁曰：“自环为厶，六书之指事也；八厶为公，六书之会意也。”

有会意，亦必有形声相合之字；虽形声之字多后出者，未必当时绝无此类。如“江”“河”为形声字，伏羲、黄帝时已有江水、河水，未必当时只书为水也。故六书之法，仓颉时必已具有四种。惟转注、假借为后起之事。世或以仓颉作书之时已有六书者，亦未明文字发生之次第也。

象形文字为初民同具之思想。然吾国文字，独演象形之法，绵延至数千年，而埃及象形之字不传于后，此实研究人类思想之一问题也。夫人类未有文字，先有语言，演文字者必以语言为根柢。然太古之时，地小而人少者，声音易于齐同；地广而人众者，语言难于画一。以一地一族表示语言之符号，行之千百里外，必致辗转淆讹，不若形象之易于辨识，虽极东西南朔之异音，仍可按形而知义。吾国文字演形而不演声音，殆此故欤！

洪水以前之语言，流传于世者绝稀。愚意《尔雅》岁阳、岁阴等名，实吾国最古之语言。

《尔雅·释天》：“太岁在甲曰阏逢，在乙曰旃蒙，在丙曰柔兆，在丁曰强圉，在戊曰箸雍，在己曰屠维，在庚曰上章，在辛曰重光，在壬曰玄黓，在癸曰昭阳。岁阳太岁在寅曰摄提格，在卯曰单阏，在辰曰执徐，在巳曰大荒落，在午曰敦牂，在未曰协洽，在申曰涒滩，在酉曰作噩，在戌曰阉茂，在亥曰大渊献，在子曰困敦，在丑曰赤奋若。岁阴”

此等名词，诗书古史鲜有用之者。注《尔雅》者亦无解说。郭璞《尔雅注》云：其事义皆所未详通，故阙而不论。惟《史记·历书》以之纪年，疑“阏逢”“困敦”等语，当未有甲子等字之时，已立此名。既立甲子之后，书写者以甲子为便，读时仍用“阏逢”“困敦”之音。其后语言日渐变迁，凡四合五合之音，一律变为二合音，惟史官自黄帝以来，世守其书，传其音读，故至秦、汉时，以今隶译写古音，而其义则蔑有知者。

《史记·历书》:“少皞氏之衰也,九黎乱德,民神杂扰,不可放物,祸菑荐至,莫尽其气。颛顼受之,乃命南正重司天以属神,命火正黎司地以属民,使复旧常,无相侵渎。其后三苗服九黎之德,故二官咸废所职,而闰余乖次,孟陬殄灭,摄提无纪,历数失序。”

盖三苗、九黎之乱,其古代语言变迁之关键乎?《楚辞》:“摄提贞于孟陬兮”,用《尔雅》之文。屈原生于南方,或由三苗在南方传述古语,楚人犹用以纪年欤?

第二节 夏之文化

夏后氏十四世,十七君,传祚四百数十年。

《史记·三代世表》:“从禹至桀十七世。”

《通鉴外纪》注:“夏十七君,十四世,通羿、浞四百三十二年。”

以进化之律论之,夏之社会,必以大进于唐、虞之时,然夏之历史多不可考,孔子尝屡言之。

《礼记·礼运》:“孔子曰:我欲观夏道,是故之杞而不足征也,吾得夏时焉。”《论语》:“子曰:夏礼吾能言之,杞不足征也。”

太史公著《史记》,于当时所传夏代之书,亦多疑词。

《史记·夏本纪》:“太史公曰:孔子正夏时,学者多传《夏小正》云。”《大宛列传》:“太史公曰:言九州山川,《尚书》近之矣,至《禹本纪》《山海经》所有怪物,余不敢言之也。”

今所传虞、夏书，自《禹贡》以上，皆述唐、虞时事。其专述夏事者，惟三篇：《甘誓》《五子之歌》《胤征》。后仅存《甘誓》一篇，其文献之不足征，更甚于孔子、史公之时。故欲云夏之文化，无非凿空附会而已。虽然，孔子能言夏礼，墨子多用夏政。

《淮南子·要略》："墨子背周道而用夏政。"

箕子尝陈《鸿范》，魏绛实见《夏训》。

《左传》襄公四年："魏绛曰：《夏训》有之曰：有穷后羿。"

《孝经》本于夏法章炳麟有《孝经》本夏法说。《汉志》亦载《夏龟》，

《汉书·艺文志》："《夏龟》，二十六卷。"

《七月》《公刘》之诗，多述夏代社会礼俗，可与《夏小正》参证。《小戴记》《王制》《内则》《祭义》《明堂位》诸篇，凡言三代典制者，往往举夏后氏之制为首。是夏之文献虽荒落，然亦未尝不可征考其万一也。

夏之社会，农业之社会也。观《夏小正》及《豳风》，皆以农时为主，而附载其他事业。知其时所最重者，惟农事矣。当时田制有公私之分。

《夏小正》："正月初服于公田。"《传》："古有公田焉者，言先服公田而后服其田也。"

公私之田，一家种若干亩不可考，或谓一夫授田五十亩。

《孟子·滕文公》："夏后氏五十而贡。"赵岐注："民耕

五十亩，贡上五亩。”

《日知录》顾炎武：“古来田赋之制，实始于禹。水土既平，咸则三壤，后之王者，不过因其成迹而已。故《诗》曰：‘信彼南山，维禹甸之。畇畇原隰，曾孙田之，我疆我理，南东其亩。’然则周之疆理，犹禹之遗法也。《孟子》乃曰：‘夏后氏五十而贡，殷人七十而助，周人百亩而彻。’夫井田之制，一井之地，画为九区，故苏洵谓万夫之地。盖三十二里有半，而其间为川为路者一，为浍为道者九，为洫为涂者百，为沟为畛者千，为遂为径者万。使夏必五十，殷必七十，周必百，则是一王之兴，必将改畛涂，变沟洫，移道路以就之。为此烦扰而无益于民之事也，岂其然乎？盖三代取民之异在乎贡、助、彻，而不在乎五十、七十、百亩，特丈尺之不同，而田未尝易也。故曰‘其实皆什一’也。……夏时土旷人稀，故其亩特大，殷周土易人多，故其亩渐小。以夏之一亩为二亩。其名殊而实一矣。”

其名地，方十里为成，

《左传》哀公元年：“夏少康有田一成，有众一旅。”杜《注》：“方十里为成。”

方八里为甸。

《诗·信南山》：“维禹甸之。”郑《笺》：“六十四井为甸，甸方八里，居一成之中，成方十里，出兵车一乘。”

其典农者曰田畯，

《诗·豳风》：“田畯至喜。”《传》：“田畯，田大夫也。”

其居民多茅屋、土壁、荜户，

《诗·豳风》："昼尔于茅，宵尔索绹，亟其乘屋。""穹窒熏鼠，塞向墐户。"《毛传》："向，北出牖也。墐，涂也。庶人荜户。"

缘屋种桑，男治田而女治蚕，

《诗·豳风》："女执懿筐，遵彼微行，爰求柔桑。"《毛传》："微行，墙下径也。五田之宅，树之以桑。"

农隙则田夫射猎以肄武。

《诗·豳风》："一之日于貉，取彼狐狸，为公子裘。二之日其同，载缵武功，言私其豵，献豜于公。"

事皆先公而后私，其民风之淳朴，颇足多焉。

夏之教育，有序，有校。

《明堂位》："序，夏后氏之序也。"《孟子》："夏曰校。"

乡校一曰公堂。

《诗·豳风》："跻彼公堂。"《毛传》："公堂，学校也。"

国学则曰学。

《夏小正》："二月丁亥，万用入学。"《传》："入学也者，大学也。"

入学以春仲吉日，行礼则舞干戚。

《夏小正传》:“丁亥者,吉日也。万也者,干戚舞也。”

国之老者,亦养于学。

《礼记·王制》:“夏后氏以飨礼。”“养国老于东序,养庶老于西序。”“夏后氏收而祭,燕衣而养老。”

乡人则于十月跻公堂,行饮酒之礼。

《诗·豳风》:“十月涤场,朋酒斯飨。曰杀羔羊,跻彼公堂,称彼兕觥,万寿无疆。”

而国学特重教射焉,

《孟子》:“序者,射也。”

孔子称夏禹卑宫室,而启有钧台。

《左传》昭公四年:“夏启有钧台之享。”

世又传启有璇台,桀有倾宫、瑶台。

《竹书纪年》:“帝启元年,大飨诸侯于钧台。诸侯从帝归于冀都,大享诸侯于璇台。”“夏桀作倾宫、瑶台,殚百姓之财。”

其宫室之崇卑,殆亦随时不同。《考工记》载夏世室之制:

《考工记》:“夏后氏世室,堂修二七,广四修一,五室,三四步,四三尺,九阶,四旁两夹窗,白盛,门堂三之二,室三之一。”

假定其时六尺为步，其尺之长略等于周尺，则其世室之修，不过今尺六丈有奇，广亦不过八丈有奇，而其中之室深不过二丈，宽亦不过二丈有奇，其制度之褊隘可想。《记》不言其屋高若干，以其深广度之，亦必不能过高。此孔子所以谓其“卑宫室”欤？

夏启像

启，史称夏启，生卒年不详，夏禹子。禹病死后继位，成为中国历史上由“禅让制”变为“世袭制”的第一人。

夏之器用颇简陋，观《公刘》之诗可见。

《诗·公刘》：“乃裹糇粮，于橐于囊，弓矢斯张，干戈戚扬。”“何以舟之，维玉及瑶，鞞琫容刀。”“跄跄济济，俾筵俾几。”“执豕于牢，酌之用匏。”“涉渭为乱，取厉取锻。”

《礼记》述其礼器，有山罍、鸡彝、龙勺、龙簨簴。

《明堂位》：“山罍，夏后氏之尊也。”“夏后氏以鸡彝。”“夏后氏以龙勺。”“夏后氏之龙簨簴。”

则宗庙器具，亦有雕刻为鸡、龙等形者。惟其时色尚黑，

《檀弓》：“夏后氏尚黑，大事敛用昏，戎事乘骊，牲用玄。”

虽有雕刻，度必墨色而无华采。此亦风尚质朴之征也。《考工记》称“夏后氏尚匠”。盖专重治水土、兴沟洫之事，而宫室器用则弗求其美备欤？

夏代官制散见群书，其大数盖亦百人。

《明堂位》：“夏后氏官百。”郑注《昏义》曰：“天子立六官、三公、九卿、二十七大夫、八十一元士，盖谓夏氏也。……夏后氏官百二十。”

执政之官，初为六卿，

《甘誓》：“乃召六卿。”郑注《大传·夏书》云：“六卿者，后稷、司徒、秩宗、司马、作士、共工也。”

后改为五官。

《礼书通故》：“洪范八政：一曰食，二曰货，即虞后稷所掌；三曰祀，即虞秩宗所掌；四曰司空，五曰司徒，与虞官名同；六曰司寇，即虞之士；七曰宾，郑《注》云：若周大行人，是为司寇之属；八曰师，其司马也。夏自不窋失官后，后稷废，兵刑分。其制以秩宗、司空、司寇、司马为五官。”

其司空、司徒、司马，又号三公。

《尚书大传·夏传》：“天子三公：一曰司徒公，二曰司马公，三曰司空公。”

《月令正义》曰：“《书传》三公领三卿。此夏制也。”

此外有遒人，

《左传》襄公四年："《夏书》曰：遒人以木铎徇于路，官师相规，工执艺事以谏。"

有羲、和，

《史记·夏本纪》："中康时，羲、和湎淫，废时乱日，胤往征之，作《胤征》。"

有太史，

《淮南子·汜论训》："夏之将亡，太史令终古先奔于商。"

及车正，

《通典》："夏后氏俾车正奚仲建旗旐，尊卑上下，各有等级。"

乐正，

《左传》昭公二十八年："乐正后夔生伯封，……有穷后羿灭之，夔是以不祀。"

虞人，啬人等官。

《夏小正》："十一月，啬人不从。""十二月，虞人入梁。"

其诸侯之长曰九牧，侯国之官有牧正、庖正。

《左传》哀公元年称少康为仍牧正，又为虞庖正。

皆可推见夏之制度焉。

洪水以前虽有史官，而其著作之文罕传于后，今所传之虞夏书皆夏史官所记载也。《皋陶谟》一篇或谓伯夷所作。

> 孙星衍曰："史公云：禹、伯夷、皋陶相与语帝前，经文无伯夷者。《大戴礼·诰志》篇孔子引虞史伯夷曰：明，孟也。幽，幼也。似解'幽明庶绩咸熙'。是伯夷为虞史官。史迁以'皋陶方祗厥叙'，及'夔曰戛击鸣球'、至'庶尹允谐'，为史臣叙事之文，则即伯夷所述语也。"按《尧典》至舜死，《皋陶谟》在《尧典》后，当皆夏时所撰。是伯夷为虞史，亦即夏史也。

故论吾国史家义法，当始于夏。夏之史官，世掌图法。

> 《吕氏春秋·先识览》："夏太史令终古出其图法，执而泣之。"

不知其图若何。世传伊尹见汤，言九品图画。

> 《史记·殷本纪》："伊尹……从汤，言素王及九主之事。"《集解》："刘向《别录》曰：九主者，有法君、专君、授君、劳君、等君、寄君、破君、国君、三岁社君，凡九品，图画其形。"

关龙逢引《皇图》。

> 《尚书帝命验》："夏桀无道，杀关龙逢，绝灭《皇图》，坏乱历纪。"郑玄曰："天之图形，龙逢引以谏桀也。"

疑当时史策，往往绘画古代帝皇之事，以昭监戒。史官所掌之外，学士大夫亦多习之。正不独九鼎之图画物象也。

《左传》宣公三年："昔夏之方有德也，远方图物，贡金九牧，铸鼎象物，百物而为之备，使民知神奸。故民入川泽山林，不逢不若，魑魅罔两，莫能逢之。"

金石文字，传世最久者，莫如夏鼎。而其鼎没于泗水，秦始皇使千人求之不得，后世亦无见之者，可异也。

《周季编略》："周显王三十三年，九鼎没于泗水。"

《史记·始皇本纪》："二十八年，过彭城，斋戒祷词，欲出周鼎泗水。使千人没水求之，弗得。"

后世所传《岣嵝碑》，

韩愈诗："岣嵝山尖神禹碑，字青石赤形模奇。"

琱戈钩带及禹篆，

《钟鼎彝器款识》薛尚功："有夏琱戈及钩带。"

《淳化阁帖》有夏禹篆书十二字，释者谓止"出、令、聂、子、星、记、齐、其、尚"九字。

皆伪作，不可信。《山西通志》载夏货甚多，盖亦《通志》所称尧泉、舜币之类耳。

第三节　殷商之文化

殷商传世年数，说者不同。

《史记·三代世表》："从汤至纣二十九世。"《史记·殷本纪》"集解"："谯周曰：'殷凡三十一世，六百余年。'"《汲冢纪年》曰："汤灭夏，以至于受。二十九王，用岁四百九十六年。"

要其自夏至周，实经五六百年。政教风尚，均大有改革。其传于今之文字，较夏为多。《书》之存者七篇：

《汤誓》、《盘庚》三篇、《高宗肜日》、《西伯戡黎》、《微子》。

其佚而犹知其所为作者，凡三十余篇。

《书序》："自契至于成汤，八迁，汤始居亳，从先王居。作《帝告釐沃》。汤征诸侯，葛伯不祀，汤始征之。作《汤征》。伊尹去亳适夏，既丑有夏，复归于亳。入自北门，乃遇女鸠女房。作《女鸠女房》。""汤既胜夏，欲迁其社，不可，作《夏社》《疑至》《臣扈》。""汤归自夏，至于大坰，仲虺作《诰》。""汤既黜夏命，复归于亳，作《汤诰》。""伊尹作《咸有一德》。""夏师败绩，汤遂伐三朡，俘厥宝玉，义伯、仲伯作《典宝》。""咎单作《明居》。成汤既殁，太甲元年，伊尹作《伊训》《肆命》《徂后》。伊尹作《太甲》三篇。""咎单训伊尹事，作《沃丁》。伊陟相大戊，亳有祥桑、谷共生于朝，伊陟赞于巫咸，作《咸乂》四篇。大戊赞于伊陟，作伊陟《原命》。仲丁迁于嚣，作《仲丁》。河亶甲居相，作《河亶甲》。祖乙圮耿，作《祖乙》。""高宗梦得说，使百工营求诸野，得复之傅岩。作《说命》三篇。""祖乙作《高宗之训》。"

《诗》之名颂十二篇，今之存者五篇。

《诗谱》郑玄："宋戴公时当宣王，大夫正考父者，校商之名颂十二篇于周太师。以《那》为首，归以祀其先王。孔子录诗之时，则得五篇而已。"《诗小序》载：《那》，祀成汤也。《烈祖》，祀中宗也。《玄鸟》，祀高宗也。《长发》，大禘也。《殷武》，祀高宗也。

其钟鼎之文传世至夥。

《积古斋钟鼎彝器款识》阮元载商钟三，鼎二十三，尊十七，彝二十七、卣十三、壶六、爵三十三、觚四、觯十四、角七、敦六、甗二、鬲四、盉二、匜二、盘二、戈三、句兵二。阮录以文字有甲子等字者为商器，故著录最夥。

《愙斋集古录》吴大澂第七册则以甲乙等字为祭器之数，多不标商器，然亦以商器文简为言。如亚形母癸敦未标商器，其跋语则谓"商器文简，多象形文字"。若以吴录所载敦鼎诸器分标商字，其数当更多于阮录也。

而近世发见之龟甲古文，学者咸称为殷商文字。

《殷商贞卜文字考》罗振玉："光绪己亥，闻河南之汤阴发现古龟甲兽骨，其上皆有刻辞。翌年传至江南，予一见诧为奇宝。又从估人之来自中州者，博观龟甲兽骨数千枚，选其尤殊者七百。并询知发见之地，乃在安阳县西五里之小屯，而非汤阴。其地为武乙之墟，又于刻辞中得殷帝王名谥十余，乃恍然悟此卜辞者，实为殷室王朝之遗物。其文字虽简略，然可正史家之违失，考小学之源流，求古代之卜法。"

故考殷之文化，较愈于夏之无征焉。

商之异于夏者，教尚敬见前，尚质，

《礼含文嘉》："质以天德，文以地德，殷援天而王，周据地而王。”《说苑·修文》篇：“商者，常也。常者质，质主天。”

色尚白，

《礼记·檀弓》：“殷人尚白，大事敛用日中，戎事乘翰，牲用白。”

以十二月为正月，

《尚书大传》：“殷以季冬月为正。”

岁曰祀，

《尔雅》：“夏曰岁，商曰祀，周曰年，唐虞曰载。”

其授田人七十亩，其工尚梓，

《考工记》：“殷人尚梓。”

其庙制为重屋，

《考工记》：“殷人重屋，堂修七寻，堂崇二尺，四阿重屋。”

其封爵以三等。

《白虎通》：“殷爵三等，谓公、侯、伯也。”

而其尤异者，有三事：一曰迁国，二曰田猎，三曰祭祀。夏都安邑，未尝迁居[①]。而商则自契至汤八迁：

《史记·殷本纪》："自契至汤八迁。"

《通鉴外纪注》刘恕："契居商，昭明居砥石，相土居商丘，汤居亳，四迁事见《经》《传》，而不见余四迁。"

《补注》胡克家："契始封商，昭明再迁砥石，三迁商，相土四迁商丘，帝芒时五迁殷，帝孔甲时六迁商丘，汤七迁南亳，八迁西亳。"[②]

汤所居之亳有三：

《中国历史教科书》："汤既胜夏，立景亳[③]于河南，建为帝都。建东亳于商丘，西亳于商州[④]，皆曰商邑。"

其后诸王复不常厥居。

《史记·殷本纪》："帝仲丁迁于隞[⑤]。河亶甲居相[⑥]。祖乙迁于邢[⑦]。……帝盘庚之时，殷已都河北，盘庚渡河南，复居成汤之故居，乃五迁，无定处。……帝武乙立，殷复去亳，徙河北。"

《书古微》魏源："盘庚自邢迁亳，殷武丁又奋其德至于神明，以入于河，自河徂亳[⑧]。武丁既没，其孙武乙又去亳而迁于河北之朝歌。"

《殷商贞卜文字考》："《史记·殷本纪》张守节

甲骨文主要指殷商时代刻在龟甲兽骨上的文字，是研究中国古代特别是商代社会历史、文化、语言文字的极其珍贵的第一手资料。

《正义》言：《竹书纪年》自盘庚徙殷至纣之灭，二百七十五年，更不迁都。然考盘庚以后，尚迁都者再。《史记·殷本纪》：'武乙立，殷复去亳徙河北。'今本《竹书纪年》：'武乙三年，自殷迁于河北。十五年，自河北迁于沬。'此盘庚以后再迁之明证也。但《史记》及《竹书》均言武乙徙河北，而未明指其地。今者龟甲兽骨，实出于安阳县城西五里之小屯，当洹水之阳。证以古籍，知其地为殷墟，武乙所徙，盖在此也。"

其迁居之原因多不可考，惟盘庚之迁殷，略述其故。

《盘庚上》："先王有服，恪谨天命。兹犹不常宁。不常厥居，于今五邦。"

《盘庚中》："先王不怀厥攸作，视民利用迁。"

《盘庚下》："古我先王将多于前功，适于山。"

视利而迁，且适于山。山之利，殆即田猎之利。仲丁迁隞，其地多兽[⑨]。武乙好猎，至为雷震。

《史记·殷本纪》："武乙猎于河、渭之间，暴雷，武乙震死。"

殷之多迁都，实含古代游牧行国之性质。其谓诸帝因水患而徙者，未足为据也。

《书序》郑注："祖乙又去相居耿，而国为水所毁，于是修德以御之，不复徙。祖乙居耿，后奢侈逾礼，土地迫近山，水尝圮焉。至阳甲立，盘庚为之臣，乃谋徙居汤旧都，治于亳之殷地。商家自徙此而改号曰殷。"

殷之王室迁徙无常，其侯国亦逐效之。如周诗所载太王迁岐，文王作丰，武王都镐，皆殷事也。吾读诸诗，想见其时旷土甚多，丰草长林，初无居人，待新迁国者经营开辟。

《诗·大雅·绵》："周原膴膴，堇荼如饴。""乃疆乃理，乃宣乃亩。""柞棫拔矣，行道兑矣。"《皇矣》："作之屏之，其菑其翳。修之平之，其灌其栵。启之辟之，其柽其椐。攘之剔之，其檿其柘。""柞棫斯拔，松柏斯兑。"

则殷王室之迁徙，亦可由此而推知矣。

殷人之尚田猎，见于新出土之龟甲卜辞。

《殷商贞卜文字考》："卜辞中所贞之事，祀与田猎几居其半。""戊午，王卜贞田盂，往来无巛。""戊子，王卜贞田橐，往来无巛。""壬申，卜贞王田奚，往来无巛。""壬辰，王卜贞田玫，往来无巛。""丁卯，卜贞王田大，往来无巛。""癸未，卜王曰贞，有马在行，其左射获。""己未，卜以贞逐豕获。""逐鹿获。""贞其射鹿获。"卜辞甚多，此仅摘录数条。

其后世如纣之为沙丘苑台，广聚鸟兽，殆亦本其国之习而加甚耳。

《史记·殷本纪》："益收狗马奇物，充仞宫室。益广沙丘苑台，多取野兽蜚鸟置其中。"

周公称文王不敢盘于游田，又戒成王毋淫于观、于逸、于游、于田，即由以殷为鉴，而动此反感也均见《书·无逸》。然《诗》之《灵台》，尚夸鸟兽。

《诗·灵台》："王在灵囿，麀鹿攸伏。麀鹿濯濯，白鸟翯翯。"

而《逸周书》载武王猎兽，其数之多，至可骇异。

《逸周书·世俘》篇："武王狩，禽虎二十有二、猫二、麋五千二百三十五、犀十有二、氂七百二十有一、熊百五十有一、罴百一十有八、豕三百五十有二、貉十有八、麈十有六、麝五十、麋三十、鹿三千五百有八。"

是皆夏、商之际所未有也。

殷之尚猎，盖缘尚武之风。自汤以来，极重武力。

《史记·殷本纪》："汤曰：'吾甚武。'号曰武王。"

《诗·商颂·长发》："武王载旆，有虔秉钺。如火烈烈，则莫我敢曷。"

故囿制始于汤。

《淮南子·泰族训》："汤之初作囿也，以奉宗庙鲜犒之具，简士卒，习射御，以戒不虞。及至其衰也，驰骋猎射，以夺民时，罢民之力。"

其后武丁复张殷武，

《商颂·殷武》："挞彼殷武。"

伐鬼方，

《易·既济》："高宗伐鬼方，三年克之。"

服章多用翟羽。

《通鉴外纪》："武丁时编发来朝者六国，自是服章多用翟羽。”[10]

至于武乙，且仰而射天。

《史记·殷本纪》：“武乙为革囊盛血，仰而射之，命曰射天。”

其世尚强御可想矣。

《诗·大雅·荡》：“文王曰咨，咨女殷商，曾是强御。”“强御多怼。”

殷人之尊神先鬼，孔子已言之。观汤之征葛，以葛之不祀为罪。

《书序》：“葛伯不祀，汤始征之，作《汤征》。”《孟子·滕文公》：“汤居亳，与葛为邻。葛伯放而不祀。汤使人问之曰：‘何为不祀？’曰：‘无以供牺牲也。’汤使遗之牛羊。葛伯食之，又不以祀。汤又使人问之曰：‘何为不祀？’曰：‘无以共粢盛也。’汤使亳众往为之耕，老弱馈食。葛伯率其民，要其有酒食黍稻者夺之，不授者杀之。有童子以黍肉饷，杀而夺之。……为其杀是童子而征之。”

殆由葛伯主张无鬼，不以祭祀祖先为然。而汤则以祖先教号召天下，故因宗教不同而动兵戈。其后之以岁为祀，亦以明其注重祀事，更甚于夏也。《商颂》五篇，皆祭祀之诗。读《那》及《烈祖》诸篇，可推见其时祭祀之仪式。

《诗·那》：“猗与那与，置我鞉鼓。奏鼓简简，衎我烈祖。汤孙奏假，绥我思成，鞉鼓渊渊，嘒嘒管声。既和且平，依我磬声。於赫汤孙，穆穆厥声。庸鼓有斁，万舞有奕。我有嘉客，亦不夷怿。自古在昔，先民有作。温恭朝夕，执事有恪。顾予烝尝，汤孙之将。”

《诗·烈祖》：“嗟嗟烈祖，有秩斯祜。申锡无疆，及尔斯所。既载清酤，赉我思成。亦有和羹，既戒既平。鬷假无言，时靡有争。绥我眉寿，黄耇无疆。约軧错衡，八鸾鸧鸧。以假以享，我受命溥将。自天降康，丰年穰穰。来假来享，降福无疆。顾予烝尝，汤孙之将。”

《商书》亦多言祭祀鬼神之事。

《盘庚上》：“兹予大享于先王，尔祖其从与享之。”

《盘庚中》：“我先后绥乃祖乃父。乃祖乃父，乃断弃汝，不救乃死。”“乃祖乃父丕乃告我高后，曰：‘作丕刑于朕孙！’迪高后丕乃崇降不祥。”

《高宗肜日》：“典祀无丰于昵。”

《微子》：“今殷民乃攘窃神祇之牺牷牲，用以容，将食无灾。”

周之代殷，且以弗祀为纣之罪状。

《书·牧誓》：“昏弃厥肆祀弗答。”

盖殷以崇祀而兴，以不祀而亡，此尤殷商一朝之特点也。尚鬼，故信巫。而巫氏世相殷室。

《书·君奭》：“在大戊时，……巫咸乂王家。在祖乙时，则有若巫贤。”《史记·殷本纪》：“伊陟赞言于巫咸。巫咸治王家有成，作《咸艾》。”“祖乙立，殷复兴，巫贤任职。”

《史记·封禅书》：“伊陟赞巫咸，巫咸之兴自此始。”[11]

重祀，故精治祭器，而钟鼎尊彝之制大兴。

《册册父乙鼎跋》阮元："周器铭往往有'王呼史册''命某某'等语，商人尚质，但书册字而已。子为父作，则称父，以十干为名字。商人无贵贱皆同，不必定为君也。"据此，知商之钟鼎独多者，以其君臣上下多为祭器以祀先也。

祭必择日，故卜日之龟甲，犹流传于今世。此皆事理之相因者也。

殷之风气，既如上述。殊无以见其享国长久之故，吾尝反复诸书，深思其时之情势，而得数义焉。一则殷多贤君，故其国迭衰迭兴也。《史记·殷本纪》之称殷之兴衰凡十见：

雍已立，殷道衰。大戊立，殷复兴。河亶甲时，殷复衰。祖乙立，殷复兴。帝阳甲之时，殷衰。盘庚之时，殷道复兴。小辛立，殷复衰。武丁立，殷道复兴。帝甲淫乱，殷复衰。帝乙立，殷益衰。

与《夏本纪》之一称夏后氏德衰者不同，周公以《无逸》勉成王，盛称殷之三宗。

《书·无逸》："昔在殷王中宗，严恭寅畏天命自度，治民祇惧，不敢荒宁。""其在高宗时，旧劳于外，爰暨小人，作其即位，……不敢荒宁，嘉靖殷邦。至于小大，无时或怨。""其在祖甲，不义惟王，旧为小人。作其即位，爰知小人之依，能保惠于庶民。……"

而《孟子》则谓其时贤圣之君六七作。

《孟子·公孙丑》："自成汤至于武丁，贤圣之君六七作。"

足知殷之贤君多于夏代矣。且商虽自汤以来，世尚武功，而其政术则任

贤而执中，

《诗·长发》："汤降不迟，圣敬日跻[12]。不竞不絿，不刚不柔，敷政优优，百禄是遒。"《孟子·离娄》："汤执中，立贤无方。"

非专偏于武力。至箕子陈述皇极，犹以刚柔互克为言。《史记》所谓殷道，其在是欤？

一则殷之兴学，盛于夏代也。据《礼记·王制》，殷有左右二学，

《王制》："殷人养国老于右学，养庶老于左学。"

又有瞽宗，

《明堂位》："瞽宗，殷学也。"

及庠序。

《学记》："党有庠，术有序。"庾氏云："党有庠，谓夏殷礼。"[13]

《孟子·滕文公》："殷曰序。"

至其末造，周有辟雍，疑必殷有其制而周仿之。

《诗·灵台》："于论鼓钟，于乐辟雍。"《王制》："天子曰辟雍，诸侯曰泮宫。"

是周之为辟雍，实仿天子之制也。虽其教法不可详考，以《说命》之遗文证之。知殷人之讲求教育及学术，远有端绪。

《文王世子》引《说命》曰："念终始典于学。"《学记》引《说命》曰："惟斆学半。""敬孙务时敏，厥修乃来。"

风气所被，私家之学也兴。

《尚书大传》："散宜生、闳夭、南宫适三子者，学于太公。太公见三子，知为贤人，遂酌酒切脯，除为师学之礼，约为朋友。"按此虽殷季之事，然私人从师受学，必不始于此。

商之多士，咸知典册。

《书·多士》："惟尔知，惟殷先人有册有典。"

粒食之民，昭然明视。

《大戴礼·少间》篇："成汤服禹功，以修舜绪，为副于天，粒食之民，昭然明视，民明教，通于四海，……殷德小破，二十有二世，乃有武丁即位，开先祖之府，取其明法，以为君臣上下之节，殷民更眩，近者悦，远者至，粒食之民，昭然明视。"

管仲像

管仲（约前 723—前 645），春秋时期法家代表人物，中国古代著名经济学家、哲学家、军事家。

故其文化盛于夏代，而国

家亦多历年所焉。

一则殷之民德纯厚，至帝乙以后始败坏也。殷之民风，略见于《盘庚》三篇，如：

> “民不适有居，率吁众戚，出矢言。”“相时俭民，犹胥顾于箴言。”

盖殷民质直，有不适其意者，则直言之。而顾恤箴规，初不敢放佚为非也。说经者谓殷民奢淫成俗，然亦仅据《盘庚》所谓“乱政同位，具乃贝玉”及“无总于货宝，生生自庸”数语而言，未见其何等奢淫也。其后周公述殷代风俗，则自汤至帝乙时，官民无不勤劳敬慎。

> 《书·酒诰》：“在昔殷先哲王，迪畏天显小民，经德秉哲，自成汤咸至于帝乙，成王畏相，惟御事，厥棐有恭，不敢自暇自逸，矧曰其敢崇饮。越在外服，侯甸男卫邦伯。越在内服，百僚庶尹，惟亚惟服宗工，越百姓里居，罔敢湎于酒，不惟不敢，亦不暇。惟助成王德显，越尹人祗辟。”

与《商颂》之言相合。

> 《诗·殷武》：“稼穑匪解，……不敢怠遑。”

至纣时，酗酒乱德，民俗大坏。

> 《书·微子》：“殷罔不小大，好草窃奸宄。”“小民方兴，相为敌仇。”

殷始由之而亡。周即定鼎，殷民犹思恢复。周公惮之，屡加诰诫，惟愿其安居田里。

> 《书·多士》：“尔乃尚有尔士，尔乃尚宁干止。”“今尔

惟时宅尔邑，继尔居。”

《书·多方》：“今尔尚宅尔宅，畋尔田。”

又时时迁徙其居，分散其族。

《书序》：“成周既成，迁殷顽民。”⑭

《左传》定公四年：“周分鲁公以殷民六族，条氏、徐氏、萧氏、索氏、长勺氏、尾勺氏，使师其宗氏，辑其分族，将其丑类，以法则周公。用即命于周。是使之职事于鲁。分康叔以殷民七族，陶氏、施氏、繁氏、锜氏、樊氏、饥氏、终葵氏，……启以商政，疆以周索。”

盖殷民悍直之气与其团结之力，固易代而不衰也。

---

①《竹书纪年》称“桀居斟鄩，迁于河南”。魏源《书古微》力驳其非。

②此盖据《竹书纪年》。

③今偃师县。

④据魏源《书古微》。

⑤亦作嚣，今河南荥泽县西。

⑥内黄县东南。

⑦邢台县。

⑧此数语本《国语》。

⑨《诗·车攻》：“搏兽于敖。”是周时敖犹多兽。

⑩胡注：“服章句见《通典·礼五》引古今注，今本无此文。”

⑪梁玉绳谓巫咸非巫，阮元谓巫咸、巫贤，世职为巫，故以巫为氏。

⑫郑《笺》：“汤之下士尊贤甚疾，其圣敬之德日进。”

⑬盖虞名庠，而夏殷承之。

⑭江声曰：“由周而言，谓之顽民；由商言之，固不失为谊士。”

第二讲　诸子之学

第一节　老子与管子

自周代官守不修，学术分裂，于是有九流十家之学。十家之中，以道家为最早，而儒家次之。以今所存道家之书论之，老子、管子皆先于孔子之书。老子实为春秋时代一大思想家，故依其时代论次其学。按《汉书·艺文志》，道家先列《管子》，次及《老子》。

《汉书·艺文志》："道三十七家，九百九十三篇。"始《伊尹》《太公》《辛甲》《鬻熊》诸书[1]，次《管子》八十六篇，次《老子邻氏经传》四篇。《老子傅氏经说》十七篇，《老子徐氏经说》六篇。

似老子当后于管子。然老子之年岁不可考。

《史记·老子列传》："盖老子百有六十余岁，或言二百余岁，以其修道而养寿也。"[2]

而管子之书，不纯为道家言，则道家固当首老子也。

老子之学，本以自隐无名为务，

《老子列传》："老子修道德，其学以自隐无名为务。"

故其事迹亦不彰，史但称为周守藏室之史，

《老子列传》："老子者，楚苦县厉乡曲仁里人也。姓李氏，名耳，字伯阳，谥曰聃，周守藏室之史也。"

及为关尹著书之事。

《老子列传》："居周久之，见周衰，乃遂去。至关，关令尹喜曰：'子将隐矣，强为我著书。'于是老子乃著书上下篇，言道德之意五千余言而去。"

以《庄子》证之，关尹殆与老子学派相同。

《庄子·天下》篇："关尹曰：在己无居，形物自著。其动若水，其静若镜，其应若响，芴乎若亡，寂乎若清。同焉者和，得焉皆失。"

其强老子以著书，第以同道相证明，非借著书立说，创一学派或宗教，以要名于世。此讲老子之学者所当先知之义也。

老子生于陈而仕于周，并非楚人。世之论者，以《史记》有"楚苦县人"一语，遂以老子为楚人。因以其文学思想，为春秋时南方学者之首领，并谓与孔子之在北方者对峙其说倡于日本人，而梁启超盛称之。实则苦县故属陈，老子生时，尚未属楚，《史记索隐》《正义》言之甚明。

《史记索隐》："苦县本属陈，春秋时楚灭陈，而苦又属楚，故云楚苦县。至高帝十一年立淮阳国，陈县、苦县皆属焉。"《正义》按《年表》云："淮阳国，景帝三年废。至天汉修史之时，楚节王纯都彭城相近，疑苦此时属楚国，故太史公书之。"据此，是《史记》之称楚者，以苦县在汉时属楚，并非谓老子时属楚也。按陈尝再灭于楚，陈哀公三十五年，为楚所灭[③]。后五年，惠公复兴[④]。闵公二十一年，卒灭于楚[⑤]。即谓此楚字指春秋之楚亦通，但老子与孔子同时，且其年岁甚高，其生时必为陈而非楚也。

借令其地属楚，亦在淮水流域，距中夏诸国甚迩，未可以南北判之也。

老子既自晦其迹，故讲老子之学者，言人人殊，儒家则重其习于礼，

《小戴记·曾子问》篇记孔子问礼于老聃者，凡三节。

法家则称其生于术，

《韩非子·解老》篇："所谓有国之母，母者，道也；道也者，生于所以有国之术。"

方士则目为神仙，《列仙传》《神仙传》等书，称老子之神异甚多。释氏则谓同佛教，

《后汉书·襄楷传》："桓帝时，楷上书曰：或言老子入夷狄，为浮屠。"

《辩正论》唐释慧琳："《晋世杂录》云：道士王浮每与沙门帛远挠论，王屡屈焉，遂改换《西域传》为《化胡经》，言喜与聃化胡作佛，佛起于此。"[⑥]

老子像

老子（约前571—前471），名李耳，是我国古代伟大的哲学家和思想家，道家学派创始人，对中国思想文化的发展产生了深远的影响。

甚至附会为耶稣教，严复评老子，前有德国哲学家谓耶和华之号，即起于老子之夷希微，说见黑格尔《哲学历史》，附会为民主政治，亦见严复评语，附会为革命家。见胡适《中国哲学史大纲》。见知见仁，各以其意为说。然即此亦可见老子之学无所不包，此庄子所以谓之为“博大真人”也。

《庄子·天下》篇：“关尹、老聃乎？古之博大真人哉！”

老子之学，自有来历。庄子称其出于古之道术，

《庄子·天下》篇：“以本为精，以物为粗，以有积为不足，澹然独与神明居。古之道术，有在于是也，关尹、老聃闻其风而悦之。”

老子之说出于诗，

《吕氏春秋·行论》：“诗曰：‘将欲毁之，必先累之，将欲踣之，必高举之。’其此之谓乎？”诗，逸诗也。

老子之学，由汤之史事而来，

《吕氏春秋·制乐》：“汤退卜者曰：‘吾闻祥者福之先者也，见祥而不为，则福不至；妖者祸之先者也，见妖而为善，则祸不至。’故祸兮福之所倚，福兮祸之所伏。”

《艺文志》称其出于史官。

《汉书·艺文志》：“道家者流，盖出于史官。历记成败存亡祸福古今之道，然后知秉要执本，清虚以自守，卑弱以自持。”

此二义，老子固自言之。

> 《老子》：“执古之道，以御今之有，能知古始，是谓道纪。”

惟其所谓“古始”者，非常久远，不限于有文字以来之历史，亦不限于羲、农、黄帝以来之有道术者。故常抉摘天地造化之根源，而不为后世制度文物所囿，此老子之学所以推倒一切也。然东方人种积习耕稼，偏于仁柔，往往以弱制强，而操最后之胜算，老子习见其事实，故反复申明此理，而后世之人，因亦不能出其范围。实则老子之思想，由吾国人种性及事实所发生，非其学能造成后来之种性及事实也。

老子之书，专说对待之理⑦，其原盖出于《易》。惟《易》在孔子未系辞之前，仅示阴阳消息、奇偶对待之象，尚未明示二仪之先之太极。老子从对待之象，推究其发生此对待之故，得恍惚之一元，而反复言之。如曰：

> 视之不见，名曰夷；听之不闻，名曰希；搏之不得，名曰微。此三者不可致诘，故混而为一。其上不皦，其下不昧，绳绳不可名，复归于无物。是谓无状之状，无物之象，是谓恍惚；迎之不见其首，随之不见其后。

又曰：

> 孔德之名，惟道是从；道之为物，惟恍惟惚。惚兮恍兮，其中有象；恍兮惚兮，其中有物。窈兮冥兮，其中有精；其精甚真，其中有信。自古及今，其名不去；以阅众甫，吾何以知众甫之状哉，以此。有物混成，先天地生，寂兮寥兮，独立不改，周行而不殆，可以为天下母。吾不知其名，字之曰“道”，强为之名曰“大”。

盖世人不知此物，惟可以恍惚诏之。老子知之甚精、甚真、甚信，故能从此原理，剖析众甫之状。是则吾国形而上之哲学实自老子开之，亦可曰一元哲学实自老子开之。不知老子之形而上学，徒就形而下之社会人生，推究老子之学，无当也。

老子既知此原理，见此真境，病世人之竞争于外，而不反求于内也，于是教人无为。其教人以无为，非谓绝无所为也，扫除一切人类后起之知识情欲，然后可从根本用功。故曰："为学日益，为道日损，损之又损，以至于无为。"其下即承之曰："无为而无不为。"盖世人日沈溺于后起之知识情欲，不能见此甚精、甚真、甚信之本原，虽自觉无所不知、无所不能，实则如同梦呓。胥天下而从事于此，止有贼国病民而已。故曰：

> 古之善为道者，非以明民，将以愚之。民之难治，以其智多，故以智治国，国之贼；不以智治国，国之福。知此两者，亦稽式，常知稽式，是谓玄德。玄德深矣远矣，与物反矣，然后乃至大顺。

老子所谓"愚民"，与后世所谓"愚民之术"不同。盖如秦皇之焚书坑儒以愚民，只为固其子孙帝王之业起见，非欲使天下之人咸捐其小智私欲，而同见此甚精、甚真、甚信之本原。老子之所谓"愚民"，则欲民愚于人世之小智私欲，而智于此真精之道，反本还原，以至大顺。故以后世愚民之术，归咎于老子者固非；但知老子主张破坏一切，不知老子欲人人从根本上用功者，亦绝不知老子之学也。

吾国之哲学，与西洋哲学不同者，在不言而躬行，徒执老子之言，以讲老子之学，无一是处。吾所言者，亦不能知老子之究竟也。惟今世学者喜言哲学，喜言老子哲学，且喜以老子之哲学与西洋哲学家比较，故亦不得不略述其管见。总之，老子非徒破坏，非徒消极，彼自有其真知灼见。故觉举世之人，迷罔日久，而稍稍出其绪余，为此五千言，而其所不言者，正不可限量也。

《史记·管仲传》，不详其学术所自，惟称其《牧民》《山高》《乘马》《轻重》《九府》诸篇，曰：“详哉其言之。”按仲为颍上人[8]，春秋之初，其地属郑。仲之所学，殆犹有周代官师之传。观其书于阴阳、五行[9]、天时[10]、地理[11]、兵法[12]、财政[13]，无所不赅，似未可以一家目之。然其学与老子同原者，如曰：

疑今者，察之古；不知来者，视之往。万事之生也，异趣而同归，古今一也。[14]

是即老子执古之道，以御今之有之法也。《封禅》《国准》《揆度》诸篇，时时述古代帝王逸事，虽其书不尽管子自著，或出于后之治管子之学者所增益，然《封禅》篇之文，《史记》亦引之。

《史记·封禅书》：“齐桓公既霸，会诸侯于葵丘，而欲封禅。管仲曰：‘古者封泰山、禅梁父者七十二家，而夷吾所记者十有二焉。’”

是管子固熟于史事。《汉志》列《管子》于道家，谓“道家出于史官”，其以此欤？

管子之学，异于道家者，在言政法。其佐齐桓创霸，既改革周制，而其论治，必以法为主，如曰：

法者民之父母也[15]。法者，天下之至道也，圣君之实用也[16]。法之制民也，犹陶之于埴，冶之于金也[17]。君臣上下贵贱皆从法，此之谓

管仲像

管仲（约前723—前645），春秋时期法家代表人物，中国古代著名经济学家、哲学家、军事家。

大治[18]。圣君任法而不任智，故身佚而天下治[19]。

其言实战国时法家之祖，视老子之以德、仁、义、礼为无足齿数者，相去甚远，此则事之至可疑者也。愚意老子之学，亦自有其作用。如曰：

小国寡民，使有什伯之器而不用，使民重死而不远徙。

凡两言使，则其使之之术固有在矣。管子虽偏于法治主义，而其言亦多近于道家者。如《枢言》篇曰：

日益之而患少者，惟忠；日损之而患多者，惟欲。吾畏事，不偏听偏信为事；吾畏言，不欲为言。故行年六十而老吃也。

是管子晚年以寡欲省事为主，实道家之学也。《心术》《白心》诸篇，尤多微眇之论。大抵功名之士，不先有得于道，必以私智私欲而败。管子之改革国政，卓然能有所成，未始不由于其湛深于道术；商鞅、韩非之败，正以其徒知法治，而不知畏事畏言耳。

古无黄、老之名，战国时，治道家之学者，始以黄帝与老子相附会。

《汉书·艺文志》："《黄帝君臣》十篇。"[20]"《杂黄帝》五十八篇。"[21]

庄子亟称黄帝，又极崇拜老聃，然亦未尝以黄帝、老子并举。黄、老并举，殆在汉初。

《史记·曹相国世家》："胶西有盖公，善治黄、老言。"《儒林传》："窦太后好黄、老之术。"

其后凡一切不事事，及以阴柔处世，概托为黄、老之学。使知管子与老子学术相同，则一方面无为，一方面有为，正合于“无为而无不为”之说。而怠惰苟安者，将无所容其喙矣。

---

①诸书多出于依托，不足据。

②《史记》之外，异说甚多。梁玉绳《古今人表考》详举之，兹不录。

③鲁昭公八年。

④鲁昭公十三年。

⑤获麟后三年。

⑥《老子化胡经》在元代已焚毁，清季发见敦煌石室内有《化胡经》残本。

⑦如美恶、善不善、有无、难易、长短、高下、虚实、强弱、后先、得失、曲全、枉直、洼盈、敝新、多少、重轻、静躁、雄雌、白黑、荣辱、壮老、张歙、废兴、与夺、贵贱、损益、坚柔、得亡、成缺、盈冲、辩讷、生死、祸福、大细、有余不足、正奇善妖之类。

⑧桓宽《盐铁论》谓管子为越人，未知所本。

⑨有《五行》篇。

⑩有《五时》篇。

⑪有《地员》《地数》《水地》等篇。

⑫有《兵法》篇。

⑬有《轻重》《海王》等篇。

⑭《山高》篇。

⑮《法法》篇。

⑯《任法》篇。

⑰《禁藏》篇。

⑱《任法》篇。

⑲《任法》篇。

⑳注曰：起六国时，与《老子》相似也。

㉑注曰：六国时贤者所作。

第二节　孔　子

孔子者，中国文化之中心也。无孔子则无中国文化。自孔子以前数千年之文化，赖孔子而传；自孔子以后数千年之文化，赖孔子而开。

即使自今以后，吾国国民同化于世界各国之新文化，然过去时代之与孔子之关系，要为历史上不可磨灭之事实。故虽老子与孔子同生于春秋之时，同为中国之大哲，而其影响于全国国民，则老犹远逊于孔，其他诸子，更不可以并论。观夏德（F.Hirth）《支那古代史》（*The Ancient History of China*）[①]，所引德人加摆伦资（G. von der Gabelentz）之言[②]，则知孔子之地位矣。

《孔子与其学说》（*Confucius und Seine Lehre*）加摆伦资：“吾人欲测定史的人物之伟大之程度，其适当之法，即观其人物所及于人民者感化之大小、存续之长短及强弱之程度三者之如何是也。以此方法测定孔子，彼实不可不谓为人类中最大人物之一人。盖经过二千年以上之岁月，至于今日，使全人类三分之一于道德的、社会的及政治的生活之点，全然存续于孔子之精神感化之下。”[③]

孔子之生年月日，说者不一。

《春秋公羊传》襄公二十有一年：“十有一月，庚子，孔子生。”《春秋穀梁传》襄公二十有一年：“冬十月，庚子，孔子生。”《世本》：“鲁襄公二十二年冬十月，庚子，孔子生。”《史记·十二诸侯年表》：“鲁襄公二十二年，孔子生。”

《先圣生卒年月日考》孔广牧：“谨案先圣之生，年从《史记》，月从《穀梁》，日从《公羊》《穀梁》。年从《史记》者，凡《世本》所述春秋卿大夫世系，悉与《左传》合；龙门撰《史记》，于先圣生年，根据《世本》为说，诚以其可信也。月从《穀梁》者，以《穀梁》与《世本》同故。日从《公羊》《穀梁》者，以《经义骈枝》据《周历》《三统历》及古《四分历》推得也。”

《经义骈枝》成蓉镜：“世传孔子生于鲁襄公二十二年十月庚子，为今之八月二十七日，然以古历步之，实八月二十八日。”

要其生卒灼然可见。

《春秋》哀公十六年续经："夏四月己丑，孔丘卒。"

《经义骈枝》成蓉镜："孔子卒日，集古今诸历步之，十六年四月己卯朔，十一日己丑。"

孔广牧《先圣生卒年月日考》："先圣卒于鲁哀公十六年，由是岁上溯之襄公二十二年，实七十三岁；他书谓为年七十四者，盖从襄公二十一年起算，失之。"

非若老子、释迦之生死无从稽考也。谶纬诸书，多言孔子生有异征，

《论语撰考谶》："叔梁纥与征在祷于尼山，感黑龙精以生仲尼。"

死有遗谶。

《易纬通卦验》："孔子表洛书，摘亡辟，曰：'亡秦者，胡也；丘以推秦，白精也。'"

春秋家又谓孔子受命制作，

《公羊》哀公十四年注：获麟之后，天下血书鲁端门曰："趋作法，孔圣没，周姬亡，彗东出，秦政起，胡破术，书记散，孔不绝。"子夏明日往视之，血书飞为赤乌，化为白书，署曰"演孔图"。

自号"素王"。

《六艺论》郑玄："孔子既西狩获麟，自号'素王'，为后世受命之君制明王之法。"

《春秋序》贾逵：“孔子览史记，就是非之说，立素王之法。”

皆视孔子为神奇不经之人，迄今日而称述其说者不衰。欲比孔子于耶稣、穆罕默德，以孔教为标帜，是皆不知孔子者也。孔子不假宗教以惑世，而卓然立人之极，故为生民以来所未有。

《孟子·公孙丑》述有若之言曰：“圣人之于民，亦类也。出于其类，拔乎其萃，自生民以来，未有盛于孔子也。”

学者欲知孔子，当自人事求之，不可神奇其说也。

孔子之学，有得之于家庭者，

《左传》昭公七年，孟僖子曰：“孔丘，圣人之后也，而灭于宋。其祖弗父何以有宋而授厉公。及正考父，佐戴、武、宣，三命兹益共，故其鼎铭云：‘一命而偻，再命而伛，三命而俯，循墙而走，亦莫余敢侮。饘于是，鬻于是，以糊余口。’其共也如是。臧孙纥有言曰：‘圣人有明德者，若不当世，其后必有达人。’今其将在孔丘乎！”

有得之于社会者，

《史记·孔子世家》：“孔子为儿，嬉戏，常陈俎豆，设礼容。”“鲁南宫敬叔言于鲁君曰：‘请与孔子适周。’鲁君与之一乘车，两马，一竖子俱，适周问礼，盖见老子云。”“孔子学鼓琴师襄子，十日不进。师襄子曰：‘可以益矣。’孔子曰：‘丘已习其曲矣，未得其数也。’有间，曰：‘已习其数，可以益矣。’孔子曰：‘丘未得其志也。’有间，曰：‘已习其志，可以益矣。’孔子曰：‘丘未得其为人也。’有间，曰：‘有所穆然深思焉，有所怡然高望而远志焉。’曰：‘丘得其为人，黯然而黑，几然而长，眼如望羊，心如王四国，非文王其谁能为此也！’师襄子辟席再拜，曰：‘师盖云《文王操》也。’”

《仲尼弟子列传》：“孔子之所严事：于周，则老子；于卫，蘧伯玉；于齐，晏平仲；于楚，老莱子；于郑，子产；于鲁，孟公绰。数称臧文仲、柳下惠、铜鞮伯华、介山子然，孔子皆后之，不并世。”

盖其时虽曰“世衰道微”，然必家庭社会犹有前代礼教学说流传，其国土之风气，有特殊于他国者④。其游踪所至，多得贤士大夫之益⑤，然后可以鼓舞奋发，而出一命世之大哲。不可徒谓春秋之时，社会纷乱，政法黑暗，民生痛苦，邪说横行，始因此等反应产生圣哲之思想也。然家庭之遗传，社会之影响，虽亦有关于孔子，而孔子之所以成为孔子者，仍在其自身之好学。故其自言曰：

吾十有五而志于学，三十而立，四十而不惑，五十而知天命，六十而耳顺，七十而从心所欲不逾矩。十室之邑，必有忠信如丘者焉，不如丘之好学也。

忠信之资，初不足以过人，惟好学为所自信。自十五至七十，无一息不学，知行之功，与年俱进，是则非平生师友所可几矣。前乎孔子者，虽有傅说始终典学之语，然未尝有言之亲切详备如孔子者，则虽谓吾民知学自孔子始，可也。

孔子自言其学之程序，且述其学之功效，然只自明其身心所造之境地，未尝及于身外。由此可知孔子为学之目的，在先成己而后成物。其成己之法，在充满其心性之本能，至于从心所欲不逾矩之境，而一切牖世觉民之方，乃从此中自然发现于外。既非徒受外界之反感，愤激悲悯，欲学一种方法或主义以救世；亦非徒慕古人，欲蹈袭其陈迹，冀自树于功名。至于垂老无成，乃托教学著书，以期留名后世，及与当世讲学者，争持门户，独立一派别也。《论语》及《大学》《中庸》所言，十九皆明此义。不知孔子所学为何事，第以褊狭骛外之心测孔子，宁能窥见其涯涘哉！

孔子所学，首重者曰成己，曰成人，曰克己，曰修身，曰尽己。其语殆不可以偻举，惟其以此为重，故不暇于外，而怨天尤人之意，自无自而生。

《论语·宪问》："不怨天，不尤人，下学而上达，知我者其天乎！"

《中庸》："正己而不求于人，则无怨，上无怨天，下不尤人。"

其遇虽穷，其心自乐，人世名利，视之淡然。

《论语·述而》："饭疏食饮水，曲肱而枕之，乐亦在其中矣。不义而富且贵，于我如浮云。"

自孔子立此标准，于是人生正义之价值，乃超越于经济势力之上。服其教者，力争人格，则不为经济势力所屈，此孔子之学之最有功于人类者也。人之生活，固不能不依乎经济，然社会组织不善，则经济势力往往足以锢蔽人之心理，使之屈伏而丧失其人格。其强悍者，蓄积怨尤，则公为暴行，而生破坏改革之举。今世之弊，皆坐此耳。孔子以为人生最大之义务，在努力增进其人格，而不在外来之富贵利禄，即使境遇极穷，人莫我知，而我胸中浩然，自有坦坦荡荡之乐。无所歆羡，自亦无所怨尤，而坚强不屈之精神，乃足历万古而不可磨灭。儒教真义，惟此而已。虽然，孔子之学，亦非徒为自了汉，不计身外之事也。成己必成物，立己必立人。

《中庸》："诚者，非自成己而已也，所以成物也。成己，仁也，成物，知也。性之德也，合外内之道也。"

《论语·雍也》："夫仁者，己欲立而立人，己欲达而达人。"

故修身之后即推之于家国天下，其于道国、为政、理财、治赋之法，无一不讲求，而蕲致用于世。《论语》所记孔门师弟问答之语，时时以为政为言，即群众之经济亦必使之富足。

《论语·子路》："子适卫，冉有仆，子曰：'庶矣哉。'冉有曰：'既庶矣，又何加焉？'曰：'富之。'曰：'既富矣，又何加焉？'曰：'教之。'"《颜渊》篇："子贡问政。子曰：'足食，足兵，民信之矣。'"

此则本末兼赅，有体有用，非若二氏之专言虚寂，遗弃一切也。孔子生于周，故其政见多主用周法，然用之亦有分别，观《论语》之言自见。

《论语·卫灵公》："颜渊问为邦。子曰：行夏之时，乘殷之辂，服周之冕。"《子罕》篇："子曰，麻冕，礼也。今也纯，俭，吾从众。"

陆桴亭《思辨录》谓孔子从周，后儒宜讲当代之制："孔子动称周家法度，虽周公制作之善，亦从周故也。予每怪后儒学孔子，亦动称周家法度，而于昭代之制，则废而不讲，亦不善学孔子者矣。"其实孔子之所主张，亦不尽周法，即世俗所通行而协于人情者，亦无不可从也。

孔子之学，固不以著述重，然其著述之功，关系绝巨。史称其时礼乐废，《诗》《书》缺，传自孔氏，始可得述。

《史记·孔子世家》："孔子之时，周室微而礼乐废，《诗》《书》缺。追迹三代之礼，序《书传》，上纪唐、虞之际，下至秦缪，编次其事。曰：'夏礼吾能言之，杞不足征也。殷礼吾能言之，宋不足征也。足，则吾能征之矣。'观殷、夏所损益，曰：‘后虽百世可知也，以一文一质。周监二代，郁郁乎文哉。吾从周。’故《书传》《礼记》自孔氏。孔子语鲁太师：‘乐其可知也。始作翕如，纵之纯如，皦如绎如也以成。’‘吾自卫反鲁，然后乐正，《雅》《颂》各得其所。’古者诗三千余篇，及至孔子，去其重，取可施于礼义，上采契、后稷，中述殷、周之盛，至幽、厉之缺，始于衽席，故曰：‘《关雎》之乱，以为《风》始，《鹿鸣》为《小雅》始，《文王》为《大雅》始，《清庙》为《颂》始。’三百五篇孔子皆弦歌之，以求合《韶》《武》《雅》《颂》之音，礼乐自此可得而述。”

盖其时如老子者，不以书籍所传言语为重。

《史记·老子传》：“老子曰：‘子所言者，其人与骨皆已朽矣，独其言在耳。’”

世复多不说学者，使任其放佚，则浸衰浸微，古代之文化复何从考见乎！《诗》《书》《礼》《乐》皆述，《易》《春秋》则述而兼作。

《汉书·儒林传》：“孔子晚而好《易》，读之，韦编三绝，而为之传。”[⑥]

《史记·儒林传》：“西狩获麟，曰：‘吾道穷矣。’故因史记作《春秋》。”

世谓孔子“述而不作”者，盖未读《十翼》及《春秋》也。《孟子》即称“孔子作《春秋》”，《公羊》明载未修春秋之原文[⑦]，惟杜预称《春秋》多用旧史，然亦谓有刊正处[⑧]。孔子传《易》修史，而合之《诗》《书》《礼》《乐》，号为“六艺”，亦名为“经”。

《史记·孔子世家》：“孔子以《诗》《书》《礼》《乐》教弟子，盖三千焉，身通六艺者七十有二人。”

其为教亦各有得失，孔子尝详言之。

《礼记·经解》："孔子曰：入其国，其教可知也。其为人也，温柔敦厚，《诗》教也；疏通知远，《书》教也；广博易良，《乐》教也；挈静精微，《易》教也；恭俭庄敬，《礼》教也；属辞比事，《春秋》教也。故《诗》之失愚，《书》之失诬，《乐》之失奢，《易》之失贼，《礼》之失烦，《春秋》之失乱。其为人也，温柔敦厚而不愚，则深于《诗》者也；疏通知远而不诬，则深于《书》者也；广博易良而不奢，则深于《乐》者也；挈静精微而不贼，则深于《易》者也；恭俭庄敬而不烦，则深于《礼》者也；属辞比事而不乱，则深于《春秋》者也。"

孔子于《易》，由阴阳奇偶之对待，阐明太极之一元。

《系辞》："易有太极，是生两仪，两仪生四象，四象生八卦，八卦定吉凶，吉凶生大业。"

谓神无方，易无体，而道在阴阳之相对。

《系辞》："神无方而易无体，一阴一阳之谓道。"

其于形而上之原理，与老子所见正等。《易》之神妙，正赖孔子发明。按《论语》称"子不语怪、力、乱、神"。而《易·系辞》屡言神，如"阴阳不测之谓神，蓍之德圆而神"，"神以知来"，"是兴神物以前民用"，"圣人以此斋戒，以神明其德夫"，"鼓之舞之以尽神"之类。而世乃谓孔子系《易》，专重人伦日用之事。

某氏论《易》曰："近人谓伏羲画卦，乃纯包天地万物，万事万象，有形无形，诸凡共同之大原理而言，即纯属哲理的著作。以今之新名词言之，即曰纯正哲学。文王加彖、象各辞，始由图画而附文字说明，然已由抽象的哲理，而喻以具体的事物。故可谓文王解《易》，即由纯正哲学引入于伦理学范围。以今之新名词言之，即曰伦理哲学。孔子作《文言》《系辞》，则更将《易》象移以解释人生种种善恶行为之报应，专在策人为君子，勿为小人。故孔子解《易》，实专以伦理的眼光看《易》象，并非以宇宙人生、万象森罗之哲学眼光看《易》象。若以今之新名词言之，《易》经中孔子所明，第可曰伦理学，或曰伦理的解释，孔子圣人，决非不解《易》象之哲理。第孔子一生志向，专以对人宣明伦理一门，作入世法，至孔子之真实本领，哲理一门之出世法，始终未欲与世人道之，此正是孔子之高大处。故至今儒家所知之孔子，第知孔子本领之半而已。”

奚足以知孔子之用心哉！孔子所言神明之德，必须洗心斋戒，退藏于密，而后可见，非腾口说、骋文辞所能指示也。至于孔子讲《易》以明人伦日用之道者，则有二义焉，曰“中”，曰“时”。

如释《乾》之九二曰“龙德而正中”，九三九四皆曰“重刚而不中”，《坤》六五曰“君子黄中通理”，《同人》曰“中正而应”，《大有》曰“大中而上下应之”之类，皆以明“中”也。释《蒙》曰“蒙亨，以亨行，时中也”。《蹇》曰“蹇之时用大矣哉”！《益》曰“凡益之道与时偕行”之类，皆以明“时”也。

“中”以方位言，“时”以后先言，必合此二者而义乃全。且其几至微，稍过不及，即非所谓《中》；人心之执著胶滞，皆为未喻此义也。自尧、舜以来，以“中”为立国之道，孔子祖述其说，而又加以“时”义。故孟子谓孔子为“圣之时者也”。其实，“中”之一字，已足赅括一切，加以“时”字，则所以衡其中否者益密耳。此语至平常，而又至难，原其初，须得喜怒哀乐未发前之气象。

《中庸》：“喜怒哀乐之未发，谓之中。”

推其极，则可以位天地，育万物。

《中庸》：“至中和，天地位焉，万物育焉。”

子思像

《中庸》，旧说为子思所作，是中国古代教育理论的重要论著，广泛而深刻地影响了中国封建社会思想文化的发展。

故孔子于中道系之曰“庸”，而极言其不可能，

《论语·雍也》：“中庸之为德也，其至矣乎，民鲜久矣。”

《中庸》：“子曰：‘中庸其至矣乎！民鲜能久矣。’”“天下国家可均也，爵禄可辞也，白刃可蹈也，中庸不可能也。”

贤智则过，愚不肖则不及，强为貌似，则又成为乡原，三者皆病，乃取其微偏者而救正焉。

《论语·子路》：“子曰：不得中行而与之，必也狂狷乎！狂者进取，狷者有所不为也。”

世人徒执后世乡原之儒者以病孔子，不知孔子固于此反复明辩，不容伪儒之矫饰也。论德之本曰“中”，论道之用曰“恕”，《周书》始

言“恕”。

《逸周书·程典》篇：“慎德必躬恕，恕以明德。”

而未详言其法，至孔子始推演之，以为终身可行之道。

《论语·卫灵公》：“子贡问曰：‘有一言而可以终身行之者乎？’子曰：‘其恕乎！己所不欲，勿施于人。’”

对于子臣弟友、上下左右，一以恕待之。

《中庸》：“子曰：‘君子之道四，丘未能一焉，所求乎子，以事父未能也；所求乎臣，以事君未能也；所求乎弟，以事兄未能也；所求乎朋友，先施之未能也。’”

《大学》：“所恶于上，毋以使下；所恶于下，毋以事上；所恶于前，毋以先后；所恶于后，毋以从前；所恶于右，毋以交于左；所恶于左，毋以交于右。此之谓挈矩之道。”

盖人类之相处，最难各得其平。处处以责人之心责己，则平心静气。于人毫无怨望，而人之对我亦必出于和平，充其功效，岂惟一人可行于世，使举世行之，则举世之战争、奋斗、猜疑、欺诈、种种不德皆可蠲除，而全体之人类，咸相安而遂其生矣。曾子之告其门人，谓忠恕则一贯。

《论语·里仁》：“子曰：‘参乎，吾道一以贯之。’曾子曰：‘唯。’子出，门人部曰：‘何谓也？’曾子曰：‘夫子之道，忠恕而已矣。’”

盖孔子所知所行，无不本于此，故以“而已矣”三字决之，明忠恕之外，无他道也。为人谋而不忠，亦由待人不恕，故曾子论一贯，犹兼言忠恕；孔子论终身可行之道，惟举一恕字，以恕可以赅忠也。忠恕之事，属行不属知，子贡问行，而孔子答以施；行与施皆指事为，非指一人独居讲学也。从来学者解释恕字，未有以为属于知识者，近人好为异论，乃以恕为推知。

《订孔下》章炳麟："心能推度曰恕，周以察物曰忠。故夫闻一以知十，举一隅而以三隅反者，恕之事也。夫彼是之辨，正处、正色、正味之位，其候度诚未可壹也。守恕者，善比类。诚令比类可以遍知者，是挈矩可以审方圆，物情之纷，非若方圆可以量度也。故用矩者困，而务比类者疑。周以察物，举其征符，而辨其骨理者，忠之事也。故疏通知远者恕，文理密察者忠。身观焉，忠也；方不障，恕也。上者寂焉不动，感而遂通天下之故，无有远近幽深，遂知来物，中之方人用法，察迩言也。下者至于原本山川，极命草木，合契比律，审曲面埶，莫不依是。《三朝记》：哀公欲学《小辨》，孔子对以力、忠、信。云：'知忠必知中，知中必知恕，知恕必知外。内思毕心曰知中，中以应实曰知恕，内恕外度曰知外。'此言以忠恕为学，则无所不辨也。周以察物，疑其碎矣。物虽小别，非无会通。内思必心者，由异而观其同也。"

夫闻一知十，举一反三，属于知识。己所不欲，勿施于人，属于行为。二者各有分际，不可混为一谈。《大戴记·小辨》篇虽言忠有九知，然其上文明言行为：

《小辨》："明忠信之备而又能行之，则可立待也。君朝而行忠信，百官承事，忠满于中而发于外，刑于民而放于四海，天下其孰能患之？""丘言之，君发之于朝，行之于国，一国之人莫不知，何一之强避？丘闻之，忠有九知。知忠必知中，知中必知恕，知恕必知外，知外必知德，知德必知政，知政必知官，知官必知事，知事必知患，知患必知备。若动而无备，患而弗知，死亡而不知，安与知忠信！内思毕心曰知中，中以应实曰知恕，内恕外度曰知外，外内参意曰知德，德以柔政曰知政，正义辨方曰知官，官治物则曰知事，事戒不虞曰知备，毋患曰乐，乐义曰终。”

所谓明忠信之备者，知也；而又能行之者，行也。朝而行忠信，发之于朝，行之于国者，皆行也。徒明忠信而不行，得谓之忠信乎？知中、知恕、知外、知德、知政、知官、知事、知患、知备九者，皆须实行，故曰“动而不备，患而弗知，安与知忠信？”试思备患恃知乎？抑持行乎？章氏偏重知识，匪惟误解《论语》，抑亦误解《戴记》，断章取义，贻误后人，匪浅鲜也。

孔子论治之书，以《春秋》为主，而《春秋》之学，为最难讲，当时门弟子已不能赞一辞。

《史记·孔子世家》：“至于为《春秋》，笔则笔，削则削，子夏之徒，不能赞一辞。弟子受《春秋》，孔子曰：‘后世知丘者以《春秋》，而罪丘者亦以《春秋》。’”

孟子则推其惧乱贼之功，

《孟子·滕文公》：“孔子成《春秋》，而乱臣贼子惧。”

庄子则称其为先王之志，

《庄子·齐物论》：“《春秋》经世，先王之志，圣人议而不辩。”

班固则谓口授弟子，弟子退而异言。

《汉书·艺文志》：“仲尼与左丘明观其史记，据行事，仍人道，因兴以立功，就败以成罚，假日月以定历数，借朝聘以正礼乐，有所褒讳贬损，不可书见，口授弟子，弟子退而异言。丘明恐弟子各安其意，以失其真，故论本事而作传，明夫子不以空言说经也。《春秋》所贬损大人当世君臣，有威权势力，其事皆形于传，是以隐其书而不宣，所以免时难也。及末世口说流行，故有《公羊》《穀梁》，邹、夹之《传》。”

自汉以来，三《传》传而《邹》《夹》不传。

《汉书·艺文志》：“四家之中，《公羊》《穀梁》立于学官，邹氏无师，夹氏未有书。”于是说《春秋》者，各依传以为说，讫无定论。

《春秋穀梁传序》范宁：“《春秋》之传有三，而为《经》之旨则一。臧否不同，褒贬殊致。盖九流分而微言隐，异端作而大义乖。《左传》以鬻拳兵谏为爱君，文公纳币为用礼。《穀梁》以卫辄拒父为尊祖，不纳子纠为内恶。《公羊》以祭仲废君为行权，妾母称夫人为合正。以兵谏为爱君，是人主可得而胁也。以纳币为用礼，是居丧可得而婚也。以拒父为尊祖，是为子可得而叛也。以不纳子纠为内恶，是仇雠可得而容也。以废君为行权，是神器可得而窥也；以妾母为夫人，是嫡庶可得而齐也。若此之类，伤教害义，不可强通者也。凡传以通经为主，经以必当为理。夫至当无二，而三传殊说，庸得不弃其所滞，择善而从乎！既不俱当，则固容俱失；若至言幽绝，择善靡从，庸得不并舍以求宗，据理以通经乎！……而汉兴以来，瑰望硕儒，各信所习，是非纷错，准裁靡定，故有父子异同之论，石渠分争之说。废兴由于好恶，盛衰继之辩讷，斯盖非通方之至理，诚君子之所叹息也！”

大抵孔子当时属辞比事，自有其详细解释。今所存之经文，特其辞之大纲。而其详细解释者，不可得见。三《传》所传，各有其微言大义，亦有各安其意以成口说者，不能尽以为得孔子之意，亦不能尽以为非孔子之意也。

《春秋》之义，在正名分，寓褒贬，其影响所及，有非他书可比者。观皮锡瑞之《春秋通论》可见：

> 或曰：孟子言孔子成《春秋》而乱臣贼子惧。何以《春秋》之后，乱臣贼子不绝于世？然则孔子作《春秋》之功安在？孟子之言，殆不足信乎？曰：孔子成《春秋》，不能使后世无乱臣贼子，而能使乱臣贼子不能全无所惧。自《春秋》大义昭著，人人有一《春秋》之义在其胸中，皆知乱臣贼子人人得而诛之，虽极凶悖之徒，亦有魂梦不安之隐；虽极饰辞巧说，以为涂人耳目之计，而耳目仍不能涂，邪说虽横，不足以蔽《春秋》大义。乱贼既惧当时义士声罪致讨，又惧后世史官据事直书，如王莽者，多方掩饰，穷极诈伪，以盖其篡弑者也；如曹丕、司马炎者，妄托禅让，褒封先代，篡而未敢弑者也；如萧衍者，已行篡弑，旋知愧憾，深悔为人所误者也；如朱温者，公行篡弑，犹畏人言，归罪于人以自解者也。他如王敦、桓温谋篡多年，而至死不敢；曹操、司马懿及身不篡，而留待子孙。凡此等固由人有天良，未尽泯灭，亦由《春秋》之义深入人心。故或迟之久而后发；或迟之又久而卒不敢发；即或冒然一逞，犯天下之不韪，终不能坦怀而自安。如萧衍见吴均作史，书其助萧道成篡逆，遂怒而摈吴均；燕王棣使方孝孺草诏，孝孺大书“燕贼篡位”，遂怒而族灭孝孺。其怒也，即其惧也，盖虽不惧国法，而不能不惧公论也。

盖《春秋》之义，亦至难言，后世所执者，仅得其半，而尤严于乱臣。若以《左传凡例》论，则君臣相对，《春秋》未尝不责无道之君。

《左传》宣公四年："凡弑君称君，君无道也；称臣，臣之罪也。"杜预《释例》曰："天生民而树之君，使司牧之，群物所以系命。若高亢自肆，群下绝望，情义圮隔，是谓路人，非君臣也。人心苟离，则位号虽有，无以自固。故《传例》曰：'弑君称君，君无道，称臣，臣之罪。'称君者，唯书君命，而称国人以弑，众之所共绝也。"

孔子对齐景公以君臣并言，

《论语·颜渊》："齐景公问政于孔子。孔子对曰：'君君，臣臣，父父，子子。'公曰：'善哉！信如君不君、臣不臣、父不父、子不子，虽有粟，吾得而食诸？'"

又以忠、礼并举，

《论语·八佾》："君使臣以礼，臣事君以忠。"

初非专责人臣也。又凡《春秋》褒贬之志，止以当时之事为断，而言外尚有微指。如《公羊》家张三世之说，则借事明义，正以寓其理想，亦非专于事实也。

《公羊传》隐公元年解诂曰："于所传闻之世，见治起于衰乱之中，用心尚麤觕，故内其国而外诸夏，先详内而后治外。于所闻之世，见治升平，内诸夏而外夷狄。至所见之世，著治太平，夷狄进至于爵，天下远近小大若一。"

何氏之说，虽止一家之言，然与《礼记·礼运》之言大同者颇合。

《礼运》："孔子曰：大道之行也，天下为公，选贤与能，讲信修睦。故人不独亲其亲，不独子其子，使老有所终，壮有所用，幼有所长，矜、寡、孤、独、废、疾者，皆有所养；

男有分，女有归，货恶其弃于地也，不必藏于己；力恶其不出于身也，不必为己。是故谋闭而不兴，盗窃乱贼而不作，故外户而不闭，是谓大同。今大道既隐，天下为家，各亲其亲，各子其子，货力为己。大人世及以为礼，……以贤勇知，以功为己，故谋用是作，而兵由此起。”

《礼运》正论历史事实，故由大同降而小康；《春秋》悬想文明世界，故由升平而至太平。顺逆虽殊，其为孔子所怀抱之宗旨一也。若专限于事实，则禄去公室，政逮大夫，陪臣执国命，每况愈下，尚何升平、太平可言哉！

孔子理想之广大，随在可见。《论语》及《易》之言教育，皆其不分族类、不分疆域之证也。

《论语·卫灵公》：“子曰：有教无类。”

《易·临卦》：“象曰：君子以教思无穷，容保民无疆。”

而《中庸》之言化育，则尤进于是：

《中庸》：“唯天下至诚，为能尽其性；能尽其性，则能尽人之性；能尽人之性，则能尽物之性；能尽物之性，则可以赞天地之化育；可以赞天地之化育，则可以与天地参矣。”

教育之功，至于尽物性，参天地，则不独为一时一世之人群谋矣。极巨之效，由极简之法而生。所谓宇宙内事，皆性分内事也。吾国古代圣人之思想，常思以人力造天地，其功既见于此数千年之大国，而其义犹未罄万一。后人准此而行，则所谓范围天地，曲成万物者，无不可以实现，正不必以国家人类为界，而区区于知识技能，以为教育之大事者，抑又不足深论矣！

古代学校，各有祀典。

《礼记·文王世子》："凡学，春官释奠于其先师，秋冬亦如之。""凡始立学者，必释奠于先圣先师。"郑玄曰："先圣周公若孔子。"

郑氏举孔子为例，盖就汉以后而言，汉以前未祀孔子也。历代帝王之祀孔子者，自汉高祖始。

《史记·孔子世家》："高皇帝过鲁，以太牢祠焉。"

《汉书·高帝纪》："十二年十一月，行自淮南，还。过鲁，以太牢祠孔子。"

而学校祀孔，自明帝始。

《后汉书·礼仪志》："永平二年，……养三老五更于辟雍；郡、县、道行乡饮酒礼于学校，皆祀圣师周公、孔子。"

然孔子与周公并祀，非特祀也。唐、宋以降，渐次尊崇，礼等帝王，制亦数易。

《文献通考》："唐制，国子学立周公、孔子庙各一所，四时致祭。其释奠之礼，初以周公为先圣，孔子配享。贞观二年，停祭周公，升孔子为先圣，以颜回配。开元二十年，追谥'文宣王'，改西坐像为南面。诏曰：'昔周公南面，夫子西坐，今位既有殊，岂宜依旧？'其两京国子监及天下诸州，夫子南面坐，十哲等东西行列侍。"

《续通考》："宋太宗追谥孔子曰'先圣文宣王'，真宗时改谥'至圣'，元武宗加封'大成至圣文宣王'，明世宗嘉靖九年，改称'至圣先师'，易塑像为木主。"

盖自汉以来，虽已举国崇奉孔子之教，而立庙奉祀，近于宗教性质者，乃由人心渐演渐深，踵事增华之故，初非孔子欲创立一教，亦非仅一二帝王或学者，假孔子之教以愚民也。

孔子后裔，代有封号。

汉曰“褒成君”，魏曰“宗圣侯”，晋宋曰“奉圣侯”，后魏曰“崇圣大夫”，唐初曰“褒圣侯”，开元中改“文宣公”⑨。

至宋始封孔子后为“衍圣公”：

《续通考》：“宋仁宗至和二年，封孔子之后为‘衍圣公’。”

迄今犹存其名，此亦无足深异。然自西周至今，奕叶相传，七十余世，谱牒统系，灼然无疑，则世所仅见也。自明以后，府县学皆祀孔子，外国如琉球、日本，亦立文庙，行释奠礼，高丽自宋时即祀文宣王，此虽不足为孔子重，而其为东方文化之祖，则举世所共信也。太史公立《孔子世家》而称“至圣”，有以哉！

《史记·孔子世家》：“天下君王至于贤人众矣，当时则荣，没则已焉。孔子布衣，传十余世，学者宗之。自天子王侯，中国言六艺者，折中于夫子，可谓至圣矣！”

---

①一九〇八年美国哥伦比亚大学出版。

②加氏所著书名见下，兹所引之一段见《支那古代史》第二四二页。

③加氏之书，系德国Leipzig VF. A. Blockhaus书店出版。兹所引之一段见原书第四第五页。又*China Review*第二十七卷第六十三页，有英文译本可参照。

④如鲁秉周礼之类。

⑤如子贡谓“君子居是邦，事其大夫之贤者，友其仁者”之类。

⑥“读”者，卦爻之词，孔子所述也；“传”者，十翼之文，孔子所作也。

⑦庄公七年，曷为谓之如雨？不修《春秋》曰：“雨星不及地尺而复。”君子修之曰：“星陨如雨。”

⑧杜预《春秋左氏传序》："仲尼因鲁史策书成文，考其真伪，而志其典礼。上以遵周公之遗制，下以明将来之法；其教之所存，文之所害，则刊而正之，以示劝戒。其余则皆即用旧史，史有文质，辞有详略，不必改也。"

⑨均见《文献通考》。

庄子像

庄子（约前369—前286），名周，战国时期宋国蒙人。著名的哲学家、文学家，是道家学派的代表人物之一，老子哲学思想的继承者和发展者。

第三节　诸子之学

子者，男子之通称，非书名也。

《白虎通》："子者，丈夫之通称也。"

以人之称称其书，殆始于申不害。

《史记·老子韩非列传》："申子之学，本于黄、老而主形名。著书二篇，号曰《申子》。"

按《史记》载诸子之书，或称其篇，或称其书，或称其著书。如《管晏列传》论"吾读管氏《牧民》《山高》《乘马》《轻重》《九府》[①]及《晏子春秋》[②]，详哉其言之也"；《老子传》"于是老子乃著书上下篇，言道德之意五千余言而去"；《庄子传》"其著书十余万言，大抵率寓言也"[③]之类，未尝言其书号曰某子，惟《申子传》称其号曰《申子》，似申子著书之时，即号曰《申子》。

至汉刘向校诸子，刘歆作《诸子略》，于是百家之学，专以子名。

《汉书·艺文志》："成帝时，诏光禄大夫刘向校经传诸子诗赋[④]。向子歆卒父业，有《诸子略》。"

至《隋书·经籍志》，遂有子部之目，

《隋书·经籍志》：“《汉书》有诸子、兵书、数术、方伎之略，今合而叙之，为十四种，谓之子部。”

其名虽不当，今亦无以易之也。《七略》所列诸子，始于神农、黄帝，其书既多出于伪托，亦不称子。称子之书，最古者以《鬻子》为首，次则《管子》《晏子》《老子》诸书。

《汉书·艺文志》：“《鬻子》二十二篇[⑤]。《鬻子说》十九篇[⑥]。”按小说家尚有《务成子》十一篇，似先于《鬻子》，然志已称其非古语，故以《鬻子》为称子之书之首。

此皆后人追题，非当时即称为某子也。自春秋以降，其书益多，且多称某子，至秦、汉而渐衰，则谓诸子之书，以战国为最盛可也。

诸子之学，各有家法，主奴是非，言人人殊。以今所传诸书考之，自战国及西汉学者评论诸子之说甚夥。如：

《孟子·滕文公》：“杨朱、墨翟之言盈天下，天下之言，不归杨，则归墨。杨氏为我，是无君也；墨氏兼爱，是无父也。无君无父，是禽兽也。”《尽心》：“杨子取为我，拔一毛而利天下，不为也；墨子兼爱，摩顶放踵利天下，为之。”

则专论杨子、墨子者也。

《庄子·天下》篇：“墨翟、禽滑釐之意则是，其行则非也。……虽然，墨子真天下之好也，将求之不得也，虽枯槁不舍也。才士也夫！”“宋钘、尹文周行天下，上说下教，虽天下不取，强聒而不舍也。故曰上下见厌而强见也。虽然，其为人太多，其自为太少。”“慎到之道，非生人之行，而至死人之理，适得怪焉。田骈亦然，学于彭蒙，得不教焉。……其所谓道非道，而所言之韪，不免于非。彭蒙、田骈、慎到不知道。虽然，概乎皆尝有闻者也。”“关尹、老聃乎！古之博大真人哉！”“庄周以谬悠之说，荒唐之言，无端崖之辞，时恣纵而不傥，不以觭见之也。以天下为沈浊，不可与庄语。以卮言为曼衍，以重言为真，以寓言为广。独与天地精神往来，而不敖倪于万物，不谴是非，以与世俗处。其书虽瑰玮而连犿无伤也。其辞虽参差而諔诡可观。”“惠施多方，其书五车，其道舛驳，其言也不中。”“桓团、公孙龙辩者之徒，饰人之心，易人之意，能胜人之口，不能服人之心，辩者之囿也。惠施日以其知与人之辩，特与天下之辩者为怪，此其柢也。”

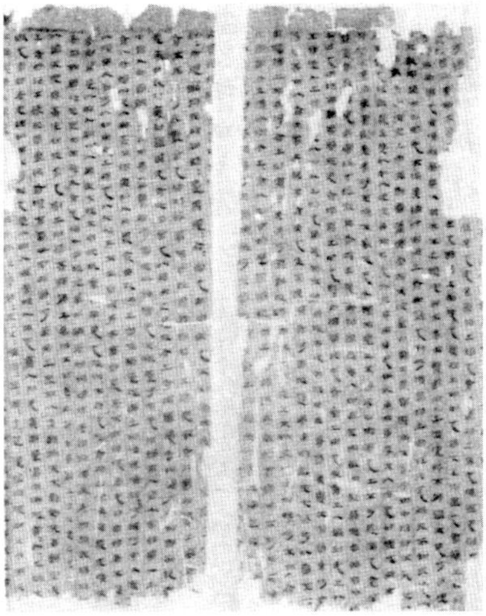

帛书《道德经》

《道德经》又名《老子》，春秋时期著名哲学家老子所作，是道家学派的重要哲学著作，对我国思想文化的发展产生了深远的影响。

则遍论墨翟、禽滑釐、宋钘、尹文、慎到、田骈、彭蒙、关尹、老聃、惠施、桓团、公孙龙诸子，而兼述周之所独得者也。

《荀子·非十二子》篇：“纵情性，安恣睢，禽兽行，不足以合文通治；……是它嚣、魏牟也。忍情性，綦谿利跂，苟以分异人为高，不足以合大众，明大分；……是陈仲，史䲡也。不知壹天下建国家之权称，上功用，大俭约而僈差等，曾不以容辨异、县君臣，……是墨翟、宋钘也。尚法而无法，不循⑦而好作，上则取听于上，下则取从于俗，终日言成文典，反纠察之，则倜然无所归宿，不可以经国定分；……是慎到、田骈也。不法先王，不是礼义，而好治怪说，玩琦辞，甚察而不惠，辩而无用，多事而寡功，不可以为治纲纪；……是惠施、邓析也。略法先王而不知其统，犹然而材剧志大，闻见杂博。案往旧造说，谓之五行，甚僻远而无类，幽隐而无说，闭约而无解。……子思唱之，孟轲和之，……是则子思、孟轲之罪也。"《解蔽》篇："墨子蔽于用而不知文，宋子蔽于欲而不知得，慎子蔽于法而不知贤，申子蔽于势而不知知，惠子蔽于辞而不知实，庄子蔽于天而不知人。"

则杂论它嚣、魏牟、陈仲、史鳝[8]、墨翟、宋钘、慎到、田骈、惠施、邓析、子思、孟轲、申不害、庄周诸家者也。

《韩非子·显学》篇："世之显学，儒、墨也。儒之所至，孔丘也。墨之所至，墨翟也。自孔子之死也，有子张之儒，有子思之儒，有颜氏之儒，有孟氏之儒，有漆雕氏之儒，有仲良氏之儒，有孙氏之儒，有乐正氏之儒。自墨子之死，有相里氏之墨，有相夫氏之墨，有邓陵氏之墨。故孔、墨之后，儒分为八，墨离为三，取舍相反不同，而皆自谓真孔、墨，孔、墨不可复生，将谁使定世之学乎？"

则论孔、墨二家，兼及其徒之传其学者也。

《吕氏春秋·不二》篇："老聃贵柔，孔子贵仁，墨翟贵廉，关尹贵清，子列子贵虚，陈骈贵齐[9]，阳生贵己[10]，孙膑贵势，王廖贵先，兒良贵后[11]。"

则论老聃、孔子、墨翟、关尹、列子、田骈、杨朱、孙膑、王廖、兒良诸子，而各以一字揭其主义者也；

《淮南子·要略》:"孔子修成康之道，述周公之训，以教七十子。使服其衣冠，修其篇籍，故儒者之学生焉。""墨子学儒者之业，受孔子之术，以为其礼烦扰而不说，厚葬靡财而贫民，久服伤生而害事，故背周道而用夏政。""齐桓公忧中国之患，苦夷狄之乱，欲以存亡继绝，崇天子之位，广文、武之业，故《管子》之书生焉。""齐景公内好声色，外好狗马，……故晏子之谏生焉。""六国诸侯，……力征争权，……故纵横修短生焉。""申子者，韩昭釐之佐。韩，晋别国也，……晋国之故礼未灭，韩国之新法重出，……新故相反，前后相缪；百官背乱，不知所用，故刑名之书生焉。""秦国之俗，贪狼强力，寡义而趋利，可威以刑而不可化以善，可劝以赏而不可厉以名，……故商鞅之法生焉。"

则论孔子、墨子、管子、晏子、申子、商子及纵横长短之学之发源也。综而观之，诸家所论，自孔、老、管、晏、史鳍、关尹、邓析之外，皆战国时之学者。按其学派，则子思、孟轲，儒家也，列子、杨朱、庄周，道家也，墨翟、禽滑釐，墨家也，慎到、申不害、商鞅，法家也，尹文、惠施、公孙龙，名家也，孙膑、兒良，兵家也。其学派不明，而可以其并举之人推测者，如《庄子》以宋钘、尹文并举，《荀子》以墨翟、宋钘并举，则宋钘之学，兼有墨家、名家之性质矣。《庄子》以田骈、彭蒙与慎到并举，《荀子》亦以田骈与慎到并举，则田骈、彭蒙为法家矣[12]。它嚣、魏牟，不知为何家，杨倞谓魏牟即《艺文志》道家之公子牟，则它嚣疑亦近于道家。桓团与惠施、公孙龙并称，亦名家也。王廖与兒良并称，亦兵家也。惟陈仲子见于《荀子》，亦见于《孟子》，而其学派无可归附耳。

诸子所论之外，则有《史记》诸子之传，老、庄、申、韩、商君等既各有传，而《孟子荀卿列传》中，复杂举驺衍、淳于髡、环渊、接子、驺奭、剧子、李悝、尸子、长卢、吁子等人，而谓世多有其书。

《史记·孟子荀卿列传》:“自驺衍与齐之稷下先生，如淳于髡、慎到、环渊、接子、田骈、驺奭之徒，各著书言治乱之事。”“赵有公孙龙，为坚白同异之辩，剧子之言，魏有李悝尽地力之教；楚有尸子、长卢；阿之吁子焉[13]。自如孟子至于吁子，世多有其书，故不论其传云。”

是又孟、荀、庄、吕，刘安所未论列，而其学者皆能成家者也。然诸子所指斥及称道者，既各挟己见，未足尽当时之学派；史公作传，又以世有其书，略而不详。欲知战国诸子之学之大纲，及其源流派别，舍刘歆《诸子略》及班固所述为《艺文志》者，蔑有更备焉。予尝就《艺文志》所引诸书，国别而家析之，以期推见当时风气之梗概，为表如后。

下表皆确有国籍可考。其仅知为六国时人之书，不能定为何国何人者，如：

〔儒家〕《景子》三篇。《公孙尼子》二十八篇。《王孙子》一篇。《李氏春秋》二篇。

〔道家〕《黄帝君臣》十篇。《杂黄帝》五十八篇。《力牧》二十二篇。《孙子》十六篇。《王狄子》一篇。《宫孙子》二篇。

〔阴阳家〕《公梼生终始》十四篇。《公孙发》二十二篇[14]。《乘丘子》五篇。《容成子》十四篇。《将钜子》五篇。

〔墨家〕《我子》一篇。《随巢子》六篇。《胡非子》三篇[15]。

〔农家〕《神农》二十篇，《野老》十七篇。

综计诸家之书，凡七十九家，千二百四十三篇，而屈原、宋玉之词赋，孙膑、吴起之兵法，尚不与焉[16]。何战国时人之著作，若是之盛欤！以作者言，则儒家为多；以篇章言，则阴阳家多；以国籍言，则齐人为多。而卫有商君，韩有韩非子，作者虽少，已足为其国光。幸榷诸邦，惟燕最逊，庞煖之书，合之兵家所载，仅得五篇，今亦不传。《艺文志》兵权谋十三家中，有《庞煖》三篇。燕为晚进之国，其文化劣于中土，即此可见矣。

庄子谓诸子之学出于古之道术，《艺文志》称诸家皆出于官守，其言至当而不可易。其个人师授之源流，亦略可考见。墨子师史角之后。

《吕氏春秋·当染》篇："鲁惠公使宰让请郊庙之礼于天子，桓王使史角往，惠公止之。其后在于鲁，墨子学焉[17]。"

又有得于儒家[18]；禽滑釐受业于子夏，

《史记·儒林传》："如田子方、段干木、吴起、禽滑釐之属，皆受业于子夏之伦，为王者师。"按史称子夏之伦，未必即为子夏，孙诒让之《墨子闲诂》谓其与田子方、段干木、吴起受业于子夏，故仍之。若以吴起为例，则当为曾子弟子，非子夏弟子也。

后又学于墨子，

《吕氏春秋·当染》篇："禽滑釐学于墨子。"

而为墨家大师。孟子受业子思之门人，

《史记·孟子传》："轲，邹人也。受业子思之门人。"

其门人有孟仲子，兼学于李克，授《诗》于根牟子，递传至荀

荀子像

荀子（约前313—前238），名况，字卿，战国赵人。著名思想家、文学家、政治家，儒家代表人物之一，提倡"性恶论"。

卿[19]。史但称荀卿“游学于齐”，

《史记·荀卿传》：“荀卿，赵人，年五十始来游学于齐[20]。”

而不言其所师何人。实则荀卿之学，远承子夏，近承孟子。其《非十二子》篇之诋孟子、子夏，及论性恶与孟子相反，犹之墨翟、禽滑釐同出于儒家，而其后自立学派，反极诋孔子也。按荀卿之师，自根牟子之外，又有虞卿、榖梁俶、馯臂子弓诸人。刘向《别录》[21]云：“左丘明授曾申，曾申授吴起，起授其子期，期授楚铎椒，椒作《钞撮》八卷授虞卿，卿作《钞撮》九卷授孙卿，卿授张苍。”是荀卿受《左传》于虞卿也。杨士勋《榖梁疏》云：“榖梁子，名俶，字元始，一名赤，鲁人。受经于子夏，为经作传，授孙卿，卿传鲁人申公。”是荀卿受《榖梁传》于榖梁子也。荀卿书累称仲尼、子弓，自唐韩愈以为子弓即《仲尼弟子列传》之馯臂子弓。苏秦、张仪俱事鬼谷先生，

《史记·苏秦传》：“苏秦者，东周雒阳人也。东事师于齐，而习之于鬼谷先生。”《史记·张仪传》：“张仪者，魏人也。始尝与苏秦俱事鬼谷先生，学术，苏秦自以不及张仪。”

鬼谷先生不知为何人，据应劭说，为六国时纵横家。

《史记集解》裴骃：
骃按《风俗通义》：“鬼谷先生，六国时纵横家。”

世多以纵横之术为仪、秦所倡，观《史记·吴起传》及苏秦之言，则秦之先已有驰说纵横者。

《史记·吴起传》：“要在强兵，破驰说之言从横者。”[22]《史记·苏秦传》：“说赵肃侯曰：夫衡人者，皆欲割诸侯之地以予秦。……又夫衡人日夜务以秦权恐愒诸侯。”[23]

鬼谷先生之为纵横家，当非悬测之言也。商君师尸佼，

国别＼家别	儒家	道家	阴阳家	法家	名家	墨家	纵横家	杂家	小说家
周	宁越一篇						苏子三十一篇		
鲁	曾子十八篇 子思子二十三篇 漆雕子十三篇 孟子十一篇 宓子十六篇					墨子七十一篇	阙子一篇	尸子二十一篇	
卫				商君二十九篇					
郑		列子八篇 郑长者一篇	冯促十三篇	申子六篇					
宋	徐子四十二篇	庄子五十二篇			惠子一篇				
韩			黄帝泰素二十篇 杜文公五篇	韩子五十五篇					
魏	魏文侯六篇 李克七篇	公子牟四篇	闾丘子十三篇	李子三十二篇			张子十篇	尉缭子二十九篇	
赵	孙卿子三十三篇 虞氏春秋十五篇			处子九篇 慎子四十二篇	公孙龙子十四篇 毛公九篇				
齐	芈子十八篇 公孙固一篇 鲁仲连子十四篇	黔娄子四篇 田子二十五篇 捷子二篇	邹子四十九篇 邹子终始五十六篇 驺奭子十二篇 周伯十一篇		尹文子一篇	田俅子二篇			
秦	羊子四篇				成公生五篇 黄公四篇		零陵令信一篇	吕氏春秋二十六篇	
楚	世子二十一篇（注）	蜎子十三篇 长卢子十九篇 鹖冠子一篇	南公三十一篇						
燕							庞煖二篇		

注：世子，陈人，其时陈已亡，故属于楚。

《汉书·艺文志》中《尸子》二十篇注："名佼，鲁人，秦相商君师之。鞅死，佼逃入蜀。"王应麟曰："《史记》：'楚有尸子。'注引刘向《别录》：'疑谓其在蜀。'今按《尸子》书，晋人也，名佼，秦相卫鞅客也。鞅谋事画计，立法理民，未尝不与佼规也。商君被刑，佼恐并诛，乃逃入蜀，造二十篇书，凡六万余言。"王先谦曰："注'鲁'乃'晋'之讹[24]。"

韩非师荀卿，

《史记·韩非传》："非与李斯俱事荀卿，自以为不如非。"

而二人者皆不说学，

《商子·农战》篇："境内之民，皆化而好辩乐学，事商贾，为技艺，避农战。如此，则不远矣。""虽有《诗》《书》，乡一束，家一员，独无益于治也。"《去强》："国有礼、有乐、有诗、有书、有善、有修、有孝、有悌、有廉、有辩。国有十者，上无使战，必削之亡，国无十者，上有使战，必兴至王。"

《韩非子·五蠹》篇："今境内之民，皆言治，藏商、管之法者家有之，而国愈贫，言耕者众，执耒者寡也。境内皆言兵，藏孙、吴之书者家有之，而兵愈弱，言战者多，被甲者少也。""乱国之俗，其学者则称先王之道，以藉仁义，盛容服，而饰辩说，以疑当世之法，而贰人主之心。其言古者，为设诈称。借于外力，以成其私，而遗社稷之利，……此邦之蠹也。"《显学》篇："藏书策，习谈论，聚徒役，服文学而议说，世主必从而礼之，曰：'敬贤士，先王之道也。'夫吏之所税，耕者也，而上之所养，学士也。耕者则重税，学士则多赏，而索民之疾作而少言谈，不可得也。"

故亦无弟子传其学。杨朱师老聃，

《列子·黄帝》篇："杨朱南之沛，老聃西游于秦，邀于郊。至梁而遇老子。老子中道仰天而叹曰：'始以汝为可教，今不可教也。'杨朱不答。至舍，进涫漱巾栉，脱履户外，膝行而前曰：'向者夫子仰天而叹曰：始以汝为可教，今不可教，弟子欲请，夫子辞行不闲，是以不敢。今夫子闲矣，请问其过。'老子曰：'而睢睢而盱盱，而谁与居？大白若辱，盛德若不足。'杨朱蹴然变容曰：'敬闻命矣。'"

列子师壶丘子、老商氏，

《列子·黄帝》篇："有神巫自齐来，处于郑，命曰季咸，知人生死、存亡、祸福、夭寿，期以岁、月、旬、日，如神。郑人见之，皆避而走。列子见之而心醉，而归以告壶丘子曰：始吾以夫子之道为至矣，则又有至焉者矣。"《仲尼》篇："子列子既师壶丘子林。"《黄帝》篇："列子师老商氏，友伯高子。进二子之道，乘风而归。"

《仲尼》篇："子列子学也，三年之后，心不敢念是非，口不敢言利害，始得老商一眄而已。五年之后，心更念是非，口更言利害，老商始一解颜而笑。七年之后，从心之所念，更无是非，从口之所言，更无利害，夫子始一引吾并席而坐。九年之后，横心之所念，横口之所言，亦不知我之是非利害欤，亦不知彼之是非利害欤。外内进矣，而后眼如耳，耳如鼻，鼻如口，口无不同。心凝形释，骨肉都融；不觉形之所倚，足之所履，心之所念，言之所藏。如斯而已。"

其弟子甚多，

《列子·仲尼》篇："子列子而与南郭子连墙，二十年不相谒请；……门之徒役，以为子列子与南郭子有敌，不疑。有自楚来者，问子列子曰：‘先生与南郭子奚敌？’子列子曰：‘南郭子貌充心虚，耳无闻，目无见，口无言，心无知，形无惕。往将奚为？虽然，试与汝偕往。’阅弟子四十人同行。”《天瑞》篇：“子列子适卫，食于道，从者见百岁髑髅，攓蓬而指。顾谓弟子伯丰曰：‘唯予与彼知而未尝生未尝死也。’”

然《列子》多寓言，亦未必可尽信。

《列子·黄帝》篇：“杨朱南之沛，遇老子。”注：“杨朱不与老子同时，此皆寓言也。”

要而论之，战国时传授学术者，犹以齐、鲁为多，子思、孟子、尸佼之类，皆鲁人也。苏秦、张仪、荀卿俱至齐游学，而荀卿在齐最为老师。

《史记·荀卿传》：“齐襄王时，而荀卿最为老师。齐尚修列大夫之缺。而荀卿三为祭酒焉。”

《列子》称齐、鲁多机，明其时齐、鲁人材独多矣。

《列子·仲尼》篇：“伯丰子之从者曰：大夫不闻齐、鲁之多机乎？有善治土木者，有善治金革者，有善治声乐者，有善治书数者，有善治军旅者，有善治宗庙者，群才备也。”

诸子之学之影响及于当时者，其初以墨学为最盛，南被楚、越，

《墨子·鲁问》篇：“楚惠王将攻宋，墨子自鲁至郢止之。”“子墨子游尚过于越，公尚过说越王，越王大说。谓公尚过曰：‘先生苟能使子墨子至于越而教寡人，请裂故吴之地方五百里以封子墨子。’”

西及秦国，

《吕氏春秋·去宥》篇："东方之墨者谢子，将西见秦惠王，惠王问秦之墨者唐姑果。"

故其时有东方之墨者、西方之墨者、南方之墨者，

《庄子·天下》篇："相里勤之弟子五侯之徒，南方之墨者，苦获、已齿、邓陵子之属。"

世称为显学，且曰其言盈天下，而其后遂日微。今之论者，谓由于儒家、法家反对其说，及墨家诡辩太微妙之故，吾以为别有三因焉。一则刻苦太过，不近人情。

《庄子·天下》篇："墨翟、禽滑釐之意则是，其行则非也。将使后世之墨者，必自苦以腓无胈、胫无毛，相进而后已矣。乱之上也，治之下也。"

一则互相猜忌，争为钜子。

《庄子·天下》篇："南方之墨者，……倍谲不同，相谓别墨，以坚白同异之辩相訾，以觭偶不仵之辞相应，以钜子为圣人，皆愿为之尸，冀得为其后世，至今不决。"《吕氏春秋·去宥》篇："唐姑果恐王之亲谢子贤于己也，对曰：'谢子，东方之辩士也。其为人甚险，将奋于说以取少主也。'王因藏怒以待之。谢子至，说王。王弗听，谢子不说，遂辞而行。"

一则骛外徇名，易为世夺。

《吕氏春秋·上德》篇："墨者钜子孟胜，善荆之阳城君。

阳城君令守于国，毁璜以为符，约曰：‘符合听之。’荆王薨，群臣攻吴起，兵于丧所。阳城君与焉，荆罪之。阳城君走，荆收其国。孟胜曰：‘受人之国，与之有符，今不见符而力不能禁，不能死，不可。’其弟子徐弱谏曰：‘死而有益阳城君，死之可矣。无益也，而绝墨者于世，不可。’孟胜曰：‘不然。吾于阳城君也，非师则友也，非友则臣也。不死，自今以来，求严师，必不于墨者矣；求贤友，必不于墨者矣；求良臣，必不于墨者矣[25]。死之，所以行墨者之义，而继其业者也。我将属钜子于宋之田襄子。田襄子，贤者也，何患墨者之绝世也！’徐弱曰：‘若夫子之言，弱请先死以除路。’还殁头前于孟胜，因使二人传钜子于田襄子。孟胜死，弟子死之者八十三人，二人以致令于田襄子，欲反死孟胜于荆，田襄子止之，曰：‘孟子已传钜子于我矣。’不听，遂反死之。”

此皆其骤盛于一时，而卒不能不同化于他派之故，不可专病异己者之排击也。墨学衰而法家、纵横家大盛。商君之威严，殆有过于今之督军。

《史记·商君传》：“君之出也，后车十数，从车载甲，多力而骈胁者为骖乘，持矛而操闟戟者旁车而趋，此一物不具，君固不出。”

苏秦之智术，亦几为当时天下之泰斗。

《史记·苏秦传》：“苏秦死，苏代复重于燕。燕使约诸侯从亲，如苏秦时，或从或不，而天在下由此宗苏氏之从约。代、厉皆以寿死，名显诸侯，太史公曰：苏秦兄弟三人，皆游说诸侯以显名。……世言苏秦多异，异时事有类之者皆附之苏秦。”

三晋之士，人人攘臂言纵横矣。

《史记·张仪传》:“太史公曰：三晋多权变之士，夫言从横强秦者，大抵皆三晋之人也。”

同时与法家、纵横家颉颃者，则有阴阳家。

《史记·孟子荀卿列传》:“驺衍睹有国者益淫侈，不能尚德，若《大雅》整之于身，施及黎庶矣。乃深观阴阳消息，而作怪迂之变，《终始》《大圣》之篇十余万言，其语闳大不经，必先验小物，推而大之，至于无垠。先序今以上至黄帝，学者所共术，大并世盛衰，因载其禨祥度制，推而远之，至天地未生，窈冥不可考而原也。先列中国名山大川，通谷禽兽，水土所殖，物类所珍，因而推之，及海外人之不能睹。称引天地剖判以来，五德转移，治各有宜，而符应若兹。以为儒者所谓中国者，于天下乃八十一分居其一分耳。中国名曰赤县神州。赤县神州内自有九州，禹之序九州是也，不得为州数，中国外如赤县神州者九，乃所谓九州也。于是有裨海环之，人民禽兽莫能相通者，如一区中者，乃为一州。如此者九，乃有大瀛海环其外，天地之际焉。其术皆此类也。然要其归，必止乎仁义节俭，君臣上下，六亲之施，始也滥耳。王公大人初见其术，惧然顾化，其后不能行之。是以驺子重于齐。适梁，梁惠王郊迎，执宾主之礼。适赵，平原君侧行撇席，如燕，昭王拥彗先驱，请列弟子之座而受业，筑碣石宫，身亲往师之。作《主运》。其游诸侯见尊礼如此，岂与仲尼菜色陈、蔡，孟轲困乎齐、梁同乎哉！”

迄汉代，其学尤盛。而儒、道二家，初未尝得权凭势而有所为，与世枘凿，王公大人不能器之。

《史记·孟子荀卿列传》："道既通，游事齐宣王，宣王不能用。适梁，梁惠王不果所言，则见以为迂远而阔于事情。当是之时，秦用商君，富国强兵；楚、魏用吴起，战胜弱敌；齐威王、宣王用孙子、田忌之徒，而诸侯东面朝齐。天下方务于合纵连衡，以攻伐为贤，而孟轲乃述唐虞三代之德，是以所如者不合。""梁惠王谋欲攻赵，孟轲称太王去邠。此岂有意阿世俗苟合而已哉！持方枘欲内圆凿，其能入乎？"又《老庄列传》："周尝为漆园吏，与梁惠王、齐宣王同时，其学无所不阙，然则要本归于老子之言。……其言洸洋自恣以适己，故自王公大人不能器之。"

讲学著书皆无与当时之风气，而其及于后世之影响，乃转过于诸家，是知公理自在人心，不可徒以一时之盛衰计也。

诸子之学，大都相因而生。有因前人之学，而研之益深者；有因他人之说，而攻之甚力者。如杨朱、列御寇之学，皆出于老聃，而其言天人性命之故，则进于老子；墨翟学说，既与杨、列相反。墨子攻击儒家最甚，攻杨子者颇少，惟《兼爱》下篇别君之言曰："吾恶能为吾万民之身？若为吾身，此泰非天下之情也。人之生乎地上之无几何也，譬之犹驷驰而过隙也"云云，正是指斥杨家之言。又专攻孔子，而以先圣之学，别立一宗。孟子承孔子之学，言性言政，皆进于孔子，而力辟杨、墨二家之说。然其痛恨当世穷兵黩武之风，则与墨子同。宋钘、尹文救民之斗，禁攻寝兵，似与墨同矣，而其以心为主与墨异，

《庄子·天下》篇："语心之容，命之曰心之行，以聏合欢，以调海内，请欲置之以为主。"是宋钘、尹文之主张，专以人心之不乐战斗为主，不似墨之归本于"天志"也。

以利为言与孟异。

《孟子·告子》："宋牼将之楚。孟子遇于石丘，曰：'先

生将何之？’曰：‘吾闻秦、楚构兵，我将见楚王，说而罢之。楚王不悦，我将见秦王，说而罢之。二王我将有所遇焉。’曰：‘轲也请无问其详，愿闻其指，说之将何如？’曰：‘我将言其不利也。’曰：‘先生之志则大矣，先生之号则不可。先生以利说秦、楚之王，秦、楚之王悦于利，以罢三军之师，是三军之士乐罢而悦于利也。为人臣者怀利以事其君，为人子者怀利以事其父，为人弟者怀利以事其兄，是君臣、父子、兄弟终去仁义，怀利以相接，然而不亡者，未之有也。’”

庄子之学，又进于杨朱、列御寇、亦称述孔、墨，而以《齐物论》为归，然与慎到等之齐万物者又不同。按：慎到等齐万物以为首，笑天下之尚贤，非天下之大圣，庄子斥为非生人之行，而至死人之理。盖庄子之齐物，自有所谓内圣外王之道在，慎到等惟持万物平等之观，而于原始之道未有所见也。荀子宗孔而非墨，而其言性恶，与孟子相反。其治名学，又进于孔、孟而与墨同源焉。故诸子之学，固皆角立不相下，然综合而观之，适可为学术演进之证。其所因于他人者，有正有反，正者固已究极其归宿，反者乃益搜集其剩余，而其为进步，乃正相等也。

诸子之书，家别人异。欲究其全，当别为专书。近人喜言诸子之学，尤喜掇拾其破碎不完者，以附会西人之说。如清季学者，震于西人制造之学，则盛称墨子之格术，如刘岳云。

刘岳云《墨子格术解》曰：“日光具红、黄、绿、紫、橙黄、靛、蓝七色，试以三棱透镜即见。若物尽受全日之光，则为白色；若灭其入质之光线，则为黑色。照相之巧，全在用其白黑二色，以为阴阳向背之别，而数千年前之墨子已发其理。”[26]

近人习于西人逻辑之学，则又标举墨子及惠施、公孙龙等之名学，如梁启超等。

梁启超《墨学微》曰："墨子所谓名，即论理学所谓名辞；墨子所谓辞，即论理学所谓名题；墨子所谓说，即论理学所谓前提等。"

而于牖民觉世之大义，或反弃之不讲。如孟子之辩义利，

孟子时功利主义极盛。如商君曰："苟可以强国，不法其故；苟可以利民，不循于礼。"以社会进化历史变迁之理观之，固亦可成一说。然专以强利为目的，其流极必至于不顾人道群德；易言之，则可曰：苟可以强国，不顾公理；苟可以利民，不问人格[27]。今世强国侵略主义，即此耳。孟子生其时，力持正义，如曰："行一不义，杀一不辜，而得天下，君子不为也。"又曰："枉尺而直寻者，以利言也，如以利，则枉寻直尺而利，亦可为欤？"皆极端与功利论相反。当时虽不见从，而后世服习其说，凡士大夫之所主张，皆以重义轻利为立国根本。

墨子及孟子之非攻战，

孟子、墨子皆抱非兵主义，惟墨子尚欲以器械制善战者，孟子则一律斥之，此其异也。《孟子》曰："争地以战，杀人盈野；争城以战，杀人盈城。此所谓率土地而食人肉，罪不容于死。"其言痛切极矣。后世人君，虽多有以武功立国者，而凡儒者之言论，史家之

庄子像

庄子（约前 369—前 286），名周，战国时期宋国蒙人。著名的哲学家、文学家，是道家学派的代表人物之一，老子哲学思想的继承者和发展者。

记载，文人之歌咏，恒斥其非，而专以尚德恤民为美。此亦可证之近事，而知吾民德之高尚有自来矣[28]。近世西人之误，在以国家与个人不同，日逞其弱肉强食之谋，而墨子则早见及之。其《非攻》篇曰：“杀一人谓之不义，必有一死罪矣；杀十人，十重不义，必有十死罪矣；杀百人，百重不义，必有百死罪矣。今至大为攻国不义，则不之非，从而誉之，谓之义。”又曰：“今小为非，则知而非之。大为非攻国，则不知非，从而誉之谓之义。可为知义与不知义之辨乎？”盖墨子以国家与个人无别，悉当以义为断，其理至明；而当时谓攻国为义者，殆亦必有如近世国家学者之说，歧国家道德与人民道德为二也。吾国兵祸之烈，极于战国，而其时之学者，即大倡反对之论，此亦可见吾民觉悟之早，与其爱好和平之性之独优矣[29]。

子思、孟子之论性，

子思作《中庸》，首揭“天命之谓性，率性之谓道”，即示人之以性善也。性如不善，则率之不得为道矣。孟子畅言性善之旨，其原实出于子思。然当举世大乱之时，不因人类之残贼凶恶，而怀憎恶厌弃之意，且极力推明人皆可以为尧、舜，尤有功于教育。盖人心之观念，每因环境而变，见环境之多善人，则以人性为善；见环境之多恶人，则以人性为不善。惟究极性道之原者，能不为环境所囿，不就人心之现状及结果而论，而就第一念指示人群，使人憬然有以自勉，而绝去其自暴自弃之萌，其为功于人类何如哉！荀子言性恶，已为当世恶人所囿，而不能免于愤激，而欲以礼义教化矫之。如曰：“令人之性生而有好利焉，顺是，故争夺生而辞让亡焉；生而有疾恶焉，顺是，故残贼生而忠信亡焉；生而有耳目之欲，有好声色焉，顺是，故淫乱生而礼义文理亡焉。然则从人之性，顺人之情，必出于争夺，合于犯分乱理，而归于暴。故必将有师法之化，礼义之道，然后出于辞让。合于文理，而归于治。用此观之，然则人之性恶明矣，其善者伪也。”盖荀子之时，争夺残贼淫乱之人，殆又甚于孟子之时。荀子疾其所为，因谓其性固如此，而不知是说已大悖于教育原理。使人之性本不具有辞让合理之德，虽有师法，何能动之？郝兰皋等解“伪”字作“为”字，以为荀子辩护；不知“为”字亦是强勉矫饰，非出于自然也。

列子、荀子之论学，

《列子》书中，教人为学之法最多。如壶丘子示季咸以未始出吾宗，然后列子自以为未始学而归，三年不出。又学于老商九年，然后心凝形释，既自以其为学诏人。又如《汤问》篇所述师文学琴、薛谭学讴、纪昌学射、造父学御等，皆示人以专心壹志学道之功，非徒教人以虚无诞妄之说也。荀子言性虽异于孟子，以其注重于人为，故力言积学之益。如《劝学》篇曰“真积力久则入”，《儒效》篇“积善而全尽，谓之圣人”，《强国》篇云“能积微者速成”。自《劝学》篇以下，反复譬喻，一本此旨。积则一好，一好则通类，故曰“并一而不二，所以成积也”。《修身》篇亦曰：“凡治气养心之术，莫神一好。”《劝学》篇又曰：“伦类不通，仁义不一，不足谓善学。”《儒效》篇又曰：“以浅持博，以古持今，以一持万，苟仁义之类也。虽在鸟兽之中，若别黑白，倚物怪变，所未尝闻也，所未尝见也。卒然起一方，则举类统而应之，无所儗怎。”为学之法，殆莫有外此者也。

列子、庄子之言宇宙原理，

列、庄之学，皆推极于无始以前，如《天瑞》篇曰：“有生不生，有化不化；不生者能生生，不化者能化化；生者不能不生，化者不能不化，故常生常化。常生常化者，无时不生，无时不化。阴阳尔，四时尔，不生者疑独。”[30]不化者往复，往复其际不可终，疑独其道不可穷。盖原始之道，不生不化，非一非多，降而至于生化，则人之所见，阴阳四时，有推迁变化之迹矣。然从往复疑独推之，仍自不可终，不可穷。世人徒以物质求之，终无是处也。《齐物论》曰：“有始也者，有未始有始也者，有未始有夫未始有始也者；有有也者，有无也者，有未始有无也者，有未始有夫未始有无也者，俄而有无矣，而未知有无之果孰有孰无也。”其言原始，既极之于未始有夫有无之时，然初非示人以无有无无也，故曰：“若有真宰，而特不得其眹。”又曰：“其有真君存焉。”[31]亦曰：“夫道有情有信，无为无形。可传而不可受，可得而不可见；自本自根，未有天地，自古以固存。”盖确见天地之根本，在有无胥泯之时，而仍有情有信，惟陷溺于世俗知识者，不可见耳。列、庄皆从此用功得力，故俯视一切，而自信其独与天地精神往来，不知其道者，则目之为消极，为社会学术进步之阻力。不知人人皆消极于世俗之荣辱得丧，而积极于精神之稠适上遂[32]，则人类之进步，何可限量？惟役役于世俗之荣辱得丧，自命进步，实则毫无进步可言，乃真庄、列之所悲耳。自魏、晋以来，崇拜庄、列之说者，似亦专宗其消极主义，然真能得其道者，和光同尘，泯然于言说迹象，世亦无从知之。姑就浅近立论，则列、庄之说，即无大功效，亦足使人开拓心胸，消除执滞。佛学未入中国之先，吾国有此等先觉，洵异事也。

皆大有功于人类，弃周鼎而宝康瓠，未足为善言学也。

诸子之学，既各有功于世，而其文之精美，又进于春秋之世，而各成为后世文章之宗，是亦战国之特色也。综观诸子之文，约分为五：一曰纪事，二曰笺释[33]，三曰论辩，四曰寓言，五曰韵文。战国以前之文，虽有此五体，而发挥光大，至是始盛；其尤盛者，则后之三体也。孟、墨论辩，最工设喻，已近寓言，而杜撰事实，庄、列为多。如称晏婴与管仲同时，

《列子·杨朱》篇："晏平仲问养生于管夷吾。"

孔子与柳下季为友，

《庄子·盗跖》篇："孔子与柳下季为友。"

以意为之，羌无故实；甚至古代本无此人，随意造一名字，如鸿蒙、云将、副墨、雒诵之类，尤前此之所无也。后世赋家，假设主客，小说家幻托人事，皆原于此。此则庄、列以前，文多纪实；庄、列以后，文字直分纪实与寓言为两宗矣。《老子》《管子》已有韵文，而未别名一体；《荀子·成相》篇既为长短句之祖，赋云、赋蚕，又就诗之六艺，抽取其一而名篇。宋玉之徒，踵兴于楚，赋乃代诗而兴，是亦文章进化之关键也。《汉书·艺文志》列《孙卿子》三十三篇，已著录于儒家，而《诗赋类》又列《孙卿子》十篇，明赋之始于孙卿也。观其序意与屈原并重。

《汉书·艺文志》："大儒孙卿及楚臣屈原，离谗忧国，皆作赋以讽，咸有恻隐古诗之义。"

北荀南屈，相望于列强黩武之时；而文章光焰，腾焯千古。故知个人之力，不必为当世权势所屈矣。

---

①此称其书之篇名。

②此称其书名。

③此皆称其著书。

④此即以诸子为诸书之称，实即当日诸子之书。

⑤名熊，为周师，自文王以下问焉，周封为楚祖。

⑥后世所加。

⑦从王念孙说改。

⑧史鳝，春秋时人，荀子斥其言之成理，欺惑愚众，当时战国时有为史鳝之学之说者耳。

⑨陈骈即田骈。

⑩阳生即杨朱。

⑪《艺文志·兵家》有《兒良》一篇。

⑫《史记》称慎到、田骈皆学黄、老道德之术，则亦出道家。

⑬《索隐》:《别录》作“芊子”。

⑭沈钦韩疑为鲁人。

⑮叶德辉说为陈人，梁玉绳说为齐人。

⑯它嚣、桓团、陈仲子等，不知有无著述者尚不在内。

⑰高诱注：“其后，史角之后也。”

⑱见前引《淮南子·要略》。

⑲见前《孔子弟子》篇。

⑳据胡元仪《荀卿别传》则五十当作十五。

㉑《左传正义》引。

㉒吴起于楚悼王二十一年，即周安王二十一年，在苏秦说六国合纵之先约四十八年。

㉓此可见苏秦未劝六国合纵之时，已有衡人日夜游说。

㉔按《史记》作“楚有尸子”。《艺文志》称为鲁人，其言可通。春秋以降，鲁地渐入于越，后又入于楚，故《志》称为鲁人，而《史》称为楚。若以鲁为晋之讹，则晋、楚相去远矣。

㉕此等见解，极卑陋可笑，皆骛外徇名之见也。

㉖指《墨经》远近临正鉴貌能黑白言。

㉗《商子·靳令》篇：“六虱，曰礼乐，曰诗书，曰修善，曰孝悌，曰诚信，曰贞廉，曰仁义，曰非兵，曰羞战。有十二者，上无使襄战，必贫至削。十二者成群，此谓君之治不胜其臣。”举孝悌、诚信、贞廉、仁义诸德，一概抹杀，是即极端功利论所必至也。

㉘近年有倡为尚武之说者，谓吾国之弱，实文人不提倡尚武之精神，此亦持之有故。然西洋史家盛称亚历山大、凯撒、拿破仑诸人，而吾国人于秦始皇、汉武帝、苻坚、隋炀帝、金亮之类，皆致不满，盖中西人思想大相径庭之处也。究之，立国尚武功，抑尚道德，读史者可自下断语。

㉙吾国之昌言兵祸者，不独道家及儒、墨二家然也，即兵家之大师，亦以此义为前提。如孙子曰：“夫兵久而国利者，未之有也。故不尽知用兵之害者，则不

能尽知用兵之利也。”又曰：“百战百胜，非善之善者也，不战而屈人之兵，善之善者也。”此皆深以穷兵黩武为戒者也。

㉚此当从杨仁山说：“一尚不立，何有对待。”

㉛皆《齐物论》语。

㉜《庄子·天下》篇：“其于宗也，可谓稠适而上遂矣。”稠，即充实不可已之谓；适，即与天地精神往来之谓，上遂，即上与造物者游之谓。

㉝如《墨子·经说》《韩非子·解老》之类。

第三讲　秦汉文明

第一节　秦之文化

秦之文化，自周宣王时始开，

《诗·车邻》小序："《车邻》，美秦仲也。秦仲始大，有车马、礼乐、侍御之好焉。"《郑氏诗谱》："周孝王为伯翳能知禽兽之言，子孙不绝，故封非子为附庸，邑之于秦谷。至曾孙秦仲，宣王又命作大夫，始有车马、礼乐、侍御之好。国人美之，秦之变风始作。"

文公时，始有史以纪事，

《史记·秦本纪》："襄公以兵送周平王，平王封襄公为诸侯，赐之岐以西之地，……襄公于是始国，与诸侯通使聘享之礼……十二年，伐戎而至岐，卒。生文公。……文公十三年，初有史以纪事，民多化者。十六年，文公以兵伐戎，戎败走。于是，文公遂收周余民有之，地至岐。"

足见秦民开化之迟，盖虽居周岐丰之地，而其文教实别为一系统，与周之故俗不相衔接。如《史记》称襄公用駵驹、黄牛、羝羊各三，祠上帝西畤。文公初为鄜畤，用三牢。十九年，得陈宝。二十年，法初有三族之罪之类，皆非周之

礼也。其后之强，率以用客卿之故[1]，秦固无杰出之人也。商鞅、韩非皆务愚民，

《商子·垦令》篇："民不贵学，则愚，愚则无外交，无外交，则勉农而不偷。"

《韩非子·五蠹》篇："事智者众则法败，用力者寡则国贫，此世之所以乱也。故明主之国，无书简之文，以法为教；无先王之语，以吏为师。"

不用文士，惟吕不韦稍好士，尚文艺。

《史记·吕不韦传》："是时诸侯多辩士，如荀卿之徒，著书布天下。吕不韦乃使其客人人著所闻，集论以为《八览》《六论》《十二纪》，二十余万言，以为备天地万物古今之事，号曰《吕氏春秋》。布咸阳市门，悬千金其上，延诸侯游士、宾客，有能增损一字者，予千金。"

然其书固类书之体，不足为一家言也。

秦既一统，始尚文教，使天下文字皆同于秦文。

《史记·始皇本纪》："一法度衡石丈尺。车同轨。书同文。"《琅邪刻石》："器械一量，同书文字。"

而其时作者亦辈出，《仓颉》《爰历》《博学》诸篇，皆秦文也。

《说文序》："七国田畴异亩，车涂异轨，律令异法，衣冠异制，言语异声，文字异形，秦始皇帝初并天下，丞相李斯乃奏同之，罢其不与秦文合者。斯作《仓颉》篇，中车府令赵高作《爰历篇》，太史令胡毋敬作《博学》篇，皆取史籀大篆，或颇省改，所谓小篆者也。"

《汉书·艺文志》："《仓颉》一篇上七章，秦丞相李斯作。《爰历》六章，车府令赵高作。《博学》七章，太史令胡毋敬作。"

虽小篆之字不多，似不敷用。

《说文注》段玉裁："李之七章，赵之六章，胡毋之七章，各为一篇。《汉志》最目，合为《仓颉》一篇者，因汉时闾里书师，合为三篇，断六十字以为一章，凡五十五章，并为《仓颉》篇故也。六十字为一章者，凡五十五，然则自秦至司马相如以前，小篆只有三千三百字耳。"

然当时书为八体，不仅用小篆一种。

《说文序》："秦书有八体。一曰大篆，二曰小篆，三曰刻符，四曰虫书，五曰摹印，六曰署书，七曰殳书，八曰隶书。"

而隶书尤约易，便于书写。

《说文序》："是时秦烧灭经书，涤除旧典，大发吏卒，兴戍役，官狱职务繁。初有隶书，以趣约易，而古文由此绝矣。""左书即秦隶书，秦始皇帝使下杜人程邈所作也。"

其功不独为秦统一之用，且为数千年来中国全境及四裔小国所通用。其体势结构，可独立为美术之一品，是亦至可纪念者也。

篆隶兴而古文废，犹不足为秦重也。所奇者，金石文辞，光耀海内；文字之美，与其流传之久，皆为史记所仅见，是岂不尚文教者所能乎？《始皇纪》载刻石凡六。

《史记·秦始皇本纪》："二十八年，上邹峄山，立石，与诸儒生议，刻石颂秦德，……乃遂上泰山，禅梁父，刻所立石。""南登琅邪，大乐之。留三月，……作琅邪台，立石刻，颂秦德，明德意。""二十九年，登之罘。刻石，其辞曰……其东观日……。""三十二年，之碣石，刻石门。""三十七年，上会稽，祭大禹，望于南海，而立石刻颂秦德。"

《秦峄山碑》

李斯（前280—前208），秦代著名的政治家、文学家和书法家，参与制定了秦朝文字使用规范。图为李斯小篆《秦峄山碑》。

至今琅邪台铭文，犹存十三行，泰山亦存十字。

《语石》叶昌炽："秦始皇东巡，刻石凡六。始于邹峄，次泰山，次琅邪，次之罘，由碣石而会稽，遂有沙丘之变。今惟琅邪台一刻尚存诸城海神祠内，通行拓本皆十行，惟段松苓所拓精本，前后得十三行。翁、阮、孙三家著录者，皆是也。泰山二十九字，先在岳顶玉女池上，后移置碧霞元君庙。乾隆五年，毁于火，今残石仅存十字耳。之罘、碣石、会稽三刻久亡，峄山，唐时焚于野火，当时即有摹本，杜诗所谓'枣木传刻肥失真'者也。"

而他石拓本钩摹影印者，世尚有之。二千一百余年之古刻，证据极确，非檀山石刻及石鼓之出于推测者可比。世人虽极斥秦，于此独宝存之，知其文字之美，为千载所共推矣。三代金文最多，至秦始尚刻石，亦可见秦之各事，皆不蹈袭前人，大书深刻，悉李斯、王绾等之意匠也。然秦以刻石著，亦非不善镂金，其权量刻文，尤极精美。

《陶斋吉金录》载秦铜权十八，椭量四，方量一。

学小篆者，近且由秦石而进言秦金。是秦之文学美术，不惟不逊于三代，甚且过之矣。顾亭林论秦刻石，谓其坊民正俗之意，未始异于三王。

《日知录》："秦始皇刻石凡六，皆铺张其灭六王并天下之事。其言黔首风俗，在泰山则云：'男女礼顺，慎遵职事。昭隔内外，靡不清净。'在碣石门则云：'男乐其畴，女修其业。'如此而已。惟会稽一刻，其辞曰：'饰省宣义，有子而嫁。倍死不贞，防隔内外。禁止淫泆，男女洁诚。夫为寄豭，杀之无罪。男秉义诚，妻为逃嫁，子不得母。'感化廉清，何其繁而不杀也。考之《国语》，自越王勾践栖于会稽之后，惟恐国人之不蕃，故令壮者无取老妇，老者无取壮妻。女子十七不嫁，其父母有罪；丈夫二十不取，其父母有罪。生丈夫，二壶滔，一犬；生女子，二壶酒，一豚；生三人，公与之母；生二人，公与之饩。《内传》子胥之言亦曰：'越十年生聚。'《吴越春秋》至谓勾践以寡妇淫泆过犯，皆输山上。士有忧思者，令游山上，以喜其意。当其时，盖欲民之多，而不复禁其淫泆。传至六国之末，而其风犹在。故始皇为之厉禁，而特著于刻石之文，以此与灭六王并天下之事并提而论，且不著之于燕、齐，而独著之于越。然则秦之任刑虽过，而其坊民正俗之意，固未始异于三王也。汉兴以来，承用秦法以至今日者多矣。世之儒者，言及于秦，即以为亡国之法，亦未之深考乎！"

观其刻辞，固可见秦之注重民俗，而辞中所言多男女并举，尤为秦俗男女平等之证。夫淫他室，杀者无罪，是秦人初不专责女子以节义也。责女子以节义，而视男子之淫泆若无睹，是鄙秦者，乃真未喻秦代法制之意也。古俗不禁女子改嫁，亦无旌表守节之事。考守节树坊之始，盖本于始皇之奖巴寡妇清。

《史记·货殖列传》："巴蜀寡妇清，其先得丹穴而擅其利数世，家亦不訾。清，寡妇也，能守其业，用财自卫，不见侵犯。秦始皇帝以为贞妇而客之，为筑女怀清台。"

然其筑台而客之，以清能用财经营事业，为女子之杰出者，似不徒专以其为贞妇也。

秦之为世口实者，曰"焚书坑儒"，此文化史上最大之罪恶也。然刘海峰《焚书辩》为秦平反，最得事理之实。

《焚书辩》刘大櫆："《六经》之亡，非秦亡之，汉亡之也。何则？李斯恐天下学者道古以非今，于是禁天下私藏《诗》《书》百家之语，其法至于'偶语《诗》《书》者弃市'，而吏见知不举，则与之同罪。噫，亦烈矣！然其所以若此者，将以愚民，而固不欲以之自愚也。故曰'非博士官所职，诣守尉杂烧之'。然则博士之所藏具在，未尝烧也。迨项羽入关，杀秦降王子婴，收其货宝妇女，烧秦宫室，火三月不灭，而后唐、虞三代之法制，古先圣人之微言，乃始荡为灰烬。昔萧何至咸阳，收秦丞相御史律令图书，于秦博士所藏之书，独不闻其收而宝之。设使萧何能与其律令图书，并收而藏之，则项羽不烧，则圣人之全经犹在也。"

且据《汉志》，秦于诸经，亦未尽燔。

《汉书·艺文志》："秦燔书，而《易》为卜筮之事，传者不绝。……《诗》三百五篇，遭秦而全者，以其讽诵，不独在竹帛故也。”

秦之博士甚多，

《汉书·百官表》：“博士，秦官。掌通古今，秩比六百石，员多至数十人。”

其遗献皆能优游论著。

《秦献考》章炳麟：“秦博士七十人，掌通古今。识于太史公书者，叔孙通、伏生最著。仆射周青臣用面谀显，淳于越相与牴牾，衅成而秦燔书。其他《说苑》有鲍白令之斥始皇行桀、纣之道，乃欲为禅让，比于五帝[2]，其冐鲠次淳于。《汉书·艺文志》儒家有《羊子》四篇，凡书百章。名家四篇则《黄公》，黄公名疵，作歌诗，二子皆秦博士也。京房称赵高用事，有正先用非刺高死[3]。最在古传纪，略得八人，七十员者九一耳。青臣朴樕不足齿，其七人，或直言无挠辞，不即能制作，造为琦辞，遗令闻于来叶，其穷而在蒿艾。与外吏无朝籍。烂然有文采论纂者，三川有成公生，与黄公等同时。当李斯子由为三川守，而成公生游谈不仕，著书五篇，在名家。从横家有《零陵令信》一篇，难秦相李斯。然秦虽钳语烧《诗》《书》，然自内外荐绅之士，与褐衣游公卿者，皆抵禁无所惧，是岂无说哉？！”按《集韵》引《炅氏谱》：“桂贞为秦博士，始皇坑儒，改姓昋。”宋濂《桂氏家乘序》亦述其事。是秦博士尚有一桂贞。

及孔鲋为陈涉博士，亦秦时人也。

《史记·孔子世家》：“孔鲋年五十七，为陈王涉博士，死于陈下。”

第执“焚书坑儒”一语，遽以为秦之对于古代文化摧灭无余，是实不善读史耳。

秦法，民之欲学者，以吏为师。

《史记·秦始皇本纪》：“若欲有学法令，以吏为师。”

吏主行政，师主教育，二者似不可兼，且专以法令为学，学之途尤隘矣。而章实斋盛称其法，谓为三代旧典。

《文史通义》章学诚：“以吏为师，三代之旧法也。秦人之悖于古者，禁《诗》《书》而仅以法律为师耳。三代盛时，天下之学，无不以吏为师。《周官》三百六十，天人之学备矣。其守官举职而不坠天工者，皆天下之师资也。东周以外，君师政教不合于一，于是人之学术，不尽出于官司之典守。秦人以吏为师，始复古制，而人乃狃于所习，专以秦人为非耳。秦之悖于古者多矣，犹有合于古者，以吏为师耳。”

盖以吏为师，犹能通知当世之务，视专读古书而不知时事者，其为教犹近古而较善耳。周代教民，最重读法，汉之学童，亦籀尉律。

《说文序》：“尉律，学童十七以上，始试讽籀书九千字，乃得为吏。”段玉裁曰：“讽，谓能背诵尉律之文；籀书，谓能取尉律之义，推演发挥，即缮写至九千字之多。”

是周、汉皆使人民学法令，以吏为师也。秦法虽亡，其遗文犹存于汉律。

《汉书·刑法志》：“萧何捃摭秦法，取其宜于时者，作律九章。”

言法律者，溯其渊源，不能外乎秦律；虽谓秦吏所授止于法令，其关系亦至巨矣。按吾国刑法，见于《书·尧典》《吕刑》及《周官·司寇》职文者，均刑律之渊源。春秋时复有刑书，然不名律。言律，实始于秦。按《唐律疏》，魏文侯李悝，集诸国刑典，造《法经》六篇，一盗法，二贼法，三囚法，四捕法，五杂法，六具法[4]。商鞅传授，改法为律[5]。汉相萧何，更加悝所造户、兴、厩三篇，谓九章之律[6]。魏因汉律为一十八篇，改汉具律为刑名第一。晋命贾充等增损汉魏律为二十篇，于魏刑名律中，分为法例律。宋、齐、梁及后魏因而不改。爰至北齐，并列名法例为名例；后周复为刑名；隋因北齐更为名例；唐因于隋，相承不改。此吾国旧律传授之源流。自宋迄清，亦多沿唐律。至清季始改定新刑律，因吾国之习惯，采欧洲之法意，然亦未能尽变旧法也。政府立法，恃国民之推行，民力不充，虽有良政府亦无如之何。民能自立，政府虽强暴压制，亦不能阻其进取也。吾观秦史，颇见秦民进取之迹。如：

> 《汉书·高帝纪》："诏曰：粤人之俗，好相攻击，前时秦徙中县之民南方三郡，使与百粤杂处。会天下诛秦，南海尉佗居南方，长治之，甚有文理，中县人以故不耗减，粤人相攻击之俗益止。"
>
> 《史记·货殖传》："蜀卓氏之先，赵人也，用铁冶富。秦破赵，迁卓氏。卓氏见虏略，独夫妻推辇，行诣迁处。众迁虏少有余财，争与吏，求近处，处葭萌。唯卓氏曰：'此地狭薄。吾闻汶山之下，沃野，下有蹲鸱，至死不饥，民工于市，易贾。'乃求远迁。致之临邛，大喜。即铁山鼓铸，运筹策，倾滇、蜀之民。"

由此推之，秦时南越、滇、蜀，皆赖中夏之民为之开化。尉佗之文理，卓氏之筹策，特其著者耳。吾国人民之优秀实冠绝于四裔，虽为政府强迫迁徙，亦能自立于边徼。故秦代谪戍移民之法，虽在当时为暴虐，而播华风于榛狉之地，使野蛮之族皆同化于中县，其所成就，正非当时政府意计所及也。

---

①见李斯书。

②《至公》篇。

③孟康曰："姓正名先，秦博士也。"

④注："盗法，今贼盗律；贼法，今作伪律；囚法，今断狱律；捕法，今捕亡律；杂法，今杂律；具法，今名例律是也。"

⑤注："改法为律者，谓盗律、贼律、囚律、捕律、杂律、具律也。"

⑥注："户者，户婚律；兴者，擅兴律；厩者，厩库律。"

第二节　两汉之学术及文艺

周、秦之学术思想，至两汉而结局。凡汉人之所从事，大抵为古人作功臣，不能特别有所创造。然因古代文明之递嬗，亦能于保存之中演为新制，而国基大定，疆域辽廓，又足以生国民宏大优美之思想，未可概以因袭鄙之也。又凡汉人之著作，与其所研究者，不尽传于后，观《汉书·艺文志》及钱大昭《补续汉书艺文志》，其书之亡逸者夥矣。以今所存，遽下定论，殊为未安。姑就著于世者，比而论之，其学术文艺，犹有千门万户之观。是可知汉人于吾国之文明，既善继往，兼能开来，非如后之言汉学者，第以经义训诂为一朝之学也。

世多谓汉武帝绌诸子，崇儒学，为束缚思想之主因。然古先圣哲思想之流传，实武帝之功。以功为罪，正与事实相反。观《艺文志》，即可知其说之不然。

《汉书·艺文志》："汉兴，改秦之败，大收篇籍，广开献书之路。迄孝武世，书缺简脱，礼坏乐崩。圣上喟然称曰：'朕甚闵焉。'于是建藏书之策，置写书之官，下及诸子传说，皆充秘府。"

盖汉初犹存挟书之律，惠帝虽除之，

《汉书·惠帝纪》："四年，除挟书律。"

其民间之收藏隐秘，犹未尽敢公布。至孝武而后，诸子传说与六艺之文，始并充于秘府。恶得以董仲舒、卫绾之言，遽谓武帝“罢黜百家”乎？

《汉书·董仲舒传》：“自武帝初立，魏其、武安侯为相，而隆儒矣。及仲舒对册，推明孔氏，抑黜百家，立学校之官，州郡举茂材、孝廉，皆自仲舒发之。”又《汉武帝纪》：“建元元年，冬十月，诏丞相、御史、列侯、中二千石、二千石、诸侯相举贤良方正直言极谏之士。丞相绾奏：‘所举贤良，或治申、商、韩非、苏秦、张仪之言，乱国政，请皆罢。’奏可。”

武帝以后，学者犹兼治诸子百家之学，

《汉书·艺文志》：“成帝时，以书颇散亡，使谒者陈农求遗书于天下。诏光禄大夫刘向校经传诸子诗赋，步兵校尉任宏校兵书，太史令尹咸校数术，侍医李柱国校方技。每一书已，向辄条其篇目，撮其指意，录而奏之。会向卒，哀帝复使向子侍中奉车都尉歆卒父业。歆于是总群书而奏其《七略》。故有《辑略》，有《六艺略》，有《诸子略》，有《诗赋略》，有《兵书略》，有《术数略》，有《方技略》。”

使武帝时禁人攻习异端，则向、歆父子，何必校定诸书乎？

汉以经书立学官，亦沿古者官学之法，如《王制》所谓“乐正崇四术立四教，春秋教以礼、乐；冬夏教以诗、书”，非汉人之创制也。至平帝时，广征学者。

《汉书·平帝纪》：“元始五年，征天下通知逸经、古记、天文、历算、钟律、小学、《史篇》、方术、《本草》及以‘五经’《论语》《孝经》《尔雅》教授者，在所为驾一封轺传，遣诣京师。至者数千人。”

复不限于经生。足知西汉末年，人之为学，广出诸途，不第专以经学教授也。汉初已有博士，

《汉书·儒林传》："辕固，齐人也。以治《诗》，孝景时为博士。""韩婴，燕人也。孝文时为博士。""胡毋生，字子都，齐人也。治《公羊春秋》，为景帝博士。"

《后汉书·翟酺传》："孝文皇帝始置一经博士。"

武帝时，初置五经博士；至东汉时，凡十四家。

《宋书·百官志》："汉武建元五年，初置五经博士，宣、成之世，《五经》家法稍增，经置博士一人，至东京凡十四人。"

《续汉书·百官志》："博士祭酒一人，六百石。本仆射，中兴转为祭酒。博士十四人，比六百石。"本注曰："《易》四，施、孟、梁丘、京氏。《尚书》三：欧阳、大小夏侯氏。《诗》三：鲁、齐、韩氏。《礼》二：大小戴氏。《春秋》二：公羊、严颜氏。掌教弟子。国有疑事，掌承问对。本四百石，宣帝增秩。"

其任用出于保举，

《后汉书·朱浮传》注引《汉官仪》曰："博士，秦官也。武帝初置五经博士，后增至十四人。太常差选有聪明威重一人为祭酒，总领纲纪。其举状曰：'生事爱敬，丧没如礼；通《易》《尚书》《孝经》《论语》，兼综载籍，穷微阐奥。隐居乐道，不求闻达。身无金痍痼疾，卅六属不与妖恶交通、王侯赏赐。行应四科，经任博士。'下言某官某甲保举。"

然后策试，盖重其选也。

《后汉书·朱浮传》："旧事，策试博士，必广求详选，爰自畿夏，延及四方，是以博举明经，唯贤是登。"

学官弟子，初置五十人，后以次增至数千人。

《汉书·儒林传》："为博士官置弟子五十人，复其身。太常择民年十八以上，仪状端正者，补博士弟子。郡国县官有好文学，敬长上，肃政教，顺乡里，出入不悖，所闻，令相长丞上属所二千石。二千石谨察可者，常与计偕，诣太常，得受业如弟子。""昭帝时，举贤良文学，增博士弟子员满百人，宣帝末增倍之。""元帝……更为设员千人。""成帝末……增弟子员三千人。""平帝时王莽秉政，增元士之子得受业如弟子，勿以为员。"①

后汉国学尤盛，顺帝以降，太学至三万余生。

《后汉书·儒林传》："建武五年，乃修起太学，……其后复为功臣子孙、四姓末属，别立校舍，搜选高能，以受其业。""自安帝览政，薄于艺文，博士倚席不讲，朋徒相视怠散，学舍颓敝，鞠为园蔬。""顺帝……更修黉宇，凡所构造，二百四十房，千八百五十室。""自是游学增盛，至三万余生。"

按东汉太学，有二百四十房，千八百五十室，是盖从古未有之大学校也。以三万余学生，居千八百室，殆六室而居百人。就《后汉书》考之，其时太学生所居之室，盖甚宽大。如《仇览传》称："览入太学时，诸生同郡符融，有高名，与览比宇，宾客盈室。览常自守，不与融言。融乃谓曰：'与先生同郡壤，邻房牖，守之何固！'览不与言。融以告郭林宗，因与融赍刺就房谒之，遂请留宿，林宗嗟叹，下床为拜。"是学生所居之室，日中可接宾客，夜可留宾止宿，必大于今日学校寄宿舍矣。又其时讲舍与宿舍异处，如《朱祐传》："祐初学长安，帝往候之。祐不时相劳苦，而先升讲舍，后车驾幸其第，帝因笑曰：'主人得无舍我讲乎！'"是其学生宿舍，与讲舍不连之证。宿舍中有客至，而学生升舍听讲，不与宾相劳苦，殆讲授有定时，不敢缺席之故欤？学生之势力，至于左右朝政，则兴学之效也。

《后汉书·党锢传》："太学诸生三万余人，……更相褒重，……危言深论，不隐豪强，自公卿以下，莫不畏其贬议，屣履到门。"

武帝以前，郡国未有学校，而闾里自有书师[②]。自文翁在蜀立学堂，

《汉书·循吏传》："文翁，卢江舒人也。……景帝末，为蜀郡守。……见蜀地僻陋，有蛮夷风，文翁欲诱进之，乃选县小吏，开敏有材者张叔等十余人，亲自饬厉，遣诣京师，受业博士。或学律令。减省少府用度，买刀布蜀物，赍计吏，以遗博士。"[③]颜师古曰："文翁学堂，在今益州城内。"

《水经注》："文翁为蜀守，立讲堂，作石室于城南。永初后，学堂遇火，后守更增二石室。"

武帝乃令天下郡国皆立学校官。王莽柄国，特尚学术，郡国乡聚，皆有学校。

《汉书·平帝纪》："元始三年，立官稷及学官。郡国曰学，县、道、邑、侯国曰校。校、学置经师一人。乡曰庠，聚曰序。序、庠置《孝经》师一人。"

东汉开国君臣，大都其时学校所养成也。

《后汉书·光武本纪》："王莽天凤中，乃之长安，受《尚

书》，略通大义。”《邓禹传》：“年十三，能诵《诗》，受业长安，时光武亦游学京师。”《耿纯传》：“父艾，为王莽济平尹，纯学于长安，因除为纳言士。”《景丹传》：“少学长安，王莽时举四科。”《卓茂传》：“茂，元帝时，学于长安，事博士江生，习《诗》《礼》及历算，究极师法，称为通儒。”《东观汉记》：“光武受《尚书》于中大夫卢江许子威，资用乏，与同舍生韩子合钱买驴，令从者僦以给诸公费。”

班固《东都赋》曰：“四海之内，学校如林，庠序盈门。”以《后汉书》诸传证之，北至武威，

《后汉书·任延传》：“延为武威太守，……造立校官，自掾史子孙，皆令习业。”

南至桂阳，

《后汉书·卫飒传》：“为桂阳太守，……下车，修庠序之仪。”

僻壤蛮陬，并有学校。

《后汉书·李忠传》：“为丹阳太守，……以丹阳越俗，不好学，……乃为起学校，习礼容。”

《金石萃编》王昶：“《溧阳长潘乾校官碑》云：远人聆声景附，乐受一廛。既来安之，复役三年。惟泮宫之教，反失俗之礼。构修学官，宗懿招德。”④

信其语为不诬矣。

西汉大师，弟子之多，不过千余人。

《汉书·儒林传》：“申公归鲁，退居家教，终身不出门，复谢宾客，独王命召之乃往。弟子自远方至受业者千余人。”

东汉诸儒，家居教授者，指不胜屈；其弟子之多，亦过于西汉之经师。

《后汉书·牟长传》：“诸生讲学者，常有千余人，著录前后万人。”《宋登传》：“教授数千人。”《杜抚传》：“弟子千余人。”《丁恭传》：“诸生自远方至者，著录数千人。”《楼望传》：“诸生著录九千余人。”《谢该传》：“门徒数百千人。”《蔡玄传》：“门徒常千人，其著录者万六千人。”

师各有录，载其门徒。

《后汉书·李膺传》：“膺诣诏狱，考死，妻子徙边，门生、故吏及其父兄，并被禁锢。时侍御史蜀郡景毅子顾为膺门徒，而未有录牒，故不及于谴。毅乃慨然曰：‘本谓膺贤，遣子师之，岂可以漏夺名籍，苟安而已！’遂自表免归，时人义之。”

门徒之多，不能遍教，则使高业弟子，以次相传。

《后汉书·马融传》：“融才高博洽，为世通儒，教养诸生，常有千数。涿郡卢植，北海郑玄，皆其

班固像

班固（32—92），字孟坚。东汉史学家、文学家，所著《汉书》开创了纪传体断代史的先例，是中国古代重要历史典籍。

徒也。……弟子以次相传，鲜有入其室者。”《郑玄传》：“造太学受业，师事京兆第五元，先始通《京氏易》《公羊春秋》《三统历》《九章算术》。又从东郡张恭祖受《周官》《礼记》《左氏春秋》《韩诗》《古文尚书》。以山东无足问者，乃西入关，因涿郡卢植事扶风马融。融门徒四百余人，升堂进者五十余生。融素骄贵，玄在门下三年，不得见，乃使高业弟子传受于玄。玄日夜寻诵，未尝怠倦。会融集诸生考论图纬，闻玄善算，乃召见于楼上，玄因从质诸疑义。”

私家传授之盛，古所未有也。

汉人讲学，必从师者，以家无书籍，传写不易，非专家之师，授以章句，无由得师而成学也。

《汉书·儒林传》：“孝文时，求能治《尚书》者，天下亡有。闻伏生治之，欲召。时伏生年九十余。老不能行。于是诏太常使掌故朝错往受之。”⑤“孟喜好自称誉，得《易》家候阴阳灾变书，诈言师田生且死时，枕喜膝，独传喜，诸儒以此耀之。”《后汉书·荀悦传》：“家贫无书，每之人间，所见篇牍，一览多能诵记。”

后汉时虽已有卖书于肆者，疑亦只京师有之，而僻壤遐陬，仍苦无书。

《后汉书·王充传》：“家贫无书，常游洛阳市肆，阅所卖书，一见辄能诵忆。”

以此之故，从师受业者，往往不远千里，或佣作执苦，以助读书之资。其时书籍，尚多用简帛。

《汉书补注》沈钦韩：“刘向上《晏子》《列子》奏，并云以杀青书可缮写。然则其录奏者，并先杀青书简也。”《御览》

六百六引《风俗通》云："刘向《别录》杀青者，直治竹作简书之耳。新竹有汗，善朽蠹，凡作简者，皆先火上炙干之，陈、楚间谓之汗。汗者，去其汁也。吴、越曰杀，杀亦治也。向为孝成皇帝典校书籍二十余年，皆先书竹，改易刊定，可缮写者，以上素也。"

《后汉书·吴祐传》："父恢，为南海太守。祐年十二，随从到官，恢欲杀青简以写经书，祐谏曰：'此书若成，则载之兼两。'"

后汉时，始有蔡侯纸，

《后汉书·蔡伦传》："自古书契，多编以竹简，其用缣帛者，谓之为纸。缣贵而简重，并不便于人。伦乃造意，用树肤、麻头及敝布、鱼网以为纸。元兴元年，奏上之，帝善其能，自是莫不从用焉。故天下咸称'蔡侯纸'。"

是实吾国文化之一大利器也。⑥顾传写虽便，而经籍未有定本，亦难免于讹误，于是有石经之刻。

《后汉书·蔡邕传》："邕以经籍去圣久远，文字多谬，俗儒穿凿，疑误后学，熹平四年，乃与五官中郎将堂谿典、光禄大夫杨赐、谏议大夫马日磾、议郎张驯、韩说、太史令单飏等，奏求正定'六经'文字，灵帝许之。邕乃自书丹于碑，使工镌刻，立于太学门外。于是后儒晚学，咸取正焉。及碑始立，其观视及摹写者，车乘日千余辆，填塞街陌。"注引《洛阳记》曰："太学在洛阳城南开阳门外，讲堂长十丈，广二丈。堂前《石经》四部。本碑凡四十六枚：西行，《尚书》《周易》《公羊传》十六碑存，十二碑毁；南行，《礼记》十五碑悉崩坏；东行，《论语》三碑，二碑毁。《礼记》碑上有谏议大夫马日磾、议郎蔡邕名。"

其议倡于蔡邕，而成于李巡等。

《金石萃编》："《蔡邕传》称：同奏者有五官中郎将堂谿典、光禄大夫杨赐、谏议大夫马日磾、议郎张驯、韩说、太史令单飏等，而《公羊传》后别有谏议大夫赵䵮、议郎刘宏、郎中张文、苏陵、傅桢；《论语》后别有博士左立、郎中孙表。疑当时同与此事者尚多，而史略不载也。考《卢植传》，植由庐江太守征拜议郎，与谏议大夫马日磾、议郎蔡邕、杨彪、韩说等并在东观，校中书'五经'传记，是杨彪、卢植亦尝同校'五经'。又《吕强传》称：汝阳李巡白帝，与诸儒共刻'五经'文于石，于是蔡邕等正定其文。则刻经之议，虽创于邕，而其得蒙诏许，实由李巡之功。"

自熹平四年至光和六年，凡九年始毕。其工之艰巨，亦自古所未有也。迄今阅千七百余年，而是经之残字犹存于世，是岂宋、元版本所可及耶！

《金石萃编》："汉石经残字，共十二段。翁方纲汇摹其文，刻于南昌官舍，石经残字存者止此。而读其遗文，犹可以见鸿都之旧。"

两汉同重经学，而学术风气不同。西汉多治今文，罕治古文；东汉则今古文并立。前汉今文说，专尚微言大义；后汉治古文，多详章句训诂。此两汉经学之别也。

《经学历史》皮锡瑞："今文者，今所谓隶书，……古文者，今所谓籀书……隶书汉世通行，故当时谓之今文，……籀书，汉已不通行，故当时谓之古文。……许慎谓孔子写定'六经'，皆用古文。然则孔氏与伏生所藏书，亦必是古文。汉初发藏，以授生徒，必改为通行之今文，乃便学者诵习。故汉立博士十四，皆今文家，而当古文未兴之前，未尝别立今文之名。《史记·儒林传》云：'孔氏有《古文尚书》，而安国以今文读之。'乃就《尚书》之今古文而言；而鲁、齐、韩《诗》，《公羊春秋》，《史记》不云今文家也。至刘歆始增置《古文尚书》《毛诗》《周官》《左氏春秋》。既立学官，必创说解。后汉卫宏、贾逵、马融又递为增补，以行于世，遂与今文分道扬镳。"

近人以孟、荀、墨，韩、吴子及司马法诸书，多与今文家说合，并引为今学。

《今古学考·今学书目表》[⑦]廖平：《王制》《穀梁春秋》《公羊春秋》《仪礼记》《戴记》今学各篇[⑧]、《孟子》《荀子》《墨子》《司马法》《韩非子》《吴子》《易纬》《尚书大传》《春秋繁露》《韩诗外传》《公羊何氏解诂》[⑨]。

又《古学书目表》[⑩]：《周礼》《左氏春秋》《仪礼经》《戴记》古学各篇、《逸周书》《国语》《说文》。[⑪]

则今古文之范围，兼当包括诸子矣。西汉之人，多专一经；东汉则多兼通，所著解说，动辄数十万言。

《后汉书·周防传》："撰《尚书杂记》三十二篇，四十万言。"《伏恭传》："为《齐诗章句》二十万言。"《景鸾传》："著述凡五十余万言。"

是亦学术进步之证。郑玄兼治今古文家法，遍注群经，凡百余万言。黄巾军皆知其名，不犯其境。东汉人之知重学者，亦一最美之风气也。

《后汉书·郑玄传》云："凡玄所注《周易》《尚书》《毛诗》《仪礼》《礼记》《论语》《孝经》《尚书大传》《中候》《乾象历》，又著《天文七政论》《鲁礼谛袷义》《六艺论》《毛诗谱》《驳许慎五经异义》《答临孝存周礼难》，凡百万余言。”“建安元年，自徐州还高密，道遇黄巾贼数万人，见玄皆拜，相约不敢入县境。”

汉人之学，不专治经也。周、秦诸子之学，汉时实能综括而章明之。《七略》所载诸子，凡百八十九家，四千三百二十四篇[12]。至魏、晋以降，始次第沦佚，故有功于诸子者，莫若汉也。以两《汉书》诸传考之，有专治一家之学者，有以一家之学教授后生者，其风气盖与经学家无殊。如盖公善治黄、老，曹参请之言治[13]；司马谈习道论于黄子[14]；杨王孙学黄老之术[15]；耿况学《老子》于安丘先生[16]；淳于恭善说《老子》[17]；范升习《老子》，教授后生[18]；矫慎少学黄老[19]；是皆道家之学，不独窦太后好黄、老，楚王英喜黄、老也[20]。晁错学申、商刑名于轵张恢生所[21]；阳球好申、韩之学[22]；是申、商、韩非之学，实绵延于两汉，而汉世以法律名者尤夥，虽不尽传诸子之说，要当属于法家。西汉以法学著者，如路温舒学律令，杜延年明法律，郑昌、郑弘皆通法律，于定国少学法于父，郑崇父宾明法律，丙吉治律令，及文翁遣小吏诣京师学律令，皆见于《汉书》诸传。东汉郭躬父弘，习小杜律，躬少传父业，讲授，徒众常数百人。自弘后数世皆传法律。侯霸从钟宁君受律，钟皓善刑律，以律教授，皆见于《后汉书》。主父偃学长短纵横术，著书二十八篇，与蒯通、徐乐、严安、聊苍等所著之书，皆著于《艺文志》，是皆汉之纵横家也。田蚡学《盘盂》书，为杂家；而淮南王、东方朔之书，亦著于志。其农家之董安国、尹都尉、氾胜之等，皆汉人也。小说家有虞初《周说》九百四十三篇，《百家》百三十九卷。张衡《西京赋》至谓小说本自虞初[23]，则其盛可想。通计汉之学术，逊于战国者，惟名家及墨家，然汉人所见名家、墨家之书犹夥，非若今之抱残守缺，徒摭拾一二语，以断定某家性质之比也。

汉之经师，多通阴阳之学，如董仲舒以春秋灾异推阴阳所以错行，高相专说阴阳灾异，京房长于灾变，翼奉好律历阴阳之占，皆西汉之经学大师也。其后则由阴阳家而变为谶纬。据《后汉书·樊英传》，则谶纬之学，与《京氏易》同出于一原。

《后汉书·方术传》:“樊英少受业三辅，习《京氏易》，兼明‘五经’，又善风角、星算、《河》《洛》七纬，推步灾异。”注:“七纬者,《易》纬:《稽览图》《乾凿度》《坤灵图》《通卦验》《是类谋》《辨终备》也;《书》纬:《璇玑钤》《考灵耀》《刑德放》《帝命验》《运期授》也。《诗》纬:《推度灾》《记历枢》《含神雾》也。《礼》纬:《含文嘉》《稽命征》《斗威仪》也。《乐》纬:《动声仪》《稽耀嘉》《汁图征》也。《孝经》纬:《援神契》《钩命决》也;《春秋》纬:《演孔图》《元命苞》《文耀钩》《运斗枢》《感精符》《合诚图》《考异邮》《保乾图》《汉含孳》《佑助期》《握诚图》《潜谭巴》《说题辞》也。”

后汉学者，大抵皆攻此学。

《后汉书·李通传》:“通好星历谶记。”《苏竟传》:“善图律，能通百家之言。”《翟酺传》:“尤善图谶。”《刘瑜传》:“善图谶。”《魏朗传》:“学春秋图纬。”《薛汉传》:“善说灾异谶纬。”《廖扶传》:“尤明天文谶纬。”《韩说传》:“尤善图纬之学。”

或以《汉书》不载纬书疑之，然自史传外，当代碑版，称述尤甚。

《说纬》朱彝尊:“纬谶之书，相传始于西汉哀、平之际。而《小黄门谯敏碑》称其先故国师谯赣深明典奥谶录图纬，能精征天意，传道与京君明。则是纬谶远本于谯氏、京氏也。东汉之世，以通‘七纬’者为内学，通‘五经’者为外学。其见于范史者无论。谢承《后汉书》称姚浚尤明图纬秘奥，又称姜肱博通‘五经’，兼明星纬，载稽之碑碣。于有道先生郭泰，则云考览‘六经’，探综图纬。于太傅胡广，则云探孔子之房奥。于琅邪王傅蔡朗，则云包洞典籍，刊摘沈秘。

于中郎周勰，则云总‘六经’之要，括《河》《洛》之机。于大鸿胪李休，则云既综七籍，又精群纬。于国三老袁良，则云亲执经纬，隐括在手。于太尉杨震，则云明《河》《洛》纬度，穷神知变。于山阳太守祝睦，则云七典并立，又云该洞七典，探颐穷神。于成阳令唐扶，则云综纬《河》《洛》，咀嚼‘七经’。于酸枣令刘熊，则云效‘五经’之纬图，兼核其妙，七业勃然而兴。于高阳令杨著，则云穷七道之奥。于郃阳令曹全，则云甄极毖纬，靡文不综。于藁长蔡湛，则云少耽七典。于从事武梁，则云兼通《河》《洛》。于冀州从事张表，则云该览群纬，靡不究穷。于广汉属国都尉丁鲂，则云兼究秘纬。于广汉属国侯李翊，则云通经综纬。盖当时之论，咸以内学为重。”

俞氏谓“纬在太史，不在秘书”，说颇有理。

《癸巳类稿·纬书论》俞正燮：“《汉书·艺文志》不载者，以纬在太史，不在秘书也。后汉，纬始入秘府。《隋书·经籍志》有纬八十一种，《唐六典·秘书郎·甲部九》曰：‘图纬，以纪六经谶候。’注云：‘《河图》等十三部九十二卷。’知东汉至唐皆在秘书，更魏、隋焚纬，但书民间传本，延臣议礼，师儒说经，犹检纬，则《汉志》不载纬，无可疑也。”

欲知汉代学者之家法，不可不知纬学也。

汉人之学，兼通天人，故定儒者之名义，以通天地人为标准。

扬子《法言》：“通天地人为儒。”

《汉志》所载天文、历谱、五行诸书，其学皆本于太古，而其书多出于汉。

《汉书·艺文志》：“天文二十一家，四百四十五卷。”“历谱十八家，六百六卷。”“五行三十一家，六百五十二卷。”

汉之史官，又有世传天文之书，不在《艺文志》引诸书之内。太史公著《天官书》，史家之专门学也。

《史记索隐》：“案《天文志》，此皆《甘氏星经》文，而志又兼载石氏，……石氏名申夫，甘氏名德。”

《后汉书·天文志》：“唐、虞之时，羲仲、和仲，夏有昆吾，汤则巫咸，周之史佚、苌弘，宋之子韦，楚之唐蔑，鲁之梓慎，郑之裨灶，魏石申夫，齐国甘公，皆掌天文之官，仰占俯视，以佐时政。……秦燔《诗》《书》以愚百姓，‘六经’典籍，残为灰炭，星官之书，全而不毁。……汉兴，景、武之际，司马谈，谈子迁，以世黎民之后，为太史令，迁著《史记》，作《天官书》。”

元、成之时，刘向专说灾异，撰《洪范五行传》，其说多穿凿附会。东汉诸儒，精于天文星算尤众。如：

“杨厚受天文推步之术于父统”，“襄楷善天文阴阳之术”，“蓟瑜善天文历算之学”，“任文孙晓天官风星秘要”，“廖扶尤明天文推步”等。[24]

而张衡之制作，尤为汉代一大事。

《后汉书·张衡传》：“衡善机巧，尤致思于天文、阴阳、历算。……为太史令，遂乃研核阴阳，妙尽璇玑之正，作浑天仪，著《灵宪》《算罔论》，言甚详明。……阳嘉元年，复造候风地动仪。以精铜铸成，员径八尺，合盖隆起，形如酒尊，饰以篆文山龟鸟兽之形，中有都柱，傍行八道，施关发机。外有八龙，首衔铜丸，下有蟾蜍，张口承之。其牙机巧制，皆隐在尊中，覆盖周密无际。如有地动，尊则振龙机发吐丸，而蟾蜍衔之。振声激扬，伺者因此觉知。虽一龙发机，而七首不动，寻其方面，乃知震之所在。验之以事，合契若神。”同时，崔瑗称之曰：“数术穷天地，制作侔造化。”

盖汉人之学，皆重实验，积往古之学说，因当时之风气，遂有发明制造之专家，恶得以其器之传，遂谓汉学无足称哉！

吾国医药之学，其源甚远，而《本草》《素问》等书，皆至汉始显。“本草”之名，见于《汉书·平帝纪》，又《楼护传》有“诵医经，本草、方术数十万言”之语。

《玉海》六十三引张仲景《伤寒杂病论》云：“撰用《素问》。”

《汉志》详载医经、经方等书：

“医经七家，二百一十六卷。”“经方十一家，二百七十四卷。”

太史公作《扁鹊仓公传》，胪举其方术，知汉人极重医学矣。秦不焚医药之书，故古书至汉俱在。

《史记·扁鹊仓公传》：“意受阳庆禁方，传黄帝、扁鹊之脉书，五色诊病。”

俞跗解剖之术，至汉末犹有能之者。

《史记·扁鹊仓公传》：“上古之时，医有俞跗，治病不以汤液醴洒。镵石桥引，案抏毒熨，一拨见病之应。因五脏之输，乃割皮解肌，诀脉结筋，搦髓脑，揲荒爪幕，湔浣肠胃，漱涤五脏，练精易形。”

《后汉书·华佗传》："佗精于方药，……针药所不能及者，乃令先以酒服麻沸散，既醉无所觉，因刳破腹背，割积聚。若在肠胃，则断截湔洗，除去疾秽，既而缝合，傅以神膏，四五日创愈，一月之间皆平复。"

盖古人精于全体之学，刳杀剖割，初非异事，与今世西人之治病相同。王莽以狱囚解剖，亦此意也。

《汉书·王莽传》："捕得翟义党王孙庆，使太医尚方与巧屠共刳剥之，量度五脏，以竹筳导其脉，知所终始，云可以治病。"

世称《难经》出于黄帝，历传至华佗，以及黄公、曹元。

《黄帝八十一难经序》王勃："岐伯以授黄帝，黄帝历九师以授伊尹，伊尹以授汤，汤历六师以授太公，太公以授文王，文王历九师以授医和，医和历六师以授秦越人，秦越人始定立章句[25]，历九师以授华佗，华佗历六师以授黄公，黄公以授曹元。"

而汉史谓佗临死烧其书。

《后汉书·华佗传》："佗临死出一卷书与狱吏曰：'此可以活人。'吏畏法，不敢受。佗不强与，索火烧之。"

岂所烧者止破腹断肠之法，而《难经》则先已传于人欤？后世医家独祖张机，于一切病惟恃诊脉处方之术，是汉代实古今医法变迁之枢。张机之名，不见于史，疑汉时其名并不甚著，然依其法以治病，讫今独有甚验者。知汉人之于医术，实积古代千万年之经验，而有专门之师授，初未可以厚非也。

《四库书目》:“《金匮要略》,汉张机撰。机字仲景,南阳人。尝举孝廉,建安中,官至长沙太守。此书……上卷论伤寒,中论杂病,下载其方,并疗妇人。自宋以来,医家奉为典型,与《素问》《难经》并重,得其一知半解,皆可以起死回生,则亦岐、黄之正传,和、扁之嫡嗣矣。”

汉时小学,兼重书算。

《汉书·律历志》:“数者一、十、百、千、万也,所以算数事物,顺性命之理也。”“其法在算术,宣于天下,小学是则,职在太史,羲和掌之。”

盖仍周代保氏教“六书九数”之法。故汉人多通算学。郑玄通《九章算术》,著于史传。

《后汉书·郑玄传》:“通九章算术。”注:“《九章算术》,周公作也。凡有九篇,《方田》一,《粟米》二,《差分》三,《少广》四,《均输》五,《方程》六,《旁要》七,《盈不足》八,《钩股》九。”

而《艺文志》不载《九章》,其小学十家,四十五篇,但载讲授文字之书。盖九章算术,职在太史,非秘书所掌,故向、歆校书,不存其目。后世不知汉代官学之系统,仅据《汉志》,目文字为小学,此学术名义所当改正者也。

汉代文字,随时增益,其初教小学之书,仅三千余字,后以次增至九千余字。

《说文序》:“凡《仓颉》以下十四篇,凡五千三百四十字,群书所载,略存之矣。”段玉裁注:“《仓颉》以下十四篇,谓自《仓颉》至于《训纂》,共十有四篇,篇之都数也；五千三百四十字，字之都数也。《艺文志》曰：‘汉兴，闾里书师，合《仓颉》《爰历》《博学》三篇，断六十字以为一章，凡五十五章，并为《仓颉》篇。’此谓汉初《仓颉》篇只有三千三百字也。《志》又曰：‘武帝时，司马相如作《凡将》篇，无复字。元帝黄门令史游作《急就》篇，成帝时，将作大匠李长作《元尚》篇，皆仓颉中正字也。《凡将》则颇有出矣。’此谓三家所作，惟《凡将》之字有出《仓颉》篇外者也。《志》又曰：‘至元始中，征天下通小学者以百数，各令记字于庭中。扬雄取其有用者以作《训纂》篇，顺续《仓颉》，又易《仓颉》中重复之字，凡八十九章。’此谓雄所作《训纂》凡三十四章，二千四十字；合五十五章，三千三百字，凡八十九章，五千三百四十字也。”自“扬雄作《训纂》以后，班固作十三章。和帝永元中，郎中贾鲂又作《滂喜》篇”，“怀瓘《书断》云：‘《仓颉》《训纂》八十九章，合贾广班三十四章，凡百二十章文字备矣。’按八十九章，五千三百四十字，又增三十四章，二千四十字，凡七千三百八十字”。“许全书凡九千三百五十三字，盖五千三百四十字之外，他采者四千十三字。”

司马相如、扬雄、班固、贾鲂、许慎等所增之字，或出采辑，或出创造，未可断定。然四百年间，人民通用之字，增至六千五十有奇，文化之进步可想矣。汉人小学文字之书，盖有二体。一取便于记诵，《凡将》《训纂》之类是也；一取详于解说，许慎《说文解字》是也。后世童蒙读本，以三字、四字或七字为句，皆源于汉。而研究许书者，独标汉学之名，且自诩为专门，亦未得汉人教学之全也。

段玉裁曰：“自仓颉至彦均，章皆六十字，凡十五句。句皆四言，许引‘幼子承诏’，郭注《尔雅》引‘考妣延年’是也。凡将七言，如《蜀都赋》注引‘黄润纤美宜制禅’，《艺文类聚》引‘钟磬竽笙筑坎侯’是也。《急就》今尚存，前多三言，后多七言。”

秦人刻石颂始皇功德，汉代不师其制，武帝立石泰山，无文字也。近世所得石刻，以鲁孝王“五凤石刻”为西汉石刻之始。

《语石》：“欧阳公《集古录》石刻无西汉文字，公于《宋文帝神道碑跋》云：‘余家集古所录三代以来钟、鼎、彝、铭刻备有，至后汉以后始有碑文，欲求前汉时碑碣，卒不可得。’是则冢墓碑自后汉以来始有也。赵明诚仅收建元二年郑三益阙一种，可知其鲜矣。然刘聪、苻坚皆以建元纪年，未必为汉石也。鲁孝王五凤石刻，金明昌二年得于太子钓鱼池侧，今尚存曲阜孔庙。此外赵二十二年，群臣上寿刻石，出永年；河平三年麃孝禹刻石，出肥城；元凤中广陵王题字，出甘泉。皆欧、赵所未见也。至居摄、坟坛二刻，及莱子侯刻石，已在新室篡汉后矣。”

而南越王胡墓木刻，则在汉武帝时。

《东方杂志》十四卷第一号载谭镳《上朱省长保存汉初木刻字书》云：“台山商人黄夔石，于广州城东里许东山庙前，购得官产龟冈地一段，建筑楼房，掘土丈余，发见一南越贵人遗冢。”“冢堂铺地各木端，搜索得汉初隶书木刻字，其可辨者，尚有甫五、甫六、甫七、甫九、甫十、甫十二、甫十五、甫十八、甫二十等字。‘甫’为‘铺’之古字，其字画方整，间有参差。不作俯仰姿势，纯为西汉隶法。其‘五、七、九’字，尚沿篆体。‘甫’字亦有沿篆体作山头者，异于东汉诸碑。”“冢中所得古钱，据工人言，合以《钱谱》，秦大半两，约数十枚，汉吕后八铢之半两，百余，汉文帝四铢之小半两，千余，而汉武帝之五铢不过数十。此外更无别式之钱。以此推想其营葬时代，必秦半两钱未停废，而汉五铢钱已流布；其为汉武宋灭南越时，越之贵人遗冢已无遗义。镳意此冢当为南越文王胡冢。”

则西汉之特色，当以刻木为首矣。东汉石刻极夥，门生故吏，为其府主伐石颂其德者，遍于郡邑。

《语石》：“东汉以后，门生故吏为其府主伐石颂德，遍于郡邑。然以欧、赵诸家校郦道元《水经注》所引，仅十存四五而已；而兰泉、渊如诸家校欧、赵著录，及洪文惠《隶释》《隶续》，十仅存二三而已。古刻沦胥，良可慨叹。然荒崖峭壁，游屐摩挲，梵刹幽宫，耕犁发掘，往往为前贤所未见。”

其书有篆有隶[26]，而隶体为多，或纵横宕逸，或谨严流丽，后之碑版，靡得而逾焉。惟其作文及书碑者，多不著名，而出钱立碑之人，往往附著碑阴，记其职及出钱多少。可以见其时风气，尚公而重义矣。

汉之文章，初承战国之习，有纵横之余风。文、景以后，提倡经术，其文多尔雅深厚。

《汉书·儒林传》：“诏书律令下者，明天人分际，通古今之谊，文章尔雅，训辞深厚。”

而史学大家司马迁生于武帝之世，萃《尚书》《春秋》《国语》《世本》诸书之体，创为《史记》，立本纪、世家、表、书、列传之目，遂为文学、历史两家之祖。治文学者师其义法，

《史记·十二诸侯年表序》：“约其辞文，去其烦重，以制义法。”[27]

修史策者袭其体裁。

《史通》刘知幾："《史记》家者，其先出于司马迁，自是汉之史官所续，至梁武帝撰成《通史》，王晖业著《科录》，李延寿《南北史》诸作，皆《史记》之流也。"

是亦汉代之特色也。其后，褚少孙、扬雄、刘歆等多踵为之，而班彪及子固相继为《汉书》，遂为断代史之祖。

《史通》："《汉书》家者，其先出于班固。自东汉以后，作者相仍，皆袭其名号，无所变革。惟《东观》曰'记'，《三国》曰'志'，然称谓虽别，而体制皆同。历观自古史之所载也。《尚书》记周，事终秦穆；《春秋》述鲁，文止哀公。《纪年》不逮于魏亡，《史记》唯论于汉始。如《汉书》者，究西都之首末，穷刘氏之废兴，包举一代，撰成一书。言皆精练，事甚该密，故学者寻讨，易为其功，自尔迄今，无改斯道。"

吾国立国数千年，而朝野上下之典章制度、风俗文物胥有可考，实赖历朝史书之记载。其专崇君主，则时代为之，不可以今日之眼光，病当时之作者也。

汉人所著子书，多沿周、秦以来之学说，不能出其范围。如《淮南子》杂出众手，既不足成一家之书，《论衡》专事诋諆，仅足以供游谈之助。

司马迁像

《史记》是中国西汉时期的历史学家司马迁撰写的史学名著，是中国古代最著名的历史典籍之一。

《汉书·淮南王传》："安招致宾客方术之士数千人，作为《内书》二十一篇，《外书》甚众。"《后汉书·王充传》注："袁山松书曰：'充所作《论衡》，中土未传者，蔡邕入吴始得之，恒秘玩以为谈助。'"

其颂述老、墨，问刺孔、孟，途虽不同，沿袭一也。惟汉人之诗文辞赋，则多创为新体。枚乘、苏武为五言诗，武帝及诸臣为七言诗，而乐府之三言、四言诗体，亦于三百篇之外，别成一格，降及后汉，诗人益多，而《孔雀东南飞》一篇，为焦仲卿妻作者，凡千七百四十五字，实为叙事诗之绝唱，虽不知作者之名，然可以见汉之诗人，实多开创，无所谓定格成法也。诗之外，创制之体，如《答客难》《封禅书》《七发》之类，亦多新格。而赋体之多，尤为汉人所独擅；大之宫室都邑，小之一名一物，铺陈刻画，穷形尽相，而其瑰伟宏丽之致，实与汉之国势相应。盖人类之思想，不用于此，必注于彼。以两周之经籍、子家衡两汉，诚觉汉人之思想迥不及古，而就其所独至者观之，则前人仅构其萌芽，至汉而始发荣滋长者，亦未易偻数。故论史者贵观其通，而不可限于一曲之见也。

①《三国志·王朗传》注称西京学官博士七千余人，盖指西汉末年博士弟子也。

②见《汉书·艺文志》。

③观此，可知汉时各地学者受业博士者，须自出费。蜀中学生，由官选派，故文翁以官款买蜀物，赍计吏，以遗博士。

④今此碑尚在溧水县学。

⑤卫宏定《古文尚书》序曰："伏生老，不能正言，言不可晓也，使其女传言教错。齐人语多与颍川异，错所不知者凡十二三。略以其意属读而已。"

⑥韩愈《毛颖传》以毛笔为蒙恬所造，是亦文明利器之一。然恬传未载，不若纸之始于蔡伦，明见史传也。

⑦治今学者，只许据此表书，不得杂古学。

⑧《王制》《千乘》《四代》《虞戴德》《冠义》《昏义》《乡饮酒义》《射义》《燕义》《聘义》《聘礼》《祭统》《主言》《哀公问》《礼三本》《丧服四制》。

⑨皆今存本。

⑩治古学者，只许据此表书，不得杂今学。

⑪皆今存本。

⑫据《汉书·艺文志》。

⑬见《曹参传》。

⑭《司马迁传》注："景帝时人也。"《儒林传》谓之黄生。

⑮本传。

⑯《耿弇传》。

⑰本传。

⑱本传。

⑲本传。

⑳此纯为秦以前之道家，若燕、秦、西汉之方士，则出于阴阳家，与道家不同。后汉张陵及子衡、孙鲁等，造作道书，以惑百姓，则后世道家之祖，亦非秦以前道家之学，是宜分别考之。

㉑本传。

㉒本传。

㉓虞初，河南人。武帝时以方士侍中，号黄车使者，其说以周书为本。

㉔均见《后汉书》本传。

㉕宋《崇文总目》即称《难经》为秦越人撰。

㉖《三公山》《开母庙石阙》等皆篆书。

㉗此"义法"二字，本指春秋书法，后世治古文者，借以为文章组织之目，故有"义法"之名。

第三节　佛教入中国之初期

印度无历史，佛书亦不以纪年为要，故佛之时世，言人人殊。

《魏书·释老志》："所谓佛者，本号释迦文者，译言能仁，谓德充道备，堪济万物也。释迦前有六佛，释迦继六佛而成道，处今贤劫。……释迦即天竺迦维卫国[①]王之子。天竺其总称，迦维别名也。初，释迦于四月八日夜，从母右胁而生。既生，姿相超异者三十二种。天降嘉瑞以应之，亦三十二。其《本起经》说之备矣。释迦生时，当周庄王九年。

《春秋》鲁庄公六年夏四月，恒星不见，夜明，是也。至魏武定八年，凡一千二百三十七年云。释迦年三十成佛，导化群生，四十九载，乃于拘尸那城娑罗双树间，以二月十五日而入般涅槃。涅槃译云灭度，或言常乐我净，明无迁谢及诸苦累也。"《释氏稽古略》释赞宁："稽夫如来之生也，当此周昭王九年甲寅之四月八日。其出家也，当昭王二十七年壬申之二月八日。其成道也，当昭王三十三年之戊寅。其灭度也，当穆王三十六年壬申之二月十五日。"②

《东洋史要》："佛教祖师名瞿昙悉达多，一作乔答摩悉达，或号为释迦牟尼，中印度迦维卫国王子也。生于周灵王之十五年，约与孔子、老聃同时。释迦见人类不能离生、老、病、死四者之苦，遂出家入山，求解脱法。新辟一宗教，力反婆罗门所为，唱说平等主义，抉差别种姓之藩篱，谓一切众生，不问其所自出，但能杜绝邪欲，脱离世网，即皆可以于未来受无量福。以周敬王四十三年，入般涅槃。"

吾国固有之佛字，惟以仿佛为义，非以称释迦也。

《说文》："佛，仿佛也。从人，弗声。"

后世附会之说，谓孔子时已知西方有佛。

《列子·仲尼》篇："商太宰见孔子，问：'三王五帝圣者欤？'孔子皆答以不知。商太宰大骇，曰：'然则孰者为圣？'孔子动容有间曰：'西方之人有圣者焉，不治而不乱，不言而自信，不化而自行，荡荡乎民无能名焉。丘疑其为圣，弗知真为圣欤？真不圣欤？'"

其言固不足为据。即谓西汉获休屠王祭天金人，为佛道流通之渐，

《魏书·释老志》："汉武元狩中，遣霍去病讨匈奴。至皋兰，过居延，斩首大获。昆邪王杀休屠王，将其众五万来降。获其金人，帝以为大神，列于甘泉宫。金人率长丈余，不祭祀，但烧香礼拜而已[3]。此则佛道流通之渐也。及开西域，遣张骞使大夏还，传其旁有身毒国，一名天竺，始闻有浮屠之教。"

亦不足为佛教入中国之证。

《休屠王金人考》日本羽溪了谛[4]："霍去病获金人时，当元狩二年公元前一二一年，印度尚未有佛像之制作。印度史上有名之阿育王时代公元前二七二至前二三二年所建佛陀伽耶之摩诃菩提寺，始有雕刻。至公元前一二世纪制作之石垣石门，均无佛像。前者惟有佛座，后者只表佛足之形。缘其时学者，以为佛之形像，神圣不可亵渎也。其后至犍陀罗美术，始有佛像之制作，实当公元后一二世纪顷。故知公元前一世纪，无所谓金身佛像也。"

佛教之入中国，盖在西汉之末，东汉之初。

《魏书·释老志》："哀帝元寿元年，博士弟子秦景宪，受大月氏王使伊存口授浮屠经。中土闻之，未之信了也。"

世或谓东汉明帝永平十年，始得佛经，说亦未确。

《释氏稽古略》："佛教流通东土之始，永平七年，帝梦金人，长大，项有白光，飞至殿庭。旦问群臣，太学闻人傅毅奏曰：'周昭王时，西域有佛出世，其形长一丈六尺，而黄金色。陛下所梦，将必是乎？'博士王遵，推《周书》异记佐之。帝遂遣中郎蔡愔、博士秦景等十八人使西域求佛法。蔡愔等至天竺邻境月氏国，遇摄摩腾、竺法兰二人，奉佛经像来震旦，遂同东还。”⑤

《魏书·释老志》：“孝明帝夜梦金人，顶有白光，飞行殿庭，乃访群臣，傅毅始以佛对。帝遣郎中蔡愔、博士弟子秦景等使于天竺，写浮屠遗范。愔仍与沙门摄摩腾、竺法兰东还洛阳。中国有沙门及跪拜之法，自此始也。”

盖蔡愔等永平十年始还，

《佛教西来玄化应运略录》宋程辉：“永平七年正月十五日，明帝梦金人，遣王遵等十八人西访佛法，永平十年丁卯十二月，回洛阳。”

而楚王英在永平八年，已祠浮屠。

《后汉书·楚王英传》：“永平八年，英奉黄缣白纨赎罪。诏报曰：‘楚王诵黄、老之微言，尚浮屠之仁祠，洁斋三月，与神为誓，何嫌何疑，当有悔吝？其还赎，以助伊蒲塞桑门之盛馔。’”

足知佛法之来，决非始于愔等。惟译经造寺，始此时耳。

《魏书·释老志》：“愔得佛经《四十二章》及释迦立像。明帝令画工图佛像，置清凉台及显节陵上，经缄于兰台石室。愔之还也，以白马负经而至，汉因立白马寺于洛城雍关西。摩腾、法兰咸卒于此寺。”

《高僧传》释慧皎：“摄摩腾，本中天竺人，解大、小乘经。冒涉流沙，至于雒邑。明帝甚加赏接，于城西门外立精舍以处之。腾译《四十二章经》一卷，初缄在兰台石室第十四间中。”“竺法兰，亦中天竺人。既达雒阳，与腾同止。少时便善汉言，愔于西域获经，即为翻译，所谓《十地断结》

白马寺

为铭记“白马驮经”之功，汉明帝敕令在洛阳雍门外建僧院，故名白马寺，是佛教传入我国后官办的第一座寺院。

《佛本生》《法海藏》《佛本行》《四十二章》等五部。移都寇乱，四部失本，不传江左，唯《四十二章经》今见在，可二千余言。汉地见存诸经，唯此为始也。”

摄、竺东来，既受优遇，故月氏、安息之高僧，接踵而来。

《高僧传》：“安清，字世高，安息国太子也。讽持禅经，备尽其妙，游方弘化，遍历诸国。以汉桓之初，始到中夏。才悟机敏，一闻能达。至止未久，即通习华言。于是宣译要经，改梵为汉，先后所出经论，凡三十九部。”⑥“支娄迦谶，亦直云支谶，月支人。汉灵帝时，游于雒阳。以光和、中平之间，传译梵文，出《般若道行》《般舟》《首楞严》等三经。”“竺佛朔，天竺沙门，亦汉灵时赍《道行经》来适雒阳，即转梵为汉，弃文存质，深得经意。”“安玄，安息国人，亦以汉灵之末，游贾雒阳。以功号曰骑都尉，常以法事为己任。渐解汉言，志宣经典，常与沙门讲论道义。”“康僧会，康居人，世居天竺。其父因商贾移于交趾。会年十余岁，二亲并亡，出家。笃志好学，明解《三藏》。”“支谦，字恭明，月氏人。来游汉境，桓、灵之世，有支谶[⑦]译出众经。”“有支亮，字纪明，资学于谶，谦又受业于亮，博览经籍，通六国语。谦以大教虽行，而经多梵文，未尽翻译，已妙善方言，乃收集众本，译为汉语。”

翻译佛典，凡数百部。

《开元释教录》释智昇：“后汉明帝永平十年至献帝延康元年，缁素一十二人，所出经律并新旧集失译诸经总二百九十二部，计三百九十五卷。”

然汉、魏之际，其教犹未盛行，虽桓帝祠浮图，历见史传，

《后汉书·桓帝纪论》：“设华盖以祠浮图、老子。”又《襄楷传》：“楷谏桓帝疏曰：闻宫中立黄老、浮屠之祠，此道清虚，贵尚无为，好生恶杀，省欲去奢。……或以老子入夷狄为浮屠。浮屠不三宿桑下，不欲久生恩爱，精之至也。”

《释氏稽古略》称桓帝永兴二年，

“帝铸黄金浮图老子像，覆以百宝盖，宫中身奉祠之。世人以金银作佛像，自此而始也”。

其视佛教，殆与道家言相等，未能区别其异同。当时惟听西域人出家，禁汉人效之。

《高僧传》：“石虎时，著作郎王度，称汉明感梦，初传其道，惟听西域人得立寺都邑，以奉其神。其汉人皆不得出家。魏承汉制，亦循前轨。”

是汉时视佛教，正如清代之视耶教，禁止内地人民之信奉。其后流传渐广，始不以种族而分宗教耳。

①今印度哥尔克波尔附近。

②此引《正宗记》语。

③此吾国祭祀神鬼，以烧香为礼之始。

④见《史林》第三卷第四号。

⑤永平十年至京。

⑥《释道安经录》："安世高以汉桓帝建和二年至灵帝建宁中，二十余年，译出凡三十余部经。"

⑦即支娄迦谶。

第四讲　晋唐文化与佛教

第一节　清谈与讲学

东汉之季，由朴学而趋游谈，士之善谈论者辄获盛名，

《后汉书·郭太传》："博通坟籍，善谈论，美音制。乃游于洛阳，始见河南尹李膺，膺大奇之，遂相友善。于是名震京师。"又《谢甄传》："与陈留边让，并善谈论，俱有盛名。"又《符融传》："游太学，师事少府李膺。膺风性高简，每见融，辄绝它宾客，听其言论。融幅巾奋褎，谈辞如云，膺每捧手叹息。"

或为美语，相为题品，

《后汉书·党锢传》："学中语曰：天下模楷李元礼，不畏强御陈仲举，天下俊秀王叔茂。"又《儒林传》：召驯"博通书传，……乡里号之曰：德行恂恂召伯春"[①]。许慎博学经籍，"时人为之语曰：'五经'无双许叔重"。

或以核论，高下人物，

《后汉书·许劭传》："劭与靖俱有高名，好共核论乡党人物，每月辄更其品题。故汝南俗有'月旦评'焉。"

此一时之风气也。汉、魏之际，天下大乱，乘时趋势者，不以道义为重。

《魏志·武帝纪》："建安十九年十二月，令曰：'夫有行之士，未必能进取，进取之士，未必能有行也。陈平岂笃行，苏秦岂守信耶？而陈平定汉业，苏秦济弱燕。由此言之，士有偏短，庸可废乎！有司明思此义，则士无遗滞，官无废业矣。'"裴松之注："建安二十二年八月令曰：'昔伊挚、傅说出于贱人，管仲，桓公贼也，皆用之以兴。萧何、曹参，县吏也，韩信、陈平负污辱之名，有见笑之耻，卒能成就王业，声著千载。吴起贪将，杀妻自信，散金求官，母死不归，然在魏，秦人不敢东向；在楚，则三晋不敢南谋。今天下得无有至德之人放在民间，及果勇不顾，临敌力战，若文俗之吏，高才异质，或堪为将守，负污辱之名，见笑之行；或不仁不孝而有治国用兵之术：其各举所知，勿有所遗。'"

旷达之士，目击衰乱，不甘隐避，则托为放逸，

《魏志》："阮瑀子籍，才藻艳逸，而倜傥放荡，行己寡欲，以庄周为模则。……时有谯郡嵇康，文辞壮丽，好言庄、老。"

《魏氏春秋》："籍以世多故，禄仕而已。闻步兵校尉缺，厨多美酒，营人善酿酒，求为校尉。遂纵酒昏酣，遗落世事。"

而何晏、王弼等，遂开清谈之风。

《晋书·王衍传》："魏正始中，何晏、王弼等祖述老、庄，立论以为：天地万物皆以无为为本。无也者，开物成务，无往不存者也。阴阳恃以化生，万物恃以成形，贤者恃以成德，不肖恃以免身。故无之为用，无爵而贵矣。"

《日知录》："魏明帝殂，少帝即位，改元正始，凡九年。其十年，则太傅司马懿杀大将军曹爽，而魏之大权移矣。三国鼎立，至此垂三十年。一时名士风流，盛于洛下，乃其弃经典而尚老、庄，蔑礼法而崇放达。视其主之颠危，若路人然，即此诸贤为之倡也。自此以后，竞相祖述，如《晋书》言王敦见卫玠，谓长吏谢鲲曰：'不意永嘉之末，复闻正始之音。'沙门支遁，以清谈著名，于时莫不崇敬，以为造微之功，足参诸正始。《宋书》言羊玄保有二子，太祖赐名曰咸，曰粲。谓玄保曰：'欲令卿二子有林下正始余风。'王微与何偃书曰：'卿少陶玄风，淹雅修畅，自是正始中人。'《南齐书》言袁粲言于帝曰：'臣观张绪有正始遗风。'《南史》言：'何尚之谓王球，正始之风尚在。'其为后人企慕如此。"

晋室之兴，世乱未已，向秀之徒，益尚玄风。

《晋书·向秀传》："雅好老、庄之学。……为之隐解，发明奇趣，振起玄风，读之者超然心悟，莫不自足一时也。惠帝之世，郭象又述而广之，儒墨之迹见鄙，道家之言遂盛焉。"

名士达官，翕然倾响，不治世务，祖尚浮虚。

《晋书·王衍传》："衍有盛才美貌，明悟若神，常自比子贡。兼声名藉甚，倾动当世。妙善玄言，唯谈老、庄为事。……衍将死，顾而言曰：'呜呼！吾曹虽不如古人，向若不祖尚浮虚，戮力以匡天下，犹可不至今日。'"又《乐广传》："广性冲约，有远识，寡嗜欲，与物无竞。尤善谈论，每以约言析理，以厌人之心，其所不知，默如也。……尚书令卫瓘，朝之耆旧，逮与魏正始中诸名士谈论，见广而奇之曰：'自昔诸贤既没，常恐微言将绝，而今乃复闻斯言于君矣。’命诸子造焉，曰：‘此人之水镜，见之莹然，若披云雾而睹青天也。’王衍自言曰：‘与人语甚简至，及见广，便觉己之烦。’其为识者所叹美如此。”

故论者谓五胡之乱，由于清谈焉。

《日知录》：“讲明文艺，郑、王为集汉之终；演说老、庄，王、何为开晋之始。以至国亡于上，教沦于下，羌戎互僭，君臣屡易，非林下诸贤之咎而谁咎哉？！”

按魏、晋人之性质，当分数种。有志世事，横受诬污，以其清高，目为浮华，一也。何晏、邓飏等事曹爽，志在强魏之宗室。司马懿以诡谲杀爽等，而世论多集矢于何、王，非确论也。故作旷达，以免诛戮，不守礼法，近于佯狂，二也。

《晋书·阮籍传》：“籍本有济世志，属魏、晋之际，天下多故，名士少有全者，籍由是不与世事，遂酣饮为常。……籍嫂尝归宁，籍相见与别，或讥之，籍曰：‘礼岂为我设耶！’……籍著《大人先生传》，其略曰：‘世之所谓君子，惟法是修，惟礼是克。手执圭璧，足履绳墨。行欲为目前检，言欲为无穷则。少称乡党，长闻邻国。上欲图三公，下不失九州牧。独不见群虱处于裈中，逃乎深缝，匿乎坏絮，自以为吉宅也。行不敢离缝际，动不敢出裈裆，自以为得绳墨也。然炎丘火流，焦邑灭都，群虱处于裈中，而不能出也。君子之处域内，何异夫虱之处于裈中乎！’此亦籍之胸怀本趣也。”

风气既成，自矜领袖，一倡百和，以言取名，三也。正始之风，未必即肇永嘉之祸，求其因果，宜更推勘其曲折变迁，不可以一概而论也。

《世说新语》卷一《德行类》：“晋文王称阮嗣宗至慎，每与之言，言皆玄远，未尝臧否人物。”刘孝标注引王隐《晋书》：“魏末阮籍，嗜酒荒放，露头散发，裸袒箕踞。其后贵游子弟阮瞻、王澄、谢鲲、胡毋辅之之徒，皆祖述于籍，谓得大道之本。故去巾帻，脱衣服，露丑恶，同禽兽。甚者名之谓‘通’，次者名之谓‘达’。”

据此，是阮籍以佯狂为谨慎，而晋代诸人则以狂荡为率真。其迹同，其心实大异也。

清谈者崇尚老、庄，则以任天率真为贵。推之政治，遂有鲍生无君之论。

《抱朴子外篇·第四十八诘鲍》篇：“鲍生敬言好老、庄之书，治剧辩之言，以为古者无君，胜于今世。故其著论云：‘儒者曰：天生烝民，而树之君，岂其皇天谆谆言，亦将欲之者为辞哉！’夫强者凌弱，则弱者服之矣；智者诈愚，则愚者事之矣。服之，故君臣之道起焉；事之，故力寡之民制焉。然则隶属役御，由于争强弱而校愚智，彼苍天果无事也。夫混茫以无名为贵，群生以得意为欢。故剥桂刻漆，非木之愿；拔鹖裂翠，非鸟所欲；促辔含镳，非马之性；荷轭运重，非牛之乐。诈巧之萌，任力违真；伐生之根，以饰无用。捕飞禽以供华玩，穿本完之鼻，绊天放之脚，盖非万物并生之意。夫役彼黎烝，养此在官，贵者禄厚，而民亦困矣。夫死而得生，欣喜无量，则不如向无死也；让爵辞禄，以钓虚名，则不如本无让也。天下逆乱焉，而忠义显矣；六亲不和焉，而孝慈彰矣。曩古之世，无君无臣。穿井而饮，耕田而食，日出而作，日入而息。泛然不系，恢然自得。不竞不营，无荣无辱。山无蹊径，泽无舟梁，川谷不通，则不相并兼；士众不聚，则不相攻伐，……势利不萌，乱祸不作；干戈不用，城池不设。万物玄同，相忘于道。疫疠不流，民获考终。纯白在胸，机心不生，含餔而熙，鼓腹而游。其言不华，其行不饰。安得聚敛以夺民财？安得严刑以为坑穽？降及叔季，智用巧生，道德既衰，尊卑有序，繁升降损益之礼，饰绂冕玄黄之服。起土木于凌霄，构丹绿于棼橑，倾峻搜宝，泳渊采珠。聚玉如林，不足以极其变；积金成山，不足以赡其费。澶漫于淫荒之域，而叛其大始之本。去宗日远，背朴弥增。……造剡锐之器，长侵割之患。弩恐不劲，甲恐不坚，矛恐不利，盾恐不厚，若无凌暴，此皆可弃也。故曰：'白玉不毁，孰为珪璋？道德不废，安取仁义？'使夫桀、纣之徒，得燔人，辜谏者，脯诸侯，菹方伯，剖人心，破人胫，穷骄淫之恶，用炮烙之虐。若令斯人，并为匹夫，性虽凶奢，安得施之？使彼肆酷恣欲，屠割天下，由于为君，故得纵意也。君臣既立，众慝日滋，而欲攘臂乎桎梏之间，愁劳于涂炭之中，人主忧慄于庙堂之上，百姓煎扰乎困苦之中，闲之以礼度，整之以刑罚。是犹辟滔天之源，激不测之流，塞之以撮壤，障之以指掌也。"②

反之者则又崇尚实务，勤于人事。

《晋书·卞壶传》："阮孚谓壶曰：'卿恒无闲泰，常如含瓦石，亦不劳乎？'壶曰：'诸君以道德恢弘，风流相尚，执鄙吝者，非壶而谁？'时贵游子弟，多慕王澄、谢鲲为通达。壶厉色于朝曰：'悖礼伤教，罪莫斯甚；中朝倾覆，实由于此。'"

《晋阳秋》邓粲："陶侃勤而整，自强不息，又好督劝于人。常云：'民生在勤，大禹圣人，犹惜寸阴，至于凡俗，当惜分阴，岂可游逸！生无闻于时，死无闻于后，是自弃也。又老、庄浮华，非先王之法言而不敢行。君子当正其衣冠，摄以威仪，何有乱头养望，自谓宏达耶？'"

《晋中兴书》何法盛："侃尝检校佐吏，若得樗蒱博弈之具，投之曰：'樗蒱，老子入胡所作，外国戏耳。围棋，尧、舜以教愚子。博弈，纣所造。诸君国器，何以为此！若王事之暇，患邑邑者，文士何不读书，武士何不射弓？’谈者无以易也。”

盖时当大乱，人心不宁，或愤慨而流于虚无，或忧惧而趋于笃实，皆时会所造，各因其性而出之。而理想之高，事功之成，亦分途并进，不相掩也。

清谈有尚简括者，

《晋书·阮瞻传》：“遇理而辩，辞不足而旨有余。……见司徒王戎，戎问曰：‘圣人贵名教，老、庄明自然，其旨同异？’瞻曰：‘将无同。’戎咨嗟良久，即命辟之。时人谓之‘三语掾’。”

有尚博辩者，

《世说新语》：“谢镇西少时，闻殷浩能清言，故往造之。殷……为谢标榜诸义，作数百语，既有佳致，兼辞条丰蔚，甚足以动心骇听。谢注神倾意，不觉流汗交面。”

时人至以此为南北之判。

《世说新语》：“褚季野语孙安国云：‘北人学问渊综广博。’孙答曰：‘南人学问清通简要。’支道林闻之曰：‘圣贤固所忘言，自中人以还，北人看书，如显处视月；南人学问，如牖中窥日。’”

然自东晋以降，南方之人，实兼有南北各地之性质，不能以此断之。赵翼论六朝清谈之习，谓梁时讲经，亦染谈义之习。

《廿二史札记》赵翼："当时父兄师友之所讲求，专推究老、庄，以为口舌之助。'五经'中惟崇《易》理，其他尽阁束也。至梁武帝，始崇尚经学，儒术由之稍振。然谈义之习已成，所谓经学者，亦皆以为谈辩之资。"

此则清谈与讲学，颇有连带之关系，虽讲经义与谈老、庄殊科，其为言语之进化，则事属一贯。研究三国、六朝之风气者，不可不于此注意焉。

汉代有讲经之法，

《汉书·宣帝纪》："甘露三年三月，诏诸儒讲'五经'同异，太子太傅萧望之等平奏其议，上亲称制临决焉。"

《后汉书·章帝纪》："建初四年，诏太常、将、大夫、博士、议郎、郎官及诸生、诸儒会白虎观，讲议'五经'同异，使五官中郎将魏应承制问，侍中淳于恭奏，帝亲称制临决，如孝宣甘露、石渠故事，作《白虎议奏》。"

魏沿其制，人主亦尝幸太学讲经。

《魏志·高贵乡公传》："帝幸太学，……讲《易》毕，复命讲《尚书》、讲《礼记》。"③

梁武之讲《孝经》，沿其例也。

《陈书·岑之敬传》："梁武帝令之敬升讲座，敕中书舍人朱异，执《孝经》，唱《士孝章》。武帝亲自论难，之敬剖释纵横，应对如响，左右莫不嗟服。"

然后汉之时，师徒教授，有解说详富者，

《后汉书·杨政传》："善说经书，京师为之语曰：'说经铿铿杨子行。'"

有倚席不讲者，

《后汉书·儒林传序》：“自安帝览政，薄于艺文，博士倚席不讲。”④

魏晋人之谈《易》，亦复不尚多言。

《管辂别传》：“邓飏问辂：‘君善《易》，而语初不及《易》中辞义，何也？’辂曰：‘夫善《易》者不论《易》也。’何晏含笑而赞之：‘可谓要言不烦也。’”

《晋书·阮修传》：“王衍当时谈宗，自以论《易》略尽，然有所未了。……及与修谈，言寡而旨畅，衍乃叹服焉。”

南渡以后，私庭讲习论难，犹病其多。

《世说新语》：“孝武将讲《孝经》，谢公兄弟与诸人私庭讲习。车武子难苦问谢，谓袁羊曰：不问则德音有遗，多问则重劳二谢。”

其后聚徒讲说者，乃盛见于史策。讲说之法，亦多标著于史。如：

《南史·伏曼容传》：“宋明帝好《周易》，尝集朝臣于清暑殿讲学，诏曼容执经。……曼容宅在瓦官寺东，施高坐于厅事，有宾客，辄升高坐为讲说⑤，生徒常数十百人。”又《严植之传》：“兼五经博士，馆在潮沟，生徒常百数。讲说有区段次第，析理分明⑥。每当登讲，五馆生毕至，听者千余人。”又《崔灵恩传》：“灵恩聚徒讲授，听者常数百人。性拙朴，无风采，及解析经理，甚有精致。都下旧儒，咸称重之。”又《卢广传》：“为国子博士，遍讲《五经》。时北来人儒学者，有崔灵恩、孙详、蒋显，并聚徒讲说，而音辞鄙拙，惟广言论清雅，不类北人。”《沈峻传》：“《周官》一书，实为群经源本，……孙详、蒋显亦经听习，而音革楚夏，故学徒不至。惟峻特精此书，比日时开讲肆，群儒……并执经下坐，北面受业。徐勉奏峻兼五经博士，于馆讲授，听者常数百人。”又《张讥传》：“梁武帝尝于文德殿释《乾》《坤》《文言》，……讥整容而进，谘审循环，辞令温雅，帝甚异之。……陈天嘉中，为国子助教。时周弘正在国学，发《周易》题，弘正第四弟弘直亦在讲席。弘正屈于讥议，弘直危坐厉声，助其申理。讥……谓弘直曰：‘今日义集，辩正名理，……不得有助。’弘直曰：‘仆助君师，何为不可？’弘正尝谓人曰：‘吾每登坐，见张讥在席，使人懔然。’”⑦

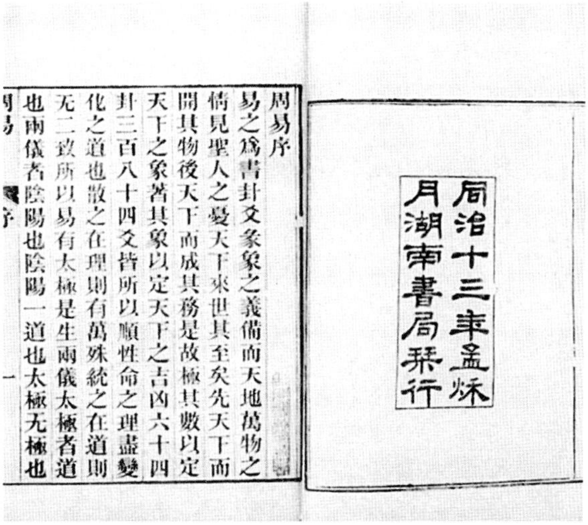
同治十三年孟秋
月湖南書局栞行

周易序
易之為書卦爻彖象之義備而天地萬物之
情見聖人之憂天下來世其至矣先天下而
開其物後天下而成其務是故極其數以定
天下之象著其象以定天下之吉凶六十四
卦三百八十四爻皆所以順性命之理盡變
化之道也散之在理則有萬殊統之在道則
无二致所以易有太極是生兩儀太極者道
也兩儀者陰陽也陰陽一道也太極无極也
周易　序　一

《周易》

《周易》，简称《易》，在中国封建社会被尊为儒家经书，今本《周易》的内容主要包括“经”和“传”两部分。

《北史·刘献之传》：“献之善《春秋》《毛诗》，每讲《左氏》，尽隐公八年便止，云‘义例已了’，不复讲解。由是，弟子不能究竟其说。”⑧又《张吾贵传》：“曾在夏学，聚徒千数，而不讲《传》。生徒窃云：‘张生之于《左氏》，似不能说。’吾贵闻之曰：‘我今夏讲暂罢，后当说《传》，君等来日皆当持本。’⑨生徒怪之而已……三旬之中，吾贵兼读杜、服，隐括两家，异同悉举。诸生后集，便为讲之；义例无穷，皆多新异。”又《刘兰传》：“张吾贵以聪辩过人，其所解说，不本先儒之旨，惟兰推经传之由，本注者之意，……甚为精悉。……瀛州刺史裴植，征兰讲书于州南馆，植为学主[10]。故生徒甚盛，海内称焉。”又《徐遵明传》：“教授门徒，每临讲坐，先持经执疏，然后敷讲。学徒至今，浸以成俗。”[11]又《权会传》：“性甚儒愞，似不能言，及临机答难，酬报如响，由是为诸儒所推。而贵游子弟，慕其德义者，或就其宅，或寄宿邻家，昼夜承间，受其学业。会欣然演说，未尝懈怠。”又《樊深传》：“深经学通赡，每解书，多引汉、魏以来诸家义而说之。故后生听其言者，不能晓悟，背而讥之曰：‘樊生讲书多门户，不可解。’”又《熊安生传》：“尹公正使齐，问所疑，安生皆为一一演说，咸究其根本，公正嗟服。”

且南北风气相同，均以敷陈义旨，演述周析为尚，是亦学术之一大进步也。

清谈所标，皆为玄理。晋、宋之际，遂有玄学之目，至立学校，以相教授。

《宋书·何尚之传》：“上以尚之为丹阳尹，立宅南郭外，置玄学，聚生徒。东海徐秀，庐江何昙、黄回，颍川荀子华，太原孙宗昌、王延秀，鲁郡孔惠宣，并慕道来游，谓之南学。”

《文献通考》：“宋文帝雅好艺文，使丹阳尹庐江何尚之立玄学，太子率更令何承天立史学，司徒参军谢元立文学，散骑常侍雷次宗立儒学，为四学。”

谈论者为玄言，著述者为玄部。

《南史·张讥传》：“讥笃好玄言，讲《周易》《老》《庄》而教授焉。吴郡陆元朗、朱孟博、一乘寺沙门法才、法云寺沙门慧拔、至真观道士姚绥，皆传其业。讥所撰《周易义》三十卷，……《老子义》十一卷，《庄子内篇义》十二卷，《外篇义》二十卷，《杂篇义》十卷，《玄部通义》十二卷，《游玄桂林》二十四卷。"

欲精其学，亦至不易。

《南齐书·王僧虔传》："僧虔戒子书曰：往年有意于史，取《三国志》聚置床头，百日许，复徙业就玄，自当小差于史，犹未近仿佛。曼倩有云：谈何容易。见诸玄，志为之逸，肠为之抽。专一书，转通数十家注，自少至老，手不释卷，尚未敢轻言。汝开《老子》卷头五尺许，未知辅嗣何所道，平叔何所说，马、郑何所异，《指》《例》何所明，而便盛于麈尾，自呼谈士，此最险事。"

梁世盛加提倡，玄风遂尔广播。

《颜氏家训·勉学》篇："何晏、王弼，祖述玄宗，递相夸尚，景附草靡，皆以农、黄之化，在乎己身，周、孔之业，弃之度外。……洎于梁世，兹风复阐，庄、老、周易，总谓三玄。武皇、简文，躬自讲论。周弘正奉赞大猷，化行都邑，学徒千余，实为盛美。"

稽其理论，多与释氏相通，故自晋以来，释子盛治老、庄，

《世说新语》："支遁与许询、谢安共集王濛家。谢顾谓诸人：'今日可谓彦会，时既不可留，此集固亦难常，当共言咏，以写其怀。'许乃问主人有《庄子》不？正得《渔父》一篇，谢看题，便各使四座通，支道林先通，作七百许语，叙致精丽，才藻奇拔，众咸称善。"《高僧传》："释慧远博综六经，尤善《庄》《老》。"

清谈者亦往往与释子周旋。

《世说新语》："僧意在瓦官寺中，王苟子来与共语，便使其唱理。意谓王曰：'圣人有情不？'王曰：'无。'重问曰：'圣人如柱耶？'王曰：'如筹算。虽无情，运之者有之。'僧意云：'谁运圣人耶？'苟子不得答而去。"

佛教之与吾国学说融合，由是也。梁、陈讲学，或在宫殿，或在僧寺，

《南史·张讥传》："后主在东宫，……令于温文殿讲庄、老，宣帝幸宫临听。……后主尝幸钟山开善寺，召从臣坐于寺西南松林下，敕讥竖义。"

或以佛与儒道诸书并称。

《陈书·马枢传》："枢博极经史，尤善佛经及《周易》《老子》义。梁邵陵王纶为南徐州刺史，素闻其名，引为学士。纶时自讲《大品经》，令枢讲《维摩》《老子》《周易》，同日发题，道俗听者二千人。……数家学者，各起问端，枢依次剖判，开其宗旨，然后枝分流别，转变无穷。论者拱默听受而已。"

足见清谈讲学者，皆与佛教沟通，当时盛流，咸受缁衣薰染矣。

---

①此在东汉初。

②《抱朴子》成于东晋成帝咸和五年，鲍生之文，成于其前。

③其词甚长不录。

④注：倚席，言不施讲坐也。

⑤古者讲学皆席于地，伏置之高坐，特异于众，故史著之。

⑥此可见其时讲书贵有条理。

⑦此可见当时讲经，听者亦多问难。

⑧此可见当时讲经，须毕全部，方为究竟。

⑨此可见讲经时，学生皆持本。

⑩此可见地方讲学者有学主。

⑪据此，似遵明之前凡讲书者不持疏解，至是始变耳。

第二节　佛教之盛兴

汉魏以降，佛教盛兴，西域僧徒之来华者，后先相望。兹依《高僧传》略表于下：

维祇维	天竺人	吴黄武三年	来至武昌
竺律炎	同上	同上	同上
昙柯迦罗	中天竺人	魏嘉平中	来至雒阳
康僧铠	康居人	魏嘉平末	来至雒阳
昙帝	安息人	魏正元中	来游雒阳
无罗叉	西域人	魏晋间	居河南
竺昙摩罗刹	月支人	晋武帝时	自敦煌至长安
帛尸梨蜜多罗	西域人	晋永嘉中	始到中国值乱过江
僧伽跋澄	罽宾人	苻坚建元十七年	来入关中
佛图罗刹	不知	亦当苻世	久游中土
昙摩难提	兜佉勒人	苻氏建元中	至长安
僧伽提婆	罽宾人	同上	同上①
僧伽罗叉	罽宾人	晋隆安中	在晋京师
昙摩耶舍	罽宾人	同上	初达广州至义熙中来长安
昙摩掘多	天竺人	晋义熙中	来关中

鸠摩罗什	天竺人	姚兴弘始三年	至长安
弗若多罗	罽宾人	秦弘始中	入关
昙摩流支	西域人	弘始七年	达关中
卑摩罗叉	罽宾人	弘始八年	达关中后至寿春复适江陵
佛陀耶舍	罽宾人	姚兴时	至长安
佛驮跋陀	迦维罗卫人	同上	至青州往长安复至庐山及江陵
昙无忏	中天竺人	北凉玄始中	至河西
佛驮什	罽宾人	宋景平元年	届扬州
浮陀跋摩	西域人	宋元嘉中	达西凉
求那跋摩	罽宾人	同上	至广州达建业
僧伽跋摩	天竺人	宋元嘉十年	自流沙至京邑
昙摩蜜多	罽宾人	宋元嘉中	自流沙到敦煌辗转至蜀至荆州
畺良耶舍	西域人	宋元嘉初	远冒沙河至于京邑
求那跋陀罗	中天竺人	元嘉十二年	自广州至京都
僧伽达多	天竺人	元嘉中	来宋境
僧伽罗多哆	天竺人	同上	来宋境
阿那摩低	康居人	孝建中	来京师
求那毗地	中天竺人	齐建元初	同上
僧伽婆罗	扶南人	梁初	同上
菩提流支	北天竺人	魏永平初	来游东夏处永宁寺
拘那罗陀	西天竺人	梁大同中	自南海届京邑
月婆首那	中天竺人	元象中	游化东魏届又南渡
求那跋陀	于阗僧	太清二年	在梁国

须菩提	扶南人	陈初	在扬州
那连提黎耶舍	北天竺人	北齐天保中	届于京邺
阇那崛多	同上	西魏后元中	由鄯州至长安
攘那跋陀罗	波头摩国人	北周初年	在长安
达摩流支	摩勒国人	天和中	同上
阇那耶舍	摩伽陀国人	同上	同上

其他弘法之士，殆尚不止于此。《隋书·经籍志》称："姚苌时，鸠摩罗什至长安，大译经论。时胡僧至长安者数十辈，惟罗什才德最优。"是仅姚秦一时，胡僧已数十辈。《高僧传》所载，特其著者耳。稽其踪迹，大抵自西域入关中，至洛阳邺中者居多。其南来者，或抵青州，或届南海，随缘所至，亦无定方焉。

当此之时，中土僧俗，亦多锐意西行求法[②]。自朱士行，

《高僧传》释慧皎："朱士行，颍川人。少怀远悟，脱落尘俗。出家以后，专务经典。昔汉灵之时，竺佛朔译出《道行经》，文句简略，意义未周。士行尝于洛阳讲《道行经》，觉文意隐质，诸未尽善。每叹曰：'此经大乘之要，而译理不尽。'誓志捐身，远求大本。遂以魏甘露五年发迹雍州，西渡流沙，既至于阗，果得梵书正本，凡九十卷。遣弟子弗如檀此言法饶，送经梵本，还归洛阳。士行遂终于阗。"[③]

至宋云、

《洛阳伽蓝记》杨衒之："城北闻义里有敦煌人宋云宅。云与惠生……向西域取经，凡得一百七十部，皆是大乘妙典。"

《魏书·嚈哒传》："熙平中，明帝遣王伏子统宋云、沙门法力等，往西域求访佛经。时有沙门慧生者亦与偕行，正光中还。"

宝暹等，殆不下六七十人。

《续高僧传》释道宣："齐僧宝暹、道邃、僧昙等十人，以武平六年相结同行，采经西域，往返七载。将事东归，凡获梵本二百六十部。"

其最著者，为江陵辛寺释法显。

《高僧传》："释法显，姓龚，平阳武阳人。三岁便为沙弥。及受大戒，志行明敏，常慨经律舛阙，誓志寻求。以晋隆安三年，与同学慧景、道整、慧应、慧嵬等发自长安，西度流沙，凡所经历三十余国。后至中天竺，于摩竭提波连弗邑阿育王塔南天王寺，得《摩诃僧祇律》，又得《萨婆多祇律》，抄《杂阿毗昙心经》《方等泥洹经》等。显留三年，学梵经、梵书，方躬自书写。于是持经像寄附商客到师子国，同旅十余，或留或亡。停二年，复得《弥沙塞律》《长阿含》《杂阿含》及《杂藏》，并汉土所无。既而附商人大舶，循海而还。经十余日，达耶婆提国，停五月，复随他商东适广州。举帆二十余日，夜忽大风，合舶震惧，任风随流，忽至青州长广郡牢山南岸，遂南造京师，就外国禅师佛驮跋陀于道场寺，译出《摩诃僧祇律》《方等泥洹经》《杂阿毗昙心论》，垂有百余万言。后至荆州，卒于辛寺。春秋八十有六。"

而月支之僧，如竺昙摩罗刹者，先由吾国而西，既乃还归中夏，则兼两方之事而一之焉。

《高僧传》："竺昙摩罗刹，此云法护，其先月支人。本姓支氏，世居敦煌郡。年八岁出家，事外国沙门竺高座为师。是时晋武之世，寺庙图像，虽崇京邑，而《方等》深经，蕴在葱外。护乃慨然发愤，志弘大道。遂随师至西域，游历诸国。外国异言三十六种，书亦如之，护皆遍学，贯综诂训，音义字体，无不备识。遂大赍梵经，还归中夏，自敦煌至长安，沿路传译，写为晋文。所获《贤劫》《正法华》《光赞》等一百六十五部，孜孜所务，惟以弘通为业，终身写译，劳不告倦。经法所以广流中华者，护之力也。”

法显像

法显（约 337—约 422），东晋僧人。他于 399 年自长安出发赴天竺求法，历时十四年，游历二十九国，回国后翻译了大量佛经，另撰有《佛国记》，记录了他的行程及见闻。

弘法之事，莫重于翻译。汉开其端，而后累朝列国踵其事，译业之盛，殆无过于此时。兹据《开元释教录》表之如下：

魏	沙门五人	所出经戒羯磨	一二部	一八卷
吴	缁素五人	所出经并失译	一八九部	四一七卷
西晋	缁素十二人	所出经戒集等	三三三部	五九〇卷
东晋	缁素十六人	所译经律论	一六八部	四六八卷
苻秦	沙门六人	所译经律论	一五部	一九七卷
后秦	沙门五人	所译经律论	九四部	六二四卷
西秦	沙门一人	所译经律论	五六部	一一〇卷
前凉	外国优婆塞一人	所译经律论	四部	六卷
北凉	缁素九人	所译经律论	八二部	三一一卷
宋	缁素二十二人	所译经律论	四六五部	七一七卷
齐	沙门七人	所译经律论	一二部	三三卷

梁	缁素八人	所译经律论	四六部	二〇一卷
元魏	缁素十二人	所译经律论	八三部	二七四卷
北周	缁素四人	所译经律论	一四部	二九卷
北齐	缁素二人	所译经律论	八部	五二卷
共计	一一五人④	所译经律论	一五八一部	四〇四七卷

翻译之法，多据梵本，间凭口诵。近人谓初期译业，率无原本，但凭译人背诵。按《高僧传》："汉灵之时，天竺沙门竺佛朔赍《道行经》来适雒阳，即转梵为汉。"又："沙门昙果，于迦维罗卫国得梵本，康孟详与竺大力译为汉文。"又："支谦以大教虽行，而经多梵文，未尽翻译。己妙善方言，乃以集众本，译为汉语。"是汉、魏时译经明有梵本之证。至朱士行等求经，则梵本输入更多。译人之兼释华梵者，众共推之。

《高僧传》："竺佛念，凉州人。讽习众经，粗涉外典。其《仓》《雅》训诂，尤所明达。少好游方，备贯风俗，家世西河，洞晓方语，华梵音义，莫不兼释。苻氏建元中，有僧伽跋澄、昙摩难提等入长安，赵正请出诸经，当时名德，莫能传译，众咸推念。于是澄执梵文，念译为晋，质疑断义，音字方明。自苻、姚二代，为译人之宗。故关中僧众，咸共嘉焉。"

至法显、法勇等，直诣西域，专学梵书梵语。

《高僧传》："昙无竭，此云法勇。姓李，幽州黄龙人。以宋永初元年，招集同志沙门僧猛、昙朗之徒二十五人，远适西方，至罽宾国，礼拜佛钵。停岁余，学梵书梵语。""宝云，凉州人。以晋隆安之初，远适西域，与法显、智严先后相随，遂历于阗、天竺诸国。云在外域遍学梵书，天竺诸国音字诂训，悉皆备解。晚出诸经，多云所治定。华梵兼通，音训允正，云之所定，众咸信服。”

则直接读书，胜于仅凭展转之移译矣。

魏黄初中，中国人始依佛戒，剃发为僧。

《隋书·经籍志》：“魏黄初中，中国人始依佛戒，剃发为僧。”

《高僧传》：“昙柯迦罗，以魏嘉平中，来至雒阳。于时魏境虽有佛法，而道风讹替，亦有众僧未禀归戒，正以剪落殊俗耳⑤。迦罗既至，立羯磨法，受戒。中夏戒律，始自乎此。”

于是四民之外，别有出家之民。至道安时，复定以释命氏。

《高僧传》：“初，魏、晋沙门，依师为姓，故姓各不同。安以为大师之本，莫尊释迦，乃以释命氏。复获《增一阿含》，果称四河入海，无复河名。四姓为沙门，皆称释种，既悬与经符，遂为永式。”

姚兴命僧䂮为僧主，爰有僧正等秩。

《高僧传》：“姚兴下书曰：‘大法东迁，于今为盛。僧尼已多，应须纲领，宣授远规，以济颓绪。僧䂮学优早年，德芳暮齿，可为国内僧主。僧迁禅慧兼修，即为悦众。法钦、慧斌共掌僧录，给车舆、吏力。䂮资侍中秩。’传诏羊车各二人，迁等并有厚给。僧正之兴，䂮之始也。”

魏道武帝以法果为道人统，绾摄僧徒，

《魏书·释老志》：“皇始中，赵郡有沙门法果，诫行精至，开演法籍。太祖闻其名，诏以礼征赴京师。后以为道人统，绾摄僧徒。”

后改为沙门统。

《魏书·释老志》：“高宗时，京师沙门师贤……为道人统。……和平初，师贤卒，昙曜代之，更名沙门统。”

又立监福曹，以断僧务。

《魏书·释老志》：“先是，立监福曹，又改为昭玄，备有官属，以断僧务。”

其寺宇则有维那、都维那等职。

《金石萃编·孙秋生等造像记跋》王昶：“《魏书·释老志》：‘若为三宝巡民教化者，在外赍州镇维那文移，在台者，赍都维那等印牒。然后听行，违者加罪。’又《翻译名义》南山之声论：‘翻为次第，谓知僧事之次第。’《寄归传》云：‘华梵兼举也，维是纲维，华言也；那，是梵语，删去羯磨陀三字也。’《僧史略》云：‘梵语羯磨陀那，译为知事，亦云悦众。谓知其事，悦其众也。’《音义指归》云：‘僧如网，借有德之人为纲绳也。’《隋书·智琳传》：‘润州刺史李海游命琳为断事纲维，尔后寺立三纲：上座、维那、典座也。’此碑称维那，因附详于此。”

则宗教而兼有政治之性质矣。

僧、尼衣住均与俗殊。初服赤衣，后改杂色。

《魏书·释老志》：“汉世沙门皆衣赤布，后乃易以杂色。”

袈裟梵服，虽犯嘲讥，不顾也。

《高僧传》："或嘲支孝龙[⑥]曰：'大晋龙兴，天下为家，沙门何不全发肤，去袈裟，释梵服，被绫罗？'龙曰：'剪发毁容，改服变形，彼谓我辱，我弃彼荣。'"

东汉之季，已有浮图，至于晋世，洛中益盛。

《后汉书·陶谦传》："笮融聚众数百，往依于谦。谦使督广陵、下邳、彭城运粮。遂断三郡委输，大起浮图寺。上累金盘，下为重楼，又堂阁周回，可容三千许人，作黄金涂像，衣以锦彩。每浴佛辄多设饮饭，布席于路，其有就食及观者且万余人。"

《魏书·释老志》："自洛中构白马寺，盛饰佛图，画迹甚妙，为四方式。凡宫塔制度，犹依天竺旧状而重构之，从一级至三、五、七、九。世人相承，谓之'浮图'，或云'佛图'。晋世，洛中佛图有四十二所矣。"

吾国建筑之式，遂增入印度制度。南北相望，竞事营构。唐杜牧诗云"南朝四百八十寺"，以金陵一地而论，已有四百八十寺之多，他可知矣。近人辑《南朝佛寺志》，博考诸书，约有二百三十有一寺[⑦]，未能语其全也。其立寺之类别，有由僧尼营建者，如长干寺本吴时尼居，宋熙寺为天竺僧伽罗多哆所造之类；有由帝王创造者，如晋简文帝造波提寺，梁武帝立同泰寺等；有由个人舍宅而成者，如庄严寺为谢尚舍宅所造，平陆寺为宋平陆令许桑舍宅建刹，因以官名名之之类；有由僧徒启乞而立者，如瓦官寺本陶瓦处，沙门慧力启乞为寺之类。有专居一僧者，如佛驮什至京诸檀越立罽宾寺；求那跋陀罗译经，特立天竺寺；摩诃至都，建外国寺以居之之类。有为人求福者，如萧惠开为父思话造禅冈寺，宋孝武帝为殷贵妃立新安寺之类。有人民为帝王而立者，如宋泰始中，京师民为孝武帝立天保寺之类。有达官以寺为家者，如法轮寺为何点家寺，何点常居其中之类。一时风尚，波起云兴。而魏之寺塔，尤盛于南。

《魏书·释老志》："自兴光至此太和，京城内寺新旧且百所，僧尼二千余人，四方诸寺六千四百七十八所，僧尼七万七千二百五十八人。""至延昌中，天下州郡僧尼寺，积有一万三千七百二十七所。""神龟中，寺至三万有余。"

《洛阳伽蓝记》载永宁寺之壮丽，可见其时建筑之宏大焉：

永宁寺，熙平元年灵大后胡氏所立。……中有九层浮图一所，架木为之，举高九十丈。有刹复高十丈，合去地一千尺。去京师百里遥已见之。……刹上有金宝瓶，容二十五石。宝瓶下有承露金盘三十重，周匝皆垂金铎。……浮图有九级，角角皆悬金铎，合上下有一百二十铎。浮图有四面，面有三户六窗，户皆朱漆。扉上有五行金钉，合有五千四百枚。……僧房楼观一千余间，雕梁粉壁，青璅绮疏，难得而言。波斯国胡人言，此寺精丽，遍阎浮所无也。

佛教之兴，首由翻译，次即讲学。当时高僧，既聚徒众，旦夕讲贯。

《高僧传》："康法朗，在中山，门徒数百，讲法相系。""支遁于沃洲小岭，立寺行道，僧众百余，常随禀学。""竺法义，受业弟子常有百余。""释道安，住受都寺，徒众数百。""竺僧朗，立精舍于金舆谷，闻风而造者百有余人。朗孜孜训诱，劳不告倦。""释法遇，止江宁长沙寺，讲说众经，受业者四百余人。"

复时开讲席，兼教僧俗，

《高僧传》："竺法义，大开讲席，王导、孔敷并承风敬友。""竺法汰形解过人，流名四远。开讲之日，黑白观听，士庶成群。及咨禀门徒，以次骈席，三吴负帙至者千数。”“释慧持，讲《法华》《毗昙》，四方云聚，千里遥集。”

问难质疑，不惮往复。

《高僧传》：“支遁晚出山阴，讲《维摩经》。遁为法师，许询为都讲。遁通一义，众人咸谓询无以厝难；询每设一难，亦谓遁不复能通。如此至竟，两家不竭。凡在听者，咸谓审得遁旨，回令自说，得两三反便乱。”“于法开，每与支道林争即色空义。庐江何默申明开难，高平郗超宣述林解，并传于世。……开有弟子法威，尝出都，经过山阴，支遁正讲《小品》。开语威言：‘道林讲，比汝至，当至某品中。’示语攻难数十番，云：‘此中旧难通。’威既至郡，正直遁讲，果如开言。往复多番，遁遂屈。”“道安事佛图澄为师。澄讲，安每复述，众未之惬。咸言须待后次，当难杀昆仑子。即安后更复讲，疑难锋起。安挫锐解纷，行有余力。人语曰：‘漆道人，惊四邻。’”

每有胜义，讲者恒为敛服。

《高僧传》：“沙门道恒，颇有才力，常执心无义，大行荆土。竺法汰曰：‘此是邪说，应须破之。’乃大集名僧，令弟子昙壹难之，据经引理，析驳纷纭。恒拔其口辩，不肯受屈。明日更集，慧远就席攻难数番，关责锋起；恒自觉义途差异，神色微动，麈尾扣案，未即有答。远曰：‘不疾而速，杼柚何为？’坐者皆笑。心无之义，于此而息。”“僧苞东下京师，正值祇洹寺发讲。乘驴往看，衣服垢弊，貌有风尘。堂内既迮，坐驴鞯于户外。高座举题适竟，苞致问数番，皆是先达思力所不逮。高座无以抗其辞，遂逊退而止。”

故世族学子，闻而信奉，非徒以迷信也。

《魏书·释老志》载魏世造像凿石之巨，

“兴光元年，初……铸释迦立像五，各长一丈六尺，都用赤金二十五万斤。”“昙曜白帝，于京城西武州塞，凿山石壁，开窟五所，镌建佛像各一。高者七十尺，次六十尺，雕饰奇伟，冠于一世。”“显祖又于天宫寺，造释迦立像。高四十三尺，用赤金十万斤，黄金六百斤。”“景明初，世宗诏大长秋卿白整准代京灵岩寺石窟，于洛南伊阙山，为高祖、文昭皇大后营石窟二所。初建之始，窟顶去地三百一十尺；至正始二年中，始出，斩山二十三丈。……永平中，中尹刘腾奏为世宗复造石窟一，凡为三所。从景明元年至正光四年六月已前，用功八十万二千三百六十六。”

及其度僧之多，

《魏书·释老志》：“高宗制：诸州、郡、县于众居之所，各听建佛图一区，任其财用，不制会限。其好乐道法，欲为沙门，不问长幼，出于良家，性行素笃，无诸嫌秽，乡里所明者，听其出家。率大州五十，小州四十人，其郡遥远台者十人。”“太和十六年，诏：四月八日，七月十五日，听大州度一百人为僧尼，中州五十人，下州二十人，以为常准。”“熙平二年春，灵太后令曰：年常度僧，依限大州应百人者，州郡于前十日解送三百人，其中州二百人，小州一百人，州统、维那与官及精练简取充数。”“正光以后，……僧尼大众，二百万矣。”

多本于宗教之信仰，而其推行佛教之普遍，亦至可惊。君后倡于上，士民应于下。以今日所存造像推之，其奉佛之风之盛可想。

《金石萃编》王昶：“造像立碑，始于北魏。迄于唐之中叶。

大抵所造者，释迦、弥陀、弥勒及观音、势至为多。或刻山崖，或刻碑石，或造石窟，或造佛堪，或造浮图。其初不过刻石，其后或施以金涂彩绘，其形模之大小广狭、制作之精粗不等。造像或称一区，或称一堪，其后乃称一铺。造像必有记。凡造像人自称曰佛弟子、正信佛弟子、清信士、清信女、优婆塞、优婆夷。凡出资造像者，曰像主、副像主、东西南北四面像主、发心主、都开光明主、光明主、天宫主、南面北面上堪中堪像主、檀越主、大像主、释迦像主、开明像主、弥勒像主、弥勒开明主、观世音像主、无量寿佛主、都大檀越都像主、像斋主、左右葙斋主。造塔者曰塔主；造钟者曰钟主；造浮图者曰东面、西面、南面浮图主；造灯者曰登主、登明主、世石主。劝化者曰化主、教化主、东西南北面化主、左右葙化主、都化主、大都化主、大化主、都录主、坐主、高坐主。邑中助缘者曰邑主、大都邑主、东、西面邑主、邑子、邑师、邑正、左右葙邑正、邑老、邑胥、邑谞、邑政、邑义、邑日、都邑忠正、邑中正、邑长乡正、邑平正。乡党治律，其寺职之称，曰和上、比丘、比丘尼、都维那、维那、典录、典坐、香火、沙弥、门师、都邑维那、邑维那、行维那、左右葙维那、左右葙香火，其名目之繁如此。”

《语石》叶昌炽云：“造像莫先于元魏，道俗人等，同心发愿。余所见景明三年四人造像，其最少矣，递增而有廿三人[⑧]、卅二

《金刚经》是佛教重要经典，全名《能断金刚般若波罗蜜多经》，图为世界上现存最早的印刷品唐雕版《金刚经》。

人[9]、卅五人[10]，又自四十[11]、五十[12]、六十[13]、七十[14]，以至二百[15]、三百余人。”[16]

而佛经之刻石，亦相继而兴，若泰山《金刚经》、徂徕《般若经》、

《语石》：“泰山有《金刚经》全部，徂徕山映佛岩有《大般若经》，钱竹汀谓皆齐武平中王子椿所刻，其字径尺。”

风峪《华严经》等。

《语石》：“风峪《华严经》，亦北齐刻。其地在太原西三里，砖甃一穴，方五丈，共石柱一百二十有六。”

其写刻之多，几过于儒家之石经矣。

---

①晋太元中渡江至庐山，隆安元年来游京师。

②其详见《梁任公近著》第一辑中卷《千五百年前之中国留学生》篇，商务印书馆出版。

③弗如檀亦西来之一僧，惟前表所举者多大师，此则转自中国西行僧徒之弟子耳。

④其实不止此数，当是但计主名。

⑤此可见嘉平以前，已以剪落为僧俗之别。

⑥晋初人。

⑦吴一，晋三十七，宋六十，齐二十六，梁九十六，陈十一。

⑧神龟元年杜迁等。

⑨景明三年高树、解伯都等。

⑩神龟三年赵阿欢等。

⑪孝昌三年临菑郡师僧达等。

⑫武平三年雹水村四部道俗邑义等。

⑬孝昌三年临菑邑仪。

⑭正始元年高洛周等。

⑮景明三年孙秋生等。

⑯武定二年王贰郎绾法义三百人造像，武平二年比丘僧道略三百余人造像。

第三节　隋唐之学术文艺

吾国文化，自汉以来，虽迭因兵燹而遭摧毁，然治乱相间，亦时时有人整理而绍述之。即以书籍而论，牛弘所举五厄，自破坏方面言之也；而与此五厄相错者，则自荀勖因《中经》著《新簿》，始分四部，至隋、唐而分析益密。目录之学，远绍刘《略》、班《志》之绪。

《隋书·经籍志》："魏氏代汉，采掇遗亡，藏在秘书中外三阁。魏秘书郎郑默，始制《中经》，秘书监荀勖，又因《中经》更著《新簿》，分为四部，总括群书。一曰甲部，纪六艺及小学等书；二曰乙部，有古诸子家、近世子家、兵书、兵家、术数；三曰丙部，有史记、旧事、皇览簿、杂事；四曰丁部，有诗赋、图赞、《汲冢书》。大凡四部，合二万九千九百四十五卷。但录题及言，盛以缥囊，书用缃素。至于作者之意，无所论辩。惠、怀之乱，京华荡覆。渠阁文籍，靡有孑遗。东晋之初，渐更鸠聚。著作郎李充，以勖旧簿校之，其见存者，但有三千一十四卷。充遂总没众篇之名，但以甲乙为次。自尔因循，无所变革。其后中朝遗书，稍流江左。宋元嘉八年，秘书监谢灵运造《四部目录》，大凡六万四千五百八十二卷。元徽元年，秘书丞王俭又造《目录》，大凡一万五千七百四卷。俭又别撰《七志》，一曰《经典志》，纪六艺、小学、史记、杂传；二曰《诸子志》，纪今古诸子；三曰《文翰志》，纪诗赋；四曰《军书志》，纪兵书；五曰《阴阳志》，纪阴阳图纬；六曰《术艺志》，纪方技；七曰《图谱志》，纪地域及图书：其道、佛附见，合九条。然亦不述作者之意，但于书名之下，每立一传，而又作九篇条例，编乎首卷之中。……齐永明中，秘书丞王亮、监谢朏，又造《四部书目》，大凡一万八千一十卷。齐末兵火，延烧秘阁，经籍遗散。梁初，秘书监任昉，躬加部集，又于文德殿内，列藏众书，华林园中，总集释典，大凡二万三千一百六卷，而释氏不预焉。梁有秘书监任昉、殷钧《四部目录》，又《文德殿目录》。其术数之书，更为一部，使奉朝请祖暅撰其名。故梁有《五部目录》。普通中，有处士阮孝绪，沈静寡欲，笃好坟史，博采宋、齐以来王公之家凡有书记，参校官簿，更为《七录》：一曰《经典录》，纪六艺；二曰《记传录》，纪史传；三曰《子兵录》，纪子书、兵书；四曰《文集录》，纪诗赋；五曰《技术录》，纪数术；六曰《佛录》；七曰《道录》。其分部题目，颇有次序。”

计其都数，隋唐最盛。

《隋书·经籍志》：“中原……文教之盛，苻、姚而已。宋武入关，收其图籍，府藏所有，才四千卷。”“后魏始都燕、代，南略中原，粗收经史，未能全具。孝文徙都洛邑，借书于齐，秘府之中，稍以充实。暨于尔朱之乱，散落人间。”“后周始基关右，外逼强邻，戎马生郊，日不暇给。保定之始，书止八千，后稍加增，方盈万卷。周武平齐，先封书府，所加旧本，才至五千。隋开皇三年，秘书监牛弘，表请分遣使人，搜访异本。每书一卷，赏绢一匹，校写既定，本即归主。于是民间异书，往往间出。及平陈以后，经籍渐备。……内、外之阁，凡三万余卷。”“唐武德五年，克平伪郑，尽收其图书及古迹焉，命司农少卿宋遵贵载之以船，溯河西上，将致京师，行经底柱，多被漂没，其所存者，十不一二。其《目录》亦为所渐濡，时有残缺。今考见存，分为四部，合条为一万四千四百六十六部，有八万九千六百六十六卷。”

《新唐书·艺文志》：“自汉以来，史官列其名氏篇第，以为六艺、九种、七略；至唐始分为四类，曰经、史、子、集。而藏之盛，莫盛于开元。其著录者，五万三千九百一十五卷，而唐之学者自为之书，又二万八千四百六十九卷。”“初，隋嘉则殿书三十七万卷，至武德初，有书八万卷，重复相糅。王世充平，得隋旧书八千余卷，太府卿宋遵贵监运东都，浮舟溯河，西致京师，经砥柱舟覆，尽亡其书。”“两都各聚书四部，以甲、乙、丙、丁为次，列经、史、子、集四库。其本有正有副，轴带帙签，皆异色以别之。而安禄山之乱，尺简不藏。元载为宰相，奏以千钱购书一卷。……至文宗时，……四库之书复完，分藏于十二库。”

分写副本，尤极精美。

《隋书·经籍志》：“平陈所得，多太建时书，纸墨不精，书亦拙恶。于是总集编次，存为古本。召天下工书之士，京兆韦霈、南阳杜頵等，于秘书内补续残缺，为正副二本，藏于宫中，其余以实秘书内、外之阁，凡三万余卷。”“炀帝即位，秘阁之书，限写五十副本，分为三品：上品红瑠璃轴，中品绀瑠璃轴，下品漆轴。于东都观文殿东西厢构屋以贮之，东屋藏甲、乙，西屋藏丙、丁。”

《新唐书·艺文志》：“贞观中，魏徵、虞世南、颜师古继为秘书监，请购天下书，选五品以上子孙工书者为书手，缮写藏于内库，以宫人掌之。玄宗命左散骑常侍、昭文馆学士马怀素为修图书使，与右散骑常侍、崇文馆学士褚无量整比。会幸东都，乃就乾元殿东序检校。无量建议：‘御书以宰相宋璟、苏颋同署，如贞观故事。’又借民间异本传录。及还京师，迁书东宫丽正殿，置修书院于著作院。其后大明宫光顺门外，东都明福门外，皆创集贤书院，学士通籍出入。太府月给蜀郡麻纸五千番，季给上谷墨三百三十六丸，岁给河间、景城、清河、博平四郡兔千五百皮为笔材。”《唐六典》：“四库之书，两京各二本，共三万五千九百六十一卷，皆以益州麻纸写。其经库书钿白牙轴黄带红牙签，史库书钿青牙轴缥带绿牙签，子库书雕紫檀轴紫带碧牙签，集库书绿牙轴朱带白牙签，以为分别。”

典校装写，并设专官。

《唐六典》：“秘书省监一人，从三品，掌邦国经籍图书之事。”“少监二人，从四品上。”“秘书郎四人，从六品上，掌四部之图籍，分库以藏之，以甲、乙、丙、丁为之部目。”“校书郎八人，正九品上，正字四人，正九品下，掌雠校典籍，刊正文字，皆辨其纰缪，以正四库之图史。”“令史四人、书令史九人、典书八人、楷书手八十人、熟纸装潢匠各十人、笔匠六人。”“弘文馆学士无员数，掌详正图籍。”“书郎二人，掌校理典籍，刊正错缪。典书二人，拓书手三人，笔匠三人，熟纸装潢匠九人。”“集贤殿学士掌刊辑古今之经籍。”“知书官八人。”“书直及写御书一百人，拓书手六人，装书直十四人，造笔直四人。”

所贮副本，并以赐人。

《唐六典》：“凡四部之书，必立三本，曰正本、副本、贮本，以供进内及赐人。凡敕赐人书，秘书无本，皆别写给之。”①

此帝王之以国力保存文化者也。

其士大夫之藏书者，自晋以来，多著称于史策。

《晋书》：“张华雅爱书籍，身死之日，家无余财，惟有文史，溢于几箧。尝徙居，载书三十乘，秘书监挚虞撰定官书，皆资华之本以取正焉。天下奇秘，世所希有者，悉在华所。”

《南史》："张缵好学，兄缅有书万卷余，昼夜披读，殆不辍手。""沈约聪明过人，好坟籍，聚书至二万卷，都下无比。""任昉博学，于书无所不见。家虽贫，聚书至万余卷，率多异本。及卒后，武帝使学士贺纵共沈约勘其书目，官无者就其家取之。""王僧孺好坟籍，聚书至万余卷，率多异本，与沈约、任昉家书埒。"

至唐而藏书者尤多，

《旧唐书》："吴兢家聚书颇多，尝自录其卷帙，号《吴氏西斋书目》。"②"韦述少聪敏，笃志文学，家有书二千卷。述为儿童时，记览皆遍，人骇异之。述澹于势利，家聚书二万卷，皆自校定铅椠，虽御府不逮也。兼古今朝臣图，历代知名人画，魏、晋以来草隶真迹数百卷，古研、古器、药方、格式、钱谱、玺谱之类，当代名公品题，无不毕备。""蒋乂代为名儒，而又史官吴兢之外孙，以外舍富坟史。幼便记览不倦，手不释卷，老而弥笃，旁通百家，尤精历代沿革。家藏书一万五千卷。""田弘正于府舍起书楼，聚书万余卷。""李磎聚书至多，手不释卷，时人号曰李书楼。""韦处厚聚书逾万卷，多手自刊校。""苏弁聚书至二万卷，皆手自刊校。至今言苏氏书，次于集贤、秘阁焉。"

《送诸葛觉往随州读书诗》韩愈："邺侯家多书，插架三万轴。一一题牙签，新若手未触。为人强记览，过眼不再读。"

《寄许孟容书》柳宗元："家有赐书三千卷，尚在善和里旧宅。宅今已三易主，书存亡不可知。"

好学者率手自抄录。

《旧唐书》："柳仲郢厩无名马，衣不熏香。退公布卷，不舍昼夜。九经、三史一抄，魏晋以来南北史再抄，手抄分门三十卷，号《柳氏自备》。又精释典，《瑜伽》《智度大论》皆再抄，自余佛书，多手记要义。小楷精谨，无一字肆笔。”

此隋、唐所以能赓续前绪，使文教翼进而不坠者也。

有唐一代，为文学美术最盛之时，而其他学术亦时有树立。其于经，有《经典释文》《五经正义》等书。而南北之学，以之统一。

《经学历史》皮锡瑞：“学术随世运为转移，亦不尽随世运为转移。隋平陈，而天下统一，南北之学，亦归统一，此随世运为转移者也。天下统一，南并于北，而经学统一，北学反并于南，此不随世运为转移者也。”“经学统一之后，有南学，无北学，南学北学，以所学之宗主分之，非以其人之居址分之也。……《隋书·经籍志》于《易》云：‘梁、陈，郑玄、王弼二注，列于国学。齐代，唯传郑义。至隋，王注盛行，郑学浸微。’于《书》云：‘梁、陈所讲，有郑、孔二家。齐代唯传郑义。至隋，孔、郑并行，而郑氏甚微。’于《春秋》云：‘《左氏》唯传服义，至隋，杜氏盛行，服义浸微。’是伪孔、王、杜之盛行，郑、服之浸微，皆在隋时。故天下统一之后，经学也统一，而北学从此绝矣。”“唐太宗以儒学多门，章句繁杂，诏国子祭酒孔颖达与诸儒撰定五经义疏，凡一百七十卷，名曰《五经正义》。颖达既卒，博士马嘉运驳其所定义疏之失。有诏更定，未就。永徽二年，诏诸臣复考证之，就加增损。永徽四年，颁孔颖达《五经正义》于天下。每年明经，依此考试。自唐至宋，明经取士皆遵此本。”“其所定《五经疏》，《易》主王注，《书》主孔传，《左氏》主杜解。郑注《易》《书》，服注《左氏》，皆置不取。”“其时同修《正义》者，《周易》则马嘉运、赵乾叶，《尚书》则王德韶、李子云，《毛诗》则王德韶、齐威，《春秋》则谷那律、杨士勋，《礼记》则朱子奢、李善信、贾公彦、柳士宣、范义頵、张权。标题孔颖达一人之名者，以年辈在先，名位独重耳。”按《周易正义》十六卷，《尚书正义》二十卷，《毛诗正义》四十卷，《礼记正义》七十卷，《春秋正义》三十六卷，是为《五经正义》。此外贾公彦有《周礼疏》五十卷，《仪礼疏》五十卷，杨士勋有《春秋穀梁传疏》十三卷，皆成于唐初。惟徐彦《公羊传疏》二十八卷，不详其时代。“前乎唐人义疏，经学家所宝贵者，有陆德明《经典释文》[③]。《经典释文》亦是南学，其书创始于陈后主元年，成书在未入隋以前。而《易》主王氏，《书》主伪孔，《左》主杜氏，为唐人义疏之先声。”

于史有《晋》《梁》《陈》《周》《齐》《隋》诸书，及《南》《北》二史。而五朝之事，得无失坠。

《旧唐书·艺文志》载：“《晋书》一百三十卷，许敬宗等撰。”“《梁书》五十卷，姚思廉撰。”[④]“《陈书》三十六卷，姚思廉撰。”“《后周书》五十卷，令狐德棻撰。”“《北齐书》五十卷，李百药撰。”“《隋书》八十卷，魏徵等撰。”“《南史》八十卷，李延寿撰。”“《北史》一百卷，李延寿撰。”

外此，如李鼎祚《周易集解》、司马贞《史记索隐》、张守节《史记正义》、颜师古《汉书注》等，皆有考证辑录之功。其见于《唐志》而不传者尚多，无俟具论。比而观之，唐之史学盛于经学。如刘子玄著《史通》讥评古今，

《史通自序》刘知幾：“三为史臣，再入东观，其所载削，皆与俗浮沈。虽自谓依违苟从，然犹大为史官所嫉，退而私撰《史通》，以见其志。”“《史通》之为书也，盖伤当时载笔之士，其义不纯，思欲辨其指归，殚其体统。夫其书虽以史为主，而余波所及，上穷王道，下掞人伦，总括万殊，包吞千有。其为义也，有与夺焉，有褒贬焉，有鉴诫焉，有讽刺焉。其为贯穿者深矣，其为网罗者密矣，其所商略者远矣，

其所发明者多矣。”

杜佑撰《通典》条贯事类。

《通典序》李翰：“京兆杜公君卿，雅有远度，志于邦典。采五经群史，上自黄帝，至于有唐天宝之末，每事以类相从，举其始终，历代沿革废置及当时群士论议得失，靡不条载，附之于事。如人支脉散缀于体，凡有八门，号曰《通典》。”

皆史家之创制，迄今人犹诵法之。

其读经者，多务速成，罕治大经。

《唐会要》：“开元八年，国子司业李元瓘言：今明经所习务在出身，《礼记》文少，人皆竞读。《周礼》《仪礼》《公羊》《穀梁》历代宗习，今两监及州县以独学无友，四经殆绝。事资训诱，不可因循。”“开元十六年，国子祭酒杨玚言：今明经习《左氏》者十无一二，又《周礼》《仪礼》《公羊》《穀梁》殆将绝废，亦请量加优奖。”

虽有壁书五经、石刻九经；而名儒不窥，讹误甚多，世盛讥之焉。

《唐会要》：“刘禹锡《国学新修五经壁记》：大历中名儒张参为司业，始详定五经，书于论堂东西厢之壁。”“文宗太和七年，敕于国子监讲学论堂两廊，创立石壁九经并《孝经》《论语》《尔雅》共一百五十九卷。”⑤

《旧唐书·文宗纪》：“石经立后数十年，名儒皆不窥之。”

隋承南朝之绪，注重天文历算之学。其历、天文、漏刻、视祲，各有博士及生员。

《隋书·百官志》:“秘书省领著作、太史二曹,……太史曹置令、丞各二人,司历二人,监候四人。其历、天文、漏刻、视祲,各有博士及生员。”又《天文志》:“高祖平陈,得善天官者周坟以为太史令。坟博考经书,勤于教习。自此太史观生,始能识天官。”

唐因其制,设官益多。

《唐六典》:“太史局令二人,从五品下,掌观察天文,稽定历数。凡日月星辰之变,风云气色之异,率其属而占候焉。丞二人,从七品下;司历二人,从九品上;保章正一人,从八品上;历生三十六人,装书历生五人,监候五人,从九品下;天文观生九十人,云台郎二人,正八品下;天文生六十人,挈壶正二人,从八品下;司辰十九人,正九品下。漏刻典事十六人,漏刻博士六人,漏刻生三百六十人,典钟二百八十人,典鼓一百六十人。”

故精于测算制作者,不乏其人。王孝通著《缉古算经》,为后世立天元术所本。

《畴人传》阮元:“王孝通武德九年为算术博士,复为通直郎太史丞,著《缉古算经》一卷,并自为之注。”“李锐曰:算书以《缉古》为最深,学之未易通晓。惟以立天元术御之,则其中条理秩然。”阮元曰:“孝通《缉古》,实后来立天元术之所本也。”

李淳风、梁令瓒等制仪象,史称其精博,后世不能过。

《新唐书·天文志》云:“星经、历法,皆出于数术之学。唐兴,太史李淳风、浮图一行,尤称精博,后世未能过也。”

"贞观初，太宗诏淳风为浑仪。七年，仪成。表里三重，下据准基，状如十字，末树鳌足，以张四表。一曰六合仪，有天经双规、金浑纬规、金常规，相结于四极之内。列二十八宿、十日、十二辰、经纬三百六十五度。二曰三辰仪，圆径八尺，有璇玑规、月游规，列宿距度，七曜所行，转于六合之内。三曰四游仪，玄枢为轴，以连结玉衡游筩，而贯约矩规。又玄枢北树北辰，南矩地轴，傍转于内。玉衡在玄枢之间，而南北游，仰以观天之辰宿，下以识器之晷度，皆用铜。"

"开元九年，一行受诏，改治新历，率府兵曹参军梁令瓒以木为游仪，一行是之，乃奏：'……请更铸以铜铁。'十一年仪成。……玄宗又诏一行与令瓒等更铸浑天铜仪，圆天之象，具列宿赤道及周天度数，注水激轮，令其自转，一昼夜而天运周。外络二轮，缀以日月，令得运行。每天西旋一周，日东行一度，月行十三度十九分度之七，二十九转有余而日月会，三百六十五转而日周天。以木柜为地平，令仪半在地下，晦明朔望，迟速有准。立木人二于地平上，其一前置鼓以候刻，至一刻则自击之；其一前置钟以候辰，至一辰而自撞之。皆于柜中各施轮轴，钩键交错，关锁相持。"

而瞿昙罗、瞿昙悉达等，以西域人制历译书。

《畴人传》阮元："瞿昙罗官太史令，神功二年甲子南至，改《元圣历》，命瞿昙作《光宅历》。将颁用，三年罢之。""瞿昙悉达开元六年官太史监，受诏译《九执术》。上言：臣等谨案九执术法，梵天所造，五通仙人承习传授，肇自上古。""臣等谨凭天旨，专精钻仰，凡在隐秘，咸得解通。""其算法用字乘除，一举札而成，凡至十进入前位，每空位处，恒安一点。"

世谓即今西法所自出，是尤唐代历算学之特色矣。

阮元曰："九执术即今西法之所自出，名数虽殊，理则无异。惟《九执》译于唐时，其法尚疏，后人精益求精，故今之西法为更密合耳。"

唐人于地理之学，亦甚注重。州府三年一造地图，鸿胪有外国山川风土图。

《唐六典》："职方郎中员外郎，掌天下之地图及城隍镇戍烽候之数，辨其邦国都鄙之远迩及四夷之归化者。凡地图，委州府三年一造，与板籍偕上省。其外夷每有番客到京，委鸿胪讯其入本国山川风土为图以奏焉，副上于省。其五方之区域，都鄙之废置，疆场之争讼者，举而正之。"

《唐书·经籍志》载《长安十道图》《开元十道图》等，当即其时州府所上，惜其后不传耳。

《旧唐书·经籍志》："《长安四年十道图》十三卷。""《开元三年十道图》十卷。"

高宗时，许敬宗等撰《西域图志》。按其卷数，当更详于裴矩之《西域图记》。

《新唐书·艺文志》："《西域图志》六十卷，高宗遣使分往康国、吐火罗，访其风俗物产，画图以闻，诏史官撰次。许敬宗领之，显庆三年上。"

而制作之法未闻。德宗时，贾耽画《陇右山南图》及《海内华夷图》，史载其折算及题色之法。

《旧唐书·贾耽传》："耽好地理学，凡四夷之使及使四夷还者，必与之从容，讯其山川土地之终始。是以九州之夷险，百蛮之土俗，区分指画，备究源流。自吐蕃陷陇右积年，国家守于内地，旧时镇戍，不可复知。耽乃画《陇右山南图》，兼黄河经界远近，聚其说，为书十卷，表献曰：陇右一隅，久沦蕃寇，职方失其图记，境土难以区分。辄扣课虚微，采掇舆议，画关中、陇右及山南九州等图一轴。……诸州诸军，须论里数人额，诸山诸水，须言首尾源流，图上不可备书，凭据必资记注，谨撰《别录》六卷。又黄河为四渎之宗，西戎乃群羌之帅，臣并研寻史牒，翦弃浮词，罄所闻知，编为四卷，通录都成十卷。……贞元十七年，又撰成《海内华夷图》及《古今郡国县道四夷述》四十卷，表献之曰：兴元元年，伏奉进止，令臣修撰国图，间以众务，不遂专门。近乃力竭衰病，思殚所闻见，聚于丹青，谨令工人画《海内华夷图》一轴，广三丈，从三丈三尺，率以一寸折成百里。别章甫左衽，奠高山大川，缩四极于纤缟，分百郡于作绘。……并撰《古今郡国县道四夷述》四十卷，中国以《禹贡》为首，外夷以《班史》发源，凡诸疏舛，悉从厘正。其古郡国题以墨，今州县题以朱，今古殊文，执习简易。"

后世图书，分别朱墨，所由昉也。耽之图世犹传其模本，而书亦不传。今所存唐人地理书，惟李吉甫《元和郡县图志》，为后世地志之祖。

《元和郡县图志序》李吉甫："前上元和国计簿，审户口之丰耗；续撰《元和郡县图志》，辨州域之疆理。起京兆府，尽陇右道，凡四十七镇，成四十卷。每镇皆图在篇首，冠于序事之前，并目录两卷，总四十二卷。"⑥

其书详载四至八到，及开元、元和户数、乡数之比较，不独资当时之实用，且可供后世之考证焉。

唐人尚文学，学者必精熟《文选》。

《困学纪闻》王应麟："李善精于《文选》，为注解。因以讲授，谓之'《文选》学'。少陵有诗云'续儿诵《文选》'，又训其子'熟精《文选》理'，盖选学自成一家。"

然唐人能变选文之文，而自开风气，由模仿而创造，备极文章之能事。故论文与诗，莫盛于唐。虽其风气迭变，作者代出，未可以一概论。

《新唐书·文艺传》云："唐有天下三百年，文章无虑三变。高祖、太宗大难始夷，沿江左余风，绨句绘章，揣合低卬，故王、杨为之伯。玄宗好经术，群臣稍厌雕琢，索理致，崇雅黜浮，气益雄浑，则燕、许擅其宗。是时，唐兴已百年，诸儒争自名家。大历、贞元间，美才辈出，擩哜道真，涵泳圣涯，于是韩愈倡之，柳宗元、李翱、皇甫湜等和之，排逐百家，法度森严，抵轹魏、晋，上轧汉、周，唐之文完然为一王法，此其极也。若侍从酬奉，则李峤、宋之问、沈佺期、王维，制册则常衮、杨炎、陆贽、权德舆、王仲舒、李德裕，言诗则杜甫、李白、元稹、白居易、刘禹锡，谲怪则李贺、杜牧、李商隐，皆卓然以所长为一世冠，其可尚已。"

要以杜甫、李白之诗，韩愈、柳宗元之文，极雄奇深秀之致，前无古人，后无来者，足为有唐一代之特色。至其体制，由排偶而单行，由浮华而质朴。而律诗、绝诗诸体，又以谐协声律擅长，虽齐、梁人之讲声律者，尚不之逮，则进化之表见于文艺者也。

隋唐之世，书法亦益进化，世称隋碑为古今书学大关键。

《语石》叶昌炽："隋碑上承六代，下启三唐，由小篆八分，趋于隶楷：至是而巧力兼至、神明变化，而不离于规矩，诚古今书学大关键也。"

唐初书家，欧、虞皆尝仕隋，则隋、唐之书法，亦难画分界域也。按隋始置书学博士，唐代因之。

《唐六典》："隋置书学博士一人，从九品下，皇朝加置二人。"

以书为教，故善书者特多。不但著名之书家，卓然各成家法，即寻常流传文字，亦皆雅健深厚。近世发见敦煌石室之经卷，多唐人书，虽其不经意之作，今人亦鲜能及焉。唐太宗好书法，躬撰《晋书·王羲之传论》，自谓"心慕手追"，

《晋书·王羲之传》："制曰：详察古今，研精篆素，尽善尽美，其惟王逸少乎！观其点曳之工，裁成之妙，烟霏露结，状若断而还连；凤翥龙蟠，势如斜而反直。玩之不觉为倦，览之莫识其端，心慕手追，此人而已。其余区区之类，何足论哉！"

临终至以《兰亭序》殉葬。

《法书要录》："贞观二十三年，圣躬不豫。临崩，谓高宗曰：'吾欲从汝求一物。'高宗流涕听受制命。太宗曰：'吾所欲得《兰亭》，可与我将去。'后随仙驾入玄宫矣。"

《唐书》以二王等书载之小学类，

《新唐书·艺文志》："二王、张芝、张昶等书一千五百一十卷。"太宗出御府金帛，购天下古本，命魏徵、虞世南、褚遂良定真伪。凡得羲之真行二百九十纸，为八十卷。又得献之、张芝等书，以"贞观"字为印。草迹命遂良楷书小字以影之。其古本多梁、隋官书。梁则满骞、徐僧权、

沈炽文、朱异；隋则江总、姚察署记。帝令魏、褚卷尾各署名。开元五年，敕陆玄悌、魏哲、刘怀信检校，分益卷帙。玄宗自书“开元”字为印。

故知唐人之工书，不第由学校教授。且经贞观、开元之提倡，视其他艺术为独尊也。古碑无行书，至唐始有之。

《语石》叶昌炽：“隋以前碑无行书。以行书写碑，自唐太宗《晋祠铭》始。开元以后，李北海、苏灵芝皆以此体擅长。”

草书亦至唐而盛，张旭、怀素并称草圣，颜真卿传旭笔法。

《新唐书·张旭传》：“后人论书，欧、虞、褚、陆皆有异论，至旭无非短者。传其法惟崔邈、颜真卿云。”

真书行草，集篆籀分隶之大成。

《宣和书谱》：“论者谓颜真卿书点如坠石，画如夏雨，钩如屈金，戈如发弩。篆籀分隶而下，同为一律，号为大雅，岂不宜哉！”

自宋及清，学书者无不师颜，亦可证张旭之所诣矣。

与书学并进者，又有绘事。

唐太宗像

唐太宗李世民（599—649），中国封建社会著名帝王、政治家、军事家。在位期间，励精图治，文化也得到了空前发展。

隋置宝迹台以藏画，与妙楷台之藏书并重。

《隋书·经籍志》："炀帝聚魏以来古迹名画，于观文殿后起二台。东曰妙楷台，藏古迹[7]；西曰宝迹台，藏古画。"

至唐而集贤殿书院有画直。

《唐六典》："画直八人。"[8]

画直之画，且志之于史籍。

《新唐书·艺文志》："杨昇画《望贤宫图》《安禄山真》；张萱画《伎女图》《乳母将婴儿图》《按羯鼓图》《秋千图》，并开元馆画直。"[9]

是皆可为隋、唐注重绘事之证。前代绘画多重人物，如晋之顾恺之、梁之张僧繇等，皆以画人物擅名。宋之宗炳，始画山水于壁，以供卧游。

《名画录》："宋宗炳，字少文，善书画，好山水。西涉荆巫，南登衡岳，因结宇衡山，以疾还江陵，叹曰：'老疾俱至，名山恐难遍游，当澄怀观道，卧以游之。'凡所游历，皆画于壁，坐卧向之。"

至唐而王维、李思训、吴道子等，始画山水著名。

《唐画断》："王右丞维，画山水松石，风标特出。今京都千福寺西塔院有掩障，一画枫戍，一画辋川，山谷郁盘，云水飞动，意出尘外，怪生笔端。""又曰：山水松石，妙上上品。""开元中，诸卫将军李思训、子昭道为中舍，俱得山水之妙。时人云大李将军、小李将军是也。思训格品高奇，山川妙绝，鸟兽草木，皆极其能。中舍之图，山水鸟兽甚多，繁巧智思，笔力不及也。天宝中，玄宗召思训画大同殿壁兼掩障。异日因奏断诏云：‘卿所画掩障，夜闻水声，通神之佳手，国朝山水第一。’思训神品，昭道妙上品。”“吴道玄字道子，年未弱冠，穷丹青之妙。玄宗天宝中，忽思蜀中嘉陵江山水，遂假吴生驿递，令往写貌。及回日，帝问其状，奏云：‘臣无粉本，并记在心。’遣于大同殿图之，嘉陵江三百里山水一日而毕。时有李将军山水擅名，亦画大同殿壁，数月方毕。玄宗云：‘李思训数月之功，吴道玄一日之迹，皆极其妙也。’”

然亦兼工人物，不专画山水。

《唐画断》：“吴道子画人物、佛像、鬼神、禽兽、山水、台殿、草木，皆神妙也，国朝第一。”

若阎立本、韩幹等，尤专以人物著。《唐志》所载，皆人物图也。

《新唐书·艺文志》：“阎立本画《秦府十八学士图》《凌烟阁功臣二十四人图》。”“韩幹画《龙朔功臣图》《姚宋及安禄山图》《相马图》《玄宗试马图》《宁王调马打球图》。”

近年敦煌石室发见唐画，皆极工细之人物。

《石室秘宝》载唐画五：一画壁《弥陀法会图》、一藻井画《佛堂内诸佛图》、一画壁《千佛岩图》、一画壁《明王像》、一画壁《太子求佛舍利图》。

故知唐画专以工细象形为主，非若后世之写意画，潦草简率，谓得神似矣。

唐人学艺之精者，自诗文、书画外，复有二事：曰音乐、曰医药。观其制度，盖皆以为专门之学，广置师弟以教之。教乐则有太乐署，

《唐六典》："太乐令掌教乐人，调合钟律，以供邦国之祭祀飨燕，丞为之贰。""凡习乐立师以教，每岁考其师之课业，为上、中、下三等，申礼部。十年大校之，若未成，则又五年而校之，量其优劣而黜陟焉。若职事之为师者，则进退其考，习业者亦为之限，既成得进为师。凡乐人及音声人应教习，皆著簿籍，核其名数，而分番上下[10]，皆教习检察以供其事。"

教医则有太医署。

《唐六典》："太医令掌诸医疗之法，丞为之贰。其属有四：曰医师、针师、按摩师、咒禁师，皆有博士以教之。其考试登用，如国子监之法。""医博士掌以医术教授诸生，习《本草》《甲乙脉经》。分而为业：一曰体疗，二曰疮肿，三曰少小，四曰耳、目、口、齿，五曰角法。""针博士掌教针生，以经脉孔穴，使识浮沉涩滑之候。又以九针为补泻之法，凡针疾，先察五脏有余不足而补泻之。凡针生习业者教之，如医生之法。""按摩博士掌教按摩生，以消息导引之法，以除人八疾：一曰风，二曰寒，三曰暑，四曰湿，五曰饥，六曰绝，七曰劳，八曰逸。凡人支节府藏积而疾生，导而宣之，使内疾不留，外邪不入，若损伤折跌者，以法正之。""咒禁博士掌教咒禁生，以咒禁拔除邪魅之为厉者。"其京兆府各大都督府各州，皆有医学博士及助教学生等。诸州每年任土所药物可用者，随时收采以给人之疾患。

故唐之精于音乐者特多，上自帝王卿相[11]，下至优伶工人[12]。虽其所工与古之雅乐并趣，而言梨园者必始于唐。

《旧唐书·音乐志》："玄宗于听政之暇，教太常乐工子弟三百人为丝竹之戏。音响齐发，有一声误，玄宗必觉而正之，号为皇帝弟子。""梨园子弟以置院近于禁苑之梨园，太常又有别教院教供奉新曲。太常每凌晨鼓笛乱发于太乐别署，教院廪食常千人。"

至医药专家，则有甄权、孙思邈等。

《旧唐书·方伎传》："甄权撰《脉经针方》《明堂人形图》各一卷。""孙思邈撰《千金方》三十卷。"

世虽属之方伎，然与袁天纲观相，李虚中之推命，固有学术之殊焉。

---

①如武后赐新罗吉凶礼，并文辞五十篇等，皆秘书所写也。

②《渊鉴类函》引鸿书吴兢西斋书一万三千四百余卷。

③三十卷。

④实五十六卷。

⑤开成二年始成。

⑥宋时图已亡，独志存。

⑦按楷书之名当始于此，隋秘书省有楷书员二十人，唐亦有楷书手。

⑧开元七年，敕缘修杂图访取二人。八年，又加六人。十九年，院奏定为直院。

⑨前史不志图画，《唐志》始载之子部艺术类。自汉王元昌画《汉贤王图》，至周昉画《扑蝶图》，凡四十余种，亦可见唐之重画矣。

⑩短番散乐一千人，诸州有定额。长上散乐一百人，太常自访召关外诸州者分为六番，关内五番，京兆府四番，并一月上。一千五百里外两番并上，六番者上番日教至申时，四番者上番日至午时。

⑪如玄宗、汝阳王琎、宋璟、杜鸿渐等。

⑫如李龟年、黄幡绰等，皆有特殊之艺。

第四节　隋唐之佛教

佛教之入中国，蝉嫣五六百年，至于隋、唐之时，遂成为极盛时代。隋虽短祚，特崇译学。西来大德，中土僧俗，飙起云兴，赍经译梵。

《续高僧传》释道宣："那连提黎耶舍，隋言尊称，北天竺乌场国人。天保七年，届于京邺。文宣礼遇隆重，安置天平寺中，请为翻经。三藏殿内梵本千有余夹，敕送于寺，又敕昭玄大统沙门法上等二十余人，监掌翻译。沙门法智、居士万天懿传语，初翻众经五十余卷。有隋御宇，重隆三宝。开皇之始，梵经遥应，爰降玺书，请来弘译。二年七月，住大兴善寺，敕昭玄统沙门昙延等三十余人，令对翻传，凡前后所译经论一十五部、八十许卷，即《菩萨见实》《月藏》《日藏》《法胜毗昙》等是也。并沙门僧琛、明芬、给事李道宝等度语笔受，昭玄统沙门昙延、昭玄都沙门灵藏等二十余僧，监护始末。""时又有同国沙门毗尼多流支，隋言灭喜，开皇三年，于大兴善寺译《象头精舍》《大乘总持经》二部，给事李道宝传语，沙门法纂笔受。""阇那崛多，隋言德志，北贤豆犍陀罗国人，以周明帝武成年初届长安，渐通华语。""有齐僧宝暹、道邃、僧昙等十人，以武平六年，采经西域，往返七载，凡获梵本二百六十部。""大隋受禅，暹等赍经来。开皇元年季冬，届至京邑。""开皇五年，大兴善寺沙门昙延等三十余人，请敕延崛多来还京阙。寻敕敷译新至梵本，或经或书，且内且外，诸有翻传，必以崛多为主。""尔时耶舍已亡，专当元匠于大兴善，更召婆罗门僧达摩笈多，并敕居士高天奴、高和仁兄弟等同传梵语。又置十大德沙门僧休、法粲、法经、慧藏、洪遵、慧远、法纂、僧晖、明穆、昙迁等监掌翻事，铨定宗旨。沙门明穆、彦琮重对梵本，再审复勘。”“循历翻译，合三十七部，一百七十六卷。”“高祖又敕崛多共西域沙门若那竭多、开府高恭、恭息都督天奴、和仁及婆罗门毗舍达等，于内史内省，翻梵古书及乾文。至开皇十二年，书度翻讫，合二百余卷。”“时又有达摩般若，隋言法智，本中天竺国人。妙善方言，执本自传，不劳度语，译《业报差别经》等。”“达摩笈多，隋言法密，本南贤豆罗啰国人。开皇十年，入京。奉敕翻经，处之兴善。所翻经论七部，合三十二卷。”

炀帝置翻经馆及翻经学士，

《续高僧传》：“炀帝定鼎东都，敕于洛水南滨上林园内，置翻经馆，撰举翘秀，永镇传法。”“大业二年，东都新治。彦琮与诸沙门诣阙朝贺，因即下敕，于洛阳上林园，立翻经馆以处之。”“新平林邑，所获佛经，合五百六十四夹，一千三百五十余部，并昆仑书多黎树叶，有敕送馆，付琮披览。并使编叙目录，以次渐翻。”“时有翻经学士成都费长房，妙精玄理，撰《三宝录》一十五卷，始于周庄之初。上编甲子，下录年号，并诸所翻经部卷目。”“又有翻经学士泾阳刘冯，撰《内外旁通比校数法》一卷。”

沙门彦琮尤精译事，

《续高僧传》：“释彦琮，俗缘李氏，赵郡柏人人也。周武平齐，延谈玄籍，敕预通道观学士。”“开皇三年，西域经至，敕琮翻译，住大兴善。”“琮专寻教典，日诵万言。《大品》《法华》《维摩》《楞伽》《摄论》《十地》等，皆亲传梵书，受持读诵，每日暗阅，要周乃止。”“仁寿二年，敕撰众经目录，乃分为五例，谓单译、重翻、别生、疑伪、随卷有位。”“寻又敕令撰《西域传》，前后译经合二十三部，一百许卷。”

妙体梵文，以垂译式。所举八备，世多称之焉。

> 《续高僧传》："琮晚以所诵梵经四千余偈十三万言，七日一遍，用为常业。""著《辩正论》，以垂翻译之式。""经不容易，理借名贤，常思品藻，终惭水镜；兼而取之，所备者八：诚心爱法，志愿益人，不惮久时，其备一也；将践觉场，先牢戒足，不染讥恶，其备二也；筌晓三藏，义贯两乘，不苦暗滞，其备三也；旁涉坟史，工缀典词，不过鲁拙，其备四也；襟抱平恕，器量虚融，不好专执，其备五也；耽于道术，澹于名利，不欲高衒，其备六也；要识梵言，乃闲正译，不坠彼学，其备七也；薄阅《苍》《雅》，粗谙篆隶，不昧此文，其备八也。八者备矣，方是得人。"

唐代译业，尤盛于隋。道宣《续高僧传》、赞宁《高僧传》三集，译经篇中所载西来高僧，不下数十人：

波罗颇迦罗蜜多罗	中天竺人	武德九年	由突厥入京
那提三藏	中印度人	永徽六年	由南海来
伽梵达磨	西印度人	永徽中	
阿地瞿多	中印度人	永徽三年	自西印度届长安
佛陀波利	罽宾国人	仪凤元年	涉流沙来华
释地婆诃罗	中印度人	仪凤初	
那跋陀罗	波凌国人	仪凤三年	由交州入唐
菩提流志	南天竺人	永淳二年	
释提云般若	于阗国人	永昌元年	
阿你真那	迦湿弥罗人	长寿二年	
实叉难陀	于阗人	证圣元年	由于阗来
般剌蜜帝	中印度人	神龙中	由南海来
弥陀山	睹货逻人	天后时	
输波迦罗(善无畏)	中印度人	开元四年	自北印至长安

阿目佉跋折罗（不空）	北天竺人		幼随叔父来华
释跋日罗菩提（金刚智）	摩赖耶国人	开元七年	由狮子国来
般剌若	北天竺人	贞元二年	由狮子国来
牟尼宝利	北印度人	贞元十六年	
佛陀多罗	罽宾人		
释勿提提羼鱼	龟兹人		
尸罗达摩	于阗人	贞元中	
释莲华	中印度人	兴元元年	
般若	罽宾人	宪宗时	
满月	西域人	开成中	

以上皆有专传者。外此如《义净传》有吐火罗沙门达磨末磨、中印度沙门拔弩、罽宾沙门达磨难陀、居士东印度首领伊舍罗、居士中印度李释迦度颇多、居士东印度瞿昙金刚等；《释无极高传》有中印度大菩提阿难律、木叉师、迦叶师等；《释极量传》有乌苌国沙门弥伽释迦；《日照传》有沙门战陀般若提婆；《菩提流志传》有天竺沙门波若屈多，亦皆有功于译业者也。他若神策军正将罗好心，为般剌若之表兄；金满郡公尉迟智严，为于阗国质子；以及迦湿弥罗国王子阿顺，为义净证译，均可见唐时西域僧俗来居中国者之多矣。

其西行求经者，有玄奘、

《旧唐书·僧玄奘传》："僧玄奘，姓陈氏，洛州偃师人。大业末出家，博涉经论。尝谓翻译者多有讹谬，故就西域广求异本，以参验之。贞观初，随商人往游西域。玄奘既辩博出群，所在必为讲释论难，蕃人远近咸尊伏之。在西域十七年，经百余国，悉解其国之语，仍采其山川谣俗、土地所有，撰《西域记》十二卷。贞观十九年，归至京师。太宗见之，大悦，与之谈论。于是诏将梵本六百五十七部，于弘福寺翻译。”

《慈恩传》释慧立、彦琮：“法师于西域所得《大乘经》二百二十四部，《大乘论》一百九十二部，《上座部经律论》一十五部，《三弥底部经律论》一十五部，《弥沙塞部经律论》二十二部，《迦叶臂耶部经律论》一十七部，《法密部经律论》四十二部，《说一切有部经律论》六十七部，《因明论》三十六部，《声论》一十三部，凡五百二十夹，六百五十七部。”

义净、

《续高僧传》三集释道宣：“义净，姓张氏，范阳人也。慕玄奘之风，欲游西域：咸亨二年，年三十有七，方遂发足。初至番禺，得同志数十人，及将登舶，余皆罢退。净奋励孤行，备历艰险，所至之境，皆洞言音。”“经二十五年，历三十余国。以天后证圣元年乙未仲夏，还至河洛，得梵本经律论近四百部，合五十万颂。”

不空，

《续高僧传》三集：“释不空，梵名阿目佉跋折罗，华言不空金刚。幼失所天，随叔父观光东国。开元二十九年，附昆仑舶离南海，至诃陵国界，达狮子国，广求密藏及诸经论五百余部。次游五印度境，至天宝五载还京。”

及会宁、

《续高僧传》二集：“麟德年中，成都沙门会宁泛舶西游，路经波凌国，与智贤同译《涅槃后分》二卷，寄达交州，宁方之西域。”

悟空等。

《续高僧传》二集："释悟空，京兆云阳人，姓车氏。天宝十年，随使臣西去，留犍陀罗，投舍利越摩。落发后，巡历数年，回及龟兹，翻成《十地回向轮经》，以贞元五年己巳达京师。"

其翻译之规模，远轶前代。

《旧唐书·僧玄奘传》："玄奘于弘福寺翻译，敕右仆射房玄龄、太子左庶子许敬宗，广召硕学沙门五十余人，相助整比。高宗在东宫，为文德太后追福，造慈恩寺及翻经院。内出大幡，敕九部乐及京城诸寺幡盖众伎，送玄奘及所翻经像、诸高僧等入住慈恩寺。显庆元年，高宗又令左仆射于志宁、侍中许敬宗、中书令来济、李义府、杜正伦、黄门侍郎薛元超等，共润色玄奘所定之经，国子博士范义硕、太子洗马郭瑜、弘文馆学士高若思等助加翻译。凡成七十五部，……后移于宜君山故玉华宫，六年卒。"

玄奘像

玄奘（602—664），世称三藏法师。唐代高僧，佛教学者、旅行家，与鸠摩罗什、真谛并称为中国佛教三大翻译家，唯识宗的创始者之一。

《续高僧传》二集："贞观十九年五月，奘师于弘福寺创开翻译，召沙门慧明、灵润等以为证义，沙门行友、玄赜等以为缀缉，沙门智证、辩机等以为录文，沙门玄模以证梵语，沙门玄应以定字伪。""自前代以来，所译经教，初从梵语，倒写本文，次乃回之，顺同此俗，然后笔人观理文句，中间增损，多坠全言。今所翻传，都由奘旨，意思独断，出语成章，词人随写，即可披玩。”

《慈恩传》：“麟德元年，法师属纩，嘉尚法师具录所翻经论，合七十四部，总一千三百三十五卷。”

《续高僧传》三集：“义净自天后久视，迄睿宗景云，都翻出五十六部、二百三十卷。又出《说一切有部跋窣堵》约七十八卷。”“不空译经，起于天宝，迄大历六年，凡一百二十余卷，七十七部。”

而玄奘之论胜异邦，

《续高僧传》二集：“戒日王于曲女城，大会沙门、婆罗门一切异道，请奘升座，标举论宗，命众征核。竟十八日，无敢问者。王大嗟赏，施银钱三万、金钱一万、上氎衣一百具。仍令大臣执奘袈裟，巡众唱言支那法师论胜，十八日来，无敢问者，并宜知之。”

译华为梵，尤前此所未有也。

《续高僧传》二集：“敕令翻《老子》五千文为梵言，以遗西域。奘乃召诸黄巾，述其玄奥，令叠词旨，方为翻述。”①

自晋至唐，中土之讲佛学者，各有宗派，近人综为十宗。诸宗有至唐而已微者，有至唐而始盛者。三论、成实，则至唐而已微者。

《十宗略说》杨文会：“《成实论》译于姚秦罗什三藏，六朝名德专习者众，别为一宗。至唐而渐衰，后世则无闻焉。”“《中论》《百论》《十二门论》，是为三论，亦在性空宗。文殊师利实为初祖，马鸣、龙树、清辨等菩萨继之。鸠摩罗什至秦，盛弘此道，一时学者宗之。生、肇、融、睿，并肩相承：生公门下，昙济大师辗转传持，以至唐之吉藏，专以此宗提振学徒。三论之旨，于斯为盛。天台亦提《中论》，其教广行于世，而习三论者鲜矣。”

俱舍、贤首、慈恩、律、密诸宗，皆盛于唐。

《十宗略说》：“世亲菩萨造《俱舍论》，陈真谛三藏译出，并作疏释之。唐玄奘法师重译三十卷，门人普光作记，法宝作疏，大为阐扬。当时传习有专门名家者，遂立为一宗焉。”“《华严》为经中之王，秘于龙宫，龙树菩萨乘神通力，诵出略本，流传人间。有唐杜顺和尚者，文殊师利化身也，依经立观，是为初祖。继其道者，云华、智俨、贤首、法藏，以至清凉、澄观，而纲目备举。”“天竺有性、相二宗，性宗即前之三论，相宗则从《楞伽》《深密》《密严》等经流出，有《瑜伽显扬》诸论。而其文约义丰，莫妙于《成唯识论》。以弥勒为初祖，无著、天亲护法等菩萨相继弘扬。唐之玄奘至中印度，就学于戒贤论师，精通其法，归国译传，是为慈恩宗。窥基、慧沼、智周，次第相承。”

《印度哲学概论》梁漱溟：“律宗从所主律藏得名，远祖为优波离尊者，此方开宗者唐道宣，律有大、小乘，宣公以《小乘律》释通《大乘》，立为圆宗戒体。所弘通者为《四分律》，著述甚多，其《行事钞》等称五大部。宋有元照，复作《资持记》等释之，中兴律宗。”“真言宗一曰密宗，以秘密真言为宗，故名。奉《大日经》等为本，大日如来传金刚萨埵，再传龙树，龙树授之龙智，再授之金刚智。金刚智唐时来中国，偕者有不空。不空能汉语，共译经论。既受其传，更还天竺，亲接龙智。密宗之弘，在此师也。”②

净土则始于晋而盛于唐，世或分为二流。

《佛学大纲》谢无量：“净土宗持念佛法门，实三根普被之要路也。念佛缘因，出于《起信论》，继则龙树、天亲亦间论念佛。而震旦开宗，实始于东晋慧远。慧远姓贾氏，雁门楼烦人。博极群书，尤善老、庄，为道安法师之高弟，专倡净土法门，道俗皈依。共结莲社。”“魏昙鸾，雁门人，家近五台。历观圣迹，发心出家，逢天竺三藏菩提流支以《观无量寿经》授之，鸾遂作《往生论注》二卷，莲宗著述推为巨擘。”“唐道绰姓卫，并州汶水人。十四岁出家，讲《大涅槃经》二十四遍，景慕昙鸾净土之业，继其后尘，住玄中寺。道俗赴者弥众，讲《观无量寿经》将二百遍，瑞应甚多。著有《安乐集》二卷。”“善导者，不知何处人。见禅师九品道场讲论《观经》，大喜曰：‘此真入佛之津要也。’人见其念佛一声，有一光明从口中出；百声千声，亦复如是。著有《观经疏》及各种净土典籍传世。”

《印度哲学概论》：“净土宗从其皈依净土得名，以《无量寿经》《观无量寿经》《阿弥陀经》为本。在天竺则马鸣造《起信论》，劝修净土；龙树造《十住论》，而宏念佛；世亲造《净土论》，而乐往生。中土则有二流：一为晋之远公，结莲社于匡庐；一为唐之善导，化俗众于长安。中间昙鸾、道绰，制作最宏。”

天台则倡于齐而继于唐，说复分为三部。

《印度哲学概论》：“天台宗从智者大师所栖天台山得名，此宗《法华经》为本，而以《智度论》为指趣，以《涅槃经》为辅翼，以《大品经》为观法，专习禅定。先是北齐惠文，悟一心三观，以授南岳惠思，惠思传智顗，即大师。大师以为道有传行，亦必有说，于是由一法华说为三部：一玄义以判教相，二文句以解名义，三止观以示观行。中唐有荆溪作《释签》疏记辅行，如次第，以释三部，大振其宗。”

而禅宗六祖，唐居其三。

《佛学大纲》："佛之心印，即是般若波罗蜜，五祖令人诵《金刚般若经》，六祖称为学般若菩萨，皆以般若为心印也。后人名为禅宗，是出世间上上禅。世尊在灵山会上，拈花示众，是时众皆默然，惟迦叶尊者破颜微笑。世尊曰：'吾有正法眼藏，涅槃妙心，实相无相，微妙法门，不立文学，教外别传，付嘱摩诃迦叶。'故迦叶为禅宗第一祖。""二十八祖菩提达摩尊者，为中华初祖。尊者本南天竺国香至王第三子，得法于般若多罗尊者。承师遗命，泛海达广州，在梁普通元年。广州刺史萧昂馆之，表闻于朝，武帝迎至金陵。尊者知机不契，遂渡江届洛阳，止于嵩山少林寺。而壁坐九年，人莫能测，终为东土禅宗之初祖。""二祖慧可，武牢姬氏子，参初祖于少林，勤恳备至，后付袈裟，以表传法，并为说偈。又付《楞伽》四卷，令诸众生开示悟入。""三祖僧灿，住舒州皖公山，往来于太湖县司空山，作《信心铭》六百言，流传于世。""四祖名道信，蕲州人，姓司马氏。三祖付以衣法，后住蕲春破头山。""五祖名宏忍，黄梅人，前生为破头山栽松道者，再来为浣衣女子弃子。四祖识其法器，令出家，付以衣法，住破头山。后迁黄梅东山，宗风大振。""六祖名慧能，姓卢，岭南新州人。家贫，鬻薪供母。闻人诵《金刚经》，问所由来，遂往黄梅参五祖。祖令入碓坊舂米，人称卢行者。经八月，述一偈曰：'菩提本无树，明镜亦非台；本来无一物，何处惹尘埃？'五祖即付嘱心传，并授袈裟，且曰：'衣至汝身，不复传。'六祖至岭南，经十五载，一日至广州法性寺升座说法，闻者倾心。别传之道，由此大行。"

南岳、青原分开五派。今之佛寺禅宗，皆传自唐者也。

《释氏稽古略》释觉岸："六祖弟子最著者，衡州怀让、吉

给青少年的人文素养课

州行思，是为南岳、青原二宗。唐末，南岳复分为沩仰[③]、临济[④]二派，青原又分为曹洞[⑤]、云门[⑥]、法眼[⑦]三派。”

有唐一代，自诗文书画而外，其宗派林立超轶前世者，殆无过于宗教哲学矣。

唐之佛教寺庙，掌于礼部。据《唐六典》，开元中，天下寺总五千三百五十八所。

《唐六典》：“凡天下寺总五千三百五十八所[⑧]，每寺上坐一人、寺主一人、都维那一人，共纲统众事。而僧持行有三品：一曰禅，二曰法，三曰律。大抵皆以清净慈悲为宗。凡僧尼之簿籍，三年一造。”[⑨]

至武宗时，增至四万余所。

《通鉴》：“会昌五年，祠部奏报天下寺四千六百，兰若四万，僧尼二十六万五百。”

以道士之毁，遂大汰僧尼。

《通鉴》：“会昌五年，上恶僧尼耗蠹天下，欲去之。道士赵归真等复劝之，乃先毁山野招提兰若，敕上都、东都两街各留二寺，每寺留僧三十人。天下节度观察使治所及同、华、商、汝州各留一寺。分为三等，上等留僧二十人，中等留十人，下等五人。余僧及尼，并大秦穆护僧祆，皆勒归俗。寺非应留者，立期令所在毁撤，仍遣御史分道督之。财货地产并没官，寺材以葺公廨驿舍，铜像钟磬以铸钱。”

世谓北魏太武帝、周武帝及唐武宗为三武，皆反对佛教最力者也。然不数年，所毁者尽复。

《通鉴》："大中元年闰月，敕应会昌五年所废寺，有僧能营葺者，听自居之，有司毋得禁止。是时君相务反会昌之政，故僧尼之弊，皆复其旧。"

故至唐末，禅宗之盛，转轶于前焉。

唐代之于佛教，不独译经求法、分宗立寺为最盛也，即整理佛教经籍，亦以唐为最大。藏经之确定，即缘于开元释教之目录。

《大藏经雕印考》常磐大定："自后汉之末叶，至元之初期，佛典传译之时期，前后通计千三百有余年。当时及其后之多数学者，整理此极纷杂之典籍，调撰目录，达六十次以上。今其存者二十余部，此皆调查《大藏经》内容之变迁，所不可或缺之材料也。""多数目录中，最可贵重者，前有《隋录》，中有《开元录》，后有《至元录》。此三种者，诸目录中之尤最也。而三录又以《开元录》为中心。自汉以至五代，仅有缮写之藏经，至宋初雕印《大藏》，于是为《大藏经》划一时期。而为宋初雕印之基础者，《开元录》也。故《大藏经》有种种之经过，至唐有《开元录》，而后完全因之。自目录上研究《大藏》，亦遂可谓至《开元录》而结束矣。"

《开元目录》，释智昇撰，体例最善。

《大藏经雕印考》："《开元录》者，自后汉永平十年，至开元十八年，六百六十四年间之传译者，百七十六人，所出大小二乘之三藏及集传并失译，总计二二七八部、七〇四六卷。至是而《大藏经》之本体，始确定不动矣。……智昇之分类法，定《大乘经》为《般若》《宝积》《大集》《华严》《涅槃》五大部，其外开重译、单译各门。《大乘论》中，开释义、集义二门；《小乘经》中，开根本四阿含、四阿含中别译及四阿含外重译、单译各门。《小乘律》中，开正及、眷属二门；《小乘论》

中，开有部根本、身足支派二门。《贤圣集》中，开梵本翻译，此方撰述二门，秩序整然，殆达于目录完成之域。”

贞元间虽有新定释教目录，实不逮其整备也。

《大藏经雕印考》：“后世刻经，不据新定《贞元录》，而仰范《开元录》以成宋之刻藏，故此录有左右《大藏》之力。”

唐代译经，文义之美，既极其盛，而禅宗语录，又别开一俗释典之例。观六祖《坛经》所载问答之语，

《坛经》：“怀让禅师至曹溪礼拜，师曰：甚处来？曰：嵩山。师曰：什么物？恁么来？”“一僧问师云：‘黄梅意旨甚么人得？’师曰：‘会佛法人得。’僧云：‘和尚还得否？’师曰：‘我不会佛法。’”

为宋代儒家语录之祖，亦为今之倡语体文者所称道也。大抵诸宗学派，皆尚文言，惟禅宗六祖徒恃慧力，不用功于文字，故其后别成一种风气。而佛典之优美，与语录之鄙俚，实不可以一律视之也。

唐代宗教之盛，自佛教外，首推道教。盖唐出李氏，崇拜老子，故盛倡道教。

《旧唐书·礼仪志》：“开元二十九年正月己丑，诏两京及诸州各置玄元皇帝庙一所，并置崇玄学。其生徒令习《道德经》及《庄子》《列子》《文子》等，每年准明经例举送。……天宝元年，诏《古今人表》玄元皇帝升入上圣，庄子号南华真人，文子号通玄真人，列子号冲虚真人，庚桑子号洞虚真人。改《庄子》为《南华真经》，《文子》为《通玄真经》，《列子》为《冲虚真经》，《庚桑子》为《洞虚真经》。两京崇玄学，各置博士、助教，又置学生一百员。”

其道观亦掌于祠部。

《唐六典》:“凡天下观总一千六百八十七所[10]。每观观主一人、上座一人、监斋一人，共纲统众事。而道士修行有三号：其一曰法师，其二曰威仪师，其三曰律师。其德高思精，谓之炼师。而斋有七名：其一日金录大斋；其二曰黄录斋；其三曰明真斋；其四曰三元斋；其五曰八节斋；其六曰涂炭斋；其七曰自然斋。而禳谢复三事：其一曰章；其二曰醮；其三曰理沙。大抵以虚寂自然无为为宗。”“凡道士、女道士之簿籍，亦三年一造。”

此外则有祆教、摩尼教、景教等[11]。

《通典·职官门》:“视流内有正五品萨宝，从七品萨宝府祆正。又视流外有勋品萨宝府祓祝，四品萨宝府率，萨宝府史。”[12]《旧唐书·宪宗纪》:“元和六年正月，回纥请于河南府、大原府置摩尼寺。许之。”“八年十二月二日，宴归国回鹘摩尼八人。”“长庆元年五月，回鹘宰相、都督、公主、摩尼等五百七十三人入朝。”又《回鹘传》:“元和初，以摩尼至，其法，日晏食，饮水茹荤，屏湩酪。可汗常与其国摩尼至京师，岁往来西市，商贾颇与囊橐为奸。武宗初年，命有司收摩尼书若像，烧于道，产赀入之官。”

武宗之排佛也，大秦寺[13]、摩尼寺皆废罢。京城女摩尼七十人皆流回纥，于道死者大半。景教僧、祆僧二千余人，并放还俗[14]，故惟道、佛二教，流衍至宋焉。

---

①《彦琮传》:“有王舍城沙门，远来谒帝，将还本国，请《舍利瑞图经》及《国家祥瑞录》。敕令琮翻隋为梵，合成十卷，赐诸西域。”此译华为梵之始。然琮听译，为当世之文，玄奘所译，为古哲之说，其难易当有别。

②善无畏先来，未开宗。

③灵佑，福州长谿人，居潭州沩山。传慧寂，韶州怀化人，居袁州仰山。是为沩仰宗。

④义玄，曹州人，居镇州临济寺。是为临济宗。

⑤良价，越州会稽人，居豫章高安之洞山。其弟子本寂，泉州莆田人，改山名曰曹。是为曹洞宗。

⑥文偃，浙西秀水人，居韶州云门山。是为云门宗。

⑦文益，余杭人，居金陵清凉寺，谥法眼禅师。是为法眼宗。

⑧三千二百四十五所僧，二千一百一十三所尼。

⑨其籍一本送祠部，一本送鸿胪，一本留于州县。

⑩一千一百三十七所道士，五百五十所女道士。

⑪景教详第三编。

⑫杜佑自注：祆者，西域天神，佛经所谓摩醯首罗也。武德四年，置祆祠及官。

⑬即景教寺。

⑭详见《唐会要》。

第五讲 宋明学术

第一节 宋儒之学

有宋一代，武功不竞，而学术特昌。上承汉、唐，下启明、清，绍述创造，靡所不备。言小学则二徐之于《说文》，

《直斋书录解题》陈振孙：“《说文解字》三十卷，汉许慎撰。凡十四篇，并序目一篇，各分上下卷，凡五百四十部，九千三百五十三文，重一千一百六十三。雍熙中，右散骑常侍徐铉奉诏校定，以唐李阳冰排斥许氏为臆说。”“《说文解字系传》四十卷，南唐校书郎广陵徐锴楚金撰。为通释三十篇，部叙二篇，通论三篇，祛妄、类聚、错综、疑义、系述各一篇。锴与兄铉齐名，或且过之。此书援引精博，小学家未有能及之者。”

邢昺之于《尔雅》，

《直斋书录解题》：“《尔雅疏》十卷，邢昺等撰，共其事者，杜镐而下八人。”“陈傅良跋曰：国初诸儒独追古，依郭氏注为之疏，《尔雅》稍稍出。”

吴棫之于古音，

《小学考》谢启昆："吴氏棫《毛诗补音》十卷，佚。棫字才老，本武夷人，后家同安。"《诗考》："古音自才老始。"

司马光像

司马光（1019—1086），北宋时期著名政治家、史学家、散文家。他历时十九年，主持编写了我国最大的一部编年史《资治通鉴》。

司马光之于《切韵》，

《小学考》："司马光《切韵指掌图》三卷，存。"王行书后曰："华音之有翻切，未审昉于何时。世所大行，惟陆法言之五卷。至于图列音母，以简御烦，则又自司马公始也。大中祥符初，敕增修《唐韵》为《广韵》，昭陵又敕增为《集韵》，是图之作，实羽翼夫韵书也。"

实开后来汉学家之途径。言史学则温公之《通鉴》，

《文献通考》马端临："《资治通鉴》二百九十四卷，目录三十卷，《考异》三十卷。晁氏曰：治平中，司马光奉诏编集历代君臣事迹，许自辟官属以馆阁书，在外听以书局自随。至元丰七年，凡十七年始奏御，上起战国，下终五代，凡一千三百六十二年。又略举事目，年经国纬，以备检阅，别为《目录》；参考同异，俾归一途，别为《考异》各一编。公自谓精力尽于此书。"

夹漈之《通志》，

《文献通考》："《通志略》，莆田郑樵渔仲撰，淳熙间经进自序略曰：臣今总天下之大学术而条其纲目，名之曰略，凡二十略，百代之宪草，学者之能事，尽于此矣。""《中兴四朝艺文志》别史类载《通志》二百卷。其后叙述云：中兴初，郑樵采历代史及他书，自三皇迄隋，为书曰《通志》，仿迁、固为纪传；而改表为谱，志为略。"

袁枢之《纪事本末》，

《文献通考》："《通鉴纪事本末》四十二卷：陈氏曰：工部侍郎袁枢机仲撰。"

马端临之《文献通考》，

《进文献通考表》王寿衍："饶州路乐平州儒人马端临，乃故宋丞相廷鸾之子。尝著述《文献通考》三百四十八卷，总二十四类。其书与唐杜佑《通典》相为出入。"

并为奕世著作家所宗仰。他若考证金石，群推欧、赵，

《直斋书录解题》："《集古录跋尾》十卷，欧阳修撰。《集古目录》二十卷，公子礼部郎官棐字叔弼撰。""《金石录》三十卷，东武赵明诚撰。盖仿欧阳《集古录》，而数则倍之。"

研求目录，尤重晁、陈，

《直斋书录解题》："晁氏《读书志》二十卷，昭德晁公武撰。其所发明，有足观者。"

《四库全书提要》："《直斋书录解题》，宋吴兴陈振孙撰。以历代典籍，分为五十三类，各详其卷帙多少，撰人名氏，

且为品题其得失。古书之不传于今者，得藉是以资征信。而其校核精详，议论醇正，于考古亦有助焉。”

推之地志、年谱、钟鼎款识、泉货文字之类，皆惟宋人考订述作为多。而宋人之治经学者派别尤夥。有专主复古者，

《直斋书录解题》：“《古周易》八卷，中书舍人清丰晁说之以道所录。《卦爻》一，《彖》二，《象》三，《文言》四，《系辞》五，《说卦》六，《序卦》七，《杂卦》八。其说曰：以《彖》《象》《文言》杂八卦中，自费氏始。孔颖达又谓辅嗣之意，《彖》《象》本释经，宜相附近；分爻之象辞，各附逐爻。则费氏初变古制时，犹若今乾、坤二卦各存旧本欤？古经始变于费氏，而卒大乱于王弼。奈何后之儒者尤而效之。杜预分《左氏传》于经，宋衷、范望散《太玄》测、赞于八十一首之下，是其明比也。”

《日知录》顾炎武：“《周易》自汉以来，为费直、郑玄、王弼所乱，取孔子之言，逐条附于卦爻之下，程正叔《传》因之。及朱元晦《本义》，始依古文，故于《周易》上经条下云，中间颇为诸儒所乱。近世晁氏始正其失，而未能尽合古文。吕氏又更定著为《经》二卷、《传》十卷，乃复孔氏之旧云。”

有勇于疑古者，

《易童子问》欧阳修曰：“《系辞》非圣人之作乎？曰：何独《系辞》焉？《文言》《说卦》而下，皆非圣人之作。而众说淆乱，亦非一人之言也。若余者，可谓不量力矣。邈然远出诸儒之后，而学无师授之传，其勇于敢为而决于不疑者，以圣人之经尚在，可以质也。”

《尚书古文疏证》阎若璩：“《书》古文出魏、晋间，距东

晋建武元年凡五十三四年，始上献于朝，立学官。建武元年，下到宋南渡初，八百一十有一年，有吴棫字才老者出，始以此书为疑，真可谓天启其衷矣。……其言曰：伏生传于既耄之时，而安国为隶古，又特定其所可知者。而一篇之中，一简之内，其不可知者，盖不无矣。乃欲以是尽求作书之本意，与夫本末先后之义，其亦可谓难矣。而安国所增多之书，今书目具在，皆文从字顺，非若伏生之书屈曲聱牙，至有不可读者。夫四代之书，作者不一，乃至二人之手而定为一体乎，其亦难言矣。”

《朱子语类》：“问：林少颖说《盘诰》之类，皆出伏生，如何？曰：此亦可疑。盖《书》有古文，有今文。今文乃伏生口传，古文乃壁中之书。《禹谟》《说命》《高宗肜日》《西伯戡黎》《泰誓》等篇，凡易读者，皆古文。况又是科斗书，以伏生书字文考之方读得。岂有数百年壁中之物，安得不讹损一字，又却是伏生记得者难读，此尤可疑。今人作全书解，必不是。”“《尚书》注并序，某疑非孔安国所作。盖文字善困，不类西汉人文章，亦非后汉之文。”“《尚书》决非孔安国所注。”“《尚书孔安国传》，此恐是魏、晋间人所作，托安国为名，与毛公《诗传》大段不同。”“《诗大序》亦只是后人作，其间有病句。”“《诗序》，《东汉·儒林传》分明说道是卫宏作，后来经意不明，都是被他坏了。某又看得亦不是卫宏一手作，多是两三手合成一序，愈说愈疏。”《困学纪闻》王应麟：“王介甫《答韩求仁问春秋》曰：此经比他经尤难，盖三传不足信也。尹和靖云：介甫不解《春秋》，以其难之也。废《春秋》非其本意。朱文公亦曰：《春秋》义例，时亦窥其一二大者，而终不能自信于心，故未尝敢措一辞。”

有各持所见，不为苟同者，

《困学纪闻》：“欧阳公以《河图》《洛书》为怪妄。东坡云：著于《易》，见于《论语》，不可诬也。南丰云：以非所习见，则果于以为不然，是以天地万物之变，为可尽于耳目之所及，亦可谓过矣。苏、曾皆欧阳公门人，而论议不苟同如此。”

《朱子语类》：“邵浩云：苏子由却不取《小序》。曰：他虽不取下面言语，留了上一句，便是病根。伯恭专信《序》，又不免牵合。伯恭凡百长厚，不肯非毁前辈，要出脱回护，不知道只为得个解经人，却不曾为得圣人本意。是便道是，不是便道不是，方得。”

有贯串群书，务极精博者。

《四库全书总目提要》：“《仪礼释宫》一卷，宋李如圭撰。如圭既为《仪礼集释》，又为是书，以考论古人宫室之制。仿《尔雅·释宫》，条分胪序，各引经记注疏，参考证明，深得经义，非空言说礼者所能也。”“《礼记集说》二百六十卷，宋卫湜撰。其书始作于开禧、嘉定间，自序言日编月削，继二十余载而后成。……采摭群言，最为赅博，去取亦最为精审。自郑《注》而下，所取凡一百四十四家，其他之涉于《礼记》者，所采录不在此数焉。”“朱彝尊《经义考》采摭最为繁富，而不知其书与不知其人者，凡四十九家，皆赖此书以传，亦可云礼家之渊海矣。”

故谓宋人空疏不学，较之后世若远不逮者，实目论也。然而宋儒之学，虽已有此种种特色，而犹未足为宋儒之学之主体。其为宋儒之学之主体者，即《宋史》特立一传之道学，而世所称为理学者也。道学之名，不见于古。《宋史》已言之，而其特立此传者，以宋儒讲求此学者独盛也。

《宋史·道学传》：“道学之名，古无是也。三代盛时，天子以是道为政教，大臣百官有司以是道为职业，党、庠、术、序师弟子以是道为讲习，四方百姓日用是道而不知。”“于斯时也，道学之名，何自而立哉！”“至宋中叶，周敦颐出于春陵，乃得圣贤不传之学，作《太极图说》《通书》，推明阴阳五行之理，命于天而性于人者，了若指掌。张载作《西铭》，又极言理一分殊之旨，然后道之大原出于天者，灼然而无疑焉。仁宗明道初年，程颢及弟颐实生。及长，受业周氏，已乃扩大其所闻，表章《大学》《中庸》二篇，与《语》《孟》并行，于是上自帝王传心之奥，下至初学入德之门，融会贯通，无复余蕴。迄宋南渡，新安朱熹得程氏正传，其学加亲切焉。大抵以格物致知为先，明善诚身为要。凡《诗》《书》六艺之文，与夫孔、孟之遗言，颠错于秦火，支离于汉儒，幽沈于魏、晋、六朝者，至是皆焕然而大明，秩然而各得其所。此宋儒之学所以度越诸子，而上接孟氏者欤？”

《道学传》以周、程、张、邵、朱、张为主，程、朱门人亦以类从，

《宋史·道学传》：“邵雍高明英悟，程氏实推重之。旧史列之隐逸，未当，今置张载后。张栻之学，亦出程氏，既见朱熹，相与博约，又大进焉。其他程、朱门人，考其源委，各以类从。”

而吕祖谦、蔡元定、陆九龄、九渊等，则列之《儒林传》，其意盖严于统系，而未能备见

王安石像

王安石（1021—1086），字介甫，江西临川人。谥“文”，封荆国公。北宋杰出的政治家、思想家、改革家，“唐宋八大家”之一。

宋儒之学派。近代黄宗羲、全祖望编《宋元学案》，自胡瑗、孙复至王安石、苏轼等，皆编为学案，标举其学术宗旨，而宋儒之学，囊括无遗。盖周、程诸儒，固擅道学之正统，而自安定、泰山以下，乃至荆、蜀之学，虽有浅深纯驳之差，而其讲求修身为人之道，则同一鹄的。上下千古，求其学者派别孔多，而无不讲求修身为人之道者，殆无过于赵宋一朝。故谓有宋为中国学术最盛之时代，实无不可。今就《宋元学案》所列诸儒之学，胪列其派别之大者于下。

秦以降，学术衰。汉以降，世风敝。乘其隙而入者，惟佛学。发人天之秘，拯盗杀之谜。而吾国思想高尚之人，遂多入于彼教。披六朝、隋、唐历史，凡墨守儒教者，殆无大思想家，以此也。隋、唐外竞虽力，而风俗日即于奢淫，士习日趋于卑陋。皇纲一坠，藩镇朋兴，悍将骄兵，宦官盗贼，充塞于唐季、五代之史籍，人群棼乱极矣。物极则反，有宋诸帝，崇尚文治，而研穷心性，笃于践履之诸儒，乃勃兴于是时。推诸儒所以勃兴之原，约有数端：（一）则鉴于已往之社会之堕落，而思以道义矫之也①；（二）则鉴于从来之学者专治训诂词章，不足以淑人群也；（三）则韩、李之学已开其绪，至宋而盛行古文，遂因文而见道也②；（四）则书籍之流通盛于前代，其传授鼓吹，极易广被也。而其尤大之原因，则沟通佛、老，以治儒书，发前人之所未发，遂别成为一时代之学术。虽其中有力求与佛说异者，要皆先尝涉猎，而后专治儒书，是固不必为之讳也。

《朱子语类》卷一百二十六："近看《石林过庭录》载上蔡说，伊川参某僧后，有得，遂反之，偷其说来做己使，是为洛学。某也尝疑，如石林之说，固不足信，却不知上蔡也恁地说时怎生地。后见某僧与伊川帖，乃载《山谷集》中，其差谬类如此。但当初佛学只是说无存养底工夫，至唐六祖始教人存养工夫；当初学者亦只是说不曾就身上做工夫，至伊川方教人就身上做工夫，所以谓伊川偷佛说为己使。"

按此可见洛学之近于禅。朱子虽辨之，而谓其就身上做工夫与六祖相同，此可以见唐以降，佛学惟禅宗最盛，及儒学惟理学家最盛之消息矣。就身上做工夫一语最妙，文、周、孔、孟皆是在身上做工夫者。自汉以来，惟解释其文学，考订其制度，转忽略其根本，其高者亦不过谨于言行，自勉为善，于原理无大发明。至宋儒始相率从身上做工夫，实证出一种道理。不知者则以是为虚诞空疏之学，反以考据训诂为实学。不知腹中虽贮书万卷，而不能实行一句，仍是虚而不实也。

宋儒之学，派衍支分，不可殚述。有讲术数者③，有务事功者④，有以礼制为主者⑤，有兼治乐律者⑥。而朱、陆之分，尤为灼然共见。故泛称宋学，必无一定义以赅之也。吾观于诸儒之学，择其可以表示文化之进步轶于前代，而为后人所祖述者，大要有四。

（一）修养之法之毕备也。躬行实践，不专事空谈，此宋儒之共同之点。虽其途术各有不同，要皆以实行有得。人人能确指修养之法，以示学者。如周子之主一，

《通书》曰："圣可学乎？"曰："可。"曰："有要乎？"曰："有。"请问焉，曰："一为要。一者，无欲也。无欲则静虚动直。静虚则明，明则通；动直则公，公则溥。明通公溥，庶矣乎！"

张子之变化气质，

《横渠理窟》曰："为学大益，在自能变化气质。不尔，卒无所发明，不得见圣人之奥。"

明道之识仁，

《识仁篇》曰："学者先须识仁。识得此理，以诚敬存之，不须防检，不须穷索。"

伊川之用敬致知，

《伊川语录》曰："涵养须用敬，进学则在致知。"

宋儒学派表

- 安定胡瑗翼之——伊川程颐正叔(见后)
- 泰山孙复明复
  - 徂徕石介守道
  - 乐圃朱长文伯原——武夷胡安国康侯
- 濂溪周敦颐茂叔
  - 明道程颢伯淳
  - 伊川程颐正叔
- 高平范仲淹希文
  - 文中富弼彦国
  - 横渠张载子厚
- 庐陵欧阳修永叔
  - 南丰曾巩子固
  - 临川王安石介甫
  - 眉山苏轼子瞻
  - 颍川焦千之伯强——荥阳吕希哲原明见后
- 康节邵雍尧夫——(子)邵伯温子文
- 涑水司马光君实
  - 元城刘安世器之
  - 华阳范祖禹淳甫
  - 景迂晁说之以道
- 明道程颢伯淳
- 伊川程颐正叔
  - 上蔡谢良佐显道——汉上朱震子发
  - 鹰山游酢定夫
    - 紫微吕本中居仁见后
    - 默堂陈渊知默
  - 龟山杨时中立
    - 紫微吕本中居仁见后
    - 默堂陈渊知默
    - 豫章罗从彦仲素——延平李侗愿促——
    - 横浦张九成子韶
  - 武夷胡安国康侯(二程私淑)
    - 致堂胡寅明仲
    - 五峰胡宏仁仲——南轩张栻敬夫
    - 永嘉薛徽言德老——艮斋薛季宣士龙
  - 和靖尹焞彦明
    - 紫微吕本中居仁
    - 海宁陆景端子正——艾轩林光朝谦之
  - 震泽王蘋信伯
    - 紫微吕本中居仁
    - 海宁陆景端子正——艾轩林光朝谦之
  - 浮沚周行己恭叔——文肃郑伯熊景望
    - 止斋陈傅良君举
    - 水心叶适正则
    - 龙川陈亮同甫
  - 兼山郭忠孝立之——(子)白去郭雍至和
- 横渠张载子厚
  - 正字吕大临与叔
  - 三水范育巽之
  - 武功游师雄景叔
- 正献吕公著晦叔——(子)荥阳吕希哲原明——(子)吕好问舜徒——(子)紫微吕本中居仁——
- 梭山陆九韶子美
- 复斋陆九龄子寿——定川沈焕叔晦
- 象山陆九渊子静
  - 慈湖杨简敬仲
  - 絜斋袁燮和叔
  - 广平舒璘元质

- 晦庵朱熹无晦
  - 西山蔡无定季通——（子）九峰蔡沉仲默
  - 勉斋黄干直卿
    - 北山何基子恭——鲁斋王柏会之（元人）——仁山金履祥吉父
    - 双山峰饶鲁伯舆
      - 东斋陈大猷文献——（子）云庄陈澔可大
      - 徽庵程若庸逢原——草庐吴澄幼清
  - 北溪陈淳安卿
  - 潜庵辅广汉卿——讷庵余端臣正君——王文贯贯道——于越黄震东发
  - 詹体仁元善——西山真德秀景元——江汉赵复仁甫
    - 鲁斋许衡仲平
    - 静修刘因梦吉

鹤山魏了翁华父（南轩、晦庵私淑）

- ——（从子）仓部吕大器治先
  - （子）东莱吕祖谦伯恭
  - 大愚吕祖俭子约

上蔡之去矜，

《近思录》曰："谢子与伊川别一年，往见之。伊川曰：'相别一年，做得甚工夫？'谢曰：'也只去得个矜字。'曰：'何故？'曰：'予细检点得来，病痛尽在这里。'"

延平之观喜怒哀乐未发前气象，

《延平问答》曰："罗先生令静中看喜怒哀乐未发时作何气象，此意不惟于进学有方，兼得养心之要。"

南轩之辨义利，

《张南轩行状后述》朱熹曰："公之教人，必先使之有以察乎义利之间，而后明理居敬，以造其极。"⑦

晦庵之格物致知，

《补大学格物致知传》朱熹曰："《大学》之教，必使学者即凡天下之物，莫不因其已知之理而益穷之，以求至乎其极。至于用力之久，而一旦豁然贯通，则众物之表里精粗无不到，而吾心之全体大用无不明矣。"

象山之先立乎大，

《象山语录》曰："大凡为学须要有所立。《论语》云：'己欲立而立人。'卓然有不为流俗所移，乃为有立。须思量天之所以与我者是甚底，为还是要做人否？理会得这个明白，然后方可谓之学问。"

皆诸儒以其生平得力之处，示学者以正鹄。学者可由之以证人之法也。

（二）教育之复兴也。自汉以后，学校教育，皆利禄之途，无所谓人格教育也。宋仁宗时，胡瑗倡教于苏州、湖州及太学，以经义、治事分斋，而以身教人之风始盛。周、张、二程，皆于私家讲学，而师道大兴。濂洛之学，遂成统系。朱、陆诸子，亦随在讲学，或设书院，或于家塾，虽为世所诋毁，而师生相从，讲习不倦⑧。观诸儒之教人，或随事指示，

《近思录》朱熹："程明道曰：昔受学于周茂叔，每令寻仲尼颜子乐多，所乐何事。""又曰：吾年十六七时，好田猎。既见茂叔，则自谓已无此好矣。茂叔曰：何言之易也，但此心潜隐未发，一日萌动，复如初矣。后十二年，复见猎者，不觉有喜心，乃知果未也。"

《宋元学案》："明道先生与门人讲论有不合者，则曰更有商量。""明道见谢子记问甚博，曰：'贤却记得许多？'谢子不觉面赤身汗。先生曰：'只此便是恻隐之心。'""陆九渊始至行都，从游者甚众。先生能知其心术之微，言中其情，多至汗下。""一生饭次交足，饭既，先生谓之曰：'汝适有过，知之乎？'生曰：'已省。'其规矩之严又如此。"

或订为教条学则，

《白鹿洞书院教条》朱熹："窃观古昔圣贤所以教人为学之意，莫非使之讲明义理，以修其身，然后推以及人。非徒欲其务记览为词章，以钓声名取禄利而已也。今人之为学者，既反是矣。然圣贤所以教人之法，具存于经，有志之士，固当熟读深思而问辨之。苟知其理之当然，而责其身以必然，则夫规矩禁防之具，岂待他人设之，而后有所持循哉⑨！近世于学有规，其待学者为已浅矣。而其为法，又未必古人之意也。故今不复以施于此堂，而特取凡圣贤所以教人为学之

大端，条列如右。而揭之楣间，诸君其相与讲明遵守，而责之于身焉。则夫思虑云为之际，其所以戒谨而恐惧者，必有严于彼者矣。其有不然而或出于禁防之外，此言之所弃，则彼所谓规者，必将取之，固不得而略也。”

《程董学则》⑩：“凡学于此者，必严朔望之仪，谨晨昏之令。居处必恭，步立必正，视听必端，言语必谨，容貌必庄，衣冠必饬，饮食必节，出入必谨，省书必专一，写字必楷敬，几案必整齐，堂室必洁净，相呼必以齿，接见必有定。修业有余功，游艺有适性，使人庄以恕，而必专所听。”⑪

其所感化，自门弟子以至乡人异端，皆有征验。

《宋史》：“侯师圣学于程颐。未悟，访周敦颐。敦颐曰：‘吾老矣，说不可不详。’留对榻夜谈，越三日乃还。颐惊异之曰：‘非从周茂叔来耶？’其善开发人类此。”“司马光兄事邵雍，而二人纯德，尤为乡里所慕向。父子昆弟每相饬曰：毋为不善，恐为司马端明、邵先生知。”

《宋元学案》：“尹彦明先生穷居讲论，不肯少自贬屈。拱手敛足，即醉后未尝别移一处。在平江累年，所用止有一扇，用毕置架上，凡百严整有常。一僧见之曰：吾不知儒家所谓周、孔如何，恐亦只如此也。”

朱熹像

朱熹（1130—1200），字元晦，号晦庵。南宋著名理学家、思想家、哲学家、诗人、教育家，儒家学派重要代表人物之一。

第取《朱子语类》观之，当时学子对于其师之一话一言，皆谨录之，以为世法。录者九十九人，成书至一百四十卷，亦自古所未有也。所惜者，古代教育必兼礼乐，庄敬和乐，内外兼之。宋时礼乐均失传，故惟恃教者之躬行，示之模范，而以口语辅之，学者或有执滞于语言，

《宋元学案》："上蔡曰：'昔伯淳先生教子，只管看他言语。'伯淳曰：'与贤说话，却是扶醉汉，救得一边，倒了一边，只怕人执著一边。'"

及病其拘苦者。

《宋元学案》："二程随侍太中知汉州，宿一僧寺。明道入门而右，从者皆随之；伊川入门而左，独行。至法堂上相会，伊川自谓此是某不及家兄处。盖明道和易，人皆亲近；先生严重，人不敢近也。"

《宋史纪事本末》陈邦瞻："胡纮未达时，尝谒朱熹于建安。熹待学士惟脱粟饭，遇纮不能异也。纮不悦，语人曰：'此非人情，只鸡斗酒，山中未为乏也。'及为监察御史，乃锐然以击熹自任。"

要之，人师之多，人格之高，蔑有过于宋者也。

（三）哲学之大昌也。宋儒之哲学，大抵本于《周易》《洪范》，而各加以推阐之功。司马光作《潜虚》，立原荧本丱基之名象；邵雍作《皇极经世》，立太阴、太阳、少阴、少阳、太刚、太柔、少刚、少柔之名象。盖一则出于五行，一则出于八卦也。周敦颐作《太极图》及《说》，首曰"无极而太极"，其说更进于《系辞》。而儒家为此断断争辩，累世不休。

《与朱熹书》陆象山曰："梭山兄谓《太极图说》与《通书》不类，疑非周子所为。不然，或是其学未成时所作。

不然，则或是传他人之文，后人不辨也。”“《易大传》曰：《易》有太极，圣人言有，今乃言无，何也？”“朱子发谓濂溪得太极图于穆伯长，伯长之传，出于陈希夷，其必有考。希夷之学，老氏之学也。‘无极’二字，出于《老子》知其雄章，吾圣人之书所无有也。”朱熹《答书》曰：“伏羲作《易》自一画以下，文王演《易》自乾元以下，皆未尝言太极也，而孔子言之。孔子赞《易》，自太极以下，未尝言无极也，而周子言之。夫先圣后圣，岂不同条而共贯哉。”“若论‘无极’二字，乃是周子灼见道体，迥出常情，不顾旁人是非，不计自己得失，勇往直前，说出人不敢说底道理。今后之学者，晓然见得太极之妙，不属有无，不落方体。若于此看得破，方见此老真得千圣以来不传之秘。”“前书所谓不言无极，则太极同于一物，而不足为万化根本；不言太极，则无极沦于空寂，而不能为万化根本：乃是推本周子之意，以为当时若不如此两下说破，则读者错认语意，必有偏见之病。”“《老子》：‘复归于无极。’无极乃无穷之义，如庄生入无穷之门，以游无极之野云尔。非若周子所言之意也。”

其实“无极”二字，即出于道家，亦无碍于学理。太极之先，自必有无极，周、朱皆见及此，而陆似执著于学派家法，而未求之于太极之先也。然诸儒公认太极以下诸说，而力争太极以上有无无极之义，其不囿于人生观，而必欲穷宇宙之原理，亦为前此儒家所未有矣。张子及二程子，虽不言无极、太极之理，而张载推本于太和。

《正蒙》张载：“太和所谓道，中涵浮沈、升降、动静相感之性。”[12]

明道推本于乾元一气，

《二程全书》：“凡人类禽兽草木，莫非乾元一气所生。”[13]

亦皆有意说明人物之本源。而程子谓“冲穆无朕，万象森然已具”，尤有契于此旨。

《二程全书》：“冲穆无朕，万象森然已具，未应不是先，已应不是后。如百尺之木，自根本至枝叶，皆是一贯，不可道上面一段是无形无兆，却待人旋安排引出来，教入涂辙。既是涂辙，却只是一个涂辙。”

盖宋之大儒，皆尝从静养中作工夫。故其所见所证，确然有以见万物一体，而有无朕无形、万化自具之妙。故或说性即理，

《二程全书》：“性即理也，所谓理性是也。”朱熹《中庸注》：“性即理也。”

或说天即理，

《论语注》朱熹：“天即理也。”

其名义尽自分立，其理性无不贯澈。大抵周、秦经子之书，已蕴其端，至宋始发挥透辟。世或斥其说为古人所未有，或谓其涉于异端，如戴震曰：“《大学》开卷说虚灵不昧，便涉异学。以具众理而应万事，非心字之旨。《论语》开卷说可以明善而复其初，出《庄子》，全非《孟子》扩充言学之意。《中庸》开卷说性即理也，如何说性即是理。”要皆未尝亲证宋儒所造之境，惟就文字训诂测之耳。

（四）本末之一贯也。自宋以前，儒者之学，仅注重于人伦日用之间，而不甚讲求玄远高深之原理。道、释二氏，则又外于伦纪，而为绝人出世之想。惟宋之诸儒，言心言性，务极其精微；而于人事，复各求其至当，所谓明体达用，本末兼赅，此尤宋儒之特色也。虽其中亦有偏于虚寂，颇近禅学者，而程、朱诸儒，则皆一天人，合内外，而无所不备。

《宋元学案》:“唐一庵曰:明道之学,嫡衍周派,一天人,合内外,立于敬而行之以恕,明于庶物而察于人伦,务于穷神知化而能开物成务。”伊川曰:“学者不可不通世务。天下事譬如一家,非我为,则彼为,非甲为,则乙为。”“人恶多事,或人悯之;世事虽多,尽是人事。人事不教人做,更责谁做。”朱熹曰:“今也须如僧家行脚,接四方之贤士,察四方之事情,览山川之形势,观古今兴亡治乱得失之迹,这道理方见得周遍。士而怀居,不足以为士矣。不是块然守定这物事,在一室闭户独坐便了,便可以为圣贤。自古无不晓事情底圣贤,亦无不通变底圣贤,亦无关门独坐的圣贤。圣贤无所不通,无所不能,那个事理会不得?如《中庸》,天下国家有九经,便要理会许多事物。如武王访箕子,陈《洪范》,自身之貌言视听思,极至于天人之际。以人事则有八政,以天时则有五纪。稽之于卜筮,验之于庶征,无所不备。如《周礼》一部书,载周公许多经国制度,便有国家当自家做,只是古圣贤许多规模大体也。要识得这道理,无所不该,无所不在,且如礼、乐、射、御、书、数,许多周旋升降、文章品节之繁,岂有妙道精义在?只是也要理会。理会得熟时,道理便在上面。又如律历、刑法、天文、地理、军旅、职官之类,都要理会,虽未能洞研其精微,然也要识个规模大概,道理方浃洽通透。若只守个些子,捉定在这里,把许多都做闲事,便都无事了,如此只理会得门内事,门外事便了不得。”

即象山之学,亦以宇宙内事为己分内事,

《宋元学案》:“陆九渊读古书至宇宙二字,解者曰:四方上下曰宇,往古来今曰宙。忽大省曰:宇宙内事乃己分内事,己分内事乃宇宙内事。”

故其服官治政，治效卓然，亦非徒事玄虚、不务人事也。近人病宋学者，往往以为宋学虚而不实，或病其无用，或病其迂腐，要皆未知宋儒之实际也。观张载《西铭》，

《西铭》："乾称父，坤称母，予兹藐焉，乃浑然中处。故天地之塞，吾其体；天地之帅，吾其性。民吾同胞，物吾与也。大君者，吾父母宗子；其大臣，宗子家相也。尊高年，所以长其长；慈孤弱，所以幼其幼。圣其合德，贤其秀也。凡天下疲癃残疾茕独鳏寡，皆吾兄弟之颠连而无告者也。"

及《论语说》，

《论语说》："为天地立心，为生民立命，为往圣继绝学，为万世开太平。"

其心量之广远，迥非区区囿于一个人、一家族、一社会、一国家、一时代者所可及。盖宋儒真知灼见人之心性，与天地同流。故所言所行，多彻上彻下，不以事功为止境，亦不以禅寂为指归。此其所以独成为中国唐、五代以后勃兴之学术也。

---

①如司马光、欧阳修等，皆熟习唐、五代之史事，且深痛其时之人不知礼义廉耻，以致亡国。

②唐韩愈作《原道》排佛、老，李翱作《复性书》述《大学》《中庸》之说，皆宋儒之先声。近人谓程子始提倡《学》《庸》之说，不知本出于翱。

③如邵康节之《皇极经世》、司马光之《潜虚》之类。

④如薛季宣、陈傅良、叶适、陈亮之类，世所称永嘉、永康学派者是也。

⑤如张横渠之类。

⑥如蔡元定之类。

⑦《象山语录》亦曰："凡欲为学，当先识义利公私之辨。"

⑧《宋史·朱熹传》："刘德秀为谏官，首论留正引伪学之罪。右谏议大夫姚愈论道学权臣结为死党，窥伺神器。乃命直学士院高文虎草诏谕天下。于是攻伪学

日急，而熹日与诸生讲学不休，或劝其谢遣生徒者，笑而不答。”

⑨此可见宋儒教人，专望人之自觉自动，并不取干涉主义。

⑩程端蒙、董铢，皆朱熹弟子。二人所定学则，世称《程董学则》。

⑪此与《白鹿洞教条》，似有初学与成人之分。《白鹿洞教条》示成人也，《程董学则》示初学也。两者皆从积极方面言，不专事消极也。

⑫此所谓太和，当即《易》所谓太极。

⑬此义亦是本于太极。

第二节 明儒之学

宋儒学派最多，元承其绪，光焰渐衰。许衡、刘因、吴澄诸儒之学，不能出南宋朱、陆之范围。故论学术者，以元儒附于宋儒学案，明其仅为宋之余波而已。有明一代，或谓理学极盛，

> 《明儒学案·发凡》黄宗羲："尝谓有明文章事功，皆不及前代，独于理学，前代之所不及也。牛毛茧丝，无不辨晰，真能发先儒之所未发。程、朱之辟释氏，其说虽繁，总是只在迹上，其弥近理而乱真者，终是指他不出。明儒于毫厘之际，使无遁影。"

或谓儒术式微。

> 《明史·儒林传序》："有明诸儒，衍伊、雒之绪言，探性命之奥旨，锱铢或爽，遂启歧趋，袭谬承讹，指归弥远。至专门经训，授受源流，则二百七十余年，未闻以此名家者。经学非汉、唐之精专，性理袭宋、元之糟粕，论者谓科举盛而儒术微，殆其然乎！"

平心论之，明儒风气，亦自成为一派。固与汉、唐不同，亦与宋、元有别，盖合唐、宋以来禅学、理学而别开一种心性之学，分茅设蕝，与国

相终，此论史者所宜注意者也。

明人之崇心性之学，始于帝王之提倡及科举之统一。盖自宋儒尊崇《四书》，代有阐释，然于学术尚未能统一也。自元仁宗皇庆中定制，专以宋儒《四书》注及《经》注试士，

《元史·选举志》："仁宗皇庆三年，考试程式，蒙古、色目人第一场经问五条，《大学》《论语》《孟子》《中庸》内设问，用朱氏章句集注，其义理精明、文辞典雅者为中选。汉人、南人第一场明经、经疑二问，《大学》《论语》《孟子》《中庸》内出题，并用朱氏章句集注，复以己意结之，限三百字以上。经义一道，各治一经。《诗》以朱氏为主；《尚书》以蔡氏为主；《周易》以程氏、朱氏为主，已上三经兼用古注疏。《春秋》许用三《传》及胡氏《传》，《礼记》用古注疏，限五百字以上，不拘格律。"

宋儒之说，始夺汉、唐诸儒之席而代之。明以制义试士，亦专主宋儒之书。

《明史·选举志》："科目者，沿唐宋之旧，而稍变其试士之法，专取四子书及《易》《书》《诗》《春秋》《礼记》五经命题试士，盖太祖与刘基所定。其文略仿宋经义，然代古人语气为之，体用排偶，谓之八股，通谓之制义。""科举定式，初场试'四书'义三道，经义四道。'四书'主朱子《集注》，《易》主程《传》、朱子《本义》，《书》主蔡氏《传》及古注疏，《诗》主朱子《集传》，《春秋》主《左氏》《公羊》《穀梁》三传及胡安国、张洽《传》，《礼记》主古注疏。永乐间，颁《五经四书大全》，废注疏不用。其后《春秋》亦不用张洽《传》，《礼记》止用陈澔《集说》。"

而永乐所定之"三《大全》"尤为造成一代学术思想之根柢。

《四库全书总目》：“《周易大全》二十四卷，明胡广等奉敕撰。考《明成祖实录》，永乐十二年十一月甲寅，命行在翰林院学士胡广、侍讲杨荣、金幼孜修《五经四书大全》。十三年九月，告成。成祖亲制序，弁之卷首，命礼部刊赐天下，赐胡广等钞币有差，仍赐宴于礼部。同时预纂修者，自广、荣、幼孜外，尚有翰林编修叶时中等三十九人，此其‘五经’之首也。朱彝尊《经义考》谓广等就前儒成编，杂为抄录，而去其姓名。”“二百余年以此取士，一代之令甲在焉。录存其书，见有明儒者之经学，其初之不敢放轶者，由于此；其后之不免固陋者，亦由于此。郑晓《今言》曰：洪武开科，‘五经’皆主古注疏，及宋儒《易》程、朱，《书》蔡，《诗》朱，《春秋》：《左》《公羊》《穀梁》程、胡、张，《礼记》陈，后乃尽弃注疏，不知始于何时。或曰始于颁《五经大全》时，以为诸家说优者采入故耳。”“《四书大全》三十六卷，明永乐十三年，翰林学士胡广等奉敕撰。成祖御制序文，颁行天下。二百余年尊为取士之制者也。……初与《五经大全》并颁，然当时程式以‘四书’义为重，故‘五经’率皆庋阁，所研究者惟‘四书’，所辨订者亦惟‘四书’。后来‘四书’讲章浩如烟海，皆是编为之滥觞。盖由汉至宋之经术，于是始尽变矣。特录存之，以著有明一代士大夫学问根柢具在于斯，亦足以资考镜焉。”“《性理大全》七十卷，明胡广等奉敕撰。是书与《五经四书大全》同以永乐十三年九月告成奏进，故成祖御制序文，称二百二十九卷，统七部而计之也。”“广等所采宋儒之说凡一百二十家，其中自为卷帙者，为周子《太极图说》一卷、《通书》二卷，张子《西铭》一卷、《正蒙》二卷，邵子《皇极经世书》七卷，朱子《易学启蒙》四卷、《家礼》四卷，蔡元定《律吕新书》二卷，蔡沈《洪范皇极内篇》二卷，共二十六卷。自二十七卷以下，摭拾群言，分为十三目：曰理气，曰鬼神，曰性理，曰道统，曰圣贤，曰诸儒，曰学，曰诸子，曰历代，曰君道，曰治道，曰诗，曰文。”

以帝王之尊崇，及科举之需要，故凡向风慕化者，无不濡染浸渍于身心性命之说。而其蔚然成为儒宗者，则由科举之学，进而表示人格，创造学说，而超出于八股之生活者也。

然而以帝王科举之力，造成一世之风气，固亦绝大之关系，而人心之演进，常无一成不变之局，故其趋势绝不为最初提倡者所囿。明儒之学之墨守程、朱之传者，固出于科举及“三《大全》”之影响，而其后学派一变，有显与朱子背驰者，则非科举及“三《大全》”所预必也。

《明史·儒林传序》：“原夫明初诸儒，皆朱子门人之支流余裔，师承。有自，矩矱秩然。曹端、胡居仁笃践履，谨绳墨，守儒先之正传，无敢改错。学术之分，则自陈献章、王守仁始。宗献章者曰江门之学，孤行独诣，其传不远；宗守仁者曰姚江之学，别立宗旨，显与朱子背驰，门徒遍天下，流传逾百年，其教大行，其弊滋甚。嘉、隆以后，笃信程、朱不迁异说者，无复几人矣。”

王守仁像

王守仁（1472—1529），字伯安，号阳明，浙江余姚人。明代著名思想家、哲学家、书法家和军事家，陆王心学之集大成者。

明儒之谨守程、朱学派者，以吴与弼、薛瑄为最。

《明儒学案》：“吴与弼字子传，号康斋，抚州之崇仁人，从洗马杨溥学。读《伊洛渊源录》，慨然有志于道。……身体力验，只在走趋语默之间，出作入息，刻刻不忘，久之自成片段，所谓敬义夹持，诚明两进者也。一切玄远之言，绝口不道，学者依之，真有途辙可循。”“薛瑄字德温，号敬轩，山西河津人。……讲习濂、洛诸书，叹曰：‘此问学正路也。’前辈论一代理学之儒，惟先生无间言。……阅先生《读书录》，多兢兢检点言行间，所谓学贵践履，意盖如此。”

黄宗羲特标之为《崇仁河东学案》，而于其他谨守笃信之儒，则汇立为《诸儒学案》，明其不足独成一派也。与弼传娄谅，谅传王守仁，而开阳明学派。陈献章亦受业于与弼，而别开白沙学派。湛若水受业于献章，而别开甘泉学派。三派之学，皆与吴氏不同，而以阳明之派为最广。

《明儒学案》：“娄谅字克贞，别号一斋，广信上饶人，少有志于圣学，闻康斋在临川，乃往从之。……凡康斋不以语门人者，于先生无所不尽。”“王守仁字伯安，学者称为阳明先生，余姚人也。十八岁过广信，谒娄一斋，慨然以圣人可学而至。登弘治己未进士第，授刑部主事，改兵部。刘瑾矫旨逮南京科道官，先生抗疏救之，下诏狱，廷杖四十，谪贵州龙场驿丞。瑾诛，知庐陵县，历吏部主事、员外郎、郎中，升南京太仆寺少卿、鸿胪寺卿，以左佥都御史巡抚南赣，平漳南、横水、桶冈、大帽俐头诸寇。闻宸濠反，遂还吉安，起兵讨之。遇于樵舍，三战俘濠，升南京兵部尚书，封新建伯。嘉靖丁亥征思田，以归师袭八寨断藤峡，破之，卒年五十七。”“陈献章字公甫，新会之白沙里人。……至崇仁受学于康斋先生，归即绝意科举，筑春阳台，静坐其中，屡荐不起。”“湛若水字元明，号甘泉，广东增城人，从学于白沙。”

语其派别，则有浙中之王学，

《明儒学案》：“姚江之教，自近而远。其最初学者，不过郡邑之士耳。龙场而后，四方弟子始益进焉，郡邑之以学鸣者，亦仅仅绪山、龙溪，此外则椎轮积水耳。然一时之盛，吾越尚讲诵，习礼乐，弦歌之音不绝。”

有江右之王学，

《明儒学案》：“姚江之学，惟江右为得其传，东廓、念庵、两峰、双江，其选也。再传而为塘南思默，皆能推原阳明未尽之旨。是时越中流弊错出，挟师说以杜学者之口，而江右独能破之。阳明之道，赖以不坠。盖阳明一生精神，俱在江右，亦其感应之理宜也。”

有南中之王学，

《明儒学案》：“南中之名王氏学者，阳明在时，王心斋、黄五岳、朱得之、戚南玄、周道通、冯南江，其著也。阳明没后，绪山、龙溪所在讲学，于是泾县有水西会，宁国有同善会，江阴有君山会，贵池有光岳会，太平有九龙会，广德有复初会，江北有南谯精舍，新安有程氏世庙会，泰州复有心斋讲堂，几乎比户可封矣。”

有楚中之王学，

《明儒学案》：“楚学之盛，惟耿天台一派，自泰州流入。”

有北方之王学，

《明儒学案》：“北方之为王学者独少。……张后觉字志仁，号弘山，山东茌平人。早岁受业颜中溪、徐波石，深思力践，洞朗无碍。犹以取友未广，南结会于香山，西结会于丁块，北结会于大云，东结会于王遇，齐、鲁间遂多学者。”

有粤、闽之王学，

《明儒学案》："岭海之士，学于文成者，自方西樵始，及文成开府赣州，从学者甚众。文成言潮在南海之涯，一郡耳；一郡之中，有薛氏之兄弟子侄，既足盛矣。而又有杨氏之昆季，其余聪明特达、毅然任道之器以数十。"

其别出者，又有李材、王艮诸派，

《明儒学案》："李材字孟诚，别号见罗，丰城人，初学致良知之学，已稍变其说。""王艮字汝止，号心斋，泰州之安丰场人。……闻阳明讲学江西，以古服进见，阳明出迎于门外，始入。先生据上坐，辨难久之，稍心折，移其坐于侧。论毕，乃叹曰：'简易直截，艮不及也。'下拜自称弟子。……阳明卒于师，先生迎哭至桐庐，经纪其家而后反。开门授徒，远近皆至，同门会讲者，必请先生主席。"

最后之东林、蕺山，亦皆出于王学，而求济其末流之弊。

《明儒学案》："有东林、蕺山二学案。东林者，顾宪成、高攀龙等讲学之书院；蕺山者，刘宗周讲学之书院也。"

故明儒之学，一王阳明之学而已。

宋、元诸儒，多务阐明经子，不专提倡数字以为讲学宗旨。明儒则一家有一家之宗旨，各标数字以为的。白沙之宗旨曰"静中养出端倪"，

《明史·陈献章传》："献章之学，以静为主。其教学者，但令端坐澄心，于静中养出端倪。"

甘泉之宗旨曰"随处体验天理"，

《明史·湛若水传》："若水初与守仁同讲学，后各立宗旨。守仁以致良知为宗，若水以随处体验天理为宗。守仁言若水之学为求之于外，若水亦谓守仁格知之说不可信者四。又曰阳明与吾之心不同，阳明所谓心，指方寸而言；吾之所谓心者，体万物而不遗者也，故以吾之说为非。一时学者，遂分王、湛之学。"

阳明之宗旨曰"致良知"，

《明儒学案》："阳明先生之学，始泛滥于词章，继而遍读考亭之书，循序格物，顾物理吾心终判为二，无所得入，于是出入于佛老者久之。及至居夷处困，动心忍性，因念圣人处此，更有何道，忽悟格物致知之旨。圣人之道，吾性自足，不假外求，其学凡三变而始得其门。自此以后，尽去枝叶，一意本原，以默坐澄心为学的。……江右以后，专提'致良知'三字，默不假坐，心不待明，不习不虑，出之自有天则。"

又曰"知行合一"。

《明儒学案》："先生以圣人之学，心学也，心即理也，故于致知格物之训，不得不言致吾心良知之天理于事事物物，则事事物物皆得其理。夫以知识为知，则轻浮而不实，故必以力行为功。夫良知感应神速，无有等待，本心之明，即知不欺。本心之明，即行也，不得不言知行合一。此其立言之大旨，不出于是。"

其后邹守益主"戒惧慎独"，

《明史·邹守益传》："穆孔晖自名王氏学，浸淫入于释氏，而守益于戒惧慎独，盖兢兢焉。"

《明儒学案》："东廓以独知为良知，以戒惧慎独为致良知之功，此是师门本旨。”

罗洪先主“静无欲”，

《明儒学案》：“王门惟心斋氏盛传其说，从不学不虑之旨，转而标之曰自然，曰学乐，末流衍蔓，浸为小人之无忌惮。罗先生复起，有忧之，特拈‘收摄保聚’四字为致良知符诀。故其学专求之未发一机，以主静无欲为宗旨。”

李材主“止修”，

《明儒学案》：“文成而后，李先生又自出手眼，谆谆以‘止修’二字，压倒良知。”

王畿、周汝登主“无善无恶”，

《明儒学案》：“王畿《天泉证道记》谓师门教法，每提四句：无善无恶心之体，有善有恶意之动，知善知恶是良知，为善去恶是格物。”《明史·许孚远传》：“官南京，与尚宝司卿周汝登并主讲席。汝登以无善无恶为宗，孚远作‘九谛’以难之。”

高攀龙主“静坐”，

《明史》：“高攀龙与顾宪成同讲学东林书院，以静为主。”《明儒学案》载高攀龙说静坐之语甚多。

刘宗周主“慎独”。

《明儒学案》：“蕺山先生以慎独为宗，儒者人人言慎独，惟先生始得其真。”

纷然如禅宗之传授衣钵、标举宗风者然。谓为由宋、元以来，讲求理学，渐从由书册直指人心，可；谓为堕入禅学，遁于虚无，亦可。要之明儒之学，与宋、元之学，固大不同也。

阳明之学之最有益于世道者，即在主张知行合一之一语。自宋以来，书册日多，著述日富，讲求讨论，虽进于前，而人之立身行事，反与书册所言分而为二。充其弊必有学术日昌、人心日坏之象。阳明着眼此点，故劝人即知即行，使知不但徒腾口说无益，即冥心妙悟而不验之实事亦无益。此正当时科举中人口孔、孟而心跖、跻之对证妙药，抑亦吾国从古以来圣哲真传。盖吾国自古相传之法，惟注重于实行，苟不实行，即读书万卷，著作等身，亦不过贩卖炫鬻之徒，于己于人，毫无实益，即不得谓之学问。使后之学者。咸准阳明之说而行，无知愚贤不肖，行事一本良心，则举世可以无一坏人，而政治风俗，亦无一不可以臻于尽善尽美之域。无如人心痼蔽，惟喜求知而惮实行，谈玄说妙者，务出新说以相胜，安于卑近者，转执其流弊以相訾謷，甚至在为人行己之外，别求一种学问以为能，研究此等文字者，方足为学，而其他皆空谈，是岂阳明所及料哉！

《传习录》："古人所以既说一个知，又说一个行者，只为世间有一种人，懵懵懂懂的任意去做，全不解思惟省察，也只是个冥行妄作。所以必说个知，方才行得是。又有一种人茫茫荡荡悬空去思索，全不肯着实躬行，也只是个揣摸影响。所以必说一个行，方才知得真。此是古人不得已补偏救弊的说话，若见得这个意时，即一言为足。今人却就将知行分作两件去做，以为必先知了，然后能行，我如今且去讲习讨论做知的功夫，待知得真了，方去做行的功夫，故遂终身不行，亦遂终身不知。此不是小病痛，其来已非一日矣。某今说个知行合一，正是对病的药，又不是某凿空杜撰。知行本体，原是如此，今若知得宗旨时，即说两个亦不妨，亦只是一个；若不会宗旨，便说一个，亦济得甚事，只是闲说话。"

第六讲 婚 姻

《易经》的《序卦传》说："有天地，然后有万物；有万物，然后有男女；有男女，然后有夫妇；有夫妇，然后有父子；有父子，然后有君臣。"这是古代哲学家所推想的社会起源。他们以为隆古的社会，亦像后世一般，以一夫一妇为基本，成立一个家庭，由此互相联结，成为更大的组织。此等推想，确乎和我们根据后世的制度，以推想古代的情形的脾胃相合。所以几千年来，会奉为不刊之典。然而事实是否如此，却大是一个疑问了。

自有历史以来，不过几千年，社会的情形，却已大有改变了。设使我们把历史抹杀了，根据现在的情形，去臆测周、秦、汉、魏、唐、宋时的状况，那给研究过历史的人听了，一定是一场大笑话，何况邃古之事，去今业已几万年、几十万年呢？不知古代的真相，而妄以己意推测，其结果，必将以为自古至今，不过如此，实系因缘起灭的现象，都将认为天经地义，不可变更。这就将发生许多无谓的争执，不必要的保守，而进化的前途被其阻碍了。所以近几十年来，史前史的发见，实在是学术上的一个大进步；而其在社会组织方面，影响尤大。

据近代社会学家所研究：人类男女之间，本来是没有什么禁例的。其后社会渐有组织，依年龄的长幼，分别辈行。当此之时，同辈行之男女，可以为婚，异辈行则否。更进，乃于亲族之间，加以限制。最初是施诸同母的兄弟姊妹的；后来渐次扩充，至凡同母系的兄弟姊妹，都不准为婚，就成所谓氏族（sib）了。此时异氏族之间，男女仍是成群的，此一群之男，人人可为彼一群之女之夫；彼一群之女，人人可为此一群之男之妻，绝无所谓个别的夫妇。其后禁例愈繁，不许相婚之人愈多。

于是一个男子，有一个正妻；一个女子，有一个正夫。然除此之外，尚非不许与其他的男女发生关系，而夫妻亦不必同居，其关系尚极疏松。更进，则夫妻必须同居，一夫一妻，或一夫多妻。关系更为永久，遂渐成后世的家庭了。所以人类的婚姻，是以全无禁例始，逐渐发生加繁其禁例，即缩小其通婚的范围，而成为今日的形态的。以一夫一妻的家庭，为原始的男女关系，实属错误。

主张一夫一妻的家庭，为男女原始关系的形态的，不过说：人类是从猿猴进化而来的，猿猴已有家庭，何况人类？然谓猿猴均有家庭，其观察本不正确。详见李安宅译《两性社会学》附录《近代人类学与阶级心理》第四节。商务印书馆本。即舍此勿论，猿猴也是人类祖先的旁支，而非其正系。据生物学家之说，动物的聚居，有两种形式：一如猫虎等，雌雄同居，以传种之时为限，幼儿成长，即与父母分离，是为家庭动物；一如犬马等，其聚居除传种外，兼以互相保卫为目的，历时可以甚久，为数可以甚多，是为社群动物。人类无爪牙齿角以自卫，倘使其聚居亦以家庭为限，在隆古之世，断乎无以自存；而且语言也必不会发达。所以原始人类的状况，我们虽不得而知，其为社群而非家庭，则殆无疑义。猿类的进化不如人类，以生物界的趋势论，实渐走上衰亡之路，怕正以其群居本能，不如人类之故。而反说人类的邃初，必与猿猴一样，实未免武断偏见了。何况人类的性质，如妒忌及性的羞耻等，均非先天所固有；此观小孩便可知。动物两性聚居，只有一夫一妻、一夫多妻两种形式，人类独有一妻多夫，尤妒忌非先天性质之明证。母爱亦非专施诸子女等，足以证明其非家庭动物的，还很多呢。

现代的家庭，与其说是源于人的本性，倒不如说是源于生活情形。道德不道德的观念，根于习惯；习惯源于生活。据社会学家所考究：在先史时期，游猎的阶级极为普遍。游猎之民，都是喜欢掠夺的，而其时可供掠夺之物极少，女子遂成为掠夺的目的。其后虑遭报复，往往掠夺之后，遗留物件，以为交换。此时的掠夺，实已渐成为贸易。女子亦为交换品之一。是为掠夺的变相，亦开卖买的远源。掠夺来的女子，是和部族中固有的女子，地位不同的。她是掠夺她的人的奴隶，须负担一切劳役。此既足以鼓励男子，使之从事于掠夺。又婚姻之禁例渐多，本部族中的女子，可以匹合者渐少，亦益迫令男子从事于向外掠夺。所以家庭的起源，是由于女子的奴役；而其需要，则是立在两性分工的经济原因上的，与满足性欲，实无多大关系。原始人除专属于他的女子以外，满足性欲的机会，正多着呢。游猎之民，渐进而为畜牧，其人之好战斗、喜掠夺，亦与游猎之民同，凡畜牧之民，大抵兼事田猎。而其力且加强。因其食物充足，能合大群；营养佳良，体格强壮之故。牧群需人照管，其重劳力愈甚，而掠夺之风亦益烈。只有农业是源于搜集的，最初本是女子之事。低级的农业，亦率由女子任其责。其后逐渐发达，成为生活所必资。此时经济的主权，操于女子之手。土田室屋及农具等，率为女子所有。部族中人，固不愿女子出嫁；女子势亦无从出嫁。男子与女子结婚者，不得不入居女子族中，其地位遂成为附属品。此时女子有组织，男子则无，或虽有之而不关重要。所以社会上有许多公务，其权皆操于女子之手，如参与部族会议，选举酋长等。此时之女子，亦未尝不从事于后世家务一类的事务，然其性质，亦为公务，与后世之家务，迥乎不同。实为女子的黄金时代。所谓服务婚的制度，即出现于此时。因为结婚不能徒手，而此时的男子，甚为贫乏，除劳力之外，实无可以为聘礼之物之故。其后农业更形重要，男子从事于此者益多，导致以男子为之主，而女子为之辅。于是经济的主权，再入男子之手。生活程度既高，财产渐有赢余，职业日形分化。如工商等业，亦皆为男子之事。个人私产渐兴，有财富者即有权力，不乐再向女子的氏族中作苦，乃以财物偿其部族的损失，而娶女以归。于是服务婚渐变为买卖婚，女子的地位，又形低落了。

以上所述，都是社会学家的成说。反观我国的古事，也无乎不同。《白虎通义·三皇》篇说，古代的人，“知其母而不知其父”，这正是古代的婚姻，无所谓夫妇的证据。人类对于男女性交，毫无限制的时代，去今已远，在书本上不易找到证据。至于辈行婚的制度，则是很明白无疑的。《礼记·大传》说宗子合族之礼道：“同姓从宗合族属，异姓主名治际会。名著而男女有别。其夫属乎父道者，妻皆母道也；其夫属乎子道者，妻皆妇道也。谓弟之妻为妇者，是嫂亦可谓之母乎？名者，人治之大者也，可无慎乎？”这正是古代婚姻，但论辈行一个绝好的遗迹。这所谓同姓，是指父系时代本氏族里的人。用现在的话来说，就是老太爷、老爷、少爷们。异姓，郑《注》说："谓来嫁者"，就是老太太、太太、少太太们。从宗，是要依着血系的枝分派别的，如先分为老大房、老二房、老三房，再各统率其所属的房分之类，参看下章自明。主名，郑《注》说："主于妇与母之名耳。"谓但分别其辈行，而不复分别其枝派。质而言之，就是但分为老太太、太太、少太太，而不再问其孰为某之妻，孰为某之母。"谓弟之妻为妇者，是嫂亦可谓之母乎？"翻作现在的话，就是："把弟媳妇称为少太太，算作儿媳妇一辈，那嫂嫂难道可称为老太太，算作母亲一辈么？"如此分别，就可以称为男女有别。可见古代婚姻，确有一个专论辈行的时代，在周代的宗法中，其遗迹还未尽泯。夏威夷人对于父、伯叔父、舅父，都用同一的称呼。中国人对于舅，虽有分别；父与伯叔父，母与伯叔母、从母，也是没有分别的。伯父只是大爷，叔父、季父，只是三爷、四爷罢了。再推而广之，则上一辈的人，总称为父兄，亦称父老。老与考为转注，《说文》。最初只是一语，而考为已死之父之称。下一辈则总称子弟。《公羊》何《注》说："宋鲁之间，名结婚姻为兄弟。"僖公二十五年。可见父母兄弟等，其初皆非专称。资本主义的社会学家说：这不是野蛮人不知道父与伯叔父、舅父之别，乃是知道了而对于他们仍用同一的称呼。殊不知野蛮人的言语，总括的名词虽比我们少，个别的名词却比我们多。略知训诂的人皆知之。如古鸟称雌雄，兽称牝牡，今则总称雌雄，即其一例。既知父与伯叔父、舅父之别，而仍用同一的称呼，这在我们，实在想不出这个理由来。难者将说：父可以不知道，母总是可以知道的，为什么母字亦是通称呢？殊不知大同之世，"人不独亲其亲，不独子其子"，生物学上的母虽止一个，社会学上的母，在上一辈中，是很普遍的。父母之恩，不在生而在养，生物学上的母，实在是无甚关系的，又何必特立专名呢？然则邃初所谓夫妇之制和家庭者安在？《尔雅·释亲》：兄弟之妻，"长妇谓稚妇为娣妇，娣妇谓长妇为姒妇"，这就是现在的妯娌。而女子同嫁一夫的，亦称先生者为姒，后生者为娣。这也是辈行婚的一个遗迹。

社会之所以有组织，乃是用以应付环境的。其初，年龄间的区别，实在大于两性间的区别。后来受文化的影响，此等区别，才渐渐转变。《商君书·兵守》篇说，军队的组织，以壮男为一军，壮女为一军，男女之老弱者为一军，其视年龄的区别，仍重于两性的区别。所以组织之始，是按年龄分辈分的。而婚姻的禁例，亦起于此。到后来，便渐渐依血统区别了。其禁例，大抵起于血缘亲近之人之间。违犯此等禁例者，俗语谓之“乱伦”，古语则谓之“鸟兽行”，亦谓之“禽兽行”。惩罚大抵是很严重的。至于扩而充之，对母方或父方有血缘关系之人，概不许结婚，即成同姓不婚之制。中国古代的姓，相当于现在社会学上所谓氏族，参看下章。同姓不婚的理由，昔人说是“男女同姓，其生不蕃”。《左氏》僖公二十三年郑叔詹说。“美先尽矣，则相生疾。”同上，昭公七年郑子产说。又说是同姓同德，异姓异德。《国语·晋语》司空季子说。好像很知道遗传及健康上的关系的。然（一）血族结婚，有害遗传，本是俗说，科学上并无证据。（二）而氏族时代所谓同姓，亦和血缘远近不符。（三）至谓其有害于健康，则更无此说。然则此等都是后来附会之说，并不是什么真正的理由。以实际言，此项禁例，所以能维持久远的，大概还是由于《礼记·郊特牲》所说的“所以附远厚别”。因为文化渐进，人和人之间，妒忌之心，渐次发达，争风吃醋的事渐多，同族之中，必有因争色而致斗乱的，于是逐渐加繁其禁例，最后，遂至一切禁断。而在古代，和亲的交际，限于血缘上有关系的人。异姓间的婚姻，虽然始于掠夺，其后则渐变为卖买，再变为聘娶，彼此之间，无复敌意，而且可以互相联络了。试看春秋战国之世，以结婚姻为外交手段者之多，便可知《郊特牲》“附远”二字之确。这是同姓不婚之制，所以逐渐普遍，益臻固定的理由。及其既经普遍固定之后，则制度的本身，就具有很大的威权，更不必要什么理由了。

妒忌的感情，是何从而来的呢？前文不是说，妒忌不是人的本性么？然两性间的妒忌，虽非人之本性，而古人大率贫穷，物质上的缺乏，逼着他不能不生出产业上的嫉妒来。掠夺得来的女子，既是掠夺者的财产，自然不能不努力监视着她。其监视，固然是为着经济上的原因，然他男子设或与我的奴隶发生性的关系，就很容易把她带走。于是占有之欲，自物而扩及于人，而和此等女子发生性的关系，亦非得其主人许可，或给以某种利益，以为交换不可了。如租赁、借贷、交换等。《左氏》襄公二十八年，庆封与卢蒲嫳易内；昭公二十八年，祁胜与邬臧通室；现在有等地方，还有租妻之俗，就是这种制度的遗迹。再进，产业上的妒忌，渐变成两性间的妒忌，而争风吃醋之事遂多。内婚的禁忌，就不得不加严，不得不加密了。所以外婚的兴起，和内婚的禁止，也是互为因果的。

掠夺婚起于游猎时代，在中国古书上，也是确有证据的。《礼记·月令》疏引《世本》说：太昊始制嫁娶以俪皮为礼。托诸太昊，虽未必可信，而俪皮是两鹿皮，见《公羊》庄公二十二年何《注》，这确是猎人之物。古婚礼必用雁，其理由，怕亦不过如此。又婚礼必行之昏时，亦当和掠夺有关系。

中国农业起于女子，捕鱼在古代，亦为女子之事。农渔之民，都是食物饶足，且居有定地的，畋猎对于社会的贡献比较少，男子在经济上的权力不大，所以服务婚之制，亦发生于此时；赘婿即其遗迹。《战国·秦策》说太公望是齐之逐夫，当即赘婿。古代此等婚姻，在东方，怕很为普遍的。《汉书·地理志》说：齐襄公淫乱，姑姊妹不嫁。“于是下令国中：民家长女不得嫁，名曰巫儿，为家主祠，嫁者不利其家。民至今以为俗。”把此等风俗的原因，归诸人君的一道命令，其不足信，显而易见。其实齐襄公的姑姊妹不嫁，怕反系受这种风俗的影响罢？《公羊》桓公二年，有楚王妻娟之语。何《注》：娟，妹也。可见在东南的民族，内婚制维持较久。《礼记·大传》说：“四世而缌，服之穷也。五世袒免，杀同姓也。六世亲属竭矣，其庶姓别于上，庶姓见下讲。而戚单于下，单同殚。婚姻可以通乎？系之以姓而弗别，缀之以族而弗殊，虽百世而婚姻不通者，周道然也。”然则男系同族，永不通婚，只是周道。自殷以上，六世之后，婚姻就可以通的。殷也是东方之国。《汉书·地理志》又说燕国的风俗道：“初太子丹宾养勇士，不爱后宫美女，民化以为俗，至今犹然。宾客相过，以妇侍宿。嫁娶之夕，男女无别，反以为荣。后稍颇止，然终未改。”不知燕丹的举动，系受风俗的影响，反以为风俗源于燕丹，亦与其论齐襄公同病。而燕国对于性的共有制维持较久，则于此可见。燕亦是滨海之地。然则自东南亘于东北，土性肥沃，水利丰饶，农渔二业兴盛之地，内婚制及母系氏族，都是维持较久的。父系氏族，当起于猎牧之民。此可见一切社会制度，皆以经济状况为其根本原因。

人类对于父母亲族，总只能注意其一方，这是无可如何的。所以在母系氏族内，父方的亲族，并不禁止结婚；在父系氏族内，母方的亲族亦然；且有两个氏族，世为婚姻的。中国古代，似亦如此。所以夫之父与母之兄弟同称，舅。夫之母与父之姊妹同称。姑。可见母之兄弟，所娶者即父之姊妹。并非亲姊妹，不过同氏族的姊妹行而已。而我之所嫁，亦即父之氏族中之男子，正和我之母与我之父结婚同。古代氏族，又有在氏族之中，再分支派的。如甲乙两部族，各分为一二两组。甲一之女，必与乙二之男结婚，生子则属于甲二；甲二之女，必与乙一之男结婚，生子则属于甲一。乙组的女子亦然。此系最简单之例，实际还可以更繁复。如此，则祖孙为同族人，父子则否。中国古代，似亦如此。所以祭祀之礼："孙可以为王父尸，子不可以为父尸。"《礼记·曲礼》。殇与无后者，必从祖祔食，而不从父祔食。《礼记·曾子问》。

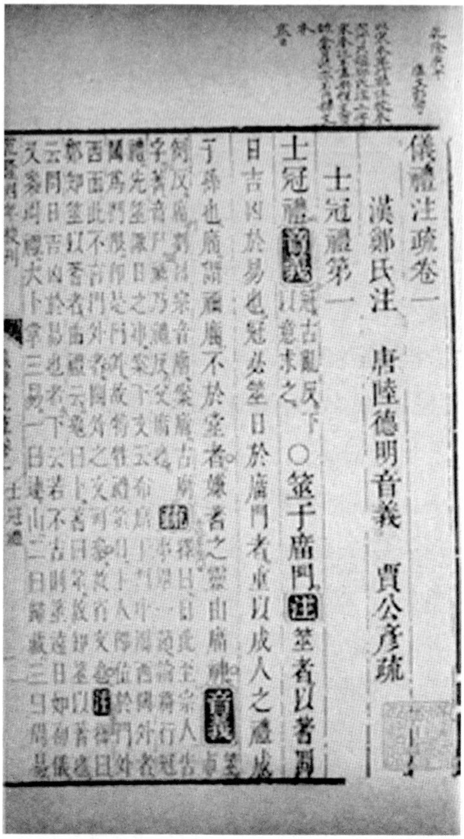
儀禮注疏卷一
漢鄭氏注　唐陸德明音義　賈公彥疏
士冠禮第一

《仪礼注疏》内文

《仪礼》简称《礼》，是记载中国古代典礼仪节的书。图为汉郑玄注、唐贾公彦等疏的《仪礼注疏》。

近亲结婚，在法律上本有禁令的，并不限于父系。如《清律》"娶己之姑舅两姨姊妹者，杖八十，并离异"即是。然因此等风俗，根深柢固，法律就成为具文了。

古代所谓同姓，是自认为出于同一始祖的。在父系氏族，则为男子；在母系氏族，则为女子。虽未必确实，他们固自以为如此。同姓与否，和血缘的远近，可谓实无关系。然他们认为同姓则同德，不可结婚；异姓则异德，可以结婚。理由虽不确实，办法尚觉一致。至后世所谓同姓，则并非同出于一源；而同出于一源的，却又不必同姓。如王莽，以姚、妫、陈、田皆黄、虞后，与己同姓，令元城王氏，勿得与四姓相嫁娶。《汉书·莽传》。而王䜣、孙咸，以得姓不同，其女转嫁为莽妻。《汉书·䜣传》。此等关系，后世都置诸不论了。所谓同姓异姓，只是以父系的姓，字面上的同异为据，在理论上，可谓并无理由，实属进退失据。此因同姓不婚之制，已无灵魂，仅剩躯壳之故。总而言之，现在的所谓姓氏，从各方面而论，都已毫无用处，不过是社会组织上的老废物罢了。

婚礼中的聘礼，即系卖买婚的遗迹，古礼称为“纳征”。《礼记·内则》说：“聘则为妻，奔则为妾”；《曲礼》说：“买妾不知其姓则卜之”；则买妾是真给身价的，聘妻虽具礼物，不过仅存形式，其意已不在于利益了。

古代婚礼，传于后世的，为《仪礼》中的《士昏礼》。其节目有六，即：（一）纳采，男氏遣使到女氏去求婚。（二）问名，女氏许婚之后，再请问许婚的是哪一位姑娘。因为纳采时只申明向女氏的氏族求婚，并未指明哪一个人之故。（三）纳吉，女氏说明许婚的系哪一位姑娘之后，男氏归卜之于庙。卜而得吉，再使告女氏。（四）纳征，亦谓之纳币。所纳者系玄纁束帛及俪皮。（五）请期，定吉日。吉日系男氏所定，三请于女氏，女氏不肯定，然后告之。（六）亲迎，新郎亲到女氏。执雁而入，揖让升堂，再拜奠雁。女父带着新娘出来，交结他。新郎带着新娘出门。新娘升车，新郎亲为之御。车轮三转之后，新郎下车，由御者代御。新郎先归，在门首等待。新娘车至，新郎揖之而入。如不亲迎的，则新郎三月后往见舅姑。亲迎之礼，儒家赞成，墨家是反对的，见《礼记·哀公问》《墨子·非儒》篇。是为六礼。亲迎之夕，共牢而食，合卺而酳。古人的宴会，猪牛羊等，都是每人一份的。夫妻则两个人合一份，是谓同牢。把一个瓠破而为两，各用其半，以为酒器，是为合卺。这表示“合体，同尊卑”的意思。其明天，“赞妇见于舅姑”。又明天，“舅姑共飨妇”。礼成之后，“舅姑先降自西阶，宾阶。妇降自阼阶。”东阶，主人所行。古人说地道尊右，故让客人走西阶。表明把家事传给他，自己变作客人的意思。此礼是限于嫡妇的，谓之“著代”，亦谓之“授室”。若舅姑不在，则三月而后庙见。

《礼记·曾子问》说："女未庙见而死，归葬于女氏之党，示未成妇。"诸侯嫁女，亦有致女之礼，于三月之后，遣大夫操礼而往，见《公羊》成公九年。何《注》说："必三月者，取一时，足以别贞信。"然则古代的婚礼，是要在结婚三个月之后，才算真正成立的。若在三月之内分离，照礼意，还只算婚姻未完全成立，算不得离婚。这也可见得婚姻制度初期的疏松。

礼经所说的婚礼，是家族制度全盛时的风俗，所以其立意，全是为家族打算的。《礼记·内则》说："子甚宜其妻，父母不说，出。子不宜其妻，父母曰：是善事我，子行夫妇之礼焉，没身不衰。"可见家长权力之大。《昏义》说："成妇礼，明妇顺，又申之以著代，所以重责妇顺焉也。妇顺也者，顺于舅姑，和于室人，而后当于夫；以成丝麻布帛之事，以审守委积盖藏。是故妇顺备而后内和理，内和理而后家可长久也，故圣王重之。"尤可见娶妇全为家族打算的情形。《曾子问》说："嫁女之家，三夜不息烛，思相离也。"这是我们容易了解的。又说："取妇之家，三日不举乐，思嗣亲也。"此意我们就不易了解了。原来现代的人，把结婚看作个人的事情，认为是结婚者的幸福，所以多有欢乐的意思。古人则把结婚看作为家族而举行的事情。儿子到长大能娶妻，父母就近于凋谢了，所以反有感伤的意思。《曲礼》说："昏礼不贺，人之序也。"也是这个道理。此亦可见当时家族主义的昌盛，个人价值全被埋没的一斑。

当这时代，女子遂成为家族的奴隶；奴隶是需要忠实的，所以贞操就渐渐地被看重。"贞妇"二字，昉见于《礼记·丧服四制》。春秋时，鲁君的女儿，有一个嫁给宋国的，称为宋伯姬。一天晚上，宋国失火，伯姬说："妇人夜出，必待傅姆。"傅姆是老年的男女侍从。必待傅姆，是不独身夜行，以避嫌疑的意思。傅姆不至，不肯下堂，遂被火烧而死。《春秋》特书之，以示奖励。《公羊》襄公三十年。此外儒家奖励贞节之说，还有许多，看刘向的《列女传》可知。刘向是治鲁诗的，《列女传》中，有许多是儒家相传的诗说。秦始皇会稽刻石说："饰省宣义，有子而嫁，倍死不贞。防隔内外，禁止淫佚，男女洁诚。夫为寄豭，杀之无罪，男秉义程。妻为逃嫁，子不得母，咸化廉清。"案《管子·八观》

篇说："闾闬无阖，外内交通，则男女无别矣。"又说："食谷水，巷凿井；场圃接，树木茂。宫墙毁坏，门户不闭，外内交通，则男女之别，无自正矣。"《汉书·地理志》说：郑国土陋而险，山居谷汲，男女亟聚会，故其俗淫。这即是秦始皇所谓防隔内外。乃是把士大夫之家，"深宫固门，阍寺守之，男不入，女不出"的制度，见《礼记·内则》。推广到民间去。再嫁未必能有什么禁令，不过宣布其是倍死不贞，以示耻辱；正和奖励贞节，用意相同。寄豭是因奸通而寄居于女子之家的，杀之无罪；妻为逃嫁，则子不得母；其制裁却可谓严厉极了。压迫阶级所组织的国家，其政令，自然总是助压迫阶级张目的。

虽然如此，罗马非一日之罗马，古代疏松的婚姻制度，到底非短期间所能使其十分严紧的。所以表显于古书上的婚姻，要比后世自由得多。《左氏》昭公元年，载郑国徐吾犯之妹美，子南业经聘定了她，子皙又要强行纳聘。子皙是个强宗，国法奈何不得他。徐吾犯乃请使女自择，以资决定。这虽别有用意，然亦可见古代的婚嫁，男女本可自择。不过"男不亲求，女不亲许"，见《公羊》僖公十四年。必须要有个媒妁居间；又必须要"为酒食以召乡党僚友"，《礼记·曲礼》。以资证明罢了。婚约的解除，也颇容易。前述三月成妇之制，在结婚三个月之后，两造的意见觉得不合，仍可随意解除。这在今日，无论哪一国，实都无此自由。至于尚未同居，则自然更为容易。《礼记·曾子问》说："昏礼：既纳币，有吉日，女之父母死，则如之何？孔子曰：婿使人吊。如婿之父母死，则女之家亦使人吊。婿已葬，婿之伯父，致命女氏曰：某之子有父母之丧，不得嗣为兄弟，使某致命。女氏许诺，而弗敢嫁，礼也。婿免丧，女之父母使人请，婿弗取而后嫁之，礼也。女之父母死，婿亦如之。"一方等待三年，一方反可随意解约，实属不近情理。迂儒因生种种曲说。其实这只是《礼记》文字的疏忽。孔子此等说法，自为一方遭丧而一方无意解约者言之；若其意欲解约，自然毫无限制。此乃当然之理，在当日恐亦为常行之事，其事无待论列，故孔子不之及。记者贸然下了"而弗敢嫁，礼也"六字，一似非等待不可的，就引起后人的误会了。离婚的条件，有所谓七出，亦谓之七弃，（一）无子。（二）淫佚。（三）不事舅姑。（四）口舌。（五）盗窃。（六）嫉妒。（七）恶疾。又有所谓三不去，（一）尝更三年丧不去。（二）贱取贵不去。（三）有所受无所归不去。与五不娶并列，（一）丧妇长女。（二）世有恶疾。（三）世有刑人。（四）乱家女。（五）逆家女。见于《大戴礼记·本命》篇，和《公羊》庄公二十七年何《注》，皆从男子方面立说。此乃儒家斟酌习俗，认为义所当然，未必与当时的法律习惯密合。女子求去，自然也有种种条件，为法律习惯所认许的，不过无传于后罢了。观汉世妇人求去者尚甚多，如朱买臣之妻等。则知古人之于离婚初不重视；夫死再嫁，则尤为恒事。这是到宋以后，理学盛行，士大夫之家，更看重名节，上流社会的女子，才少有再嫁的，前代并不如此。《礼记·郊特牲》说："一与之齐，终身不改，故夫死不嫁。"这是现在讲究旧礼教的迂儒所乐道的。然一与之齐，终身不改，乃是说不得以妻为妾，并非说夫死不嫁。《白虎通义·嫁娶》篇引《郊特牲》，并无"故夫死不嫁"五字；郑《注》亦不及此义；可见此五字为后人所增。郑《注》又说："齐或为醮"，这字也是后人所改的。不过郑氏所据之本，尚作"齐"字，即其所见改为"醮"字之本，亦尚未窜入"故夫死不嫁"五字罢了。此可见古书逐渐窜改之迹。

后世男子的权利，愈行伸张，则其压迫女子愈甚。此可于其重视为女时的贞操，及其贱视再醮妇见之。女子的守贞，实为对于其夫之一种义务。以契约论，固然只在婚姻成立后、持续时为有效；以事实论，亦只须如此。所以野蛮社会的风俗，无不是如此的，而所谓文明社会，却有超过这限度的要求。此无他，不过男权社会的要求，更进一步而已。女子的离婚，在后世本较古代为难，因为古代的财产带家族共有的意思多，一家中人，当然都有享受之分。所以除所谓有所受无所归者外，离婚的女子，都不怕穷无所归。后世的财产，渐益视为个人所有，对于已嫁大归之女，大都不愿加以扶养；而世俗又贱视再醮之妇，肯娶者少；弃妇的境遇，就更觉凄惨可怜了。法律上对于女子亦未尝加以保护。如《清律》："凡妻无应出及义绝之状而出之者，杖八十。虽犯七出，有三不去而出之者，减二等，追还完聚。"似乎是为无所归的女子特设的保护条文。然追还完聚之后，当如何设法保障，使其不为夫及夫之家族中人所虐待，则绝无办法。又说："若夫妻不相和谐而两愿离者不坐。"不相和谐，即可离异，似极自由。然夫之虐待其妻者，大都榨取其妻之劳力以自利，安能得其愿离？离婚而必以两愿为条件，直使被虐待者永无脱离苦海之日。而背夫私逃之罪，则系“杖一百，从夫嫁卖”。被虐待的女子，又何以自全呢？彻底言之：现在所谓夫妇制度，本无维持之价值。然进化非一蹴所可几，即制度非旦夕所能改。以现在的立法论，在原则上当定：（一）离婚之诉，自妻提出者无不许。（二）其生有子女者，抚养归其母，费用则由其父负担。（三）夫之财产中，其一部分应视为其妻所应得，离婚后当给与其妻。（四）夫妻异财者勿论；其同财者，嫁资应视为妻之私财，离婚时给还其妻，其业经销用者应赔偿。这固不是根本解决的办法，然在今日，立法上亦只得如此了。而在今日，立法上亦正该如此。

古书中所载的礼，大抵是父系家庭时代的习惯风俗，后世社会组织，迄未改变，所以奉其说为天经地义；而因此等说法被视为天经地义之故，亦有助于此制度之维持。天下事原总是互为因果的。但古书中的事实，足以表示家族主义形成前的制度的亦不少，此亦不可不注意。《礼记·礼运》：“合男女，颁爵位，必当年德。”《管子·幼官》篇，亦有“合男女”之文。合男女，即《周官·媒氏》及《管子·入国》篇的合独之政。《周官·媒氏》：“凡男女自成名以上，皆书年月日名焉。令男三十而娶，女二十而嫁。中春之月，令会男女。于是时也，奔者不禁。谓不备聘娶之礼，说见下。司男女之无夫家者而会之。”合独为九惠之政之一。其文云：“取鳏寡而和合之，与田宅而家室之，三年然后事之。”此实男女妃合，不由家族主持，而由部族主持之遗迹。其初盖普遍如此，到家族发达之后，部族于通常之结婚，才置诸不管，而只干涉其违法者，而救济其不能婚嫁者了。当男女婚配由部族主持之世，结婚的年龄，和每年中结婚的季节，都是有一定的。婚年：儒家的主张，是男三十而娶，女二十而嫁。《礼记》中《曲礼》《内则》等篇，都是如此。《大戴礼记·本命》篇说，这是中古之礼。太古五十而室，三十而嫁。《墨子》《节用》。《韩非子》《外储说右下》。则说男二十而娶，女十五而嫁。结婚的年龄，当然不能斠若画一。王肃说：男十六而精通，女十四而能化，自此以往，便可结婚；所谓三十、二十等，乃系为之极限，使不可过。又所谓男三十，女二十，不过大致如此，并非必以三十之男，配二十之女。其说自通。见《诗·摽有梅》疏。《大戴礼》说：三十而室，二十而嫁，天子庶人同礼。《左氏》说：天子十五而生子；三十而室，乃庶人之礼。《五经异义》。贵族生计，较庶人为宽裕，结婚年龄，可以提早，说亦可通。至《墨子》《韩非子》之说，则系求蕃育人民之意，古代此等政令甚多，亦不足怪。所可怪者，人类生理今古相同，婚配的要求，少壮之时，最为急切，太古时何以能迟至五十、三十？案罗维（Robert H. Lowie）所著的《初民社会》，吕叔湘译，商务印书馆本。说巴西的波洛洛人（Bororo），男女性交和结婚，并非一事。当其少年时，男女之间，早已发生性的关系，然常是过着浪漫的生活，并不专于一人。倒是年事较长，性欲较淡，彼此皆欲安居时，才择定配偶，相与同居。案人类的性质，本是多婚的。男女同居，乃为两性间的分工互助，实与性欲无甚关系。巴洛洛人的制度，实在是较为合理的。社会制度，往往早期的较后期的为合理。这是因已往的文化，多有病态，时期愈晚，病态愈深之故。中国太古之世，婚年较晚的理由，也可以借鉴而明了。人类性欲的开始，实在二七、二八之年。自此以往，更阅数年，遂臻极盛。此系中国古说，见《素问·上古天真论》。《大戴礼记》《韩诗外传》《孔子家语》等说皆同。根于生理的欲念，宜宣泄，不宜抑压；抑压之，往往为精神病的根源。然后世将经济上的自立，责之于既结婚的夫妇，则非十余龄的男女所及；又教养子女之责，专由父母任之，亦非十余龄的男女所能；遂不得不将结婚的年龄展缓。在近代，并有因生计艰难，而抱独身主义的。性欲受抑压而横溢，个人及社会两方面，均易招致不幸的结果。这亦是社会制度与人性不能调和的一端。倘使将经济及儿童教养的问题，和两性问题分开，就不至有此患了。所以目前的办法在以节育及儿童公育，以救济迟婚及独身问题。结婚的季节，《春秋繁露》说："霜降逆女，冰泮杀止。"《循天之道》篇。《荀子》同。《大略》篇。王肃说：自九月至正月。见《诗·绸缪》疏。其说良是。古人冬则居邑，春则居野，结婚的月份，实在是和其聚居的时期相应的。仲春则婚时已过，至此而犹不克婚，则其贫不能备礼可知，所以奔者不禁了。

多妻之源，起于男子的淫侈。生物界的事实，两性的数目，常大略相等。婚姻而无禁例，或虽有禁例而不严密则已；若既限定对于法定的配偶以外，不许发生性的关系，而又有若干人欲多占异性为己有，则有多占的人，即有无偶的人。所以古今中外，有夫妇之制的社会，必皆以一夫一妻为原则。但亦总有若干例外。古代贵族，妻以外发生性的关系的人有两种：一种是妻家带来的，谓之媵；一种是自己家里所固有的，谓之妾。后世媵之实消灭，故其名称亦消灭，但以妾为配偶以外发生性的关系之人之总称。媵之义为送，即妻家送女的人，并不限于女子，如伊尹为有莘氏媵臣是。与婿家跟着新郎去迎接新娘的御相同。媵、御的原始，实犹今日结婚时之男女傧相，本无可发生性的关系的理由。后来有特权的男子，不止娶于一家，正妻以外的旁妻，无以名之，亦名之曰媵，媵遂有正妻以外之配偶之义。古代的婚姻，最致谨于辈行，而此规则，亦为有特权者所破坏。娶一妻者，不但兼及其娣，而且兼及其侄，于是有诸侯一娶九女之制。取一国则二国往媵，各以侄娣从。一娶九女之制，据《白虎通义·嫁娶》篇说，天子与诸侯同。亦有以为天子娶十二女的，如《春秋繁露·爵国》篇是。此恐系以天子与诸侯同礼为不安而改之。其实在古代，天子诸侯，在实际上，未必有多大的区别。《礼记·昏义》末节说：天子有一后，三夫人，九嫔，二十七世妇，八十一御妻。案《昏义》为《仪礼·士昏礼》之传，传文皆以释经，独《昏义》此节，与经无涉，文亦不类传体，其说在他处又无所见；而适与王莽立后，备和、嫔、美、御，和人三，嫔人九，美人二十七，御人八十一之制相合；见《汉

《颜氏家训》书影

颜之推（531—约 591），字介，南北朝时期著名思想家、教育家、文学家，所著《颜氏家训》被后人誉为家教典范作品。

书·莽传》。其为后人窜入，自无可疑。《冠义》说："无大夫冠礼而有其昏礼？古者五十而后爵，何大夫冠礼之有？"五十而后娶，其为再娶可知。诸侯以一娶九女之故，不得再娶，《公羊》庄公十九年。大夫若亦有媵，安得再娶？管氏有三归，孔子讥其不俭，《论语·八佾》，包咸云：三归，娶三姓女。即系讥其僭人君之礼。所以除人君以外，是决无媵的。至于妾，则为家中的女子，得与家主相接之义。家族主义发达的时代，门以内的事情，国法本不甚干涉；家主在家庭中的地位，亦无人可以制裁他。家中苟有女奴，家主要破坏她的贞操，自无从加以制裁。所以有妾与否，是个事实问题，在法律上，或者并无制限。然古代依身份而立别的习惯，是非常之多的，或有制限，亦未可知。后世等级渐平，依身份而立区别的习惯大半消除，娶妾遂成为男子普遍的权利了。虽然如此，法律上仍有依身份之贵贱，而定妾之有无多寡的。如《唐书·百官志》：亲王有孺人二，媵十；二品媵八；国公及三品媵六；四品媵四；五品媵三。《明律》：民年四十以上无子者，方听娶妾，违者笞四十。但此等法律，多成具文，而在事实上，则多妻之权利，为富者所享受。嫡庶之别，古代颇严。因为古代等级，本来严峻，妻和妾一出于贵族，一出于贱族，其在社会上的身份，本相悬殊之故。后世等级既平，妻妾之身份，本来的相差，不如前代之甚，所以事实上贵贱之相差亦较微；仅在法律上、风俗上，因要维持家庭间的秩序，不得不略存区别而已。

《颜氏家训》说："江左不讳庶孽，丧室之后，多以妾媵终家事。河北鄙于侧室，不预人流，是以必须重娶，至于三四。"这是江左犹沿古代有媵不再娶的旧风，河北就荡然了。但以妾媵终家事，必本有妾媵而后能然；如其无之，自不能不再娶。再娶自不能视之为妾。《唐书·儒学传》说："郑余庆庙有二妣，疑于祔祭，请于有司。博士韦公肃议曰：古诸侯一娶九女，故庙无二嫡。自秦以来有再娶，前娶后继皆嫡也，两祔无嫌。"自秦以来有再娶，即因封建破坏，无复一娶九女及三归等制度之故。韦公肃之议，为前娶后继，皆为嫡室礼文上的明据。但从礼意上说，同时不能有二嫡的，所以世俗所谓兼祧双娶，为法律所不许。大理院解释，以后娶者为妾。

人类的性质，本来是多婚的。男女皆然。虽由社会的势力加以压迫，终不能改变其本性；所以压迫之力一弛，本性随即呈露。在现社会制度之下，最普遍而易见的，是为通奸与卖淫。通奸，因其为秘密之事，无从统计其多少；然就现社会和历史记载上观察，实可信其极为普遍。卖淫亦然。社会学家说："凡是法律和习惯限制男女性交之处，即有卖淫之事，随之出现。"史家推原卖淫之始，多以为起于宗教卖淫。王书奴著《中国倡伎史》，生活书店本。亦力主此说。然原始宗教界中淫乱的现象，实未可称为卖淫。因为男女的交际，其初本极自由。后来强横的男子，虽把一部分女子占为己有，然只限于平时；至于众人集会之时，则仍须回复其故态。所以各个民族，往往大集会之时，即为男女混杂之际。如郑国之俗，三月上巳之日，于溱、洧两水之上，招魂续魄，拂除不祥，士女往观而相谑。《韩诗》说，据陈乔枞《三家诗遗说考》。《史记·滑稽列传》载淳于髡说："州闾之会，男女杂坐。行酒稽留，六博投壶，相引为曹。握手无罚，目眙不禁。前有堕珥，后有遗簪。""日暮酒阑，合尊促坐。男女同席，履舄交错，杯盘狼藉。堂上烛灭，主人留髡而送客。罗襦襟解，微闻芗泽。"又如前文所引的燕国"嫁娶之夕，男女无别"，都是。宗教上的寺院等，也是大众集会之地，而且是圣地；其地的习惯，是不易破坏的。《汉书·礼乐志》说：汉武帝立乐府，"采诗夜诵"。颜师古《注》说："其言辞或秘，不可宣露，故于夜中歌诵。"案《后汉书·高句骊传》说：其俗淫。暮夜辄男女群聚为倡乐。高句骊是好祠鬼神的，而乐府之立，亦和祭礼有关。然则采诗夜诵，怕不仅因其言辞或秘罢？男女混杂之事，后世所谓邪教中，亦恒有之。正和邪有何标准？不过古代之俗，渐与后世不合，则被目为邪而已。然则宗教中初期的淫乱，实不可谓之卖淫。不过限制男女交际的自由，往往与私有财产制度伴随而起。既有私有财产，自有所谓卖买；既有所谓卖买，淫亦自可为卖买的标的。在此情形之下，本非卖买之事，变为卖买的多了，亦不仅淫之一端。

卖淫的根源，旧说以为起于齐之女闾。其事见于《战国策》的《东周策》。《东周策》载一个辩士的话道："国必有诽誉。忠臣令诽在己，誉在上。齐桓公宫中七市，女闾七百，国人非之，管仲故为三归之家，以掩桓公非，自伤于民也。"则市与女闾，确为淫乐之地。《商君书·垦令》篇说："令军市无有女子"；又说："轻惰之民，不游军市，则农民不淫"；

亦市为淫乐之地之一证。女闾则他处无文。案《太平御览》引《吴越春秋》说“勾践输有过寡妇于山上，使士之忧思者游之，以娱其意”，今本无。亦即女闾之类。女闾，盖后世所谓女户者所聚居。女户以女为户主，可见其家中是没有壮男的。《周官·内宰》：“凡建国，佐后立市”；《左氏》昭公二十年，晏婴说：“内宠之妾，肆夺于市”；则古代的市，本由女子管理。所以到后来，聚居市中的女子还很多。市和女闾，都不过因其为女子聚居之所，遂成为纵淫之地罢了；其初，也未必是卖淫的。

卖淫的又一来源，是为女乐。女乐是贵族家里的婢妾，擅长歌舞等事的，令其“执技以事上”。婢妾的贞操，本来是没有保障的，自不因其为音乐队员而有异；封建制度破坏，贵族的特权，为平民所僭者甚多，自将流布于民间。《史记·货殖列传》说：赵国的女子，“鼓鸣瑟，跕屣，现在的拖鞋，在古时为舞屣。游媚贵富，入后宫，遍诸侯”。“郑、卫俗与赵相类。”又说：“今夫赵女郑姬，设形容，揳鸣琴，揄长袂，蹑利屣，目挑心招，出不远千里，不择老少者，奔富厚也。”即其事。倡伎本来是对有技艺的人的称谓，并非专指女子。所以女子有此等技艺的，还特称为女伎。然其实是性的诱惑的成分多，欣赏其技艺的成分少。于是倡伎转变为女子卖淫者的称谓，其字也改从女旁了。即娼妓。男子之有技艺者，不复称倡伎。为倡伎之女子，本系婢妾之流，故自古即可买卖。《战国策·韩策》说“韩卖美人，秦买之三千金”其证。后世当娼妓的，也都是经济上落伍的人，自然始终是可以买卖的了。资本的势力愈盛，遂并有买得女子，使操淫业以谋利的。古代的女伎，系婢妾所为，后世政治上还沿袭其遗制，是为乐户，系以罪人家属没入者为之。唐时，其籍属于太常；其额设的乐员，属于教坊司。此系国家的女乐队员，但因其本为贱族，贞操亦无保障，官员等皆可使之执技荐寝以自娱，是为官妓。军营中有时亦有随营的女子，则谓之营妓。民间女子卖淫的，谓之私娼。在本地的称土娼，在异乡的称流娼。清世祖顺治十六年，停止教坊女乐，改用内监。世宗雍正七年，改教坊司为和声署。是时各地方的乐户，亦皆除籍为民。于是在法律上除去一种贱族，亦无所谓官妓。但私娼在当时则是无从禁止的。律例虽有“举贡生员，宿娼者斥革”的条文，亦不过为管束举贡生员起见而已，并非禁娼。

古代掠夺婚姻的习惯，仍有存于后世的。赵翼《陔馀丛考》说："村俗有以婚姻议财不谐，而纠众劫女成婚者，谓之抢亲。《北史·高昂传》：昂兄乾，求博陵崔圣念女为婚，崔不许。昂与兄往劫之。置女村外，谓兄曰：何不行礼？于是野合而归。是劫婚之事，古亦有之。然今俗劫婚，皆已经许字者，昂所劫则未字，固不同也。"案《清律》："凡豪势之人，强夺良家妻女，奸占为妻妾者绞。配与子孙、弟侄、家人者，罪亦如之。"此指无婚姻契约而强抢的。又说："应为婚者，虽已纳聘财，期未至，而男家强娶者，笞五十。"指主婚人。"女家悔盟，男家不告官司强抢者，照强娶律减二等。"此即赵氏所谓已经许字之女，照法律亦有罪；但为习俗所囿，法律多不能实行。又有男女两家，因不能负担结婚时的费用，私相协议，令男家以强抢的形式出之的；则其表面为武力的，内容实为经济的了。抢孀等事，亦自古即有。《潜夫论·断讼》篇云："贞洁寡妇，遭直不仁世叔、无义兄弟，或利其聘币，或贪其财贿，或私其儿子，则迫胁遣送，有自缢房中，饮药车上，绝命丧躯，孤捐童孩者。"又有"后夫多设人客，威力胁载者"。这其中，亦含有武力的、经济的两种成分。

卖买婚姻，则无其名而有其实。《断讼》篇又说："诸女一许数家，虽生十子，更百赦，勿令得蒙一，还私家，则此奸绝矣。不则髡其夫妻，徙千里外剧县，乃可以毒其心而绝其后。"《抱朴子·弭讼》篇，述其姑子刘士由之论说："末世举不修义，许而弗与。讼阋秽缛，烦塞官曹。今可使诸争婚者，未及同牢，皆听义绝，而倍还酒礼，归其币帛。其尝已再离，一倍裨聘。裨即现在赔偿的赔字。其三绝者，再倍裨聘。如此，离者不生讼心，贪者无利重受。"葛洪又申说自己的意见道："责裨聘倍，贫者所惮，丰于财者，则适其愿矣。后所许者，或能富殖，助其裨聘，必所甘心。然则先家拱默，不得有言，原情论之，能无怨叹乎？"葛洪之意，要令"女氏受聘，礼无丰约，谓不论聘财多少。皆以即日报版。又使时人署姓名于别版，必十人以上，以备远行及死亡。又令女之父兄若伯叔，答婿家书，必手书一纸。若有变悔而证据明者，女氏父母兄弟，皆加刑罚罪"。可见汉晋之世卖买婚姻之盛。后世契约效力较强，此等事无人敢做，但嫁女计较聘礼，娶妻觊觎妆奁，其内容还是一样的。此非经济制度改变，无法可以改良了。

后世的婚姻，多全由父母做主，本人概不与闻，甚至有指腹为婚等恶习，见《南史·韦放传》。案《清律》，指腹为婚有禁。这诚然是很坏的。然论者遂以夫妇之道苦，概归咎于婚姻的不自由，则亦未必其然。人之性，本是多婚的，男女皆然，所以爱情很难持之永久。即使结婚之时，纯出两情爱慕，绝无别种作用搀杂其间，尚难保其永久；何况现在的婚姻，有别种作用搀杂的，且居多数呢？欲救夫妇道苦之弊，与其审慎于结婚之时，不如宽大于离婚之际。因为爱情本有变动，结婚时无论如何审慎，也控制不住后来的变化的。习俗所以重视离婚，法律也尽力禁阻，不过是要维持家庭。然家庭制度，实不是怎么值得维持的东西。

统观两性关系，自氏族时代以后，即已渐失其正常。其理由：因女子在产育上，所负的责任较男子为多。因而其斗争的力量，较男子为弱。不论在人类凭恃武力相斗争，或凭恃财力相斗争的时代，女子均渐沦于被保护的地位，失其独立而附属于男子。社会的组织，宜于宽平坦荡，个个人与总体直接；若多设等级，使这一部分人，隶属于那一部分人，那不公平的制度就要逐渐发生，积久而其弊愈深了。近代女权的渐渐伸张，实因工业革命以来，女子渐加入社会的机构，非如昔日蛰居家庭之中，专做辅助男子的事情之故。女子在产育上多尽了责任，男子就该在别一方面多尽些义务，这是公道；乘此机会压迫女子，多占权利，是很不正当的。而欲实行公道，则必自铲除等级始。所以有人说：社群制度是女子之友，家庭制度是女子之敌。然则“女子回到家庭去”的口号，当然只有开倒车的人，才会去高呼了。人家都说现在的女学生坏了，不如从前旧式的女子，因其对于家政生疏了，且不耐烦；殊不知这正是现代女子进步之征兆。因为对于家政生疏，对于参与社会的工作，却熟练了。这正是小的、自私的、自利的组织，将逐渐破坏；大的、公平的、博爱的制度，将逐渐形成的征兆。贤母良妻，只是贤奴良隶。此等教育，亦只好落伍的国家去提倡。我们该教一切男女以天下为公的志愿，广大无边的组织。

第七讲　族　制

人是非团结不能生存的。当用何法团结呢？过去的事情，已非我们所能尽知；将来的事情，又非我们所能预料。我们现在只能就我们所知道的，略加说述而已。

在有史时期，血缘是人类团结的一个重要因素。人恒狃于其所见闻，遂以此为人类团结惟一的因素，在过去都是如此，在将来也非如此不可了。其实人类的团结，并非是专恃血缘的。极远之事且勿论，即上章所说的以年龄分阶层之世，亦大率是分为老、壮、幼三辈，间有分为四辈的，但以分作三辈为最普通。《礼记·礼运》说："使老有所终，壮有所用，幼有所长"，《论语·雍也》篇说："老者安之，朋友信之，少者怀之"，亦都是分为三辈。而不再问其人与人间的关系的。当此之时，哪有所谓夫妇、父子、兄弟之伦呢？《礼记·礼运》说，大同之世，"人不独亲其亲，不独子其子"；《左氏》载富辰的话，也说"大上以德抚民，其次亲亲，以相及也"。僖公二十四年。可见亲族关系，是后起的情形了。

人类愈进步，则其分化愈甚，而其组织的方法亦愈多；于是有所谓血族团体。血族团体，其初必以女子为中心。因为夫妇之伦未立，父不可知；即使可知，而父子的关系，亦不如母子之密之故。如上章所述，人类实在是社群动物，而非家庭动物。所以其聚居，并不限于两代，母及同母之人以外，又有母的母，母的同母等，自己而下推，亦是如此，逐渐成为母系氏族。每一个母系氏族，都有一个名称，是即所谓姓。一姓总有一个始祖母的，如殷之简狄、周之姜嫄即是。简狄之子契，姜嫄之子稷，都是无父而生的。因为在传说中，此等始祖母，本来无夫之故。记载上又说她俩都是帝喾之妃，一定是后来附会的。契、稷皆无父而生，见《诗》之《玄鸟》与《生民》。《史记·殷周本纪》所载，即是《诗》说。据陈乔枞《三家诗遗说考》所考证，太史公是用《鲁诗》说的。姜嫄、简狄，皆帝喾之妃，见《大戴礼记·帝系》篇。《史记·五帝本纪》，亦用其说。

女系氏族的权力，亦有时在男子手中，此即所谓舅权制。此等权力，大抵兄弟相传，而不父子相继。因为兄弟是同氏族人，父子则异氏族之故。我国商朝和春秋时的鲁国、吴国，都有兄弟相及的遗迹。鲁自庄公以前，都一代传子，一代传弟，见《史记·鲁世家》。这是由于东南一带，母系氏族消灭较晚之故。

由于生业的转变，财产和权力都转入男子手中，婚姻非复男子入居女子的氏族，而为女子入居男子的氏族，于是组织亦以男为主，而母系氏族遂变为父系氏族。商周自契、稷以后，即奉契、稷为始祖，便是这种转变的一件史实。

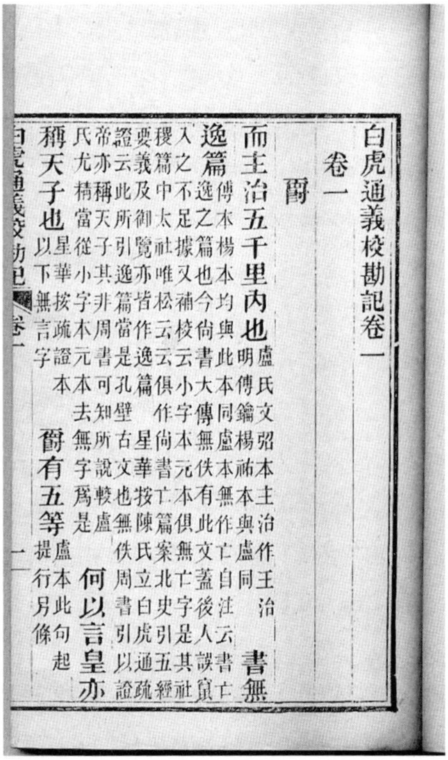
白虎通義校勘記卷一
卷一
爵
而主治五千里內也 盧氏文弨本主治作王治 明傳鑰楊祐本與盧同 書無
逸篇 傳本楊本均與此本同盧本無作亡自注云書亡 逸之篇也今倘書大傳無佚有此文蓋後人誤寘
入之不足據又補校云云小字本元本俱無亡字是其社
稷篇中太社唯松云云俱作倘書亡篇案北史引五經
要義及御覽亦皆作逸篇 星華按陳氏立白虎通疏
證云此所引逸篇當是孔壁古文也無佚周書引以證
帝亦稱天子其非周書可知所說較盧
氏尢精當從小字本元本去無字爲是
稱天子也 星華按疏證本 以下無言字
爵有五等 盧本此句起 提行另條
何以言皇亦
白虎通義校勘記 卷一 一

《白虎通义》内文

《白虎通义》成书于西汉，是今文经学的政治学说提要，也是重要的封建统治阶级神学、伦理学法典。

族之组织，是根据于血缘的。血缘之制既兴，人类自将据亲等的远近，以别亲疏。一姓的人口渐繁，又行外婚之制，则同姓的人，血缘不必亲；异姓的人，血缘或转相接近。所谓族与姓，遂不得不分化为两种组织。族制，我们所知道的，是周代的九族：（一）父姓五服以内，（二）姑母和她的儿子，（三）姊妹和她的儿子，（四）女儿和她的儿子，是为父族四；（五）母的父姓，即现在所谓外家，（六）母的母姓，即母亲的外家，（七）母的姊妹和她们的儿子，是为母族三；（八）妻之父姓，（九）妻之母姓，是为妻族二。这是汉代今文家之说，见于《五经异义》。《诗·葛藟》疏引。《白虎通·宗族》篇同。古文家说，以上自高祖、下至玄孙为九族，此乃秦汉时制，其事较晚，不如今文家所说之古了。然《白虎通义》又载或说，谓尧时父、母、妻之族各三，周贬妻族以附父族，则今文家所说，亦已非极古之制。《白虎通义》此段，文有脱误，尧时之九族，无从知其详。然观下文引《诗》"邢侯之姨"，则其中该有妻之姊妹。总而言之：族制是随时改变的，然总是血缘上相近的人，和后世称父之同姓为族人，混同姓与同族为一不同，则是周以前所同的。九族中人，都是有服的。其无服的，则谓之党，《礼记·奔丧》郑《注》。是为父党、母党、妻党。

同姓的人，因人口众多，血缘渐见疏远，其团结是否因此就松懈了呢？不。所谓九族者，除父姓外，血缘上虽然亲近，却不是同居的。同姓则虽疏远而仍同居，所以生活共同，利害亦共同。在同居之时，固有其紧密的组织；即到人口多了，不能不分居，而彼此之间，仍有一定的联结，此即所谓宗法。宗法和古代的社会组织，有极大的关系。今略述其制如下：

（一）凡同宗的人，都同奉一个始祖。均系此始祖之后。

（二）始祖的嫡长子，为大宗宗子。自此以后，嫡长子代代承袭，为大宗宗子。凡始祖的后人，都要尊奉他，受他的治理，穷困的却亦可以受他的救济。大宗宗子和族人的关系，是不论亲疏远近，永远如此的，是谓大宗"百世不迁"。

（三）始祖之众子，嫡长子以外之子。皆别为小宗宗子。其嫡长子为继祢小宗，继祢小宗的嫡长子为继祖小宗，继祖小宗的嫡长子为继曾祖小宗，继曾祖小宗的嫡长子为继高祖小宗。继祢小宗，亲兄弟宗事他；受他治理，亦受他救济。继祖小宗，从兄弟宗事他；继曾祖小宗，再从兄弟宗事他；继高祖小宗，三从兄弟宗事他；至四从兄弟，则与继六世祖之小宗宗子，亲尽无服，不再宗事他。是为小宗"五世则迁"。以一人之身论，当宗事与我同高、曾、祖、考四代的小宗宗子及大宗宗子。故曰："小宗四，与大宗凡五。"

（四）如此，则或有无宗可归的人。但大宗宗子，还是要管理他，救济他的。而同出于一始祖之人，设或殇与无后，大宗的宗子，亦都得祭祀他。所以有一大宗宗子，则活人的治理、救济，死人的祭祀问题，都解决了。所以小宗可绝，大宗不可绝。大宗宗子无后，族人都当绝后以后大宗。

以上是周代宗法的大略，见于《礼记·大传》的。《大传》所说大宗的始祖，是国君的众子。因为古者诸侯不敢祖天子，大夫不敢祖诸侯，《礼记·郊特牲》谓不敢立其庙而祭之。其实大宗的始祖，非大宗宗子，亦不敢祭。所以诸侯和天子，大夫和诸侯，大宗宗子和小宗宗子，小宗宗子和非宗子，其关系是一样的。所以国君的众子，要别立一宗。郑《注》又推而广之，及于始适异国的大夫。据此，宗法之立，实缘同出一祖的人太多了，一个承袭始祖的地位的人，管理有所不及，乃不得不随其支派，立此节级的组织，以便管理。迁居异地的人，旧时的族长，事实上无从管理他；此等组织，自然更为必要了。观此，即知宗法与封建，大有关系。因为封建是要将本族的人，分一部分出去的。有宗法的组织，则封之者和所封者之间，就可保持着一种联结了。然则宗法确能把同姓中亲尽情疏的人联结在一起。他在九族之中，虽只联结得父姓一族，然在父姓之中，所联结者，却远较九族之制为广，怕合九族的总数，还不足以敌他；而且都是同居的人，又有严密的组织。母系氏族中，不知是否有与此相类的制度；即使有之，其功用怕亦不如父系氏族的显著。因为氏族从母系转变到父系，本是和斗争有关系的。父系氏族而有此广大严密的组织，自然更能发挥其斗争的力量。我们所知，宗法之制以周代为最完备，周这个氏族，在斗争上是得到胜利的。宗法的组织，或者也是其中的一个原因。

有族制以团结血缘相近的人，又有宗法以团结同出一祖的人，人类因血族而来的团结，可谓臻于极盛了。然而当其极盛之时，即其将衰之候。这是什么原因呢？社会组织的变化，经济实为其中最重要的原因。当进化尚浅之时，人类的互助，几于有合作而无分工。其后虽有分工，亦不甚繁复。大家所做的事，既然大致相同，又何必把过多的人联结在一起？所以人类联结的广大，是随着分工的精密而进展的。分工既密之后，自能将毫不相干的人，联结在一起。此等互相倚赖的人，虽然彼此未必相知，然总必直接间接，互相接触。接触既繁，前此因不相了解而互相猜忌的感情，就因之消除了。所以商业的兴起，实能消除异部族间敌对的感情。分工使个性显著，有特殊才能的人，容易发挥其所长，获得致富的机会。氏族中有私财的人逐渐多，买卖婚即于此时成立。说见上章。于是父权家庭成立了。孟子说：当时农夫之家，是五口和八口。说者以为一夫上父母下妻子；农民有弟，则为余夫，要另行授田。《梁惠王》及《滕文公上》篇。可见其家庭已和现在普通的家庭一样了。士大夫之家，《仪礼·丧服传》说大功同财，似乎比农民的家庭要大些。然又说当时兄弟之间的情形道："有东宫，有西宫，有南宫，有北宫，异居而同财。有余则归之宗，不足则资之宗。"则业已各住一所屋子，各有各的财产，不过几房之中，还保有一笔公款而已；其联结实在是很薄弱的，和农夫的家庭，也相去无几了。在当时，只有有广大封土的人，其家庭要大些。这因为：（一）他的元始，是以一氏族征服异氏族，而食其租税以自养的，所以宜于聚族而居，常作战斗的戒备。只要看《礼记》的《文王世子》，就知道古代所谓公族者，是怎样一个组织了。后来时异势殊，这种组织，实已无存在的必要。然既已习为故常，就难于猝然改革。这是一切制度都有这惰性的。（二）其收入既多，生活日趋淫侈，家庭中管事服役的奴仆，以及技术人员，非常众多，其家庭遂特别大。这只要看《周官》的《天官》，就可以知道其情形。然此等家庭，随着封建的消灭，而亦渐趋消灭了。虽不乏新兴阶级的富豪，其自奉养，亦与素封之家无异，但毕竟是少数。于是氏族崩溃，家庭代之而兴。家庭的组织，是经济上的一个单位，所以是尽相生相养之道的。相生相养之道，是老者需人奉养，幼者需人抚育。这些事，自氏族崩溃后，既已无人负责，而专为中间一辈所谓一夫一妇者的责任，自然家庭的组织，不能不以一夫上父母下妻子为范围了。几千年以来，社会的生活情形，未曾大变，所以此种组织，迄亦未曾改变。

从以上所述，可见族制的变迁，实以生活为其背景；而生活的变迁，则以经济为其最重要的原因。因为经济是最广泛，和社会上个个人都有关系；而且其关系，是永远持续、无时间断的，自然对于人的影响，异常深刻，各种上层组织，都不得不随其变迁而变迁；而精神现象，亦受其左右而不自知了。在氏族时代，分工未密，一个氏族，在经济上，就是一个自给自足的团体。生活既互相倚赖，感情自然容易密切。不但对于同时的人如此，即对于以往的人亦然。因为我所赖以生存的团体，是由前人留诒下来的。一切知识技术等，亦自前辈递传给后辈。这时候的人，其生活，实与时间上已经过去的人关系深，而与空间上并时存在的人关系浅。尊祖、崇古等观念，自会油然而生。此等观念，实在是生活情形所造成的。后人不知此理，以为这是伦理道德上的当然，而要据之以制定人的生活，那就和社会进化的趋势背道而驰了。大家族、小家庭等字样，现在的人用来，意义颇为混淆。西洋人学术上的用语，称一夫一妇，包括未婚子女的为小家庭；超过于此的为大家庭。中国社会，（一）小家庭和（二）一夫上父母下妻子的家庭，同样普遍。（三）兄弟同居的，亦自不乏。（四）至于五世同居，九世同居，宗族百口等，则为罕有的现象了。赵翼《陔馀丛考》，尝统计此等极大的家庭，第四种。见于正史孝义、孝友传的：《南史》三人，《北史》十二人，《唐书》三十八人，《五代史》二人，《宋史》五十人，《元史》五人，《明史》二十六人。自然有（一）不在孝义、孝友传，而散见于他篇的；（二）又有正史不载，而见于他书的；（三）或竟未见记载的。然以中国之大，历史上时间之长，此等极大的家庭，总之是极少数，则理有可信。此等虽或由于伦理道德的提倡，顾炎武《华阴王氏宗祠记》：“程朱诸子，卓然有见于遗经。金元之代，有志者多求其说于南方，以授学者。及乎有明之初，风俗淳厚，而爱亲敬长之道，达诸天下。其能以宗法训其家人，或累世同居，称为义门者，往往而有。”可见同居之盛，由于理学家的提倡者不少。恐仍以别有原因者居多。《日知录》：“杜氏《通典》言：北齐之代，瀛、冀诸刘，清河张、宋，并州王氏，濮阳侯族，诸如此辈，将近万室。《北史·薛允传》：为河北太守，有韩马两姓，各二千余家。今日中原北方，虽号甲族，无有至千丁者。户口之寡，族姓之衰，与江南相去夐绝。”陈宏谋《与杨朴园书》：“今直省惟闽中、江西、湖南，皆聚族而居，族各有祠。”则聚居之风，古代北盛于南，近世南盛于北，似由北齐之世，丧乱频仍，民皆合族以自卫；而南方山岭崎岖之地进化较迟，土著者既与合族而居之时相去未远，流移者亦须合族而居、互相保卫之故。似可认为古代氏族的遗迹，或后世家族的变态。然氏族所以崩溃，正由家族潜滋暗长于其中。此等所谓义门，纵或有古代之遗，亦必衰颓已甚。况又有因环境的特别，而把分立的家庭硬行联结起来的；形式是而精神非，其不能持久，自然无待于言了。《后汉书·樊宏传》，说他先代三世共财，有田三百余顷。自己的田地里，就有陂渠，可以互相灌注。又有池鱼、牧畜，有求必给。“营理产业，物无所弃。这是因其生产的种类较多之故。课役童隶，各得其宜。”分工之法。要造器物，则先种梓漆。简直是一个大规模的生产自给自足的团体。历代类乎氏族的大家族，多有此意。此岂不问环境所可强为？然社会的广大，到底非此等大家族所能与之相敌，所以愈到后世，愈到开化的地方，其数愈少。这是类乎氏族的大家族，所以崩溃的真原因，毕竟还在经济上。但在政治上，亦自有其原因。因为所谓氏族，不但尽相生相养之道，亦有治理其族众之权。在国家兴起以后，此项权力，实与国权相冲突。所以国家在伦理上，对于此等大家族，虽或加以褒扬，而在政治上，又不得不加以摧折。所谓强宗巨家，遂多因国家的干涉，而益趋于崩溃了。略大于小家庭的家庭，第二、第三种。表面上似为伦理道德的见解所维持，历代屡有禁民父母在别籍异财等诏令，可参看《日知录》卷十三“分居”条。实则亦为经济状况所限制。因为在经济上，合则力强，分则力弱。以昔时的生活程度论，一夫一妇，在生产和消费方面，实多不能自立的。儒者以此等家庭之多，夸奖某地方风俗之厚，或且自诩其教化之功，就大谬不然了。然经济上虽有此需要，而私产制度，业已深入人心，父子兄弟之间，亦不能无分彼此。于是一方面牵于旧见解，迫于经济情形，不能不合；另一方面，则受私有财产风气的影响，而要求分；暗斗明争，家庭遂成为苦海。试看旧时伦理道德上的教训，戒人好货财、私妻子而薄父母兄弟之说之多，便知此项家庭制度之岌岌可危。制度果然自己站得住，何须如此扶持呢？所以到近代，除极迂腐的人外，亦都不主张维持大家庭。如李绂有《别籍异财议》，即其一证。至西洋文化输入，论者更其提倡小家庭而排斥大家庭了。然小家庭又是值得提倡的么？

不论何等组织，总得和实际的生活相应，才能持久。小家庭制度是否和现代人的生活相应呢？历来有句俗话，叫作“养儿防老，积谷防饥”。可见所谓家庭，实以扶养老者、抚育儿童为其天职。然在今日，此等责任，不但苦于知识之不足，如看护病人，抚养教育儿童，均需专门知识。实亦为其力量所不及。兼日力、财力言之。如一主妇不易看顾多数儿童，兼操家政。又如医药、教育的费用，不易负担。在古代，劳力重于资本，丁多即可致富；而在今日，则适成为穷困的原因。因为生产的机键，自家庭而移于社会了，多丁不能增加生产，反要增加消费。如纺织事业。儿童的教育，年限加长了，不但不能如从前，稍长大即为家庭挣钱，反须支出教育费。而一切家务，合之则省力，分之则多费的，如烹调，浣濯。又因家庭范围太小，而浪费物质及劳力。男子终岁劳动，所入尚不足以赡其家；女子忙得和奴隶一般，家事还不能措置得妥帖。于是独身、晚婚等现象，相继发生。这些都是舶来品，和中国旧俗，大相径庭，然不久，其思想即已普遍于中流社会了。凡事切于生活，总是容易风行的，从今以后，穷乡僻壤的儿女，也未必死心塌地甘做家庭的奴隶了。固然，个人是很难打破旧制度，自定办法的。而性欲出于天然，自能把许多可怜的儿女，牵入此陈旧组织之中。然亦不过使老者不得其养，幼者不遂其长，而仍以生子不举等人为淘汰之法为救济罢了。这种现象，固已持续数千年，然在今日，业经觉悟之后，又何能坐视其如此呢？况且家庭的成立，本是以妇女的奴役为其原因的。在今日个人主义抬头，人格要受尊重的时代，妇女又何能长此被压制呢？资本主义的学者，每说动物有雌雄两性，共同鞠育其幼儿，而其同居期限，亦因以延长的；以为家庭的组织，实根于人类的天性，而无可改变。姑无论其所说动物界的情形，并不确实。即使退一步，承认其确实，而人是人，动物是动物；人虽然亦是动物之一，到底是动物中的人；人类的现象，安能以动物界的现象为限？他姑弗论，动物雌雄协力求食，即足以哺育其幼儿，人，为什么有夫妇协力，尚不能养活其子女的呢？或种动物，爱情限于家庭，而人类的爱情，超出于此以外，这正是人之所以为人，人之所以异于动物。论者不知人之爱家，乃因社会先有家庭的组织，使人之爱，以此形式而出现，正犹水之因方而为圭，遇圆而成璧；而反以为人类先有爱家之心，然后造成家庭制度；若将家庭破坏，便要“疾病不养，老幼孤独，不得其所”，《礼记·乐记》：“强者胁弱，众者暴寡；知者诈愚，勇者苦怯；疾病不养，老幼孤独，不得其所，此大乱之道也。”这真是倒果为因。殊不知家庭之制，把人分为五口八口的小团体，明明是互相倚赖的，偏使之此疆彼界，处于半敌对的地位，这正是疾病之所以不养，老幼孤独之所以不得其所。无后是中国人所引为大戚的，论者每说，这是拘于“不孝有三，无后为大”之义；《孟子·离娄上》篇。而其以无后为不孝，则是迷信“鬼犹求食”，见《左氏》宣公四年。深虑祭祀之绝。殊不知此乃古人的迷信，今人谁还迷信鬼犹求食来？其所以深虑无后，不过不愿其家之绝；所以不愿其家之绝，则由于人总有尽力经营的一件事，不忍坐视其灭亡，而家是中国人所尽力经营的，所以如此。家族之制，固然使人各分畛域，造成互相敌对的情形，然此自制度之咎，以爱家者之心论：则不但（一）夫妇、父子、兄弟之间，互尽扶养之责，（二）且推及于凡与家族有关系的人，如宗族姻亲等。（三）并且悬念已死的祖宗，（四）以及未来不知谁何的子孙。前人传给我的基业，我必不肯毁坏，必要保持之，光大之，以传给后人，这正是极端利他心的表现。利他心是无一定形式的，在何种制度之下，即表现为何种形式。然而我们为什么要拘制着他，一定只许他在这种制度中表现呢？

以上论族制的变迁，大略已具；现再略论继承之法。一个团体，总有一个领袖。在血缘团体之内，所谓父或母，自然很容易处于领袖地位的。父母死后，亦当然有一个继承其地位的人。女系氏族，在中国历史上，可考的有两种继承之法：（一）是以女子承袭财产，掌管祭祀。前章所述齐国的巫儿，即其遗迹。这大约是平时的族长。（二）至于战时及带有政治性质的领袖，则大约由男子尸其责，而由弟兄相及。殷代继承之法，是其遗迹。男系氏族，则由父子相继。其法又有多端：（一）如《左氏》文公元年所说：“楚国之举，恒在少者。”这大约因幼子恒与父母同居，所以承袭其遗产。蒙古人之遗产，即归幼子承袭。其幼子称斡赤斤，译言守灶。（二）至于承袭其父之威权地位，则自以长子为宜，而事实上亦以长子为易。（三）又古代妻妾，在社会上之地位亦大异。妻多出于贵族；妾则出于贱族，或竟是无母家的。古重婚姻，强大的外家及妻家，对于个人，是强有力的外援；如郑庄公的大子忽，不婚于齐，后来以无外援失位。对于部族，亦是一个强有力的与国，所以立子又以嫡为宜。周人即系如此，以嫡为第一条件，长为第二条件。后来周代的文化，普行于全国，此项继承之法，遂为法律和习惯所共认了。然这只是承袭家长的地位，至于财产，则总是众子均分的。《清律》：分析家财、田产，不问妻、妾、婢生，但以子数均分。奸生之子，依子量与半分。无子立继者，与私生子均分。所以中国的财产，不因遗产承袭而生不均的问题。这是众子袭产，优于一子袭产之点。

无后是人所不能免的，于是发生立后的问题。宗法盛行之世，有一大宗宗子，即生者的扶养，死者的祭祀，都可以不成问题，所以立后问题，容易解决。宗法既废，势非人人有后不可，就难了。在此情形之下，解决之法有三：（一）以女为后；（二）任立一人为后，不问其为同异姓；（三）在同姓中择立一人为后。（一）于情理最近，但宗祧继承，非徒承袭财产，亦兼掌管祭祀。以女为后，是和习惯相反的。春秋时，郑国以外孙为后，其外孙是莒国的儿子，《春秋》遂书"莒人灭郑"，见《公羊》襄公五、六年。案此实在是论国君承袭的，乃公法上的关系，然后世把经义普遍推行之于各方面，亦不管其为公法私法了。既和习惯相反，则觊觎财产的人，势必群起而攻，官厅格于习俗，势必不能切实保护；本欲保其家的，或反因此而发生纠纷，所以势不能行。（二）即所谓养子，与家族主义的重视血统，而欲保其纯洁的趋势不合。于是只剩得第（三）的一途。法律欲维持传统观念，禁立异姓为后，在同姓中并禁乱昭穆之序，谓必辈行相当，如不得以弟为子等。其实此为古人所不禁，所谓"为人后者为之子"，见《公羊》成公十五年。于是欲人人有后益难。清高宗时，乃立兼祧之法，以济其穷。一人可承数房之祀。生子多者，仍依次序，分承各房之后。依律例：大宗子兼祧小宗，小宗子兼祧大宗，皆以大宗为重，为大宗父母服三年，为小宗父母服期。小宗子兼祧小宗，以本生为重，为本生父母服三年，为兼祧父母服期。此所谓大宗，指长房；所谓小宗，指次房以下，与古所谓大宗、小宗者异义。世俗有为本生父母及所兼祧之父母均服三年的，与律例不合。宗祧继承之法，进化至此，可谓无遗憾了。然其间却有一难题。私有财产之世，法律理应保护个人的产权。他要给谁就给谁，要不给谁就不给谁。为后之子，既兼有承袭财产之权利，而法律上替他规定了种种条件，就不啻干涉其财产的传授了。于是传统的伦理观念，和私有财产制度发生了冲突。到底传统的伦理观念是个陈旧不切实际的东西，表面上虽然像煞有介事，很有威权，实际上已和现代人的观念不合了。私有财产制度，乃现社会的秩序的根柢，谁能加以摇动？于是冲突之下，伦理观念乃不得不败北而让步，法律上乃不得不承认所谓立爱，而且多方保护其产权。《清律例》：继子不得于所后之亲，听其告官别立。其或择立贤能，及所亲爱者，不许宗族以次序告争，并官司受理。至于养子，法律虽禁其为嗣，实际上仍有之。亦不得不听其存在，且不得不听其酌给财产。亦见《清律例》。因为国家到底是全国人民的国家，在可能范围内，必须兼顾全国人民各方面的要求，不能专代表家族的排外自私之念。在现制度之下，既不能无流离失所之人；家族主义者流，既勇于争袭遗产，而怯于收养同宗；有异姓的人肯收养他，国家其势说不出要禁止。不但说不出要禁止，在代表人道主义和维持治安的立场上说，无宁还是国家所希望的。既承认养子的存在，在事实上，自不得不听其酌给遗产了。这也是偏私的家族观念，对于公平的人道主义的让步，也可说是伦理观念的进步。

假使宗祧继承的意思，而真是专于宗祧继承，则拥护同姓之男，排斥亲生之女，倒也还使人心服。因为立嗣之意，无非欲保其家，而家族的存在，是带着几分斗争性质的。在现制度之下，使男子从事于斗争，确较女子为适宜，这并非从个人的身心能力上言，乃是从社会关系上言。这也是事实。无如世俗争继的，口在宗祧，心存财产，都是前人所谓“其言蔼如，其心不可问”的。如此而霸占无子者的财产，排斥其亲生女，就未免使人不服了。所以国民政府以来，有废止宗祧继承，男女均分遗产的立法。这件事于理固当，而在短时间内，能否推行尽利，却是问题。旧律，遗产本是无男归女，无女入官的。近人笔记云：“宋初新定《刑统》，户绝资产下引《丧葬令》，诸身丧户绝者，所有部曲、客女、奴婢、店宅、资财，并令近亲转易货卖，将营葬事，及量营功德之外，余财并与女。无女均入以次近亲。无亲戚者，官为检校。若亡人在日，自有遗嘱处分，证验分明者，不用此令。此《丧葬令》乃唐令，知唐时所谓户绝，不必无近亲。虽有近亲，为营丧葬，不必立近亲为嗣子，而远亲不能争嗣，更无论矣。虽有近亲，为之处分，所余财产，仍传之亲女，而远亲不能争产，更无论矣。此盖先世相传之法，不始于唐。”案部曲、客女，见第四章。入官非人情所愿，强力推行，必多流弊，或至窒碍难行。如隐匿遗产，或近亲不易查明，以致事悬不决，其间更生他弊等。归之亲女，最协人情。然从前的立嗣，除祭祀外，尚有一年老奉养的问题。而家族主义是自私的。男系家族，尤其以男子为本位，而蔑视女子的人格。女子出嫁之后，更欲奉养其父母，势实有所为难。所以旧时论立嗣问题的人，都说最好是听其择立一人为嗣，主其奉养、丧葬、祭祀，而承袭其遗产。这不啻以本人的遗产，换得一个垂老的扶养，和死后的丧葬祭祀。今欲破除迷信，祭祀固无问题，对于奉养及丧葬，似亦不可无善法解决。不有遗产以为交易，在私有制度之下，谁肯顾及他人的生养死葬呢？所以有子者遗产男女均分，倒无问题，无子者财产全归于女，倒是有问题的。所以变法贵全变，革命要彻底。枝枝节节而为之，总只是头痛医头、脚痛医脚的对证疗法。

姓氏的变迁，今亦须更一陈论。姓的起源，是氏族的称号，由女系易而为男系，说已见前。后来姓之外又有所谓氏。什么叫作氏呢？氏是所以表一姓之中的支派的。如后稷之后都姓姬，周公封于周，则以周为氏；其子伯禽封于鲁，则以鲁为氏；国君即以国为氏。鲁桓公的三子，又分为孟孙、叔孙、季孙三氏是。始祖之姓，谓之正姓，氏亦谓之庶姓。正姓是永远不改的，庶姓则随时可改。因为同出于一祖的人太多了，其支分派别，亦不可无专名以表之；而专名沿袭太久，则共此一名的人太多，所以又不得不改。改氏的原因甚多，此只举其要改的根本原理。此外如因避难故而改氏以示别族等，亦是改氏的一种原因。《后汉书·羌传》说：羌人种姓中，出了一个豪健的人，便要改用他的名字做种姓。如爰剑之后，五世至研，豪健，其子孙改称研种；十三世至烧当，复豪健，其子孙又改称烧当种是。这正和我国古代的改氏原理相同。假如我们在鲁国，遇见一个人，问他尊姓，他说姓姬，这固然足以表示他和鲁君是一家；然而鲁君一家的人太多了，鲁君未必能个个照顾到，这个人，就未必一定有势力，我们听了，也未必肃然起敬。假若问他贵氏，他说是季孙，我们就知道他是赫赫有名的正卿的一家；正卿的同族，较之国君的同姓，人数要少些，其和正卿的关系，必较密切，我们闻言之下，就觉得炙手可热，不敢轻慢于他了。这是举其一端，其余可以类推。如以技为官，以官为氏，问其氏，即既可知其官，又可知其技。所以古人的氏，确是有用的。至于正姓，虽不若庶姓的亲切，然婚姻之可通与否，全论正姓的异同，所以也是有用的。顾炎武《原姓》篇说，春秋以前，男子称氏，女子称姓，在室冠之以序，如叔隗、季隗之类。出嫁，更冠以其夫之氏族，如宋伯姬、赵姬、卢蒲姜之类。在其所适之族，不必举出自己的氏族来，则亦以其父之氏族冠之，如骊姬、梁嬴之类。又有冠之以谥的，如成风、敬姜之类。这不是男子不论姓，不过举氏则姓可知罢了。女子和社会上无甚关系，所以但称姓而不称其氏，这又可以见得氏的作用。

周武王像

姬姓是中国最古老的姓氏之一，相传中华民族的共同始祖黄帝姓姬。图为周武王姬发，他分封天下，同姓亲族诸侯多以其所在国名为姓。

贵族的世系，在古代是有史官为之记载的，此即《周官》小史之职。记载天子世系的，谓之帝系；记载诸侯卿大夫世系的，谓之世本。这不过是后来的异名，其初原是一物。又瞽矇之职，“讽诵诗，世奠系”。疑当作奠世系。《注》引杜子春说，谓瞽矇“主诵诗，并诵世系”。世系而可诵，似乎除统绪之外，还有其性行事迹等。颇疑《大戴礼记》的《帝系姓》，原出于小史所记；《五帝德》则是原出于瞽矇所诵的。自然不是完全的。这是说贵族。至于平民，既无人代他记载，而他自己又不能记载，遂有昧于其所自出的。《礼记·曲礼》谓买妾不知其姓，即由于此。然而后世的士大夫，亦多不知其姓氏之所由来的。这因为谱牒掌于史官，封建政体的崩溃，国破家亡，谱牒散失，自然不能知其姓氏之所由来了。婚姻的可通与否，既不复论古代的姓，新造姓氏之事亦甚少；即有之，亦历久不改。阅一时焉，即不复能表示其切近的关系，而为大多数人之所共，与古之正姓同。姓遂成为无用的长物，不过以其为人人之所有，囿于习惯，不能废除罢了。然各地方的强宗巨家，姓氏之所由来，虽不可知，而其在实际上的势力自在；各地方的人，也还尊奉他。在秦汉之世，习为固然，不受众人的注意。汉末大乱，各地方的强宗巨家，开始播迁，到了一个新地方，还要表明其本系某地方的某姓；而此时的选举制度，又重视门阀；于是又看重家世，而有魏晋以来的谱学了。

第八讲　官　制

官制是政治制度中最繁复的一门。（一）历代设官既多，（二）而又时有变迁。（三）它的变迁又不是审察事实和制度不合而条理系统地改正的，而是听其迁流之所至。于是有有其名而无其实的，亦有有其实而无其名的。名实既不相符，循其名遂不能知其实。而各官的分职，亦多无理论可循。求明白其真相，就很不容易了。然官制毕竟是政治的纲领。因为国家要达其目的，必须有人以行之。这行之之人，就是所谓官。所以明于一时代所设之官，即能知其时所行之政。对于历代的官制，若能知其变迁，即亦能知其政治的变迁了。

人的见解，总是较时代落后一些的。时代只有新的，而人之所知，却限于旧。对付未来的方法，总是根据既往的情形，斟酌而出之的。所以无论如何，不能全合。制度才定出来，即已不适于用。制度是拗不过事实的，（一）非格不能行，（二）即名存实亡，这是一切制度都如此的，而官制亦不能例外。我国的官制，大略可分为六期：（一）自周以前，为列国时代的制度。（二）而秦及汉初统一时代的制度，即孕育于其末期。（三）因其大体自列国时代蜕化而来，和统一时代不甚适合，不久即生变迁。各方面变迁的结果，极其错杂不整。直至唐朝，才整理之，成为一种有系统的制度。（四）然整理甫经就绪，又和事实不符。唐中叶以后，又生变迁，而宋朝沿袭之。（五）元以异族，入主中原，其设施自有特别之处。明朝却沿袭着他。清朝的制度，又大略沿袭明朝。然因实际情形的不同，三朝的制度，又自有其大相违异之处。（六）清朝末叶，因为政体改变，官制亦随之改变。然行之未久，成效不著；直至今日，仍在动荡不定之中。以上略举其变迁的大概，以下再略加说明。因为时间所限，亦只能揭举其大纲而已。

官有内外之分。内官即中央政府之官，是分事而治的。全国的政务，都汇集于此，依其性质而分类，一官管理一类的事。又有综合全般状况，以决定施政的方针的，是即所谓宰相。外官则分地而治。在其地界以内，原则上各事都要管的；出于地界以外，则各事一概不管。地方区划，又依等级而分大小。上级大的区划，包含若干下级小的区划。在行政上，下级须听上级的指挥。这是历代官制的通则。

列国并立之世，到春秋战国时代，已和统一时代的制度相近了。因为此时期，大国之中，业已包含若干郡县。但其本身，仍只等于后世一个最大的政治区域。列国官制：今文家常说三公、九卿、二十七大夫、八十一元士。但这只是爵，没有说出他的职守来。三公依今文家说，是司马、司徒、司空。九卿无明文。古文家说，以太师、太傅、太保为三公。少师、少傅、少保为三孤。冢宰、天官。司徒、地官。宗伯、春官。司马、夏官。司寇、秋官。司空，冬官。为六卿。许慎《五经异义》。案：今文说的三公，以配天、地、人；司马主天，司徒主人，司空主地。古文说的六卿，以配天、地、四时。此外还有以五官配五行等说法。见《左氏》昭公十七年，二十九年。《春秋繁露·五行相胜》篇。这不过取古代的官，随意拣几个编排起来，以合学说的条理而已，和古代的事实，未必尽合。古代重要的官，不尽于此；并非这几个官特别重要；不过这几个官，亦是重要的罢了。司马是管军事的，司徒是统辖人民的，司空是管建设事务的。古代穴居，是就地面上凿一个窟窿，所以谓之司空。空即现在所用的孔字。《周官》冬官亡佚，后人以《考工记》补之。其实这句话也靠不住。性质既不相同，安可相补？不过《考工记》也是讲官制的，和《周官》性质相类，昔人视为同类之书，合编在一起，后人遂误以为补罢了。《周官》说实未尝谓司空掌工事，后世摹仿《周官》而设六部，却以工部拟司空，这是后人之误，不可以说古事的。冢宰总统百官，兼管宫内的事务，其初该是群仆的领袖。所以大夫之家亦有宰。至于天子诸侯，则实际本来差不多的。天子和诸侯、大国和小国制度上的差异，不过被著书的人说得如此整齐，和实际亦未必尽合。宗伯掌典礼，和政治关系最少，然在古代迷信较深之世，祭祀等典礼，是看得颇为隆重的。司寇掌刑法，其初当是军事裁判。三公坐而论道，三孤为之副，均无职事。案《礼记·曾子问》说："古者男子，内有傅，外有慈母。"《内则》说：国君世子生，"择于诸母与可者，必求其宽裕慈惠，温良恭俭，慎而寡言者，使为子师，其次为慈母，其次为保母"。太师、太傅、太保，正和师、慈、保三母相当。古夫亦训傅，两字盖本系一语，不可以称妇人，故变文言慈。然则古文的三公，其初乃系天子私人的侍从，本与政事无关系，所以无职事可言。《周官》说坐而论道之文，乃采诸《考工记》，然《考工记》此语，"坐而论道，谓之王公。"是指人君言，不是指大臣言的，说《周官》者实误采。总而言之：今文古说，都系春秋战国时的学说，未必和古代的事实密合。然后世厘定制度的人，多以经说为蓝本。所以虽非古代的事实，却是后世制度的渊源。

列国时代的地方区划，其大的，不过是后世的乡镇。亦有两种说法。《尚书大传》说："古八家而为邻，三邻而为朋，三朋而为里，五里而为邑，十邑而为都，十都而为师，州十有二师焉。"这是今文说。《周官》则乡以五家为比，比有长。五比为闾，闾有胥。四闾为族，族有师。五族为党，党有正。五党为州，州有长。五州为乡，乡有大夫。遂以五家为邻，邻有长。五邻为里，里有宰。四里为酂，酂有长。五酂为鄙，鄙有师。五鄙为县，县有正。五县为遂，遂有大夫。这是古文说。这两种说法，前者和井田之制相合，后者和军队编制相合，在古代该都是有的。后来井田之制破坏，所以什伍之制犹存，今文家所说的组织，就不可见了。

汉初的官制，是沿袭秦朝的。秦制则沿自列国时代。中央最高的官为丞相。秦有左右，汉通常只设一丞相。丞相之副为御史大夫。中央之官，都是分事而治的。只有御史是皇帝的秘书，于事亦无所不预，所以在事实上成为丞相的副手。汉时丞相出缺，往往以御史大夫升补。武官通称为尉。中央最高的武官，谓之太尉。这是秦及汉初的制度。今文经说行后，改太尉为司马，丞相为司徒，御史大夫为司空，谓之三公，并称相职。又以太常，本名奉常，掌宗庙礼仪。光禄勋，本名郎中令，掌宫、殿、掖门户。卫尉，掌宫门卫屯兵。太仆，掌舆马。廷尉，掌刑辟，尝改为大理。大鸿胪，本名典客，掌归义蛮夷。宗正，掌亲属。大司农，本名治粟内史，掌谷货。少府，掌山海池泽之税。为九卿。这不过取应经说而已，并无他种意义。三公分部九卿，太常、光禄勋、卫尉属司马，太仆、廷尉、大鸿胪属司徒，宗正、大司农、少府属司空。亦无理论根据。有大事仍合议。后汉司马仍称太尉。司徒、司空，均去大字，余皆如故。

外官：秦时以郡统县。又于各郡都设监御史。汉不遣监御史，丞相遣使分察州。案：州字并非当时的区域名称，后人无以名之，乃名之为州。所以截至成帝改置州牧以前，州字只是口中的称呼，并非法律上的名词。武帝时，置部刺史十三人，奉诏书六条，分察诸郡。（一）条察强宗巨家。（二）条察太守侵渔聚敛。（三）条失刑。（四）条选举不平。（五）条子弟不法，都是专属太守的。（六）条察太守阿附豪强。成帝时，以何武之言，改为州牧。哀帝时复为刺史。后又改为州牧。后汉仍为刺史，而止十二州，一州属司隶校尉。武帝置，以治巫蛊的，后遂命其分察一部分郡国。案《礼记·王制》说：“天子使其大夫为三监，监于方伯之国，国三人”，这或者附会周初的三监，说未必确；然天子遣使监视诸侯，实即大国之君，遣使监视其所封或所属的小国。则事所可有。大夫之爵，固较方伯为低。秦代御史之长，爵不过大夫。汉刺史秩仅六百石，太守则二千石。以卑临尊，必非特创之制，必然有所受之。以事实论，监察官宜用年少新进的人；任事的官，则宜用有阅历有资望之士，其措置亦很适宜的。何武说：“古之为治者，以尊临卑，不以卑临尊”，不但不合事宜，亦且不明经义。旧制恢复，由于朱博，其议论具载《汉书》，较之何武，通达多了。太守，秦朝本单称守，汉景帝改名。秦又于各郡置尉，景帝亦改为都尉。京师之地，秦时为内史所治。汉武帝改称京兆尹，又分其地置左冯翊、右扶风，谓之三辅。诸王之国，设官本和汉朝略同，亦有内史以治民。七国乱后，景帝乃令诸侯王不得自治民，改其丞相之名为相，使之治民，和郡守一样。县的长官，其秩是以户数多少分高下的。民满万户以上称令，不满万户称长。这由于古代的政治，是属人主义，而非属地主义之故。侯国的等级，与县相同。皇太后、公主所食的县称为邑。县中兼有蛮夷的谓之道。这亦是封建制度和属人主义的色彩。

秦汉时的县，就是古代的国，县令就是古代的国君，只能总握政治的枢机，发踪指示，监督其下；要他直接办事，是做不到的。所以真正的民政，非靠地方自治不可。后世地方自治之制，日以废坠，所以百事俱废。秦汉时则还不然。据《汉书·百官公卿表》和《续汉书·百官志》：其时的制度系以十家为什，五家为伍，一里百家，有里魁检察善恶，以告监官。十里一亭，亭有长。十亭一乡，乡有三老，有秩啬夫、游徼。三老管教化，体制最尊。啬夫职听讼，收赋税，其权尤重。人民竟有知啬夫而不知有郡县的。见《后汉书·爰延传》。和后世绝不相同。

以上所述，是秦及汉初的制度。行之未几，就起变迁了。汉代的丞相，体制颇尊，权限亦广。所谓尚书，乃系替天子管文书的，犹之管衣服的谓之尚衣，管食物的谓之尚食，不过是现在的管卷之流。其初本用士人，汉武帝游宴后庭，才改用宦官，谓之中书谒者令。武帝死后，此官本可废去。然自武帝以来，大将军成为武官中的高职。昭宣之世，霍光以大将军掌握政权，其时的丞相，都是无用或年老的人，政事悉从中出，沿袭未改。成帝时，才罢中书宦官，然尚书仍为政本，分曹渐广。后汉光武，要行督责之术。因为宰相都是位高望重的人，不便督责他，于是崇以虚名，而政事悉责成尚书，尚书之权遂更大。魏武帝握权，废三公，恢复丞相和御史大夫之职。此时相府复有大权，然只昙花一现。魏文帝篡汉后，丞相之官，遂废而不设。自魏晋至南北朝，大抵人臣将篡位时则一设之，已篡则又取消。此时的尚书，为政务所萃，然其亲近又不敌中书。中书是魏武帝为魏王时所设的秘书监，文帝篡位后改名的，常和天子面议机密。所以晋初荀勖从中书监迁尚书令，人家贺他，他就发怒道“夺我凤皇池，诸君何贺焉”了。侍中是加官，在宫禁之中，伺候皇帝的。汉初多以名儒为之。从来贵戚子弟，多滥居其职。宋文帝自荆州入立，信任王府旧僚，都使之为侍中，与之谋诛徐羡之等，于是侍中亦参机要。至唐代，遂以中书、门下、尚书三省为相职。中书主取旨，门下主封驳，尚书承而行之。尚书诸曹，魏晋后增置愈广，皆有郎以办事。尚书亦有兼曹的。隋时，始以吏、户、礼、兵、刑、工六曹分统诸司。六曹皆置侍郎，诸司则但置郎。是为后世以六部分理全国政务之始。三公一类的官，魏晋后亦时有设置，都不与政事，然仍开府分曹，设置僚属。隋唐始仿《周官》，以太师、太傅、太保为三公，少师、少傅、少保为三孤，都不设官属。则真成一个虚名，于财政亦无所耗费了。九卿一类的官，以性质论，实在和六部重复的。然历代都相沿，未曾并废。御史大夫改为司空后，御史的机关仍在，其官且有增置。唐时分为三院：曰台院，侍御史属之；曰殿院，殿中侍御史属之；曰监院，监察御史属之。御史为天子耳目，历代专制君主，都要防臣下的壅蔽，所以其权日重。

前汉的改刺史为州牧，为时甚暂。至后汉末年，情形就大不同了。后汉的改刺史为州牧，事在灵帝中平五年，因四方叛乱频仍，刘焉说由刺史望轻而起。普通的议论，都说自此以后，外权就重了。其实亦不尽然。在当时，并未将刺史尽行改作州牧。大抵资深者为牧，资浅者仍为刺史，亦有由刺史而升为牧的。然无论其为刺史，为州牧，实际上都变成了郡的上级官，而非复监察之职；而且都有兵权；如此，自然要尾大不掉了。三国分离，刺史握兵之制，迄未尝改。其为乱源，在当时是人人知道的。所以晋武帝平吴后，立即罢州牧，省刺史的兵，去其行政之权，复还监察之职。这真是久安长治之规。惜乎"虽有其言，不卒其事。"《续汉书·百官志注》语。而后世论者，转以晋武帝的罢州郡兵备，为召乱的根源，真是殉名而不察其实了。东晋以后，五胡扰乱，人民到处流离播迁，这时候的政治，还是带有属人主义的。于是随处侨置州郡，州的疆域，遂愈缩愈小，浸至与郡无异了。汉朝只有十三州，梁朝的疆域，远小于汉，倒有一百零七州。此时外权之重，则有所谓都督军事，有以一人而督数州的，亦有以一人而督十数州

晋武帝像

晋武帝司马炎（236—290），晋朝的开国君主，他结束了三国以来的分裂局面，平灭东吴后即罢州牧、刺史兵备。

的，甚至有称都督中外诸军的。晋南北朝，都是如此。后周则称为总管。隋时，并州郡为一级，文帝开皇三年，罢郡，以州统县，职同郡守。炀帝改州为郡。并罢都督府。唐初，又有大总管、总管，后改称大都督、都督，后又罢之。分天下为若干道，设观察使等官，还于监察之旧。

唐代的官制，乃系就东汉、魏、晋、南北朝的制度，整理而成的。其实未必尽合当时的时势。所以定制未几，变迁又起。三省长官，都不除人，但就他官加一同中书门下平章事等名目，就视为相职了。而此两省的长官，实亦仍合议于政事堂，并非事后审查封驳。都督虽经废去，然中叶以后，又有所谓节度使。所驻扎的地方，刺史多由其兼领。支郡的刺史，亦都被其压迫而失职。其专横，反较前代的刺史更甚。这两端，是变迁最大的。而中叶以后，立检校、试、摄、判、知等名目，用人多不依资格，又为宋朝以差遣治事的根源。

宋朝设中书省于禁中。宰相称同平章事，次相称参知政事。自唐中叶以后，户部不能尽总天下的财赋，分属于度支、盐铁二使。宋朝即合户部、度支、盐铁为三司，各设使、副，分案办事。又设三司使副以总之，号为计相。枢密使，唐时以宦官为之，本主传达诏命。后因宦官握兵，遂变为参与兵谋之官。宋朝亦以枢密院主兵谋。指挥使，本藩镇手下的军官。梁太祖篡位后，未加改革，遂成天子亲军。宋朝的禁军，都隶属殿前司、侍卫马军亲军司、侍卫步军亲军司，各设指挥使，谓之三衙。宋初的官，仅以寓禄秩，即借以表明其官有多大，所食的俸禄有多少。而别以差遣治事。名为某官的人，该官的职守，都是与他无涉的。从表面上看来，可谓错乱已极。但差遣的存废、离合，都较官缺为自由，可以密合事情。所以康有为所著《官制议》，有《宋官制最善》一篇，极称道其制。宋朝的改革官制，事在神宗元丰中，以《唐六典》为模范。然卒不能尽行。以三省长官为相职之制，屡经变迁，卒仍复于一个同平章事，一个参知政事之旧；枢密主兵之制，本来未能革除；三衙之制，亦未能改，便可见其一斑。

宋初惩藩镇的跋扈，悉召诸节镇入朝，赐第留之京师，而命朝臣出守列郡，谓之权知军州事。特设通判，以分其权。县令亦命京朝官出知，以削藩镇之权，而重亲民之选。特设的使官最多。其重要的，如转运使，总一路的财赋；发运使，漕淮、浙、江、湖六路之粟。他如常平茶盐、茶马、坑冶、市舶，亦都设立提举司，以集事权于中央。太宗命诸路转运使，各命常参官一人，纠察州军刑狱。真宗时，遂独立为一司，称为提点刑狱，简称提刑。是为司法事务，设司监察之始。南渡后，四川有总领财赋。三宣抚司罢后，亦设总领以筹其饷。仍带专一报发御前军马文字衔，则参预并及于军政了。

元朝以中书省为相职，枢密使主兵谋，御史台司纠察。尚书省之设，专以位置言利之臣。言利之臣败，省亦旋废。而六部仍存，为明清两朝制度所本。设宣政院于中央，以辖吐蕃之境，亦为清代理藩院之制所本。元代制度，关系最大的是行省。前代的尚书行台等，都是暂设的，以应付临时之事，事定即撤。元朝却于中原之地，设行中书省十，行御史台二，以统辖路府州县。明朝虽废之而设布政、按察两司，区域则仍元之旧。清朝又仍明之旧。虽然略有分析，还是庞大无伦，遂开施政粗疏、尾大不掉之渐了。唐初，唯京兆、河南称府设尹，后来梁州以为德宗所巡幸，亦升为兴元府。宋朝则大州皆升为府，几有无州不府之势。其监司所辖的区域则称为路。元于各路设宣慰司，以领府州县而上属于省。然府亦有不隶路而直隶于省的。州有隶于府的，亦有不隶于府，而直隶于路的。其制度殊为错杂。

明清两朝的制度，大体相沿。其中关系最大的，在内为宰相的废罢，在外为省制的形成。明初本亦设中书省，以为相职。后因胡惟庸谋反，太祖遂废其官，并谕后世子孙，不得议设宰相。臣下有请设宰相的，处以极刑。于是由天子亲领六部。此非嗣世之主所能，其权遂渐入殿阁学士之手。清世宗时，又设立军机处，机要之事，均由军机处径行，事后才下内阁，内阁就渐渐地疏阔了。六部：历代皆以尚书为主，侍郎为副。清代尚侍皆满汉并置。吏、户、兵三部，又有管部大臣，以至权责不一。明废宰相后，政务本由六部直接处理。后虽见压于内阁，究竟权力还在；吏、兵二部，尤真有用人及指挥军事之权。清朝则内官五品、外官道府以上，全由内阁主持；筹边之权，全在军机。又明朝六部用人，多取少年新进；清朝则一循资格，内官迁转极难，非六七十不得至尚侍。管部又系兼差，不能负责。于是事事照例敷衍，行政全无生气了。

御史一官，至明代而其权益重，改名为都察院。都御史、副都御史、佥都御史均分置左右。又有分道的监察御史，在外则巡按清军，提督学校、巡漕、巡盐等事，一以委之；而巡按御史代天子巡狩，其权尤重。这即是汉朝刺史之职。既有巡按，本可不必再行遣使；即或有特别事务，非遣使不可，亦以少为佳。然后来所谓巡抚者，愈遣而愈频繁。因其与巡按御史不相统属，权限不免冲突，乃派都御史为之。其兼军务的加提督衔，辖多事重的，则称总督。清代总督均兼兵部尚书，右都御史、巡抚均兼兵部侍郎，右副都御史，又均有提督军务、兼理粮饷之衔，成为常设的官了。给事中一官，前代都隶门下省。明废门下省，而仍存给事中，独立为一官，分吏、户、礼、兵、刑、工六科，以司审查封驳。其所驳正，谓之科参，在明代是很有权威的。清世宗将给事中隶属于都察院，就将审查和纠察，混为一谈了。翰林在唐朝，为艺能之士。如书、画、弈棋等。待诏之所，称为杂流，与学士资望悬绝。玄宗时，命文学之士居翰林中，称为供奉，与集贤殿学士分掌制诰。后改称为学士，别立学士院，即以翰林名之。中叶后颇参机密，王叔文要除宦官，即居翰林中，可见其地位的重要。宋代专以居文学之士，其望愈清。至明中叶后，则非进士不入翰林，非翰林不入内阁，六部长官，亦多自此而出。其重要，更非前代所及了。

外官：明废行省，于府州之上，设布政、按察两司，分理民政及刑事，实仍为监司之官。监司之官侵夺地方官权限，本来在所不免。清代督抚既成为常设之官。又明代布政司的参政、参议，分守各道，按察司的副使佥事，分巡各道的，至清朝，亦失其本来的性质，而在司府之间，俨若别成为一级。以府州领县，为唐宋相沿之制。元时，令知州兼理附郭县事，明时遂省县入州，于是州无附郭县。又有不领县而隶属于府的，遂有直隶州与散州之别。清时，同知、通判有驻地的谓之厅，亦或属于府，或直达布政司，称为散厅及直隶厅。地方制度，既极错杂。而（一）督抚，（二）司，（三）道，（四）府、直隶州、厅，（五）县、散州、厅，实际成为五级。上级的威权愈大，下级的展布愈难。积弊之深，和未造中央威权的不振，虽有别种原因，官制的不善，是不能不尸其咎的。

藩属之地，历代都不设官治理其民，而只设官监督其酋长，清朝还是如此的。奉天、吉林、黑龙江三省，清朝称为发祥之地。其实真属于满洲部落的，不过兴京一隅。此外奉天全省，即前代的辽东西，本系中国之地；吉、黑两省，亦是分属许多部落的，并非满洲所有。此等人民，尚在部落时代，自不能治以郡县制度。清朝又立意封锁东三省，不许汉人移殖。所以其治理之法，不但不能进步，而反有趋于退步之势。奉天一省，只有奉天和锦州两府，其余均治以将军、副都统等军职。蒙古、新疆、西藏，亦都治以驻防之官。这个固然历代都是如此，然清朝适当西力东侵之时，就要情见势绌了。末年回乱平后，改新疆为行省。日俄战后，改东三省为行省。蒙古、西藏，亦图改省，而未能成功。藩属之地，骤图改省，是不易办到的。不但该地方的人民，感觉不安；即使侥幸成功，亦不易得治理其地的人才。蒙、藏的情形，和新疆、东三省是不同的。东三省汉人已占多数，新疆汉人亦较多，蒙、藏则异于是。自清末至民国初年，最好是中央操外交、军事、交通、币制之权，余则听其自治。清季既不审外藩情势和内地的不同，操之过急，以致激而生变。民国初年，又不能改弦易辙，许其自治，以生其回面内向之心，杜绝强邻的觊觎。因循既久，收拾愈难，这真是贾生所说，可为痛哭、流涕、长太息的了。

以上是中国的旧官制，中西交通以来，自然不能没有变动。其首先设立的，是总理各国事务衙门。实因咸丰八年，中英《天津条约》规定要就大学士、尚书中简定一员，和英国使臣接洽而起，不过迫于无可如何，并非有意改革。内乱平后，意欲振兴海军，乃设立海军衙门。后来却将其经费，移以修理颐和园，于是中日战后，海军衙门反而裁撤了。庚子以后，又因条约，改总理衙门为外务部，班列六部之前。其时举办新政，随事设立了许多部处。立宪议起，改革旧官制，增设新机关，共成外务、吏、民政、新设的巡警部改。度支、户部改，新设的财政处、税务处并入。礼、太常、光禄、鸿胪三寺并入。学、新设的学务处改，国子监并入。陆军、兵部改，太仆寺和新设的练兵处并入。农工商、工部改，新设的商部并入。邮传、理藩、理藩院改。法部，刑部改。十一部，除外务部有管理事务大臣、会办大臣各一人外，余均设尚书一人，侍郎二人，不分满汉。都察院亦改设都御史一人，副都御史二人。前此左都御史，满汉各一。左副都御史各二。右都御史、副都御史但为督抚兼衔。大理寺改为院，以司最高审判。宣统二年，立责任内阁。设总协理大臣。裁军机处及新设的政务处及吏、礼二部，其事务并入内阁。而增设海军部及军咨府。今之参谋部。改尚书为大臣，与总协理负连带责任。外官则仍以督抚为长官。于其下设布政、提法、按察司改。提学、盐运、交涉五司，劝业、巡警二道，而裁分巡、分守道。此等制度，行之为日甚浅，初无功过可言。若从理论上评论：内官增设新官，将旧官删除归并，在行政系统上，自然较为分明，于事实亦较适切。若论外官，则清末之所以尾大不掉，行政粗疏，其症结实在于省制。当时论者，亦多加以攻击；然竟未能改革，相沿以迄于今。这一点不改革，就全部官制，都没有更新的精神了。

中华民国成立，《临时政府组织大纲》定行政分五部，为外交、内务、财政、军务、交通。这是根据理论规定的，后修改此条，设陆军、海军、外交、司法、财政、内务、教育、实业、交通九部。其时采美国制，不设总理。孙文逊位后，袁世凯就职北京，《临时政府组织大纲》改为《临时约法》，设总理，分实业为农林、工商两部。三年，袁世凯召开约法会议修改《临时约法》为《中华民国约法》，即所谓《新约法》。复废总理，设国务卿，并农林、工商两部为农商部。袁世凯死后，黎元洪为总统，复设总理。外官：民军起义时，掌握一省军权的称都督，管理民政的称民政长，废司、道、府、直隶州、厅及散州、厅的名称，但存县。袁世凯改都督为将军，民政长为巡按使，于其下设道尹。护国军起，掌军权的人，复称都督。黎元洪为总统，改将军、都督都称督军，巡按使称省长。其兼握几省兵权，或所管之地跨及数省的，则称巡阅使。裁兵议起，又改称督理或督办军务善后事宜，然其尾大不掉如故。国民党秉政，在训政时期内，以国民党代人民行使政权，而以国民政府行使治权。其根本精神，和历代的官制，大不相同，其事又当别论。

无官之名，而许多行政事务，实在倚以办理的为吏。凡行政，必须依照一定的手续。因此职司行政的人，必须有一定的技术。这种技术，高级官员往往不甚娴习，甚或不能彻底通晓，非有受过教育，经过实习的专门人员以辅助之不可。此等责任，从前即落在胥吏肩上。所以行政之权，亦有一部分操于其手。失去了他，事情即将无从进行的。吏之弊，在于只知照例。照例就是依旧，于是凡事都无革新的精神。照例的意思，在于但求无过，于是凡事都只重形式，而不问实际，甚至利用其专门智识以舞弊。所以历来论政的人，无不深恶痛绝于吏，尤以前清时代为甚；然其论亦有所蔽。因为非常之事，固然紧要；寻常政务，实更为紧要而不可一日停滞。专重形式，诚然不好，然设形式上的统一不能保持，政治必将大乱。此前清末年，所以诏裁胥吏，而卒不能行。其实从前所谓吏，即现在所谓公务员，其职实极重要，而其人亦实不能缺。从前制度的不善，在于（一）视其人太低，于是其人不思进取，亦不求名誉，而惟利是图。（二）又其人太无学识，所以只能办极呆板的事。公务员固以技术为要，然学识亦不可全无，必有相当的学识，然后对于所行之政，能够通知其原理，不至因过于呆板而反失原意。又行政的人，能通知政治的原理，则成法的缺点，必能被其发见，于立法的裨益，实非浅鲜。昔时之胥吏，是断不足以语此的。（三）其尤大的，则在于无任用之法，听其私相传授，交结把持。自民国以来，因为政治之革新，法律的亟变，已非复旧时的胥吏所能通晓，所以其人渐归自然淘汰。然现在公务员的任用、考核，亦尚未尽合法，这是行政的基础部分，断不可不力求改良的。

古代官职的大小，是以朝位和命数来决定的。所谓命数，就是车服之类的殊异。古人所以看得此等区别，甚为严重。然因封建制度的破坏，此等区别，终于不能维持了。朝位和俸禄的多少，虽可分别高低，终嫌其不甚明显，于是有官品之别。官品起于南北朝以来。南朝陈分九品。北朝魏则九品之中，复分正从；四品以下，且有上、中、下阶；较为复杂。宋以后乃专以九品分正从。官品之外，封爵仍在。又有勋官、散官等，以处闲散无事的官员。此等乃国家酬庸之典，和官品的作用，各不相同的。

官俸，历代虽厚薄不同，而要以近代之薄为最甚。古代大夫以上，各有封地。家之贫富，视其封地之大小、善恶，与官职的高下无关。无封地的，给之禄以代耕，是即所谓官俸。古代官俸，多用谷物；货币盛行以后，则钱谷并给。又有实物之给，又有给以公田的。明初尚有此制，不知何时废坠，专以银为官俸。而银价折合甚高。清朝又沿袭其制。于是官吏多苦贫穷。内官如部曹等，靠印结等费以自活，外官则靠火耗及陋规。上级官不亲民的，则诛求于下属；京官又靠外官的馈赠。总而言之，都是非法。然以近代官俸之薄，非此断无以自给的。而有等机关，收取此等非法的款项，实亦以其一部分支给行政费用，并非全入私囊。所以官俸的问题，极为复杂。清世宗时，曾因官俸之薄，加给养廉银，然仍不足支持。现代的官俸，较之清代，已稍觉其厚。然究尚失之于薄，而下级的公务员尤甚。又司法界的俸禄，较之行政界，不免相形见绌。这亦是亟须加以注意的。

第九讲　选　举

国家，因为要达其目的，设立许多机关。这许多机关，都是要有人主持的。主持这些机关的人，用何法取得呢？这便是选举问题。

选举是和世袭对立的。按世袭之法，倘一个位置出缺，便有一个合法继承的人，不容加以选择。选举之法则不然，它是毫无限制，可以任有选举权者，选举最适宜的人去担任的。这是就纯粹的选举和世袭说。亦有从两方面说，都不很纯粹的，如虽可选择，仍限于某一些人之内之类是。但即使是不纯粹的选举，也总比纯粹的世袭好些。西洋某史家曾把中国两汉时代的历史，和罗马相比较，他说：凡罗马衰亡的原因，中国都有的；却有一件事，为中国所有，罗马所无，那便是选举。观此，便知选举制度关系之重大了。

选举制度，在三代以前，是与世袭并行的。俞正燮《癸巳类稿》，有一篇《乡兴贤能论》，说得最好，他说：古代的选举，是限于士以下的，大夫以上是世官。这是什么理由呢？如其一个国家是以征服之族和被征服之族组成的，高级的位置自然不容被征服之族染指。即使原是一族，而专制政治既兴，掌握政权的人，也就渐渐地和群众离开了。所以选举仅限于士以下。

士以下的选举乃系古代部族，专制政治尚未兴起时的制度，留遗下来的。其遗迹略见于《周官》。据《周官》所载：凡是乡大夫的属官，都有考察其民德行道艺之责。三年大比，则举出其贤者能者，“献贤能之书于王”。《周官》说：“此之谓使民兴贤，入使治之；使民兴能，出使长之。”俞正燮说：入使治之，是用为乡吏；出使长之，是用为伍长。这是不错的。比闾族党等，当系民主部族固有的组织，其首领，都是由大众公举的。专制政体兴起后，只是把一个强有力的组织，加于其上，而于此等团体固有的组织，并未加以破坏，所以其首领还是出于公举的，不过专制的政府，也要加以相当的参预干涉罢了。如虽由地方公举，然仍须献贤能之书于王。

在封建政体的初期，上级的君大夫等，其品性，或者比较优良，但到后来，就渐渐地腐化了。由于上级的腐化和下级的进步，主持国政者，为求政治整饬起见，不得不逐渐引用下级分子；乡间的贤能，渐有升用于朝廷的机会，那便是《礼记·王制》所说的制度。据《王制》说：是乡论秀士，升诸司徒，曰选士。司徒论选士之秀者，而升诸学，曰俊士。既升于学，则称造士。大乐正论造士之秀者，以告于王，而升诸司马，曰进士。司马辨论官材，官指各种机关，谓分别其材能，适宜于在何种机关中办事。论进士之贤者，以告于王。然后因其材而用之。案《周官》司士，掌群臣之版，名籍。以治其政令，岁登下其损益之数，也是司马的属官。《礼记·射义》说：古者“诸侯贡士于天子，天子试之于射宫。其容体比于礼，其节比于乐，而中多者，得与于祭。其容体不比于礼，其节不比于乐，而中少者，不得与于祭”。以中之多少，定得与于祭与否，可见射宫即在太庙之中。古代规制简陋，全国之中，只有一所讲究的屋子，谓之明堂。也就是宗庙，就是朝廷，就是君主所居的宫殿，而亦即是其讲学的学校。到后来，这许多机关才逐渐分离，而成为各别的建筑。合观《周官》《王制》《射义》之文，可知在古代，各地方的贡士，是

项羽像

贵族是奴隶社会和封建社会中，因权力、财产高于其他阶级而形成的上层特权阶级。项羽是楚将项燕之孙，项氏世世为楚贵族。

专讲武艺的。到后来，文治渐渐兴起，于是所取的人才，才不限于一途。所以司马要辨论官材，此时的司马，乃以武职兼司选举，并非以武事做选举的标准了。此为选举之逐渐扩大，亦即世袭之渐被侵蚀。

到战国之世，世变益亟，腐败的贵族，再也支持不了此刻的政治。而且古代的贵族，其地位，是与君主相逼的，起于孤寒之士则不然，君主要整顿政治，扩充自己的权力，都不得不用游士。而士人也有怀抱利器，欲奋志于功名的；又有蒿目时艰，欲有所借手，以救生民于涂炭的。于是君主和游士相合，以打击贵族；贵族中较有为的，亦不得不引用游士。选举之局益盛，世袭之制愈微。然这时候，游士还是要靠上级的人引用的。到秦末，豪杰起而亡秦，则政权全入下级社会之手，更无所谓贵族和游士的对立了。此为汉初布衣将相之局。《廿二史札记》有此一条，可参看。在此情势之下，用人自然不拘门第，世袭之局，乃于此告终。

汉以后，选举之途，重要的，大概如下所述：

（一）征召：这是天子仰慕某人的才德，特地指名，请他到京的。往往有聘礼等很恭敬的手续。

（二）辟举：汉世相府等机关，僚属多由自用，谓之辟。所辟的人，并无一定的资格，做过高官的人以至布衣均可。

（三）荐举：其途甚广。做官的人，对于自己手下的属员，或虽未试用，而深知其可用的人，都可以荐举。就是不做官的布衣，深知什么人好，也未始不可以上书荐举的，并可上书求自试。此等在法律上都毫无制限，不过事实上甚少罢了。

（四）吏员：此系先在各机关中服务，或因法律的规定，或由长官的保荐，由吏而变做官的。各机关中的吏，照法律上讲，都可以有出路。但其出路的好坏，是各时代不同的。大体古代优而后世劣。

（五）任子：做到某级官吏，或由在上者的特恩，可以保荐他的儿子，得一个出身，在汉世谓之任子。亦可推及孙、弟、兄弟之子孙等。任的本义为保，但其实，不过是一种恩典罢了，被保者设或犯罪，保之者，未必负何等责任的。任在后世谓之荫。明以后，又有荫子入监之例，即使其入国子监读书。国家既可施恩，又不令不学无术的人滥竽充选，立法之意，是很好的。惜乎入监读书，徒有其名罢了。

（六）专门技术人员：此等人员，其迁转，是限于一途的。其技术，或由自习而国家擢用，或即在本机关中养成。如天文、历法、医学等官是。此制起源甚古。《王制》：“凡执技以事上者，不贰事，不移官”，即是。

（七）捐纳：这即是出钱买官做。古书中或称此为资选，其实是不对的。资选见《汉书·景帝本纪》后二年，乃因怕吏的贪赃，假定有钱的人，总要少贪些，于是限定有家资若干，乃得为吏。这只是为吏的一个条件，与出钱买官做，全然无涉。又爵只是一个空名，所以卖爵也不能算作卖官的。暗中的卖官鬻爵，只是腐败的政治，并非法律所许，亦不能算作选举的一途。

以上都是入官之途。但就历代立法者的意思看起来，这些都只能得通常之材，其希望得非常之材的，则还在（八）学校、（九）科举两途。科举又可分为（甲）乡贡，（乙）制科。乡贡是导源于汉代的郡国选举的。以人口为比例，由守相岁举若干人。制科，则汉代往往下诏，标出一个科名，如贤良方正、直言极谏等类，令内外官吏荐举。何等官吏，有选举之权，亦无一定，由诏书临时指定。其科目并无限制。举行与否，并无一定。到唐代，才特立制科之名。

汉代的用人，是比较没有什么阶级之见的。唐柳芳论氏族，所谓“先王公卿之胄，才则用，不才弃之”。见《唐书·柳冲传》。但是，（一）贵族的势力，本来潜伏着；（二）而是时的选举，弊窦又甚多；遂至激成九品中正之制，使贵族在选举上，气焰复张。这时候选举上的弊窦，自其表面言之，则（甲）贵人的请托。如《后汉书·种暠传》说：河南尹田歆，外甥王谌名知人。歆谓之曰：“今当举六孝廉，多得贵戚书令，不宜相违。欲自用一名士，以报国家，尔助我求之。”便可见当时风纪之坏。然（乙）贵人的请托，实缘于士人的奔走。看《潜夫论》《务本》《论荣》《贤难》《考绩》《本政》《潜叹》《实贡》《交际》等篇。《申鉴》《时事》。《中论》《考伪》《谴交》。《抱朴子》《审举》《交际》《名实》《汉过》。诸书可知。汉代士人的出路，是或被征辟，或被郡县署用，或由公卿郡国举荐，但此等安坐不易得之。于是或矫激以立名；或则结为徒党，互相标榜，奔走运动。因其徒党众多，亦自成为一种势力，做官的人，也有些惧怕他，在积极方面，又结交之以谋进取。于是有荒废了政事，去酬应他们的；又有丰其饮食居处，厚其送迎，以敷衍他们的，官方因之大坏。究之人多缺少，奔走运动的人，还是有得有不得。有些人，因为白首无成，反把家资耗废了，无颜回家，遂至客死于外。这实在不成事体，实有制止他们在外浮游的必要。又因当时的选举，是注重品行的，而品行必须在本乡才看得出，于是举士必由乡里，而九品中正之制以生。

九品中正之制，起于曹魏的吏部尚书陈群。于各州置大中正，各郡置中正。依据品行，将所管人物，分为上上、上中、上下、中上、中中、中下、下上、下中、下下九等。这是因历来论人，重视乡评，所以政治上有此措置。但（一）乡评的所谓好人，乃社会上的好人，只须有德，政治上所用的人，则兼须有才。所以做中正的人，即使个个都能秉公，他所以为好的人，也未必宜于政治。（二）何况做中正的人，未必都能公正，（甲）徇爱憎，（乙）快恩仇，（丙）慑势，（丁）畏祸等弊，不免继之而起呢。其结果，就酿成晋初刘毅所说的，“惟能知其阀阅，非复辨其贤愚”，以致“上品无寒门，下品无世族”了。因为世族是地方上有势力之家，不好得罪他；至于寒门，则是自安于卑贱的，得罪了他，亦不要紧。这是以本地人公开批评本地的人物，势必如此而后已的。九品中正，大家都知道是一种坏的制度。然直至隋文帝开皇年间才罢，前后历三百四五十年。这制度，是门阀阶级造成的，而其维持门阀阶级之力亦极大，因为有此制度后，无论在中央政府和地方政府，世族和寒门的进用，都绝对不同了。如后魏之制，士人品第有九，九品以外，小人之官，复有七等。又如蔡兴宗守会稽郡，举孔仲智子为望计，贾原平子为望孝。仲智高门，原平一邦至行，遂与相敌，当时亦以为异数。

九品中正之制既废，科举就渐渐地兴起了。科举之制，在取士上，是比较公平的，切实的，这是人人所承认的。为什么兴起如此之晚呢？用人的条件，第一是德，第二是才，第三才数到学识。这是理论上当然的结果，事实上也无人怀疑。考试之所觇，只是学识。这不是说才德可以不论，不过明知才德无从考校，与其因才德之无从考校，并其学识的试验而豁免之，尚不如就其学识而试验之，到底还有几分把握罢了。这种见解，是要积相当经验，才会有的。所以考试之制，必至唐宋之世，才会兴盛。考试之制，其起源是颇远的。西汉以前本无所谓考试。晁错、董仲舒等的对策，乃系以其人为有学问而请教之，并非疑其意存冒滥，加以考试。所以策否并无一定；一策意有未尽，可以至于再策三策，说见《文献通考》。直至东汉顺帝之世，郡国所举的人，实在太不成话了。左雄为尚书令，乃建议“诸生试家法，文吏试笺奏”。家法，指所习的经学言。史称自是牧守莫敢轻举，察选清平，就可见得考试的效验了。但是自此以后，其法未曾认真推行。历魏晋南北朝至隋，仍以不试为原则。科举之制兴于唐。其科目甚多，秀才系最高科目，高宗永徽二年后停止。此外尚有俊士、明法、明字、明算、一史、三史、开元礼、道举、童子等科，均见《唐书·选举志》。常行的为明经和进士。进士科是始于隋的，其起源，历史记载，不甚清楚。据杨绾说：其初尚系试策，不知什么时候，改试了诗赋。到唐朝，此科的声光大好。这是社会上崇尚文辞的风气所造成的。唐时，进士科虽亦兼试经义及策，然所重的是诗赋。明经所重的是帖经、墨义。诗赋固然与政治无涉，经学在政治上，有用与否，自今日观之，亦成疑问。这话对从前的人，自然是无从说起，但像帖经墨义所考的只是记诵。帖经、墨义之式，略见《文献通考》。其意，帖经是责人默写经文，墨义则责人默写传注，和今学校中专责背诵教科书的考试法一般。其无用，即在当日，亦是显而易见的。为什么会有这种奇异的考试法呢？这是因为把科举看作抡才大典，换言之，即在官吏登庸法上，看作唯一拔取人才之途，怕还是宋以后的事；在唐以前，至多只是取才的一途罢了。所以当时的进士，虽受俗人看重，然在政治上，则所取的人并不多，而其用之亦不重。唐时所取进士，不过二三十人，仍须应吏部释褐试，或被人荐举，方得入官；授官亦不过丞尉，见《日知录》“中式额数”“出身授官”两条。可见科举初兴，不过沿前代之法而渐变，并非有什么隆重的意思、深厚的期望，存乎其间了。所以所试的不过是诗赋和帖经墨义。帖经墨义所试，大约是当时治经的成法，诗赋疑沿自隋朝。隋炀帝本好辞华，所设的进士科，或者不过是后汉灵帝的鸿都门学之类。聚集一班会作辞赋和写字的人，其中并有流品极杂的。见《后汉书》本纪及《蔡邕传》。进士科的进而为抡才之路，正和翰林的始居杂流，后来变成清要一样。这是制度本身的变化，不能执后事以论其初制的。科举所试之物，虽不足取，然其取士之法，则确是进步而可纪念的。唐制，愿应举者皆“怀牒自列于州县”。州县先试之，而后送省。尚书省。初由户部“集阅”，考功员外郎试之。玄宗开元时，因考功员外郎望轻，士子不服，乃移其事于礼部。宋太祖时，知贡举的人，有以不公被诉的，太祖乃在殿廷上自行复试。自此省试之外，又有殿试。前此的郡国选举，其权全操于选举之人。明明有被选举之才，而选举不之及，其人固无如之何。到投牒自列之制兴，则凡来投牒者，即使都为州县所不喜，亦不得不加以考试，而于其中取出若干人；而州县所私爱的人，苟无应试的能力，即虽欲举之而不得。操选举之权者，大受限制，被选举之权，即因此而扩大。此后白屋之士，可以平步青云；有权的人，不能把持地位；都是受此制度之赐。所以说其制度是大可纪念的。考试的规则逐渐加严，亦是助成选举制度的公平的。唐时，考官和士子交通，还在所不禁。考官采取声誉，士子托人游扬，或竟自怀所作文字投谒，都不算犯法的事。晚唐以后，规则逐渐加严，禁怀挟和糊名易书等制度，逐渐兴起。明清继之，考试关防，日益严密。此似不尊重人格，但利禄之途，应试者和试之者，都要作弊，事实上亦是不得不然的。

以上所说的，均系乡贡之制。至于制科，则由天子亲策，其科目系随时标出；举行与否，亦无一定。唐代故事，详见《文献通考·选举考》中。

对于科举的重视，宋甚于唐，所以改革之声，亦至宋而后起。科举之弊有二：（一）学非所用，（二）所试者系一日之短长。从经验上证明：无学者亦可弋获，真有学问者，或反见遗。对于第一弊，只须改变其所试之物即可。对于第二弊，则非兼重学校不行。不然，一个来应试的人，究曾从事于学问与否，是无从调查的。仁宗时范仲淹的改革，便针对着这两种弊窦：（一）罢帖经、墨义，而将诗赋策论通考为去取。唐朝的进士，亦兼试帖经及策，明经亦兼试策。但人之才力有限，总只能专精一门，所以阅卷者亦只注重一种，其余的都不过敷衍了事。明清时代，应科举的人，只会作四书文，亦由于此。（二）限定应试的人，必须在学三百日，曾经应试的人一百日。他的办法，很受时人反对，罢相未几其法即废。到神宗熙宁时，王安石为相，才大加以改革。安石之法：（一）罢诸科，独存进士。这是因社会上的风气，重进士而轻诸科起的。（二）进士罢试诗赋，改试论、策。其帖经、墨义，则改试大义。帖经专责记诵，大义是要说明义理，可以发抒意见的。（三）别立新科明法，以待不能改业的士子。（四）安石是主张学校养士的，所以整顿太学，立三舍之法，以次递升。升至上舍生，则可免发解及礼部试，特赐之第。熙宁贡举法，亦为旧党所反对。他们的理由是：（一）诗赋声病易晓，策论汗漫难知，因此看卷子难了。这本不成理由。诗赋既是无用之学，即使去取公平，又有何益呢？（二）但他们又有如苏轼之说，谓以学问论，经义、策论，似乎较诗赋为有用。以实际论，则诗赋与策论、经义，同为无用。得人与否，全看君相有无知人之明。取士之法，如科举等，根本无甚关系，不过不能不有此一法罢了。这话也是不对的。科举诚不能皆得人，然立法之意，本不过说这是取士的一法，并没有说有此一法之后，任用时之衡鉴，任用后之考课，都可置诸不论。况且国家取士之途，别种都是注重经验的；或虽注重学识，而非常行之法；只有学校、科举，是培养、拔擢有学识的人的常法。有学识的人，固然未必就能办事，然办事须用学识的地方，究竟很多。大概应付人事，单靠学识无用，决定政策等，则全靠学识。"人必先知其所事者为何事，然后有欲善其事之心"，所以学识和道德，亦有相当的关系。衡鉴之明，固然端赖君相，然君相绝不能向全国人中，漫无标准，像淘沙般去觅取；终必先有一法，就全体之中，取出一部分人来，再于其中施以简择。此就全体之中取出其一部分人之法，唯有科举是注重学识的，如何能视之过轻？经义、策论，固亦不过纸上空谈，然其与做官所需要的学识关系的疏密，岂能视之与诗赋同等？所以旧党的议论，其实是不通的。然在当时，既成为一种势力，即不能禁其不抬头。于是至元祐之世，而熙宁之法复废。熙宁贡举之法虽废，旧法却亦不能回复了。因为考试是从前读书人的出身之路，所试非其所习，习科举之业的人，是要反对的。熙宁变法时，反对者之多，其理由实亦在此。到元祐要回复旧法时，又有一班只习于新法的人，要加以反对了。于是折衷其间，分进士为诗赋、经义两科。南宋以后，遂成定制。连辽、金的制度，也受其影响。金诗赋、经义之外，又有律科。诗赋、经义称进士，律科称举人。又有女真进士科，则但试策论，系金世宗所立。辽、金科目，均须经过乡、府、省三试。省试由礼部主持，即明清的会试。元、明、清三代，都只有会试和本省的乡试。

近代科举之法，起于元而成于明。元代的科举，分蒙古、色目人和汉人、南人为两榜。蒙古、色目人考两场：首场经义，次场策论。汉人、南人考三场：首场经义，次场古赋和诏、诰、表，三场策论。这是（一）把经义、诗赋，并作一科了。（二）而诸经皆以宋人之说为主，以及（三）乡、会试所试相同，亦皆为明清所沿袭。明制：首场试“四书五经”义，次场试论判，又于诏、诰、表内科一道，三场试策。清制首场试四书义及诗一首，次场试五经义，三场亦试策。明清所试经义，其体裁是有一定的。（一）要代圣贤立言。（二）其文体系逐段相对，谓之八股。八股文体的性质，尽于此二语：（一）即文中的话不算自己所说，而算代圣贤说一篇较详尽的话。（二）则历来所谓对偶文字，系逐句相对，而此则系逐段相对，所以其体裁系特别的。又八股文长短亦有定限。在清代，是长不能过七百字，短不能不满三百字。此等规则，虽亦小有出入，但原则上是始终遵守的。因有（一）之条件，所以文中不能用后世事，这是清代学者，疏于史事的一个原因。其式为明太祖及刘基所定，故亦谓之制义。其用意，大概是防士子之竞骛新奇的。科举名额有定，而应试者多。如清末，江南乡试，连副贡取不满二百人，而应试者数逾二万。限于一定的题目，在几篇文字内，有学问者亦无所见其长。于是有将文字作得奇奇怪怪，以期动试官之目的，此弊在宋代已颇有。明清时代科举之弊，在于士子只会作几篇四书义，其余全是敷衍了事，等于不试。士子遂至一物不知。此其弊，由于立法的未善。因为人之能力，总是有限的，一个人不过懂得一门两门。所以历代考试之法，无不分科，就其所习而试之。经义、诗赋的分科，就等于唐朝的明经、进士。这两者，本来不易兼通。而自元以来，并两者为一。三场所试的策，绝无范围。所以元、明、清三朝的科举，若要实事求是，可说是无人能应。天下事，责人以其所不能为者，人将并其所能为者而亦不为，这是无可如何的事。明清科举致弊之原，即在于此。宋代改革科举之意，是废诗赋而存经义、策论，这个办法，被元、明、清三代的制度推翻了。其学校及科举并用之意，到明朝，却在形式上办到。明制，是非国子监生和府州县学生，不能应科举的。府州县学生应科举，是先须经过督学使者的试验的，谓之科考。科考录取的人，才得应乡试。但后来，除文字违式者外，大抵是无不录取的。非学生，明代间取一二，谓之“充场儒士”，其数极少。所以《明史》谓其“学校储材，以待科举”。案科举所试，仅系一日之短长，故在事实上，并无学问，而年少气盛，善于作应试文字者，往往反易弋获，真有学问者反难。学校所授，无论如何浅近，苟使认真教学，学生终必在校肄习几年，必不能如科举之一时弋取。但课试等事，极易徒有其名；学问之事，亦即有名无实。毕业实毕年限之弊，实自古有之，并不自今日始。使两者相辅而行，确系一良好的制度。但制度是拗不过事实的。入学校应科举的人，其意既在于利禄，则学问仅系工具，所以从前应举的人，称应举所作文字为敲门砖。利禄才是目的。目的的达到，是愈速愈好的。（一）假使科举与学校并行，年少气盛的人，亦必愿应科举而不愿入学校。（二）况且应试所费，并来往程途计之，远者亦不过数月，平时仍可自谋生活。学校则不能然。所以士之贫者，亦能应科举而不能入学校。（三）何况学校出身，尚往往不及科举之美呢。职是故，明朝行学校储才以待科举之制后，就酿成这样的状况：（一）国子监是自有出身的，但其出身不如科举之美，则士之衰老无大志者都归之。（二）府州县学，既并无出身；住在学校里，又学不到什么；人家又何苦而来“坐学”？作教官的人，亦是以得禄为目的的。志既在于得禄，照经济学的原理讲，是要以最少的劳费，得最大的效果的。不教亦无碍于利禄，何苦而定要教人？于是府州县学，就全然有名无实了。明初对于国子监，看得极为隆重。所以后来虽然腐败，总还维持着一个不能全不到校的局面；到清朝，便几乎和府州县学一样了。

制科在唐朝，名义上是极为隆重的。但因其非常行之典，所以对于社会的影响，不如乡贡的深刻。自宋以后，大抵用以拔取乡贡以外的人才，但所取者，亦不过长于辞章，或学问较博之士。设科本意，虽非如此，然事实上不过如此，看《宋史·选举志》可知。清圣祖康熙十八年，高宗乾隆元年，曾两次举行博学鸿词科，其意还不过如此。德宗光绪二十五年，诏开经济特科，时值变法维新之际，颇有登用人才之意。政变以后，朝廷无复此意，直到二十九年，才就所举的人，加以考试，不过敷衍了事而已。

科举在从前，实在是一种文官考试。所试的科目，理应切于做官之用。然而历代所试，都不是如此的。这真是一件极奇怪的事。要明白此弊之由来，则非略知历史上此制度的发展不可。古代的用人，本来只求有做官的智识技能，此智识两字，指循例办公的智识言，等于后世的幕友胥吏，不该括广泛的智识。别无所谓学问的。后来社会进化了，知道政治上的措置，必须通知原理，并非循例办事而已足。于是学问开始影响政治，讲学问的人，亦即搀入政治界中。秦朝的禁“以古非今”；只许学习“当代法令”；“欲学法令，以吏为师”；是和此趋势相反的。汉朝的任用儒生，则顺此趋势而行。这自然是一种进步。但既知此，则宜令做官的人兼通学问，不应将做官的人与学问之士，分为两途，同时并用。然汉朝却始终如此。只要看当时的议论，总是以儒生、文吏并举，便可知道。《续汉书·百官志注》引应劭《汉官仪》，载后汉光武帝的诏书，说“丞相故事，四科取士：（一）曰德行高妙，志节清白。（二）曰学通行修，经中博士。（三）曰明达法令，足以决疑，能案章覆问，文中御史。（四）曰刚毅多略，遭事不惑，明足以决，才任三辅令”。第一种是德行，第四种是才能，都是无从以文字考试的。第二种即系儒生，第三种即系文吏。左雄考试之法，所试的亦系这两科。以后学者的议论，如《抱朴子》的《审举》篇，极力主张考试制度，亦说律令可用试经之法试之。国家的制度，则唐时明法仍与明经并行，所沿袭的还系汉制。历千年而不知改变，已足惊奇。其后因流俗轻视诸科，把诸科概行废去，明法一科，亦随之而废；当官所需用的智识技能，在文官考试中，遂至全然不占地位。（一）政治上的制度，既难于改变；（二）而迂儒又有一种见解，以为只要经学通了，便一切事情，都可对付，法令等实用不着肄习；遂益使此制度固定了。历史上有许多制度，凭空揣度，是无从明白其所以然的；非考其事实，观其变迁不可。科举制度，只是其一端罢了。

近世的科举制度，实成于明太祖之手。然太祖并非重视科举的人。太祖所最重的是荐举，次之则是学校。当时曾令内外大小臣工，皆得荐举，被荐而至的，又令其转荐，由布衣至大僚的，不可胜数。国子监中，优礼名师，规则极严，待诸生亦极厚，曾于一日之中，擢六十四人为布、按两司官。科举初设于洪武三年，旋复停办，至十五年乃复设。当时所谓三途并用，系指（一）荐举，（二）进士贡监，（三）吏员。见《日知录》"通经为吏"条。一再传后，荐举遂废，学校浸轻，而科举独重。此由荐举用人，近于破格，非中主所能行。学校办理不能认真，近于今所谓毕业即毕年限。科举（一）者为习惯所重，（二）则究尚有一日之短长可凭，所以为社会所重视。此亦不能谓绝无理由。然凡事偏重即有弊，何况科举之本身，本无足取呢？明制：进士分为三甲。一甲三人，赐进士及第；二甲若干人，赐进士出身；三甲若干人，赐同进士出身。一甲第一人，授翰林院修撰，第二、第三人授编修。二、三甲均得选庶吉士。庶吉士本系进士观政在翰林院、承敕监等衙门者之称。明初，国子监学生，派至各衙门实习的，谓之历事；进士派至各衙门实习的，谓之观政。使其于学理之外，再经验实事，意本甚善；然后亦成为具文。庶吉士初本不专属翰林。成祖时，命于进士二甲以下，择取文理优者，为翰林院庶吉士，自此才为翰林所专。后复命就学文渊阁，选翰翰林院。詹詹事府。官教习。三年学成，考试授官，谓之教馆。出身特为优异。清制：二、三甲进士，亦得考选庶吉士。其肄业之地，谓之庶常馆，选满汉学士各一人教习，视为储才之地。然其所习者，不过诗赋、小楷而已。乡举在宋朝还不过是会试之阶，并不能直接入官，明世始亦为入仕之途。举贡既特异于杂流，进士又特异于举贡。所谓三途并用者，遂成（一）进士，（二）举贡，（三）吏员。见《明史·选举志》。在仕途中，举贡亦备遭轻视排挤，杂流更不必论了。清制以科目、贡监、荫生为正途，荐举、捐纳、吏员为异途，异途之受歧视亦殊甚。然及末造，捐纳大行，仕途拥挤，亦虽欲歧视而不可得了。

卖官之制，起于汉武帝。《史记·平准书》所谓"入羊为郎""入财者得补郎""吏得入谷补官"、买武功爵者试补吏皆是。后世虽有秕政，然不为法令。明有纳粟入监之例，亦仍须入监读书。清则仅存虚名。实官捐，顺康时已屡开，嘉道后尤数，内官自郎中，外官自道府而下，皆可报捐，直至光绪二十七年才停。从学校、科举、吏员等出身之士，虽不必有学识，究不容一物不知，捐纳则更无制限，而其数又特多。既系出资买来，自然视同营业。清季仕途人员的拥塞，流品的冗杂，贪污的特盛，实在和捐纳之制是大有关系的。

元代各机关长官，多用蒙古人。清朝则官缺分为满、汉、包衣、汉军、蒙古，这实在是一种等级制度。满缺有一部分是专属于宗室的，其选举权在宗人府；包衣属内务府；均不属吏部。

以上所说，大略都是取士之制，即从许多人民中，拔擢出一部分人来，给他以做官的资格。其就已有做官资格的人，再加选试，而授之以官，则普通称为“铨选”。其事于古当属司马，汉朝凡有做官的资格，而还未授官的，皆拜为郎，属于光禄勋，分属五官中郎将、左中郎将、右中郎将，谓之三署郎。光禄勋岁于其中举茂材四行。其选授之权，初属三公府，东西曹主其事。后来尚书的吏曹，渐起而攘夺其权。灵帝时，吕强上言：“旧典选举，委任三府。”“今但任尚书，或复敕用。”可见到后汉末，三公已不大能参预选举了。曹魏已后，既不设宰相，三公等官，亦不复参与政事，选权遂专归尚书。唐制：文选属于吏部，武选属于兵部。吏部选官，自六品以下，都先试其书、判，观其身、言。五品以上则不试，上其名于中书门下。宋初，选权分属中书、枢密及审官院，吏部唯注拟州县官。熙宁改制，才将选权还之吏部。神宗说古者文武不分途，不以文选属吏，武选属兵为然。于是文武选皆属吏部，由尚书、侍郎，分主其事。明清仍文选属吏，武选属兵。明代吏部颇有大权，

汉武帝像

卖官鬻爵是封建社会不能禁绝的流弊。《汉书·食货志》载汉武帝为解决财政困难，卖官于商人，即所谓“入羊为郎”“入谷补官”。图为汉武帝像。

高官及边任等，虽或由廷推，或由保举，然实多由吏部主其事。清代则内分于军机、内阁，外分于督、抚，吏部所司，真不过一吏之任而已。外官所用僚属，自南北朝以前，均由郡县长官自行选用，其权属于功曹。所用多系本地人。隋文帝始废之，佐官皆由吏部选授。此与选法之重资格而轻衡鉴，同为一大变迁，而其原理是相同的，即不求有功，但求防弊。士大夫蔽于阶级意识，多以此等防弊之法为不然。然事实上，所谓官僚阶级，总是以自利为先、国事为后的。无以防之，势必至于泛滥不可收拾。所以防弊之法，论者虽不以为然，然事实上卒不能废，且只有日益严密。

用人由用之者察度其才不才，谓之衡鉴。鉴是取譬于镜子，所以照见其好坏；衡则取喻于度量衡，所以定其程度的。用人若在某范围之中，用之者得以自由决定其取舍，不受何等法律的限制，则谓之有衡鉴之权。若事事须依成法办理，丝毫不能自由，即谓之依据资格。两者是正相反对的。资格用人，起于后魏崔亮的停年格，专以停解先后为断，是因胡灵后秉政，许武人入选，仕途拥挤，用此为手段，以资对付的。崔亮自己亦不以为然。北齐文襄帝做尚书时，就把它废掉了。唐开元时，裴光庭又创循资格。然自中叶以后，检校、试、摄、判、知之法大行，皆以资格不相当之人任事，遂开宋朝以差遣治事之端。明孙丕扬创掣签法。资格相同者，纳签于筒，在吏部堂上，由候选者亲掣。不到者由吏部堂官代掣。当时亦系用以对付中人请托的。见于慎行《笔麈》。然其后卒不能废。大抵官吏可分为政务官和事务官。政务官以才识为重，自不能专论资格。事务官不过承上官之命依据法律，执行政务，其事较少变化。用法能得法外意，虽是极好的事，然其事太无凭据，若都借口学识，破弃资格，一定得才的希望少，徇私的弊窦多。所以破格用人，只可视为偶然之事，在常时必不能行，历来诋谌资格之论，都是凭臆为说，不察实际情形的。

回避之法，亦是防弊的一端。此事古代亦无之。因为回避之法，不外两端：（一）系防止人与人间的关系。（二）则防止人与其所治的地方的关系。在世官制度之下，世家大族，左右总是姻亲；而地不过百里，东西南北，亦总系父母之邦；何从讲起回避？地方既小，政治之监察既易，舆论之指摘亦严，要防止弊窦，亦正无借乎回避。所以回避之法，在封建制度下，是无从发生的。郡县制度的初期，还毫无形迹，如严助、朱买臣均以吴人而为会稽守，即其明证。东汉以后，此制渐渐发生。《后汉书·蔡邕传》说：时制婚姻之家，及两州人士，不得对相监临，因此有三互之法。《注》：三互，谓婚姻之家，及两州人不得交互为官也。是为回避之法之始。然其法尚不甚严。至近世乃大为严密。在清代，唯教职止避本府，余皆须兼避原籍、寄籍及邻省五百里以内。京官父子、祖孙不得同在一署。外官则五服之内，母、妻之父及兄弟、女婿、外甥、儿女姻亲、师生，均不得互相统属。皆以卑避尊。此等既以防弊，亦使其人免得为难，在事实上亦不得不然。唯近代省区太大，服官的离本籍太远，以致不悉民情风俗，甚至言语不通，无从为治。以私计论，来往川资，所费大巨，到任时已不易筹措，罢官后竟有不能归家的，未免迫人使入于贪污，亦是立法未善之处。

选举之法，无论如何严密，总不过慎之于任用之初。（一）人之究有德行才识与否，有时非试之以事不能知。（二）亦且不能保其终不变节。（三）又监督严密，小人亦可为善；监督松弛，中人不免为非。所以考课之法，实较选举更为重要。然其事亦倍难。因为（一）考试之法，可将考者与被考者隔离；（二）且因其时间短，可用种种方法防弊；（三）不幸有弊，所试以文字为凭，亦易于复试磨勘。在考课则办不到。考课之法，最早见于书传的，是《书经》的三载考绩，三考黜陟。《尧典》，今本《舜典》。《周官》太宰，以八柄诏王驭群臣，一曰爵，二曰禄，三曰予，四曰置，五曰生，六曰夺，七曰废，八曰诛。亦系此法。汉朝京房欲作考功课吏法，因此为石显所排；王符著《潜夫论》极称之，谓为致太平之基。见《考绩》篇。魏世刘劭，亦曾受命作都官考课及说略。今其所著《人物志》具存，论观人之法极精，盖远承《文王官人》之绪。《大戴礼记》篇名。《周书》亦有此篇，但称《官人》。案京房尝受学焦延寿，延寿称“得我道以亡身者，京生也”。京房《易》学，虽涉荒怪，然汉世如此者甚多，何致有亡身之惧？疑《汉书》文不完具。京房课吏之法，实受诸延寿，“得我道以亡身”之说，实指课吏之法言之。如此，则考课之法，在古代亦系专门之业，而至后来乃渐失其传者了。后世无能讲究此学的。其权，则初属于相府，后移于尚书，而专属于吏部。虽有种种成法，皆不过奉行故事而已。吏部系总考课的大成的。各机关的属官，由其长官考察；下级机关，由上级机关考察；为历代所同。考课有一定年限。如明代，京官六年一考察，谓之京察。外官三年一考察，谓之外察，亦谓之大计，武职谓之军政。清朝均三年一行。考察有一定的项目，如清朝文官，以守、才、政、年为四格。武官又别有字样，按格分为三等。又文武官均以不谨、罢软、浮躁、才力不及、年老、有疾为六法，犯此者照例各有处分。然多不核其实，而人事的关系却颇多。高级的官，不由吏、兵部决定的，明有自陈，清有由部开列事实请旨之法，余皆由吏、兵部处理。

第十讲　货　币

交换是现社会重要的经济机构，货币则是交换所借之以行的。所以货币制度的完善与否，和经济的发达、安定，都有很大的关系。中国的货币制度，是不甚完善的。这是因为（一）中国的经济学说，注重于生产消费，而不甚注重于交换，于此部分，缺乏研究。（二）又疆域广大，各地方习惯不同，而行政的力量甚薄，不能控制之故。

中国古代，最普遍的货币，大约是贝。所以凡货财之类，字都从贝，这是捕渔的民族所用。亦有用皮的，所以国家以皮币行聘礼、婚礼的纳征，亦用鹿皮，这当是游猎民族所用。至农耕社会，才普遍使用粟帛。所以《诗经》说“握粟出卜”，又说“抱布贸丝”。珠玉金银铜等，都系贵族所需要。其中珠玉之价最贵，金银次之，铜又次之，所以《管子》说：“以珠玉为上币，黄金为中币，刀布为下币。”《国蓄》。古代的铜价，是比较贵的。《史记·货殖列传》《汉书·食货志》，说当时的粜价，都是每石自二十文至八十文。当时的衡量，都约当现代五分之一。即当时的五石，等于现在的一石。当时量法用斛，衡法称石，石与斛的量，大略相等。其价为一百文至四百文。汉宣帝时，谷石五钱，则现在的一石谷，只值二十五文。如此，零星贸易，如何能用钱？所以孟子问陈相：许行的衣冠械器，从何而来？陈相说：都是以粟易之。《滕文公上》篇。而汉朝的贤良文学，说当时买肉吃的人，也还是“负粟而往，易肉而归”。《盐铁论·散不足》篇。可见自周至汉，铜钱的使用，并不十分普遍。观此，才知道古人所以有许多主张废除货币的。若古代的货币使用，其状况一如今日，则古人即使有这主张，亦必审慎考虑，定有详密的办法，然后提出，不能说得太容易了。自周至汉，尚且如此，何况夏殷以前？所以《说文》说："古者货贝而宝龟，周而有泉，至秦废贝行钱。"《汉书·食货志》说货币的状况："自夏殷以前，其详靡记"，实在最为确实。《史记·平准书》说："虞夏之币，金为三品：或黄，或白，或赤，或钱，或布，或刀，或龟贝。"《平准书》本非《史记》原文，这数语又附著篇末，其为后人所窜入，不待言而可明了。《汉书·食货志》又说："大公为周立九府圜法。黄金方寸而重一斤。钱圜函方，函即俗话钱眼的眼字。轻重以铢。布帛广二尺二寸为辐，长四丈为匹。大公退，又行之于齐。"案《史记·货殖列传》说："管子设轻重九府"，《管晏列传》说："吾读管氏《牧民》《山高》《乘马》《轻重》《九府》"，则所谓九府圜法，确系齐国的制度。但其事起于何时不可知。说是太公所立，已嫌附会，再说是太公为周所立，退而行之于齐，就更为无据了。古代的开化，东方本早于西方。齐国在东方，经济最称发达。较整齐的货币制度，似乎就是起于齐国的。《管子》《轻重》诸篇，多讲货币货物相权之理，可见其时货币的运用，已颇灵活。《管子》虽非管仲所著，却不能不说是齐国的书。《说文》说周而有泉，可见铜钱的铸造，是起于周朝，而逐渐普遍于各地方的。并非一有铜钱，即各处普遍使用。

古代的铜钱，尚且价格很贵，而非普通所能使用，何况珠玉金银等呢？这许多东西，何以会与铜钱并称为货币？这是因为货币之始，乃是用之于远方，而与贵族交易的。《管子》说："玉起于禺氏，金起于汝、汉，珠起于赤野。东西南北，距周七千八百里，《通典》引作七八千里。水绝壤断，舟车不能通。先王为其途之远，其至之难，故托用于其重。"《国蓄》。又说："汤七年旱，禹五年水，汤以庄山之金，禹以历山之金铸币，而赎人之无饘卖子者。"《山权数》。此等大批的卖买，必须求之于贵族之家。因为当时，只有贵族，才会有大量的谷物存储。如《山权数》篇又言丁氏之家粟，可食三军之师。于此，可悟古代商人，多与贵族交接之理，而珠玉金银等的使用，亦可无疑义了。珠玉金银等，价均太贵，不适宜于普通之用。只有铜，价格稍贱，而用途极广，是普通人所宝爱，而亦是其所能使用的。铜遂发达而成普通的货币，具有铸造的形式。其价值极贵的，则渐以黄金为主，而珠玉等都被淘汰。

钱圜函方，一定是取象于贝的。所以钱的铸造，最初即具有货币的作用。其为国家因民间习用贝，又宝爱铜，而铸作此物，抑系民间自行制造不可知。观《汉书》“轻重以铢”四字，可见齐国的铜钱，轻重亦非一等。限制其轻重必合于铢的整数，正和限制布帛的长阔一样。则当时的钱，种类似颇复杂。观此，铜钱的铸造，其初似出于民间，若源出国家，则必自始就较整齐了。此亦可见国家自能发动的事情，实在很少，都不过因社会固有的事物，从而整齐之罢了。到货币广行以后，大量的铸造，自然是出于国家。因为非国家，不能有这大量的铜。但这只是事实如此。货币不可私铸之理，在古代，似乎不甚明白的。所以汉文帝还放民私铸。

《汉书·食货志》说：“秦并天下，币为二等。黄金以镒为名，上币。铜钱质如周钱，文曰半两，重如其文。而珠玉龟贝银锡之属，为器饰宝藏，不为币。然各随时而轻重无常。”可见当时的社会，对于珠玉、龟贝、银锡等，都杂用为交易的媒介，而国家则于铜钱之外，只认黄金。这不可谓非币制的一进化。《食货志》又说，汉兴，以为秦钱重，难用，更令民铸荚钱。《高后本纪》：二年，行八铢钱。应劭曰：“本秦钱。质如周钱，文曰半两，重如其文。即八铢也。汉以其太重，更铸荚钱。今民间名榆荚钱是也。民患其太轻。至此复行八铢钱。”六年，行五分钱。应劭曰：“所谓荚钱者。文帝以五分钱太轻小，更作四铢钱。文亦曰半两。今民间半两钱最轻小者是也。”案既经铸造的铜钱，自与生铜不同。但几种货币杂行于市，民必信其重者，而疑其轻者；信其铸造精良者，而疑其铸造粗恶者；这是无可如何之事。古代货币，虽有多种并行，然其价格，随其大小而不齐，则彼此不会互相驱逐。今观《汉书·食货志》说：汉行荚钱之后，米至石万钱，马至匹百金。汉初虽有战争，并未至于白骨蔽野，千里无人烟，物价的昂贵，何得如此？况且物价不应同时并长。同时并长，即非物价之长，而为币价之跌，其理甚明。古一两重二十四铢。八铢之重，只得半两钱三分之二；四铢只得三分之一；而其文皆曰半两，似乎汉初货币，不管其实重若干，而强令其名价相等。据此推测，汉初以为秦钱重难用，似乎是一个借口。其实是借发行轻货，以为筹款之策的。所以物价因之增长。其时又不知货币不可私铸之理。文帝放民私铸，看《汉书》所载贾谊的奏疏，其诒害可谓甚烈。汉武帝即位后，初铸三铢钱。又铸赤仄。又将鹿皮造成皮币。又用银锡造作白金三等。纷扰者久之。后来乃将各种铜钱取销，专铸五铢钱。既禁民私铸，并不许郡国铸造，而专令上林三官铸。谓水衡都尉属官均官、钟官、辨铜三令丞。无形中暗合货币学理。币制至此，始获安定。直至唐初，才另铸开元通宝钱。自此以前，历朝所铸的钱，都以五铢为文。五铢始终是最得人民信用的钱。

汉自武帝以后，币制是大略稳定的。其间唯王莽一度改变币制，为五物、六名、二十八品。金、银、龟、贝、钱、布为六名。钱布均用铜，故为五物。其值凡二十八等。然旋即过去。至后汉光武，仍恢复五铢钱。直至汉末，董卓坏五铢钱，更铸小钱，然后钱法渐坏。自此经魏、晋、南北朝，政治紊乱，币制迄未整饬。其中最坏的，如南朝的鹅眼、綖环钱，至于“入水不沈，随手破坏”。其时的交易，则多用实物做媒介。和外国通商之处，则或兼用金银。如《隋书·食货志》说：梁初，只有京师及三吴、荆、郢、江、襄、梁、益用钱。其余州郡，则杂以谷帛。交广全用金银。又说：陈亡之后，岭南诸州，多以钱米布交易。河西诸郡，或用西域金银之钱都是。直到唐初，铸开元通宝钱，币制才算复一整理。然不久私铸即起。

王莽像

王莽（前45—23），字巨君，新朝的建立者。公元8年到公元14年，王莽一共进行了三次币值改革，是其托古改制的重要内容。

用金属做货币，较之珠玉布帛等，固然有种种优点，但亦有两种劣点。其（一）是私销私铸的无法禁绝。私铸，旧说以“不爱铜不惜工”敌之。即是使铸造的成本高昂，私铸无利可图。但无严切的政令以辅之，则恶货币驱逐良货币，既为经济上不易的原则，不爱铜，不惜工，亦徒使国家增加一笔销耗而已。至于私销，则简直无法可禁。其（二）为钱之不足于用。社会经济，日有进步，交易必随之而盛。交易既盛，所需的筹码必多。然铜系天产物，开矿又极劳费，其数不能骤增。此系自然的原因。从人为方面论，历代亦从未注意于民间货币的足不足，而为之设法调剂，所以货币常感不足于用。南北朝时，杂用实物及外国货币，币制的紊乱，固然是其一因，货币数量的缺乏，怕亦未尝非其一因。此等现象，至唐代依然如故。玄宗开元二十二年，诏庄宅口马交易，并先用绢布绫罗丝棉等。其余市买，至一千以上，亦令钱物并用。违者科罪。便是一个证据。当这时代，纸币遂应运而生。

纸币的前身是飞钱。《唐书·食货志》说：贞元时，商贾至京师，委钱诸道进奏院及诸军诸使富家，以轻装趋四方，合券乃取之，号飞钱。这固然是汇兑，不是纸币。然纸币就因之而产生了。《文献通考·钱币考》说：初蜀人以铁钱重，私为券，谓之交子，以便贸易。富人十六户主之。其后富人稍衰，不能偿所负，争讼数起。寇瑊尝守蜀，乞禁交子。薛田为转运使，议废交子则贸易不便。请官为置务，禁民私造。诏从其请。置交子务于益州。《宋史·薛田传》说：未报，寇瑊守益州，卒奏用其议。蜀人便之。《食货志》说：真宗时，张咏镇蜀。患蜀人铁钱重，不便贸易。设质剂之法。一交一缗，以三年为一界而换之。六十五年为二十二界。谓之交子。富民十六户主之。三说互歧，未知孰是。总之一交一缗，以三年为一界，总是事实。一交为一缗，则为数较小，人人可以使用。以三年为一界，则为时较长，在此期间，即具有货币的效用，真可谓之纸币，而非复汇兑券了。然云废交子则贸易不便，则其初，亦是以搬运困难，而图藉此以省费的。其用意，实与飞钱相类。所以说纸币，是从汇兑蜕化而出的。

交子务既由官置，交子遂变为官发的纸币。神宗熙宁间，因河东苦铁钱，置务于潞州。后又行之于陕西。徽宗崇宁时，蔡京又推行之于各处。后改名为钱引。其时唯闽、浙、湖、广不行。推行的区域，已可谓之颇广了。此种纸币，系属兑换性质。必须可兑现钱，然后能有信用。然当时已有滥发之弊。徽宗时，遂跌至一缗仅值钱数十。幸其推行的范围虽广，数量尚不甚多，所以对于社会经济，不发生甚大的影响。南宋高宗绍兴元年，令榷货务造关子。二十九年，户部始造会子。仍以三年为一界。行至十八界为止。第十九界，贾似道仍改造关子。南宋的交子，有展限和两界并行之弊。因之各界价格不等。宁宗嘉定四年，遂令十七、十八两界，更不立限，永远行使。这很易至于跌价。然据《宋史·食货志》：度宗咸淳四年，以近颁关子，贯作七百七十文足。十八界会子，贯作二百五十七文足。三准关子，一同现钱行使。此时宋朝已近灭亡，关子仅打七七折，较诸金朝，成绩好得多了。

金朝的行纸币，始于海陵庶人贞元二年。以一贯、二贯、三贯、五贯、十贯为大钞，一百、二百、三百、五百、七百为小钞。当时说是铜少的权制。但（一）开矿既非易事；括民间铜器以铸；禁民间私藏铜器及运铜器出境；都是苛扰的事。铸钱因此不易积极进行。（二）当时亦设有铸钱的监，乃多毁旧钱以铸。新钱虽然铸出，旧钱又没有了。（三）既然钱钞并行，循恶货币驱逐良货币的法则，人民势必将现钱收藏，新铸的钱，转瞬即行匿迹。因此，铜钱永无足时，纸币势必永远行使。然使发行得法，则纸币与铜钱并行，本来无害，而且是有益的。所以《金史·食货志》说：章宗即位之后，有人要罢钞法。有司说：“商旅利其致远，往往以钱买钞。公私俱便之事，岂可罢去？”这话自是事实。有司又说：“止因有厘革之限，不能无疑。乞削七年厘革之限，令民得常用。”岁久字文磨灭，许于所在官库纳旧换新，或听便支钱。作《食货志》的人说：“自此收敛无术，出多入少，民浸轻之。”其实收敛和厘革，系属两事。苟能审察经济情形，不至滥发，虽无厘革之限何害？若要滥发，即有厘革之限，又何难扩充其每界印造之数，或数界并行呢？所以章宗时的有司，实在并没有错。而后来的有司，“以出钞为利，收钞为讳”，却是该负极大责任的。平时已苦钞多，宣宗南迁以后，更其印发无限。贞祐二年，据河东宣抚使胥鼎说，遂致每贯仅值一文。

钞法崩溃至此，业已无法挽救。铜钱则本苦其少，况经纸币驱逐，一时不能复出。银乃乘机而兴。案金银用为交易的媒介，由来已久，读前文所述可见。自经济进步以后，铜钱既苦其少，又苦运输的困难，当这时候，以金银与铜相辅而行，似极便利。然自金末以前，讫未有人想到这个法子，这是什么理由呢？原来货币是量物价的尺。尺是可有一，不可有二的。既以铜钱为货币，即不容铜钱之外，更有他种货币。（一）废铜钱而代以金银，固然无此情理。（二）将金银亦铸为货币，与铜钱严定比价，这是昔人想不到的。如此，金银自无可做货币的资格了。难者要说：从前的人，便没有专用铜钱。谷物布帛等，不都曾看作货币的代用品么？这话固然不错。然在当时，金银亦何尝不是货币的代用品。不过其为用，不如谷物布帛的普遍罢了。金银之用，为什么不如谷帛的普遍，须知价格的根源，生于价值，金银在现今，所以为大众所欢迎，是因其为交换之媒介，既广且久，大家对它，都有一种信心，拿出去，就什么东西可以换到。尤其是，现今世界各国，虽然都已用纸，而仍多用金银为准备。金银换到货币最为容易，且有定价，自然为人所欢迎。这是货币制度替金银造出的价值，并不是金银本身自有价值。假使现在的货币，都不用金银做准备，人家看了金银，也不当它直接或间接的货币，而只当它货物。真要使用它的人，才觉得它有价值。如此，金银的价值必缩小；要它的人亦必减少；金银的用途，就将大狭了。如此，便可知道自金末以前，为什么中国人想不到用金银做货币。因为价格生于价值，其物必先有人要，然后可做交易的媒介，而金银之为物，在从前是很少有人要的。因为其为物，对于多数人是无价值。金银本身之用，不过制器具，供玩好，两者都非通常人所急。

到金朝末年，经济的情形，又和前此不同了。前此货币紊乱之时，系以恶的硬币，驱逐良的硬币。此时则系以纸币驱逐硬币。汉时钱价甚昂，零星交易，并不用钱，已如前述。其后经济进步，交易渐繁，货币之数，势必随公铸私造而加多。货币之数既多，其价格必日跌。于是零星贸易，渐用货币；大宗支付，转用布帛。铜钱为纸币驱逐以尽，而纸币起码是一百文，则零星贸易，无物可用了。势不能再回到古代的以粟易之，而布帛又不可尺寸分裂，乃不得已而用银。所以银之起，乃是所以代铜钱供零星贸易之用的，并非嫌铜钱质重值轻，用之以图储藏和运输之便。所以到清朝，因铸钱的劳费，上谕屡次劝人民兼用银两，人民总不肯听。这个无怪其然。因为他们心目之中，只认铜钱为货币。储藏了银两，银两对铜钱涨价，固然好了，对铜钱跌价，他们是要认为损失的。他们不愿做这投机事业。到清末，要以银为主币，铜为辅币，这个观念，和普通一般人说明，还是很难的。因为他们从不了解：有两种东西可以同时并认为货币。你对他说：以银为主币，铜为辅币，这个铜币，就不该把它看作铜，也不该把它看作铜币，而该看作银圆的几分之几，他们亦很难了解。这似乎是他们的愚笨，其实他们的意见是对的。因为既不看作铜，又不看作铜币，那末，为什么不找一种本无价值的东西，来做银圆的代表，而要找铜币呢？铜的本身是有价值的，因而是有价格的，维持主辅币的比价，虽属可能，究竟费力。何不用一张纸，写明铜钱若干文，派它去充个代表，来得直捷痛快呢？他们的意见是对的。他们而且已经实行了。那便是飞钱、交子等物。这一种事情，如能顺利发达，可使中国货币的进化，早了一千年。因为少数的交易用铜钱，多数的授受，嫌钱笨重的，则以纸做钱的代表，如此，怎样的巨数，亦可以变为轻赍，而伸缩又极自由，较之用金银，实在合理得许多。而惜乎国家攫取其发行之权，以济财政之急，把这自然而合理的进化拗转了。

于此，又可知道纸币之敝。黄金为什么不起而代之，而必代之以银？从前的人，都说古代的黄金是多的，后世却少了，而归咎于佛事的消耗。顾炎武《日知录》，赵翼《廿二史札记》《陔余丛考》，都如此说。其实不然。王莽败亡时，省中黄金万斤为一匮者，尚有六十匮。其数为六十万斤。古权量当今五之一，则得今十二万斤，即一百九十二万两。中国人数，号称四万万。女子当得半数，通常有金饰的，以女子为多。假使女子百人之中，有一人有金饰，其数尚不及一两。现在民间存金之数，何止如此？《齐书·东昏侯纪》，谓其“后宫服御，极选珍奇。府库旧物，不复周用。贵市民间，金银宝物，价皆数倍，京邑酒租，皆折使输金，以为金涂”。这几句话，很可说明历史记载，古代金多、后世金少的原因。古代人民生活程度低，又封建之世，服食器用，皆有等差，平民不能僭越。珠玉金银等，民间收藏必极少。这个不但金银如此，怕铜亦是如此。秦始皇的销兵，人人笑其愚笨。然汉世盗起，必劫库兵。后汉时羌人反叛，因归服久了，无复兵器，多执铜镜以象兵。可见当时民间兵器实不多。不但兵器不多，即铜亦不甚多。所以贾谊整理币制之策，是“收铜勿令布”。若铜器普遍于民间，亦和后世一样，用什么法子收之勿令布呢？铜尚且如此，何况金银？所以古代所谓金多，并非金真多于后世，乃是以聚而见其多。后世人民生活程度渐高；服食器用，等差渐破；以朝廷所聚之数，散之广大的民间，就自然不觉其多了。读史的人，恒不免为有明文的记载所蔽，而忽略于无字句处。我之此说，一定有人不信。因为古书明明记载汉时黄金的赏赐，动辄数十斤数百斤，甚且有至数千斤的，如何能不说古代的黄金，多于后世呢？但是我有一个证据，可以折服他。王莽时，黄金一斤直钱万，朱提银八两为一流，直钱一千五百八十，他银一流直钱千，则金价五倍于银。《日知录》述明洪武初，金一两等于银五两，则金银的比价，汉末与明初相同。我们既不见古书上有大量用银的记载，亦不闻佛法输入以后，银有大量的消耗，然则古书所载黄金大量使用之事，后世不见，并非黄金真少，只是以散而见其少，其事了然可见了。大概金银的比价，在前代，很少超过十倍的。然则在金朝末年，社会上白银固多，黄金亦不甚少。假使用银之故，是嫌铜币的笨重，而要代之以质小值巨之物，未尝不可舍银而取金，至少可以金银并用。然当时绝不如此。这明明由于银之起，乃所以代铜钱，而非以与铜钱相权，所以于金银两者之中，宁取其价之较低者。于此，可见以金银铜三品，或金银二品，或银铜二品为货币，并非事势之自然。自然之势，是铜钱嫌重，即走向纸币一条路的。

金银两物，旧时亦皆铸有定形。《清文献通考》说：“古者金银皆有定式，必铸成币而后用之。颜师古注《汉书》，谓旧金虽以斤为名，而官有常形制。亦犹今时吉字金锭之类。武帝欲表祥瑞，故改铸为麟趾褭蹄之形，以易旧制。然则麟趾褭蹄，即当时金币式也。汉之白选与银货，亦即银币之式。《旧唐书》载内库出方圆银二千一百七十二两，是唐时银亦皆系铸成。”案金属货币之必须铸造，一以保证其成色，一亦所以省秤量之烦。古代金银虽有定形，然用之必仍以斤两计，似乎其分量的重轻，并无一定。而其分量大抵较重，尤不适于零星贸易之用。

《金史·食货志》说："旧例银每锭五十两，其直百贯。民间或有截凿之者，其价亦随低昂。"每锭百贯，其不能代铜钱可知。章宗承安二年，因钞法既敝，乃思乞灵于银。改铸银，名承安宝货。自一两至十两，分为五等。每两折钞二贯。公私同见钱行使。亦用以代钞本。后因私铸者多，杂以铜锡，浸不能行。五年，遂罢之。宣宗时，造贞祐宝券及兴定宝泉，亦皆与银相权。然民间但以银论价。于是限银一两，不得超过宝泉三百贯。案宝泉法价，每二贯等于银一两。物价在三两以下者，不许用银。以上者三分为率，一分用银，二分用宝泉。此令既下，"商旅不行，市肆昼闭"。乃复取消。至哀宗正大间，民间遂全以银市易。《日知录》说："此今日上下用银之始。"其时正值无钱可用的时候，其非用以与钱相权，而系以之代钱，显然可见了。

元明两朝，当开国之初，都曾踌躇于用钱用钞之间。因铜的缺乏，卒仍舍钱而用钞。元初有行用钞，其制无可考。世祖中统元年，始造交钞，以丝为本。是年十月，又造中统宝钞。分十、二十、三十、五十、一百、二百、五百、一贯、二贯。此据《食货志》。《王文统传》云：中统钞自十文至二贯凡十等。疑《食货志》夺三百一等。每一贯同交钞一两，两贯同白银一两。又以文绫织为中统银货。分一两、二两、三两、五两、十两五等。每两同白银一两，未曾发行。至元十二年，添造厘钞。分一文、二文、三文三等。十五年，以不便于民罢。二十四年，造至元钞。自二贯至五文，凡十一等。每一贯当中统钞五贯，二贯等于银一两，二十贯等于金一两。武宗至大二年，以物重钞轻，改造至大银钞。自二两至二厘，共十三等。每一两准至元钞五贯，白银一两，赤金一钱。仁宗即位，以倍数太多，轻重失宜，罢至大银钞，其中统至元二钞，则终元世常行。案元朝每改钞一次，辄准旧钞五倍，可见当其改钞之时，即系钞价跌至五分之一之时。货币跌价，自不免影响于民生。所以"实钞法"实在是当时的一个大问题。元初以丝为钞本，丝价涨落太大，用作钞本，是不适宜的。求其价格变动较少的，自然还是金属。金属中的金银，都不适于零星贸易之用。厘钞及十文五文之钞，行用亦实不适宜。所以与其以金银为钞本，实不如以铜钱为钞本。元朝到顺帝至正年间，丞相脱脱，才有此议。下诏：以中统钞一贯，权铜钱一千，准至元钞二贯。铸至正通宝钱，与历代铜钱并用。这实在是一个贤明的办法。然因海内大乱，军储赏犒，每日印造，不可数计。遂至“交料散满人间”，“人视之若敝楮”了。明初，曾设局铸钱。至洪武七年，卒因铜之不给，罢铸钱局而行钞。大明宝钞，以千文准银一两，四贯准黄金一两。后因钞价下落，屡次鬻官物，或税收限定必纳宝钞以收钞。然终于不能维持。至宣宗宣德三年，遂停止造钞。其时增设新税，或加重旧税的税额，专收钞而焚之。钞法既平之后，有些新税取销，税额复旧，有的就相沿下去了。钞关即是其中之一。自此租税渐次普遍收银，银两真成为通用的货币了。

主币可以用纸，辅币则必须用金属。因其授受繁，纸易敝坏，殊不经济。所以以铜钱与纸币并行，实最合于理想。元明两朝，当行钞之时，并不铸钱。明朝到后来，铸钱颇多，却又并不行钞了，清朝亦然。顺康雍乾四朝，颇能实行昔人不爱铜不惜工之论。案分厘在古代，本系度名而非衡名。衡法以十黍为累，十累为铢，二十四铢为两。因其非十进，不便计算，唐朝铸开元通宝钱，乃以一两的十分之一，即二铢四累，为其一个的重量。宋太宗淳化二年，乃改衡法。名一两的十分之一为一钱，一钱的十分之一为一分，一分的十分之一为一厘。钱即系以一个铜钱之重为名。分厘之名，则系借诸度法的。依照历朝的成法，一个铜钱，本来只要重一钱。顺、康、雍、乾四朝所铸，其重量却都超过一钱以上，铸造亦颇精工。可谓有意于整顿币制了。惜乎于货币的原理未明，所以仍无成效可见。怎样说清朝的货币政策，不合货币原理呢？案（一）货币最宜举国一律。这不是像邮票一般，过了若干时间，就不复存在的。所以邮票可以花样翻新，货币则不宜然。此理在唐朝以前，本来明白。所以汉朝的五铢钱，最得人民信用，自隋以前，所铸的铜钱，即多称五铢。唐初改铸开元通宝，大约是因当时钱法大坏，想与民更始的，揣度当时的意思，或者想以开元为全国唯一通行的钱。所以后世所铸的钱，仍系开元通宝。高宗的乾封泉宝、肃宗的乾元重宝、重轮乾元等，虽都冠之以年号，然皆非小平钱，当时不认为正式的货币。不过其统一的目的，未能达到罢了。宋以后才昧于此理，把历朝帝皇的年号，铸在铜钱之上。于是换一个皇帝，就可以有一种钱文。年号时有改变，则还可以不止一种。货币形式的不统一，不是事实使然，竟是立法如此了。甚至像明朝世宗，不但铸嘉靖年号的铜钱，还补铸前此历朝未铸的年号。这不是把铜钱不看作全国的通货，而看作皇帝一个人的纪念品么？若使每朝所铸的，只附铸一个年号，以表明其铸造的年代，而其余一切，都是一律，这还可以说得过去。而历代又不能然。清朝亦是如此。且历朝所铸的铜钱，重量时有出入。这不是自己先造成不统一么？（二）虽然如此，但得所铸的钱，不至十分恶劣，则在专制时代，即但以本朝所铸之钱为限，而禁绝其余的恶薄者，亦未始不可以小康。此即明代分别制钱和古钱的办法。明天启、崇祯间，括古钱以充废铜，以统一币制论，实在是对的。但要行此法，有一先决问题，即必须先使货币之数足用。若货币之数，实在不足于用，交易之间，发生困难，就无论何等恶劣的货币，人民也要冒险使用，禁之不可胜禁，添出整理的阻力来了。自明废除纸币以后，直至清朝，要把铜钱铸到人民够用，是极不容易办到的。当此之时，最好将纸币和铜钱相权。而明清皆不知出此，听任银铜并行。又不知规定其主辅的关系。在明朝，租税主于收银，铜钱时有禁令，人民怀疑于铜钱之将废，不敢收受，大为铜钱流通之害。清朝则人民认铜钱为正货，不愿收受银两。而政府想要强迫使用，屡烦文告，而卒不能胜。而两种货币，同时并行，还生出种种弊窦。如租税征收等。不明经济原理之害，真可谓生于其心，害于其政了。

外国银钱的输入，并不始于近代。《隋书·食货志》说南北朝时河西、交广的情形，已见前。《日知录》引唐韩愈《奏状》，说五岭买卖一以银。元稹奏状，说自岭以南，以金银为货币。张籍诗说：海国战骑象，蛮州市用银。《宋史·仁宗纪》：景祐二年，诏诸路岁输缗钱，福建二广以银。《集释》说：顺治六七年间，海禁未设，市井贸易，多以外国银钱。各省流行，所在多有。禁海之后，绝迹不见。这可见外国货币之侵入，必限于与外国通商之时，及与外国通商之地。前此中外交通，时有绝续；又多限于一隅；所以不能大量侵入。到五口通商以后，情形就大不相同了。外国铸造的货币，使用的便利，自胜于我国秤量的金银。其秤量之法，且不划一。外国银圆，遂滔滔输入，而以西班牙、墨西哥两国为多。中国的自铸，始于光绪十三年。广东总督张之洞所为。重量形式，都模仿外国银圆，以便流通。此时铜钱之数，颇感不足。光绪二十七年，广东开铸铜元，因其名价远超于实价，获利颇多。于是各省竞铸铜元，以谋余利，物价为之暴腾。小平钱且为其驱逐以尽。民生大感困苦。光绪三十年，度支部奏厘定币制，以银圆为本位货币，民国初年仍之。其时孙文创用纸币之议，举国的人，多不解其理论，非难蜂起。直到最近，国民政府树立法币制度，才替中国的货币，画一个新纪元。

第十一讲　衣　食

《礼记·礼运》说：“昔者先王未有宫室，冬则居营窟，夏则居橧巢。未有火化，食草木之实，鸟兽之肉，饮其血，茹其毛。未有麻丝，衣其羽皮。后圣有作，然后修火之利。范金，合土，以为台榭、宫室、牖户。以炮，以燔，以亨，以炙，以为醴酪。治其麻丝，以为布帛。”这是古人总述衣食住的进化的。（一）古代虽无正确的历史，然其荦荦大端，应为记忆所能及。（二）又古人最重古。有许多典礼，虽在进化之后，已有新的、适用的事物，仍必保存其旧的、不适用的，以资纪念。如已有酒之后，还要保存未有酒时的明水，即其一例。此等典礼的流传，亦使人容易记忆前代之事。所以《礼运》这一段文字，用以说明古代衣食住进化的情形，是有用的。

据这一段文字，古人的食料共有两种，即（一）草木之实，（二）鸟兽之肉。（三）但还漏列了一种重要的鱼。古人以鱼鳖为常食。《礼记·王制》说：“国君无故不杀牛，大夫无故不杀羊，士无故不杀犬豕。”又说：“六十非肉不饱。”《孟子》说：“鸡、豚、狗、彘之畜、无失其时，七十者可以食肉矣。”《梁惠王上》篇。则兽肉为贵者，老者之食。又说：“数罟不入洿池，鱼鳖不可胜食也”，与“不违农时，谷不可胜食也”并举。《诗经·无羊》篇：“牧人乃梦，众维鱼矣。大人占之，众惟鱼矣，实维丰年。”郑《笺》说：“鱼者，庶人之所以养也。今人众相与捕鱼，则是岁熟相供养之祥。”《公羊》宣公六年，晋灵公使勇士杀赵盾。窥其户，方食鱼飧。勇士曰：“嘻！子诚仁人也。为晋国重卿，而食鱼飧，是子之俭也。”均鱼为大众之食之征。此等习惯，亦必自隆古时代遗留下来的。我们可以说，古人主要的食料有三种：（一）在较寒冷或多山林的地方，从事于猎，食鸟兽之肉，饮其血，茹其毛，衣其羽皮。（二）在气候炎热、植物茂盛的地方，则食草木之实。衣的原料麻、丝，该也是这种地方发明的。（三）在河湖的近旁则食鱼。

古代的食物虽有这三种，其中最主要的，怕还是第二种。因为植物的种类多，生长容易。《墨子·辞过》篇说："古之民，素食而分处。"孙诒让《闲诂》说："素食，谓食草木。素，疏之假字。疏，俗作蔬。"案古疏食两字有两义：（一）是谷物粗疏的，（二）指谷以外的植物。《礼记·杂记》："孔子曰：吾食于少施氏而饱，少施氏食我以礼。吾祭，作而辞曰：疏食不足祭也。吾飧，作而辞曰：疏食也，不足以伤吾子。"《疏》曰："疏粗之食，不可强饱，以致伤害。"是前一义。此所谓疏食，是后一义，因其一为谷物，一非谷物，后来乃加一草字头，以资区别。《礼记·月令》：仲冬之月，"山林薮泽，有能取蔬食，田猎禽兽者，野虞教道之。其有相侵夺者，罪之不赦"。《周官》太宰九职，八曰臣妾，聚敛疏材。《管子·七臣七主》篇云："果蓏素食当十石"，《八观》篇云："万家以下，则就山泽。"可见蔬食为古代重要的食料，到春秋战国时，还能养活很多的人口。至于动物，则其数量是比较少的。饮血茹毛，现在只当作形容野蛮人的话，其实在古代确是事实。《义疏》引"苏武以雪杂羊毛而食之"，即其确证。隆古时代，苏武在北海边上的状况，决不是常人所难于遭遇的。《诗经·豳风》："九月筑场圃。"郑《笺》云："耕治之以种菜茹。"《疏》云："茹者，咀嚼之名，以为菜之别称，故书传谓菜为茹。"菜即今所谓蔬，乃前所释疏食中的第二义。后世的菜，亦是加以选择，然后种植的，吃起来并不费力。古代的疏食，则是向山林薮泽中，随意取得的野菜，其粗疏而有劳咀嚼，怕和鸟兽的毛，相去无几。此等事实，均逼着人向以人工生产食物的一条路上走。以人工生产食料，只有畜牧和耕种两法。畜牧须有适宜的环境，而中国无广大的草原，古代黄河流域平坦之地，亦沮洳多沼泽。就只有走向种植一路了。

古人在疏食时代的状况，虽然艰苦，却替后人造下了很大的福利。因为所吃的东西多了，所以知道各种植物的性质。我国最古的药书，名为《神农本草经》。《淮南子·修务训》说："神农尝百草之滋味，水泉之甘苦，一日而遇七十毒。”此乃附会之辞，古所谓神农，乃农业两字之义，并非指姜姓的炎帝其人。《礼记·月令》说“毋发令而待，以妨神农之事”，义即如此。《孟子·滕文公上》篇“有为神农之言者许行”，义亦如此。《神农本草经》，乃农家推原草木性味之书，断非一个人的功绩。此书为中国几千年来药物学的根本。其发明，全是由于古代的人们，所吃的植物，种类甚多之故。若照后世人的吃法，专于几种谷类和菜蔬、果品，便一万年，也不会发明什么《本草》的。

墨子像

墨子（约前468—前391），名翟，是我国战国时期著名的思想家、教育家、军事家，墨家学派的创始人，有《墨子》一书传世。

一方面因所食之杂，而发现各种植物的性质；一方面即从各种植物中，淘汰其不适宜于为食料的，而栽培其宜于作食物的。其第（一）步，系从各种植物中，取出谷类，作为主食品。其第（二）步，则从谷类之中，再淘汰其粗的，而存留其精的。所以古人说百谷，后来便说九谷，再后来又说五谷。到现在，我们认为最适宜的主食品，只有稻和麦两种了。《墨子·辞过》篇说：“圣人作，诲男耕稼树艺，以为民食。其为食也，足以增气充虚，强体适腹而已矣。”《吕氏春秋·审时》篇说：“得时之稼，其臭香，其味甘，其气章。百日食之，耳目聪明，心意睿智，四卫变强。《注》：四卫，四肢也。殅气不入，身无苛殃。黄帝曰：四时之不正也，正五谷而已矣。”观此，便知农业的发明、进步，和人民的营养、健康，有如何重要的关系了。

古人所豢养的动物，以马、牛、羊、鸡、犬、豕为最普通，是为六畜。《周官》职方氏，谓之六扰。名见郑《注》。马牛都供交通耕种之用，故不甚用为食料。羊的畜牧，需要广大的草地，也是比较贵重的。鸡、犬、豕则较易畜养，所以视为常食。古人去渔猎时代近，男子畜犬的多。《管子·山权数》说：“若岁凶旱，水泆，民失本，则修宫室台榭，以前无狗，后无彘者为庸。”可见狗的畜养，和猪一样普遍。大概在古代，狗是男子所常畜，猪则是女子所畜的。家字从宀从豕，后世人不知古人的生活，则觉其难于解释。若知道古代的生活情形，则解释何难之有？猪是没有自卫能力的，放浪在外，必将为野兽所吞噬，所以不得不造屋子给它住。这种屋子，是女子所专有的。所以引申起来，就成为女子的住所的名称了。《仪礼·乡饮酒礼》记：“其牲狗”，《礼记·昏义》：“舅姑入室，妇以特豚馈”，可见狗是男子供给的肉食，猪是女子供给的肉食。后来肉食可以卖买，男子就有以屠狗为业的了。牛马要供给交通耕种之用，羊没有广大的草地可资放牧，这种情形，后世还是和古代一样的，狗却因距离游猎时代远，畜养的人少了，猪就成为通常食用的兽。

烹调方法的进步，也是食物进化中一种重要的现象。其根本，由于发明用火。而陶器制造的成功，也是很有关系的。《礼运》云：“夫礼之初，始诸饮食。其燔黍而捭豚，汙尊而抔饮，蒉桴而土鼓，犹若可以致其敬于鬼神。”《注》云：“中古未有釜甑，释米，捭肉，加于烧石之上而食之耳。今北狄犹然。”此即今人所谓“石烹”。下文的《注》云：“炮，裹烧之也。燔，加于火上。亨，煮之镬也。炙，贯之火上。”其中只有烹，是陶器发明以后的方法。据社会学家说：陶器的发明，实因烧熟食物时，怕其枯焦，涂之以土，此正郑《注》所谓裹烧。到陶器发明以后，食物煮熟时，又可加之以水。有种质地，就更易融化。调味料亦可于取熟时同煮。烹调之法，就更易进行了。烹调之法，不但使（一）其味加美，亦能（二）杀死病菌，（三）使食物易于消化，于卫生是很有关系的。

饮食的奢侈，亦是以渐而致的。《盐铁论·散不足》篇，贤良说：“古者燔黍食稗，而熚豚以相飨。熚当即捭字。其后乡人饮酒，老者重豆，少者立食，一酱一肉，旅饮而已。及其后，宾昏相召，则豆羹白饭，綦脍熟肉。今民间酒食，殽旅重叠，燔炙满案。古者庶人粝食藜藿，非乡饮酒、膢腊、祭祀无酒肉。今闾巷县伯，阡陌屠沽，无故烹杀，相聚野外，负粟而往，挈肉而归。古者不粥纴，当作饪，熟食也。不市食。及其后，则有屠沽、沽酒、市脯、鱼盐而已。今熟食遍列，肴施成市。”可见汉代人的饮食，较古代为侈。然《论衡·讥日》篇说：“海内屠肆，六畜死者，日数千头。”怕只抵得现在的一个上海市。《隋书·地理志》说：梁州、汉中的人，“性嗜口腹，多事田渔。虽蓬室柴门，食必兼肉”。其生活程度，就又非汉人所及了。凡此，都可见得社会的生活程度，在无形中逐渐增高。然其不平均的程度，亦随之而加甚。《礼记·王制》说：“三年耕，必有一年之食，九年耕，必有三年之食。以三十年之通，虽有凶旱水溢，民无菜色，然后天子食，日举，以乐。”《玉藻》说：“至于八月不雨，君不举。”《曲礼》说：“岁凶，年不顺成，君膳不祭肺，马不食谷，大夫不食粱，士饮酒不乐。”这都是公产时代同甘共苦的遗规。然到战国时，孟子就以“庖有肥肉，厩有肥马，民有饥色，野有饿莩”，责备梁惠王了。我们试看《周官》的《膳夫》，《礼记》的《内则》，便知道当时的人君和士大夫的饮食，是如何奢侈。“朱门酒肉臭，路有冻死骨，荣枯咫尺异，惆怅难再述”，正不待盛唐的诗人，然后有这感慨了。

《战国·魏策》说：“昔者帝女令仪狄作酒而美，进之禹。禹饮而甘之。遂疏仪狄，绝旨酒，曰：后世必有以酒亡其国者。”昔人据此，遂以仪狄为造酒的人。然仪狄只是作酒而美，并非发明造酒。古人所谓某事始于某人，大概如此。看《世本·作篇》，便可知道。酒是要用谷类酿造的，《仪礼·聘礼》注：“凡酒，稻为上，黍次之，粟次之。”其发明，必在农业兴起之后。《礼运》说：“污尊而抔饮。”郑《注》说：“汙尊，凿地为尊也。抔饮，手掬之也。”这明明是喝的水。《仪礼·士昏礼》疏引此，谓其时未有酒醴，其说良是。《礼运》疏说凿地而盛酒，怕就未必然了。《明堂位》说：“夏后氏尚明水，殷人尚醴，周人尚酒。”凡祭祀所尚，都是现行的东西，前一时期的东西。据此，则酿酒的发明，还在夏后氏之先。醴之味较酒为醇，而殷人尚醴，周人尚酒；《周官》酒正，有五齐、三酒、四饮，四饮最薄，五齐次之，三酒最厚，而古人以五齐祭，三酒饮；可见酒味之日趋于厚。读《书经》的《酒诰》，《诗经》的《宾之初筵》等篇，可见古人酒德颇劣。现在的中国人，却没有酗酒之习，较之欧美人，好得多了。

就古书看起来，古人的酒量颇大。《史记·滑稽列传》载淳于髡说：臣饮一斗亦醉，一石亦醉，固然是讽谕之辞。然《考工记》说："食一豆肉，饮一豆酒，中人之食。"《五经异义》载《韩诗》说，古人的酒器："一升曰爵，二升曰觚，三升曰觯，四升曰角，五升曰散。"古《周礼》说："爵一升，觚三升，献以爵而酬以觚，一献而三酬，则一豆矣。"一豆就是一斗。即依《韩诗》说，亦得七升。古量法当今五分之一，普通人亦无此酒量。案《周官》浆人，六饮有凉。郑司农云："以水和酒也。"此必古有此事，不然，断不能臆说的。窃疑古代献酬之礼，酒都是和着水喝的，所以酒量各人不同，而献酬所用的酒器，彼此若一。

刺激品次于酒而兴起的为茶。茶之本字为荼。《尔雅·释木》："槚，苦荼。"《注》云："树小如栀子，冬生叶，可煮作羹饮。今呼早采者为荼，晚取者为茗，一名荈。蜀人名之苦荼。"案荼系苦菜之称。茶之味微苦。我们创造一句新的言语，是不容易的。遇有新事物须命名时，往往取旧事物和他相类的，小变其音，以为新名。在单音语盛行时，往往如此。而造字之法，亦即取旧字而增减改变其笔画，以为新字。如角甪、刀刁，及现在所造的乒乓等字皆其例。所以从荼字会孕育出茶的语言文字来。语言从鱼韵转入麻韵，文字减去一画。茶是出产在四川，而流行于江南的。《三国吴志·韦曜传》说：孙皓强迫群臣饮酒时，常密赐茶荈以当酒。《世说新语》谓王濛好饮茶。客至，尝以是饷之。士大夫欲诣濛，辄曰：今日有水厄。即其证。《唐书·陆羽传》说："羽嗜茶。著经三篇，言茶之源、之法、之具尤备。天下益知饮茶矣。其后尚茶成风，回纥入朝，始驱马市茶。"则茶之风行全国，浸至推及外国，是从唐朝起的。所以唐中叶后，始有茶税。然据《金史》说：金人因所需的茶，全要向宋朝购买，认为费国用而资敌。章宗承安四年，乃设坊自造，至泰和五年罢。明年，又定七品以上官方许食茶。据此，即知当时的茶，并不如今日的普遍。如其像现在一样，全国上下，几于无人不饮，这种禁令，如何能立呢？平话中《水浒传》的蓝本，是比较旧的。现行本虽经金圣叹改窜，究竟略存宋元时的旧面目。书中即不甚见饮茶，渴了只是找酒喝。此亦茶在宋元时还未如今日盛行的证据。《日知录》引唐綦毋粟《茶饮序》云："释滞消壅，一日之利暂佳，瘠气侵精，终身之害斯大。"宋黄庭坚《茶赋》云："寒中瘠气，莫甚于茶。"则在唐宋时，茶还带有药用的性质，其刺激性，似远较今日之茶为烈。古人之茶系煎饮，亦较今日的用水泡饮为烦。如此看来，茶的名目，虽今古相同，其实则大相殊异了。这该是由于茶的制法今古不同，所以能减少其有害的性质，而成为普遍的饮料。这亦是饮食进化的一端。

次于茶而兴起的为烟草。其物来自吕宋。名为菸，亦名淡巴菰。见《本草》。最初莆田人种之。王肱枕《蚓庵琐语》云："烟叶出闽中，边上人寒疾，非此不治。关外至以一马易一觔。崇祯中，下令禁之。民间私种者问徒刑。利重法轻，民冒禁如故。寻下令：犯者皆斩。然不久，因军中病寒不治，遂弛其禁。予儿时尚不识烟为何物，崇祯末，三尺童子，莫不吃烟矣。"据《陔余丛考》转引。据此，则烟草初行时，其禁令之严，几与现在的鸦片相等。烟草可治寒疾，说系子虚，在今日事极明白。军中病寒，不过弛禁的一借口而已。予少时曾见某书，说明末北边的农夫，有因吸烟而醉倒田中的。此系予十余龄时所见，距今几四十年，不能忆其书名。藏书毁损大半，仅存者尚在游击区中，无从查检。在今日，无论旱烟、水烟、卷烟，其性质之烈，均不能至此。则烟草的制法，亦和茶一般，大有改良了。然因此而引起抽吸大烟，则至今仍诒害甚烈。

罂粟之名，始见于宋初的《开宝本草》。宋末杨士瀛的《直指方》，始云其壳可以治痢；明王玺《医林集要》，才知以竹刀刮出其津，置瓷器内阴干，每服用小豆一粒，空心温水化下；然皆以作药用。俞正燮《癸巳类稿》云："明四译馆同文堂外国来文八册，有译出暹罗国来文，中有进皇帝鸦片二百斤，进皇后鸦片一百斤之语。又《大明会典》九十七、九十八，各国贡物，暹罗、爪哇、榜葛剌三国，俱有乌香，即鸦片。"则明时此物确系贡品。所以神宗皇帝久不视朝，有疑其为此物所困的。然其说亦无确据。今人之用作嗜好品，则实由烟草引起。清黄玉圃《台海使槎录》云："鸦片烟，用麻葛同雅土切丝，于铜铛内煎成鸦片拌烟。用竹筒，实以棕丝，群聚吸之。索直数倍于常烟。"《雍正朱批谕旨》：七年，福建巡抚刘世明，奏漳州知府李国治，拿得行户陈达私贩鸦片三十四斤，拟以军罪。臣提案亲讯。陈达供称鸦片原系药材，与害人之鸦片烟，并非同物。当传药商认验。佥称此系药材，为治痢必须之品，并不能害人。唯加入烟草同熬，始成鸦片烟。李国治妄以鸦片为鸦片烟，甚属乖谬，应照故入人罪例，具本题参。则其时的鸦片，尚未能离烟草而独立。后来不知如何，单独抽吸，其害反十百倍于烟草了。

中国食物从外国输入的甚多。其中最重要的，自然当推蔗糖，其法系唐太宗时，得之于摩揭它的，见《唐书·西域传》。前此的饴，是用米麦制的。大徐《说文》新附字中，始有糖字。字仍从米，释以饴而不及蔗，可见宋初蔗糖尚未盛行。北宋末，王灼撰《糖霜谱》，始备详其产地及制法。到现在，蔗糖却远盛于饴糖了。此外菜类如苜蓿，果品如西瓜等，自外国输入的还很多。现在不及备考。

中国人烹调之法，在世界上是首屈一指的。康有为《欧洲十一国游记》，言之最详。但调味之美，和营养之佳良，系属两事，不可不知。又就各项费用在全体消费中所占的成分看，中国人对于饮食，是奢侈的。康有为《物质救国论》说：国民的风气，侈居为上，侈衣次之，侈食为下。这亦是我国民不可不猛省的。

衣服的进化，当分两方面讲：一是材料，一是裁制的方法。

《礼运》说“未有麻丝，衣其羽皮”。这只是古人衣服材料的一种。还有一种，是用草的。《礼记·郊特牲》说：“黄衣黄冠而祭，息田夫也。野夫黄冠。黄冠，草服也。大罗氏，天子之掌鸟兽者也，诸侯贡属焉。草笠而至，尊野服也。”《诗经》：“彼都人士，台笠缁撮。”《毛传》：“台所以御暑，笠所以御雨也。”郑《笺》：“台，夫须也。都人之士，以台为笠。”《左氏》襄公十四年，晋人数戎子驹支道：“乃祖吾离，被苫盖。”《注》：“盖，苫之别名。”《疏》云：“言无布帛可衣，惟衣草也。”《墨子·辞过》云：“古之民未知为衣服时，衣皮带茭。”孙诒让《闲诂》说：“带茭，疑即《丧服》之绞带，亦即《尚贤》篇所谓带索。”案《仪礼·丧服传》云：“绞带者，绳带也。”又《孟子·尽心上》篇：“舜视弃天下，犹弃敝屣也。”《注》云：“屣，草履。”《左氏》僖公四年，“共其资粮屝屦”，《注》云：“屝，草屦。”可见古人衣服冠履，都有用草制的。大概古代渔猎之民，以皮为衣服的材料。所以《诗经·

采菽》郑《笺》说黻道："古者田渔而食，因衣其皮，先知蔽前，后知蔽后。"参看下文。而后世的甲，还是用革制的。戴在头上的有皮弁，束在身上的有革带，穿在脚上的有皮屦。夏葛屦，冬皮屦，见《仪礼·士冠礼》《士丧礼》，履以丝为之，见《方言》。农耕之民，则以草为衣服的材料。所以《郊特牲》说黄衣黄冠是野服。《禹贡》：扬州岛夷卉服，冀州岛夷皮服，岛当作鸟，《疏》言伪孔读鸟为岛可见。观野蛮人的生活，正可知道我族未进化时的情形。

麻丝的使用，自然是一个大发明。丝的使用，起于黄帝元妃嫘祖，说不足信，已见上章。麻的发明，起于何时，亦无可考。知用麻丝之后，织法的发明，亦为一大进步。《淮南子·泛论训》说："伯余之初作衣也，绞麻索缕，手经指挂，其成犹网罗。后世为之机杼胜复，以领其用，而民得以掩形御寒。"手经指挂，是断乎不能普遍的。织法的发明，真是造福无穷的了。但其始于何时，亦不可考。丝麻发明以后，皮和草的用途，自然渐渐地少了。皮的主要用途只是甲。至于裘，则其意不仅

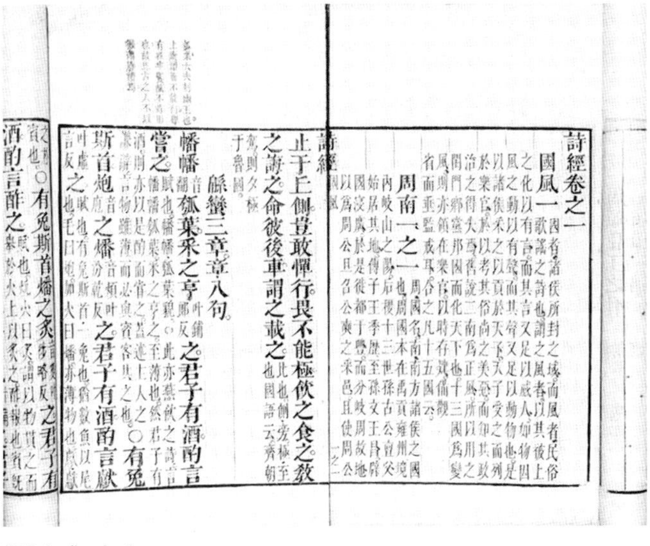
詩經卷之一
國風一
周南一之一
止于丘側豈敢憚行畏不能極飲之食之教之誨之命彼後車謂之載之
緜蠻三章章八句
幡幡瓠葉采之亨之君子有酒酌言嘗之
有兔斯首炮之燔之君子有酒酌言獻之
有兔斯首燔之炙之君子有酒酌言酢之

《诗经》内文

《诗经》，先秦称为《诗》，是中国最早的诗歌总集，共305篇。里面的一些描述从侧面反映了西周初期至春秋中叶的礼仪装束等社会风尚。

在于取暖，而兼在于美观。所以古人的著裘，都是把毛著在外面，和现在人的反着一样。《新序·杂事》："虞人反裘而负薪，彼知惜其毛，不知皮尽而毛无所傅。"外面罩著一件衣服，谓之裼衣。行礼时，有时解开裼衣，露出里面的裘来，有时又不解开，把他遮掩掉，前者谓之裼，后者谓之袭。借此变化，以示美观。无裼衣谓之"表裘"为不敬。絺绤之上，亦必加以禅衣谓之袗。穷人则著毛织品，谓之褐。褐倒是专为取暖起见的。现在畜牧和打猎的事业都衰了，丝棉较皮货为贱。古代则不然。裘是比较普遍的，丝棉更贵。二十可以衣裘帛，《礼记·内则》。五十非帛不暖。《礼记·王制》。庶人亦得衣犬羊之裘，即其明证。丝棉新的好的谓之纩，陈旧的谓之絮。见《说文》。

现在衣服材料，为用最广的是木棉。其普遍于全国，是很晚的。此物，《南史·林邑传》谓之吉贝，误为木本。《新唐书》作古贝，才知为草本。《南史》姚察门生送南布一端；白居易《布裘诗》："桂布白似雪"，都是指棉布而言。但只限于交广之域。宋谢枋得《谢刘纯父惠木棉诗》："嘉树种木棉，天何厚八闽？"才推广到福建。《元史·世祖本纪》：至元二十六年，置浙江、江东西、湖广、福建木棉提举司，则推广到长江流域了。其所以能推广，和纺织方法，似乎很有关系的。《宋史·崔与之传》：琼州以吉贝织为衣衾，工作由妇人。陶宗仪《辍耕录》说：松江土田硗瘠，谋食不给，乃觅木棉种于闽、广。初无踏车椎弓之制。其功甚难。有黄道婆，自崖州来，教以纺织，人遂大获其利。未几，道婆卒，乃立祠祀之。木棉岭南久有，然直至宋元间才推行于北方，则因无纺织之法，其物即无从利用，无利之可言了。所以农、工两业，是互相倚赖，互相促进的。此节略据《陔余丛考》。

衣服裁制的方法：最早有的，当即后来所谓韨。亦作韠。此物在后来，是著在裳之外，以为美观的。但在邃初，则当系亲体的。除此之外，全身更无所有。所以《诗经》郑《笺》说："古者田渔而食，因衣其皮，先知蔽前，后知蔽后。"衣服的起源，从前多以为最重要的原因是御寒，次之是蔽体。其实不然。古人冬则穴居，并不借衣服为御寒之具。至于裸露，则野蛮人绝不以为耻，社会学上证据甚多。衣服的缘起，多先于下体，次及上体；又多先知蔽前，后知蔽后；这是主张衣服缘起，由于以裸露为耻者最大的证据。据现在社会学家的研究，则非由于以裸露为耻，而转系借装饰以相挑诱。因为裸露是人人所同，装饰则非人人所有，加以装饰，较诸任其自然，刺激性要重些。但蔽其前为韨，兼蔽其后即为裳了。裳而加以袴管，古人谓之裗。短的谓之韨，长的谓之袴，所以《说文》称袴为胫衣，昔人所谓贫无袴，裈还是有的，并非裸露。又古人的袴，裆都是不缝合的，其缝合的谓之穷袴，转系特别的。见《汉书·外戚传》。这可见裈和袴，都是从裳变化出来的，裳在先，裈和袴在后。裳幅前三后四，都正裁。吉服襞绩打裥。无数，丧服三襞绩。《仪礼·丧服》郑《注》。著在上半身的谓之衣。其在内的：短的谓之襦。长的，有著装绵，谓之袍，无著谓之衫。古代袍、衫不能为礼服，其外必再加以短衣和裳。戴在头上的，最尊重的是冕。把木头做骨子。外面把布糊起来，上面是玄色，下面是朱色。戴在头上，前面是低一些的。前有旒，据说是把五彩的绳，穿了一块块的玉，垂在前面。其数，天子是十二，此外九旒、七旒等，以次减杀。两旁有纩，是用黄绵，大如丸，挂在冕上面的，垂下来，恰与两耳相当。后来以玉代黄绵，谓之瑱。冕，当系野蛮时代的装饰，留下来的。所以其形状，在我们看起来，甚为奇怪，古人却以为最尊之服。次于冕者为弁，以皮为之。其形状亦似冕。但无旒及纩等，戴起来前后平。冠是所以豢发的。其形状，同现在旧式丧礼中孝子戴的丧冠一样。中间有一个梁，阔两寸。又以布围发际，自前而后，谓之武。平居的冠，和武是连在一起的。否则分开，临时才把它合起来。又用两条组，连在武上，引至颐下，将它结合，是为缨。有余，就把它垂下来，当作一种装饰，谓之緌。冠不用簪，冕弁则用簪。簪即女子之笄，古人重露发，必先把"缁缅"套起来，结之为紒，然后固之以冠。冠用缨，冕弁则把一条组结在右笄上，垂下来，经过颐下，再绕上去，结在左笄上。冠是成人的服饰，亦是贵人的服饰，所以有罪要免冠。至于今之脱帽，则自免胄蜕化而来。胄是武人的帽子，因为怕受伤之故，下垂甚深，几于把脸都遮蔽掉了，看不见。所以要使人认识自己，必须将胄免去。《左氏》哀公十六年，楚国白公作乱，国人专望叶公来救援。叶公走到北门，"或遇之，曰：君胡不胄？国人望君，如望慈父母焉。盗贼之矢若伤君，是绝民望也。若之何不胄？乃胄而进。”又遇一人，曰：“君胡胄？国人望君，如望岁焉，日日以几，若见君面，是得艾也。民知不死，其亦夫有奋心。犹将旌君以徇于国，而又掩面以绝民望，不亦甚乎？乃免胄而进。”可见胄的作用。现在的脱帽，是采用欧洲人的礼节。欧洲人在中古时代，战争是很剧烈的。免胄所以使人认识自己，握手所以表示没有兵器。后遂相沿，为寻常相见之礼。中国人模仿它，其实是无谓的。有人把脱帽写作免冠，那更和事实不合了。古代庶人是不冠的，只用巾。用以覆髻，则谓之帻。《后汉书·郭泰传》注引周迁《舆服杂事》说：“巾以葛为之，形如帢，本居士野人所服。”《玉篇》：“帢，帽也。”《隋书·舆服志》：“帽，古野人之服。”则巾和帽是很相近的。著在脚上的谓之袜。其初亦以革为之。所以其字从韦作韈。袜之外为屦。古人升堂必脱屦。脱屦则践地者为袜，立久了，未免污湿，所以就坐又必解袜。见《左传》哀公二十五年。后世解袜与否无文，然脱屦之礼，则相沿甚久。所以剑履上殿，看作一种殊礼。《唐书》：棣王琰有两妾争宠，求巫者密置符于琰履中。或告琰厌魅，帝伺其朝，使人取其履验之，果然。则唐时入朝，已不脱履。然刘知几以释奠皆衣冠乘马，奏言冠履只可配车，今袜而镫，跣而鞍，实不合于古。则祭祀还是要脱履的。大概跣礼之废，（一）由于靴之渐行，（二）由于席地而坐，渐变为高坐，古人亦有现在的绑腿，谓之逼。亦谓之邪幅。又谓之行縢。本是上路用的，然亦以之为饰。宋绵初《释服》说“解袜则见逼。《诗》云：邪幅在下，正是燕饮而跣以为欢之时”，则逼著在袜内。《日知录》说：“今之村民，往往行縢而不袜，古人之遗制也。吴贺邵美容止，常著袜，希见其足，则汉魏之世，不袜而见足者尚多。”又说袜字的从衣，始见于此，则渐变而成今日的袜了。窃疑袜本亦田猎之民之服，农耕之民，在古代本是跣足的。中国文化，本来起自南方，所以行礼时还必跣。

衣服的初兴，虽非以蔽体为目的，然到后来，著衣服成了习惯，就要把身体的各部分，都遮蔽起来，以为恭敬了。所以《礼记》的《深衣》篇说：“短毋见肤。”做事以短衣为便，今古皆然。古代少者贱者，是多服劳役的。《礼记·曲礼》说：“童子不衣裘裳。”《内则》说：“十年，衣不帛，襦袴。”襦就是短衣，袴就是不裳。《左氏》昭公二十五年，师己述童谣，说“鸜鹆跦跦，公在乾侯，征褰与襦”。褰即是袴。《说文》。此皆服劳役者不著裳之证。然襦袴在古人，不能算作礼服，外必加之以裳。既然如此，自以照现在人的样子，于襦袴之外，罩上一件长衫为便。然古人习于衣裳、袍衫之外，亦必加之以裳。于是从古代的衣裳，转变到现在的袍衫，其间必以深衣为过渡。深衣的意思，是和现在的女子所著的衣裙合一的衣服差不多的。形式上是上衣下裳，实则缝合在一起。裳分为十二幅，前后各六。中间四幅对开。边上两幅斜裁，成两三角形。尖端在上。所以其裳之下端与上端，腰间。是三与二之比。如此，则不须襞绩，自亦便于行动了。深衣是白布做的，却用绸镶边，谓之纯。无纯的谓之褴褛，尤为节俭。今通作蓝缕，其义为破，此又是一义。士以上别有朝祭之衣，庶人则即以深衣为吉服。未成年者亦然。所以戴德《丧服·变除》说：“童子当室，为父后。其服深衣不裳。”然自天子至于士，平居亦都是著一件深衣的。这正和现在的劳动者平时著短衣，行礼时著袍衫，士大夫阶级，平时著袍衫，行礼时别有礼服一样。然古人苟非极隆重的典礼，亦都可以著深衣去参与的。所以说“可以为文，可以为武，可以摈相，可以治军旅”。《礼记·深衣》。民国以来，将平时所著的袍和马褂，定为常礼服。既省另制礼服之费，又省动辄更换之烦，实在是很合理的。

《仪礼·士丧礼》疏，谓上下通直，不别衣裳者曰“通裁”，此为深衣改为长袍之始。然古人用之殊不广。后汉以后，始以袍为朝服。《续汉书·舆服志》说：若冠通天冠，则其服为深衣服。有袍，随五时色。刘昭《注》云：“今下至贱吏、小史，皆通制袍、禅衣、皂缘领袖为朝服。”《新唐书·车服志》，中书令马周上议：“礼无服衫之文。三代之制有深衣，请加襕袖褾襈，为士人上服。开胯者名曰缺胯，庶人服之。”据此，则深衣与袍衫之别，在于有缘无缘。其缺胯，就是现在的袍衫了。任大椿《深衣释例》说：“古以殊衣裳者为礼服，不殊衣裳者为燕服。后世自冕服外，以不殊衣裳者为礼服，以殊衣裳者为燕服。”此即所谓裙襦。妇人以深衣之制为礼服，不殊衣裳。然古乐府《陌上桑》云：“湘绮为下裳，紫绮为上襦”，则襦与裳亦各别。然仍没有不著裳的。隋唐以来，乃有所谓袴褶。《急就》篇注云：“褶，其形若袍，短身广袖。”天子亲征及中外戒严时，百官服之，实为戎服。

曾三异《同话录》云：“近岁衣制，有一种长不过腰，两袖仅掩肘，名曰貉袖。起于御马院圉人。短前后襟者，坐鞍上不妨脱著，以其便于控驭也。”此即今之马褂。《陔余丛考》说：就是古代的半臂。《三国魏志·杨阜传》说：明帝著帽，披绫半袖，则其由来已久。《玉篇》说：裲裆，其一当胸，其一当背。《宋书·薛安都传》载他著绛衲两当衫，驰入贼阵。《隋书·舆服志》：诸将军侍从之服，有紫衫金玳瑁装裲裆甲，紫衫金装裲裆甲，绛衫银装裲裆甲。《宋史·舆服志》，范质议，《开元礼》：武官陪立大仗，加螣蛇裲裆甲。《陔余丛考》说：就是今演剧时将帅所被金银甲。按现在我们所著，长不过腰，而无两袖的，北方谓之坎肩，南方有若干地方，谓之马甲。大概系因将帅服之之故。宋人谓之背子。见《石林燕语》。

衣服不论在什么时代，总是大同小异的。强人人之所好，皆出于同，自然绝无此理。何况各地方的气候，各种人的生活，还各有不同呢？但衣服既和社交有关，社会亦自有一种压力。少数的人，总要改从多数的。昔人所谓“十履而一跣，则跣者耻；十跣而一履，则履者耻”。其间别无他种理由可言。《礼记·王制》：“关执禁以讥，禁异服，察异言。”其意乃在盘诘形迹可疑的人。并不在于划一服饰。《周官》大司徒，以本俗六安万民，六曰同衣服，意亦在于禁奢，非强欲使服饰齐一。服饰本有一种社会压力，不会大相悬殊的。至于小小的异同，则无论何时，皆不能免。《礼记·儒行》：“鲁哀公问于孔子曰：夫子之服，其儒服与？孔子对曰：丘少居鲁，衣逢掖之衣。长居宋，冠章甫之冠。丘闻之也，君子之学也博，其服也乡。丘不知儒服。”观此数语，衣服因地方、阶级，小有异同，显然可见。降逮后世，叔孙通因高祖不喜儒者，改著短衣楚制。见《史记》本传。《盐铁论》载桑弘羊之言，亦深讥文学之儒服，见《相刺》篇、《刺议》篇。可见其情形还是一样的。因为社会压力，不能施于异地方和异阶级的人。然及交通进步，各阶级的交往渐多，其压力，也就随之而增大了。所以到现代，全世界的服饰，且几有合同而化之观。日本变法以后，几于举国改著西装。中国当戊戌变法时，康有为亦有改服饰之议，因政变而未成。后来自刻《戊戌奏稿》，深悔其议之孟浪，而自幸其未果行。在所著《欧洲十一国游记》中，尤极称中国服饰之美。其意是（一）中国的气候，备寒、温、热三带，所以其材料和制裁的方法，能适应多种气候。合于卫生。（二）丝织品的美观，为五洲所无。（三）脱穿容易。（四）贵族平民，服饰有异，为中西之所同。中国从前，平民是衣白色的。欧洲则衣黑色。革命时，欧人疾等级之不平，乃强迫全国上下，都著黑色。中国则不然。等级渐即平夷，采章遂遍及于氓庶。质而言之：西洋是强贵族服平民之服，中国则许平民服贵族之服。所以其美观与否，大相悬殊。这一点，西人亦有意见相同的。民国元年，议论服制时，曾有西人作论载诸报端，说西方的服饰，千篇一律，并无趣味，劝中国人不必摹仿。我以为合古今中外而观之，衣服不过南北两派。南派材料轻柔，裁制宽博。北派材料紧密，裁制狭窄。这两派的衣服，本应听其并行；且折中于两者之间，去其极端之性的。欧洲衣服，本亦有南北两派。后来改革之时，偏重北派太甚了。中国则颇能折两者之中，保存南派的色彩较多。以中西的服饰相较，大体上，自以中国的服饰为较适宜。现在的崇尚西装，不过一时的风气罢了。

中国的衣服，大体上可谓自行进化的。其仿自外国的，只有靴。《广韵》八戈引《释名》，说“靴本胡服，赵武灵王所服”。《北史》载慕容永被擒，居长安，夫妻卖靴以自活。北齐亡后，妃嫔入周的亦然。可见南北朝时，汉人能制靴者尚少，其不甚用靴可知。然唐中叶以后，朝会亦渐渐的穿靴，朱文公《家礼》，并有襕衫带靴之制了。《说文》：“鞮，革履也。”《韵会》引下有“胡人履连胫，谓之络缇”九字。此非《说文》之文，必后人据靴制增入。然可悟靴所以广行之故。因为连胫，其束缚腿部较紧，可以省却行縢。而且靴用革制，亦较能抵御寒湿，且较绸布制者，要坚固些。此以初兴时论，后来靴亦不用革。

古代丧服，以布之精粗为度，不是讲究颜色的。素服则用白绢，见《诗经·棘人》疏。因为古代染色不甚发达，上下通服白色，所以颜色不足为吉凶之别。后世彩色之服，行用渐广，则忌白之见渐生。宋程大昌《演繁露》说：“《隋志》：宋齐之间，天子宴私著白高帽。隋时以白帕通为庆吊之服。国子生亦服白纱巾。晋人著白接篱，窦苹《酒谱》曰：接篱，巾也。南齐桓崇祖守寿春，著白纱帽，肩舆上城。今人必以为怪。古未有以白色为忌也。郭林宗遇雨垫巾，李贤《注》云：周迁《舆服杂事》曰：巾以葛为之，形如帢。本居士野人所服。魏武造帢，其巾乃废。今国子学生服焉，以白纱为之。是其制皆不忌白也。《乐府白纻歌》曰：质如轻云色如银，制以为袍余作巾。今世人丽妆，必不肯以白纻为衣。古今之变，不同如此。《唐六典》：天子服有白纱帽。其下服如裙、襦、袜皆以白。视朝听讼，燕见宾客，皆以进御。然其下注云：亦用乌纱。则知古制虽存，未必肯用，习见忌白久矣。"读此，便知忌白的由来。案染色之法，见于《周官》天官染人，地官染草，及《考工记》钟氏，其发明亦不可谓不早。但其能普遍于全社会，却是另一问题。绘绣之法，见《书经·皋陶谟》今本《益稷》疏。昔人误以绘为画。其实绘之本义，乃谓以各色之丝，织成织品。见于宋绵庄《释服》，其说是不错的。染色、印花等事，只要原料减贱，机器发明，制造容易，所费人工不多，便不得谓之奢侈。唯有手工，消费人工最多，总是奢侈的事。现在的刺绣，虽然是美术，其实是不值得提倡的。因为天下无衣无褐的人，正多着呢。

第十二讲 住 行

住居，亦因气候地势的不同，而分为巢居、穴居两种。《礼运》说：“冬则居营窟，夏则居橧巢。”见上章。《孟子》亦说：“下者为巢，上者为营窟。”《滕文公下》篇。大抵温热之地为巢，干寒之地，则为营窟。巢居，现在的野蛮人，犹有其制。乃将大树的枝叶，接连起来，使其上可以容人，而将树干凿成一级一级的，以便上下。亦有会造梯的。人走过后，便将梯收藏起来。《淮南子·本经训》所谓“托婴儿于巢上”，当即如此。后来会把树木砍伐下来，随意植立，再于其上横架许多木材，就成为屋子的骨干。穴居又分窪穴两种：（一）最初当是就天然的洞窟，匿居其中的。（二）后来进步了，则能于地上凿成一个窟笼，而居其中，此之谓穴。古代管建设的官，名为司空，即由于此。（三）更进，能在地面上把土堆积起来，堆得像土窑

孟子像

《孟子》，是儒家的经典著作，是由孟子言论汇编而成的语录体散文集，其中的一些篇章也反映了春秋战国时期的居住状况。

一般，而于其上开一个窟笼，是之谓寝，亦作复。再进化而能版筑，就成为墙的起源了。以栋梁为骨格，以墙为肌肉，即成所谓宫室。所以直至现在，还称建筑为土木工程。

中国民族，最初大约是湖居的。（一）水中可居之处称洲，人所聚居之地称州，州、洲虽然异文，实为一语，显而易见。古州岛同音，洲字即岛字。（二）古代有所谓明堂，其性质极为神秘。一切政令，都自此而出。读惠栋《明堂大道录》可见。阮元说：这是由于古代简陋，一切典礼，皆行于天子之后，后乃礼备而地分，《揅经室集明堂说》。这是不错的。《史记·封禅书》载公玉带上《明堂图》，水环宫垣，上有楼，从西南入，名为昆仑，正是岛居的遗象。明堂即是大学，亦称辟雍。辟壁同字，正谓水环宫垣。雍即今之壅字，壅塞，培壅，都指土之增高而言，正像湖中岛屿。（三）《易经》泰卦上六爻辞，"城复于隍"。《尔雅·释言》："隍，壑也。"壑乃无水的低地。意思还和环水是一样的。然则不但最初的建筑如明堂者，取法于湖居，即后来的造城，必环绕之以濠沟，还是从湖居的遗制，蜕化而出的。

文化进步以后，不借水为防卫，则能居于大陆之上。斯时借山以为险阻。章炳麟《太炎文集》有《神权时代天子居山说》，可以参考。再进步，则城须造在较平坦之地，而借其四周的山水以为卫。四周的山水，是不会周匝无缺的，乃用人工造成土墙，于其平夷无险之处，加以补足，是之谓郭。郭之专于一面的，即为长城。城是坚实可守的，郭则工程并不坚实，而且其占地太大，必不能守。所以古代只有守城，绝无守郭之事。即长城亦是如此。中国历代，修造长城，有几个时期。（一）为战国以前。齐国在其南边，造有长城，秦、赵、燕三国，亦在北边造有长城。后来秦始皇把它连接起来，就是俗话所称为万里长城的。此时南方的淮夷、北方的匈奴，都是小部落。到汉朝，匈奴强大了，入塞的动辄千骑万骑，断非长城所能御；而前后两呼韩邪以后，匈奴又宾服了；所以终两汉四百年，不闻修造长城。魏晋时，北方丧乱，自然讲不到什么远大的防御规模。拓跋魏时，则于北边设六镇，借兵力以为防卫，亦没有修造长城的必要，（二）然至其末年，情形就大不相同了。隋代遂屡有修筑。此为修造长城的第二时期。隋末，突厥强大了，又非长城所能御。后来的回纥、契丹亦然。所以唐朝又无修筑长城之事。（三）契丹亡后，北方的游牧部族，不能统一，又成小小打抢的局面。所以金朝又要修造一道边墙，从静州起，迤逦东北行，达女真旧地。此为修造长城的第三时期。元朝自然无庸修造长城。（四）明时，既未能将蒙古征服，而蒙古一时亦不能统一。从元朝的汉统断绝以后，至达延汗兴起以前，蒙古对中国，并无侵犯，而只有盗塞的性质，所以明朝又修长城，以为防卫。现代的长城，大概是明朝遗留下来的。总而言之，小小的寇盗，屯兵防之，未免劳费，无以防之又不可。造长城，实在是最经济的方法。从前读史的人，有的称秦始皇造长城，能立万世夷夏之防，固然是梦话；有的议论他劳民伤财，也是胡说的。晁错说秦朝北攻胡貉，置塞河上，只是指秦始皇时使蒙恬新辟之土。至于其余的长城，因战国时秦、赵、燕三国之旧，缮修起来的，却并没有费什么工力。所以能在短时间之内，即行成功。不然，秦始皇再暴虐，也无法于短时间之内，造成延袤万余里的长城的。汉代的人，攻击秦朝暴虐的很多，未免言过其实，然亦很少提及长城的，就是一个证据。

古代的房屋，有平民之居和士大夫之居两种。士大夫之居，前为堂，后为室。室之左右为房。堂只是行礼之地，人是居于室中的。室之户在东南，牖在西南，北面亦有牖，谓之北牖。室之西南隅，即牖下，地最深隐，尊者居之，谓之奥。西北隅为光线射入之地，谓之屋漏。东北隅称叏。宧养也，为饮食所藏。东南隅称宧，亦深隐之义。室之中央，谓之中霤，为雨水所溜入。此乃穴居时代，洞穴开口在上的遗象。古之牖即今之窗，是开在墙上的。其所谓窗，开在屋顶上，今人谓之天窗。平民之居，据晁错《移民塞下》疏说："古之徙远方以实广虚也，先为筑室。家有一堂二内。"《汉书》注引张晏曰："二内，二房也。"此即今三开间的屋。据此，则平民之居，较之士大夫之居，就是少了一个堂。这个到现在还是如此。士大夫之家，前有厅事，即古人所谓堂。平民之家无有。以中间的一间屋，行礼待客，左右两间供住居，即是一堂二内之制。简而言之，就是以室为堂，以房为室罢了。古总称一所屋子谓之宫。《礼记·内则》说："由命士以上，父子皆异宫"，则一对成年的夫妻，就有一所独立的屋子。后世则不然。一所屋子，往往包含着许多进的堂和内，而前面只有一个厅事。这就是许多房和室，合用一个堂，包含在一个宫内，较古代经济多了。这大约因为古代地旷人稀，地皮不甚值钱，后世则不然之故。又古代建筑技术的关系浅，人人可以自为，士大夫之家，又可役民为之。后世则建筑日益专门，非雇人为之不可。《论衡·量知》篇："能斫削柱梁，谓之木匠。能穿凿穴坎，谓之土匠。"则在汉代，民间建筑，亦已有专门的人。这亦是造屋的人，要谋节省的一个原因。

古人造楼的技术，似乎是很拙的。所以要求眺望之所，就只得于城阙之上。阙是门旁墙上的小屋。天子诸侯的宫门上，也是有的。因其可以登高眺远，所以亦谓之观。《礼记·礼运》："昔者仲尼与于蜡宾，事毕，出游于观之上"，即指此。古所谓县法象魏者，亦即其地。魏与巍同字，大概因其建筑高，所以称之为魏。象字当本指法象言，与建筑无涉。因魏为县法之地，单音字变为复音词时，就称其地为象魏了。《尔雅·释宫》："四方而高曰台。有木者谓之榭。陕而修曲曰楼。"陕同狭。《注》云："台，积土为之。"榭是在土台之上，再造四方的木屋。楼乃榭之别名，不过其形状有正方修曲之异而已，这都是供游观眺望之所，并不是可以住人的。《孟子·尽心下》篇："孟子之滕，馆于上宫。"赵《注》说："上宫，楼也。"这句话恐未必确。因为造楼之技甚拙，所以中国的建筑，是向平面发展，而不是向空中发展的。所谓大房屋，只是地盘大，屋子多，将许多屋连结而成，而两层、三层的高楼很少。这个和建筑所用的材料，亦有关系。因为中国的建筑，用石材很少，所用的全是土木，木的支持力固不大，土尤易于倾圮。炼熟的土，即砖瓦，要好些，然其发达似甚晚。《尔雅·释宫》："瓴甋谓之甓。""庙中路谓之唐"。甓即砖。《诗经·陈风》说"中唐有甓"，则砖仅用以铺路。其墙，大抵是用土造的。土墙不好看，所以富者要被以文锦。我们现在婚、丧、生日等事，以绸缎等物送人，谓之幛，还是这个遗俗；而纸糊墙壁，也是从此蜕化而来的。《晋书·赫连勃勃载记》说他蒸土以筑统万城，可见当时砖尚甚少。不然，何不用砖砌，而要临时蒸土呢？无怪古代的富者，造屋只能用土墙了。建筑材料，多用土木，和古代建筑的不能保存，也有关系。因为其不如石材的能持久。而用木材太多，又易于引起火患。前代的杭州，近代的汉口，即其殷鉴。

建筑在中国，是算不得发达的。固然，研究起世界建筑史来，中国亦是其中的一系。东洋建筑，有三大系统：（一）中国，（二）印度，（三）回教。见伊东忠太《中国建筑史》，商务印书馆本。历代著名的建筑，如秦之阿房宫，汉之建章宫，陈后主的临春、结绮、望春三阁，隋炀帝的西苑，宋徽宗的艮岳，清朝的圆明园、颐和园，以及私家的园林等，讲究的亦属不少。然以中国之大言之，究系沧海一粟。建筑的技术，详见宋朝的《营造法式》，明朝的《天工开物》等书。虽然亦有可观，然把别种文明比例起来，则亦无足称道。此其所以然：（一）因（甲）古代的造屋，乃系役民为之，滥用民力，是件暴虐的事。（乙）又古代最讲究礼，生活有一定的轨范，苟非无道之君，即物力有余，亦不敢过于奢侈。所以政治上相传，以卑宫室为美谈，事土木为大戒。（二）崇闳壮丽的建筑，必与迷信为缘。中国人对于宗教的迷信，是不深的。祭神只是临时设坛或除地，根本便没有建筑。对于祖宗的祭祀，虽然看得隆重，然庙寝之制，大略相同。后世立家庙等，亦受古礼的限制，不能任意奢侈。佛教东来，是不受古礼限制的，而且其教义很能诱致人，使其布施财物。道家因之，亦从事于模仿，寺观遂成为有名的建筑，印度的建筑术，亦因此而输入中国。南朝四百八十寺，多少楼台烟雨中，一时亦呈相当的盛况。然此等迷信，宋学兴起以后，又渐渐地淡了。现在佛寺、道观虽多，较之缅甸、日本等国，尚且不逮。十分崇闳壮丽的建筑，亦复很少，不过因其多在名山胜地，所以为人所赞赏罢了。（三）游乐之处，古代谓之苑囿。苑是只有草木的，囿是兼有禽兽的。均系将天然的地方，划出一区来，施以禁御，而于其中射猎以为娱，收其果实等以为利，根本没有什么建筑物。所以其大可至于方数十里。文王之囿，方七十里，齐宣王之囿，方四十里，见《孟子·梁惠王下》篇。至于私家的园林，则其源起于园。园乃种果树之地，因于其间叠石穿池，造几间房屋，以资休憩，亦不是甚么奢侈的事。后来虽有踵事增华，刻意经营的人，究竟为数亦不多，而且其规模亦不大。以上均系中国建筑不甚发达的原因。揆厥由来，乃由于（一）政治的比较清明，（二）迷信的比较不深，（三）经济的比较平等。以物质文明言，固然较之别国，不免有愧色，以文化论，倒是足以自豪的。

朱熹说："教学者如扶醉人，扶得东来西又倒。"个人的为学如是，社会的文化亦然。奢侈之弊，中国虽比较好些，然又失之简陋了。《日知录》"馆舍"条说："读孙樵《书褒城驿壁》，乃知其有沼，有鱼，有舟。读杜子美《秦州杂诗》，又知其驿之有池，有林，有竹。今之驿舍，殆于隶人之垣矣。予见天下州之为唐旧治者，其城郭必皆宽广，街道必皆正直。廨舍之为唐旧创者，其基址必皆宏敞。宋以下所置，时弥近者制弥陋。"亭林的足迹，所至甚多，而且是极留心观察的人，其言当极可信。此等简陋苟且，是不能借口于节俭的。其原因安在呢？亭林说：是由于"国家取州县之财，纤豪尽归之于上，而吏与民交困，遂无以为修举之资"。这固然是一个原因。我以为（一）役法渐废，公共的建筑，不能征工，而必须雇工。（二）唐以前古市政的规制犹存，宋以后逐渐破坏。唐设市还有定地，开市还有定期，宋以后渐渐不然，亦其一证。亦是重要的原因。

从西欧文明输入后，建筑之术，较之昔日，可谓大有进步了；所用的材料亦不同；这确是文明进步之赐。惟住居与衣食，关系民生，同样重要。处处须顾及大多数人的安适，而不容少数人恃其财力，任意横行，和别种事情，也是一样的。古代的居民，本来有一定的规划。《王制》所谓"司空执度以度地，居民山川沮泽，看地形。时四时。看气候。"即其遗制。其大要，在于"地、邑、民居，必参相得"。地就是田。有多少田，要多少人种，就建筑多少人守卫所要的城邑，和居住所须的房屋。据此看来，现在大都市中的拥挤，就是一件无法度而不该放任的事情了。宫室的等级和限制，历代都是有的。可参看《明史·舆服志》所载宫室制度。依等级而设限制，现在虽不容仿效，然限制还是该有的。对外的观瞻，也并不系于建筑的侈俭。若因外使来游，而拆毁贫民住居的房子，这种行为，就要成为隋炀帝第二了。

讲宫室既毕，请再略讲室中的器用。室中的器用，最紧要的，就是桌椅床榻等。这亦是所以供人居处，与宫室同其功的。古人都席地而坐。其坐，略似今日的跪，不过腰不伸直。腰伸直便是跪，顿下便是坐。所以古礼跪而行之之时颇多。因为较直立反觉便利。其凭藉则用几，据阮谌《礼图》，长五尺，广一尺，高一尺二寸。《礼记·曾子问》疏引。较现在的凳还低，寝则有床。所以《诗经》说："乃生男子，载寝之床。"后来坐亦用床。所以《高士传》说：管宁居辽东，坐一木榻，五十余年，未尝箕股，其榻当膝处皆穿。《三国·魏志·本传》注引。观此，知其坐亦是跪坐。现在的垂足而坐，是胡人之习。从西域输入的。所坐的床，亦谓之胡床。从胡床输入后，桌椅等物，就渐渐兴起了。古人室中，亦生火以取暖。

《汉书·食货志》说："冬民既入，妇人同巷相从夜绩。""必相从者，所以省费燎火。"颜师古说："燎所以为明，火所以为温也。"这种火，大约是煴火。是贫民之家的样子。《左氏》昭公十年说，宋元公为太子时。恶寺人柳，欲杀之。到元公的父亲死了，元公继位为君，柳伺候元公将到之处，先炽炭于位，将至则去之，到葬时，又有宠。又定公三年，说邾子自投于床，废于炉炭，《注》："废，堕也。"遂卒。则贵族室中取暖皆用炭。从没有用炕的。《日知录》说："《旧唐书·东夷高丽传》：冬月皆作长坑，下然煴火以取暖，此即今之土炕也，但作坑字。"则此俗源于东北夷。大约随女真输入中国北方的，实不合于卫生。

论居处及所用的器物既竟，还要略论历代的葬埋。古代的葬有两种：孟子所谓"其亲死，则举而委之于壑。"《滕文公上》篇。盖田猎之民所行。《易经·系辞传》说："古之葬者，厚衣之以薪，葬之中野"，则农耕之民之俗。一个贵族，有其公共的葬地。一个都邑，亦有其指定卜葬的区域。《周官》冢人掌公墓之地，墓大夫掌凡邦墓之地域是其制。后世的人说：古人重神不重形。其理由是古不墓祭。然孟子说齐有东郭墦间之祭者，《离娄下》篇。即是墓祭。又说孔子死后，子贡"筑室于场，独居三年然后归"，《滕文公上》篇。此即后世之庐墓。《礼记·曲礼》："大夫士去其国，止之曰：奈何去坟墓也？"《檀弓》："去国则哭于墓而后行，反其国不哭，展墓而入。"又说："大公封于营丘，比及五世，皆反葬于周。"则古人视坟墓，实不为不重。大概知识程度愈低，则愈相信虚无之事。愈高，则愈必耳闻目见，而后肯信。所以随着社会的开化，对于灵魂的迷信，日益动摇，对于体魄的重视，却日益加甚。《檀弓》说："延陵季子适齐。比其反也，其长子死，葬于嬴博之间。""既封，左袒，右还其封，且号者三，曰：骨肉归复于土，命也。

若魂气，则无不之也，无不之也，而遂行。”这很足以表示重视精神，轻视体魄的见解，怕反是吴国开化较晚，才如此的。如此，富贵之家，有权力的，遂尽力于厚葬。厚葬之意，不徒爱护死者，又包含着一种夸耀生人的心思，而发掘坟墓之事，亦即随之而起。读《吕览》之《节丧》与《安死》两篇可知。当时墨家主张薄葬，儒家反对他，然儒家的葬礼，较之流俗，亦止可谓之薄葬了。学者的主张，到底不能挽回流俗的波靡。自汉以后，厚葬之事，还书不胜书。且将死者的葬埋，牵涉到生人的祸福，而有所谓风水的迷信。死者无终极，汉刘向《谏成帝起昌陵疏》语。人人要保存其棺椁，至于无穷，其势是绝不能行的。佛教东来，火葬之俗，曾一时盛行，见《日知录》“火葬”条。实在最为合理。惜乎宋以后，受理学的反对，又渐渐地式微了。现在有一部分地方，设立公墓。又有提倡深葬的。然公墓究仍不免占地，深葬费人力过多，似仍不如火葬之为得。不过风俗是守旧的，断非一时所能改变罢了。

交通、通信，向来不加区别。其实两者是有区别的。交通是所以运输人身，通信则所以运输人的意思。自有通信的方法，而后人的意思，可以离其身体而独行，于精力和物力方面，有很大的节省。又自电报发明后，意思的传达，可以速于人身的运输，于时间方面，节省尤大。

交通的发达，是要看地势的。水陆是其大别。水路之中，河川和海道不同。海道之中，沿海和远洋的航行，又有区别。即陆地，亦因其为山地、平地、沙漠等而有不同。野蛮时代，各部族之间，往往互相猜忌，不但不求交通的便利，反而有意阻塞交通，其时各部族所居之地，大概是颇险峻的。对外的通路，只有曲折崎岖的小路，异部族的人，很难于发见使用。《庄子·马蹄》篇说：古代“山无徯隧，泽无舟梁”。所指的，便是这时代。到人智稍进，能够降丘宅土，交通的情形，就渐和往昔不同了。

中国的文化，是导源于东南，而发达于西北的。东南多水，所以水路的交通，南方较北方为发达。西北多陆，所以陆路的交通，很早就有可观。陆路交通的发达，主要的是由牛马的使用和车的发明。此两者，都是大可节省人力的。《易经·系辞传》说“服牛乘马，引重致远”，虽不能确定其在何时，然其文承黄帝、尧、舜垂衣裳而天下治之下，可想见黄帝、尧、舜时，车的使用，必已很为普遍了。车有两种：一种是大车，用牛牵曳的，用以运输；一种是小车，即兵车，人行亦乘之，驾以马。用人力推曳的谓之辇。《周官·乡师》注引《司马法》，说夏时称为余车，共用二十人，殷时称胡奴车，用十人，周时称为辎辇，用十五人。这是供战时运输用的，所以其人甚多。《说文》："辇，挽车也。从车扶。"扶训并行，虽不必定是两人，然其人数必不能甚多。这是民间运输用的。贵族在宫中，亦有时乘坐。《周官·巾车》，王后的五路，有一种唤作辇车，即其物。此制在后世仍通行。

道路：在都邑之中，颇为修整。《考工记·匠人》：国中经涂九轨。野涂亦九轨。环涂环城之道。七轨。《礼记·王制》："道路，男子由右，妇人由左，车从中央。"俱可见其宽广。古代的路，有一种是路面修得很平的，谓之驰道。非驰道则不能尽平。国中之道，应当都是驰道。野外则不然。古代田间之路，谓之阡陌，与沟洫相辅而行。所以《礼记·月令》注说："古者沟上有路。"沟洫阡陌之制，照《周官》遂人等官所说，是占地颇多的。虽亦要因自然的地势，未必尽合乎准绳，然亦必较为平直。不过书上所说的，是理想中的制度，事实上未必尽能如此。《左氏》成公五年，梁山崩，晋侯以传召伯宗。行辟重。使载重之车让路。重人曰："待我，不如捷之速也。"可见驿路上还不能并行两车。《仪礼·既夕礼》："商祝执功布，以御柩执披。"《注》云："道有低仰倾亏，则以布为左右抑扬之节，使引者执披者知之。"《礼记·曲礼》："送葬不避涂潦"，可见其路之不尽平坦。后人夸称古代的道路，如何宽平，恐未必尽合于事实了。大抵古人修造路面的技术甚拙。其路面，皆如今日的路基，只是土路。所以时时要修治。不修治，就"道茀不可行"。

水路：初有船的时候，只是现在所谓独木舟。《易经·系辞传》说"刳木为舟，剡木为楫"，《淮南子·说山训》说"古人见窾木而知舟"，所指的都是此物。稍进，乃知集版以为舟。《诗经》说："就其深矣，方之舟之。"《疏》引《易经》云："利涉大川，乘木舟虚。"又引《注》云："舟谓集版，如今船，空大木为之曰虚，总名皆曰舟。"案方、旁、比、并等字，古代同音通用。名舟为方，正因其比木为之之故。此即后世的舫字。能聚集许多木版，以成一舟，其进步就容易了。渡水之法，大抵狭小的水，可以乘其浅落时架桥。桥亦以木为之。即《孟子》所说的“岁十一月徒杠成，十二月舆梁成”。《离娄下》篇。《尔雅·释宫》：“石杠谓之倚。”又说：“堤谓之梁。”《注》云：“即桥也。或曰：石绝水者为梁，见《诗传》。”则后来亦用石了。较阔的水，则接连了许多船渡过去。此即《尔雅》所说的“天子造舟”，后世谓之浮桥。亦有用船渡过去的，则《诗经》所说的“谁谓河广，一苇杭之”。然徒涉的仍不少。观《礼记·祭义》，谓孝子“道而不径，舟而不游”可见。航行的技术，南方是胜于北方的。观《左氏》所载，北方只有僖公十三年，晋饥，乞粜于秦，秦输之粟，自雍及绛相继，命之曰泛舟之役，为自水路运输，此外泛舟之事极少。南方则吴楚屡有水战，而哀公十年，吴徐承且率舟师自海道伐齐。可见不但内河，就沿海交通，亦已经开始了。《禹贡》九州贡路，都有水道。《禹贡》当是战国时书，可以窥见当时交通的状况。

从平地发展到山地，这是陆地交通的一个进步，可以骑马的发达为征。古书不甚见骑马之事。后人因谓古人不骑马，只用以驾车。《左氏》昭公二十五年，“左师展将以公乘马而归”。《疏》引刘炫说，以为是骑马之渐。这是错误的。古书所以不甚见骑马，（一）因其所载多贵族之事，贵族多是乘车的。（二）则因其时的交通，仅及于平地。《日知录》说：“春秋之世，戎狄杂居中夏者，大抵在山谷之间，兵车之所不至。齐桓、晋文，仅攘而却之，不能深入其地者，用车故也。中行穆子之败狄于大卤，得之毁车崇卒。而智伯欲伐仇犹，遗之大钟以开其道，其不利于车可知矣。势不得不变而为骑。骑射，所以便山谷也。胡服，所以便骑射也。”此虽论兵事、交通的情形，亦可以借鉴而明。总而言之，交通所至之地愈广，而道路大抵失修，用车自不如乘马之便。骑乘的事，就日盛一日了。

“水性使人通，山性使人塞”。水性是流动的，虽然能阻碍人，使其不得过去，你只要能利用他，他却可以帮你活动，节省你的劳力。山却不然，会多费你的抵抗力的。所以到后世，水路的交通，远较陆路交通为发达。长江流域的文明，本落黄河流域之后，后来却反超过其上，即由于此。唐朝的刘晏说："天下诸津，舟航所聚，旁通巴汉，前指闽越，七泽十薮，三江五湖，控引河洛，兼包淮海，弘舸巨舰，千轴万艘，交贸往来，昧旦永日。"可以见其盛况了。《唐语林补遗》说："凡东南都邑，无不通水。故天下货利，舟楫居多。舟船之盛，尽于江西。编蒲为帆，大者八十余幅。江湖语曰：水不载万。言大船不过八九千石。"明朝郑和航海的船，长四十四丈，宽十八丈，共有六十二只。可以见其规模的弘大了。

因为水路交通利益之大，所以历代开凿的运河极多，长在一千里以下的运河，几乎数不着它。中国的大川，都是自西向东的，南北的水路交通，很觉得不便。大运河的开凿，多以弥补这阙憾为目的。《左氏》哀公九年，"吴城邗，沟通江淮"。此即今日的淮南运河。《史记·河渠书》说："荥阳下引河东南为鸿沟，以通宋、郑、陈、蔡、曹、卫，与济、汝、淮、泗会。"鸿沟的遗迹，虽不可悉考，然其性质，则极似现在的贾鲁河，乃是所以沟通河淮两流域的。至后汉明帝时，则有从荥阳通至千乘的汴渠。此因当时的富力，多在山东，所以急图东方运输的便利。南北朝以后，富力集中于江淮，则运输之路亦一变。隋开通济渠，自东都引谷洛两水入河。又自河入汴，自汴入淮，以接淮南的邗沟。自江以南，则自京口达余杭，开江南河八百里。此即今日的江南运河。唐朝江淮漕转，二月发扬州。四

左丘明像

《左传》相传为左丘明著，是我国重要的编年体史书，从其记载的部分内容可以看出先秦社会的一些交通状况。

月，自淮入汴。六七月到河口，八九月入洛。自此以往，因有三门之险，乃陆运以入于渭。宋朝建都汴京，有东西南北四河。东河通江淮。亦称里河。西河通怀、孟。南河通颍、寿。亦称外河。现在的惠民河，是其遗迹。北河通曹、濮。四河之中，东河之利最大。淮南、浙东西、荆湖南北之货，都自此入汴京。岭表的金银香药，亦陆运至虔州入江。陕西的货，有从西河入汴的，亦有出剑门，和四川的货，同至江陵入江的。宋史说东河所通，三分天下有其二，虽是靠江淮等自然的动脉，运河连接之功，亦不可没的。元朝建都北平，交通之目的又异。乃引汶水分流南北，而现在的大运河告成。

唐咸通时，用兵交阯，湖南、江西，运输甚苦，润州人陈磻石创议海运。从扬子江经闽、广到交阯。大船一艘，可运千石。军需赖以无缺。是为国家由海道运粮之始。元、明、清三代，虽有运河，仍与海运并行。海运所费，且较河运为省。近代轮船未行以前，南北海道的运输，亦是很盛的。就到现在，南如宁波，北如营口，帆船来往的仍甚多。

水道的交通，虽极发达，陆路的交通，却是颇为腐败的。《日知录》说当时的情形："涂潦遍于郊关，污秽钟于辇毂。""街道"条。又说："古者列树以表道。""下至隋唐之代，而官槐官柳，亦多见之诗篇。""近代政废法弛，任人斫伐。周道如砥，若彼濯濯。""官树"条。"《唐六典》：凡天下造舟之梁四，石柱之梁四，木柱之梁三，巨梁十有一，皆国工修之。其余皆所管州县，随时营葺。其大津无梁，皆给船人，量其大小难易，以定其差等。今畿甸荒芜，桥梁废坏。雄莫之间，秋水时至，年年陷绝。曳轮招舟，无赖之徒，藉以为利。潞河舟子，勒索客钱，至烦章劾。司空不修，长吏不问，亦已久矣。《原注》：'成化八年，九月，丙申，顺天府府尹李裕言：本府津渡之处，每岁水涨，及天气寒冱，官司修造渡船，以便往来。近为无赖之徒，冒贵戚名色，私造渡船，勒取往来人财物，深为民害。乞敕巡按御史，严为禁止，从之。'况于边陲之境，能望如赵充国治湟陿以西道桥七十所，令可至鲜水，从枕席上过师哉？""桥梁"条。观此，知路政之不修，亦以宋以后为甚。其原因，实与建筑之颓败相同。前清末年，才把北京道路，加以修理。前此是与顾氏所谓"涂潦遍于郊关，污秽钟于辇毂"，如出一辙的。全国除新开的商埠外，街道比较整齐宽阔的，没有几处。南方多走水道，北方旱路较多，亦无不崎岖倾仄。间有石路，亦多年久失修。路政之坏，无怪全国富庶之区，都偏于沿江沿海了。

因路政之坏，交通乃不能利用动物之力而多用人力。《史记·夏本纪》："山行乘檋"，《河渠书》作"山行即桥"。案禹乘四载，又见《吕览·慎势》，《淮南·齐俗训》与《修务训》，《汉书·沟洫志》。又《史记集解》引《尸子》及徐广说，所作字皆互异。山行檋与桥外，又作梮，作蔂，作樏，作欙，蔂、樏、欙，系一字，显而易见。梮字见《玉篇》，云"舆，食器也。又土轝也"。雷浚《说文外编》云："土轝之字，《左传》作梮。"案见襄公九年。《汉书·五行志》引作辇，《说文》："辇，大车驾马也。"案《孟子》："反虆梩而掩之。"《赵注》云："虆梩，笼臿之属，可以取土者也。"蔂、樏、欙并即虆梩，与梮并为取土之器，驾马则称为辇，亦以音借而作桥。后又为之专造轿字，则即淮南王《谏伐闽越书》所谓"舆轿而逾岭"。其物本亦车属，后因用诸山行，乃以人舁之。所以韦昭说："梮木器，如今舆状，人举以行。"此物在古代只用诸山行，后乃渐用之平地。王安石终身不乘肩舆，可见北宋时用者尚少，南渡以后，临安街道，日益狭窄，乘坐的人，就渐渐的多了。《明史·舆服志》：宋中兴以后，以征伐道路险阻，诏百官乘轿，名曰竹轿子，亦曰竹舆。

行旅之人不论在路途上，以及到达地头之后，均须有歇宿之所。古代交通未盛，其事率由官营。《周官》野庐氏，"比国郊及野之道路，宿息，井树"。遗人，"凡国野之道：十里有庐，庐有饮食。三十里有宿，宿有路室，路室有委。五十里有市，市有候馆，候馆有积"。都是所以供给行旅的。到达之后，则"卿馆于大夫，大夫馆于士，士馆于工商"。《仪礼·觐礼》。此即《礼记·曾子问》所谓"卿大夫之家曰私馆"。另有"公宫与公所为"，谓之公馆。当时的农民，大概无甚往来，所以只有卿士大夫和工商之家，从事于招待，但到后来，农民出外的也多了。新旅客的增加，必非旧式的招待所能普遍应付，就有借此以图利的，是为逆旅。《商君书·垦令》篇说："废逆旅，则奸伪躁心私交疑农之民不行。逆旅之民，无所于食，则必农。"这只是陈旧的见解。《晋书·潘岳传》说，当时的人，以逆旅逐末废农，奸淫亡命之人，多所依凑。要把它废掉。十里置一官㰖，使老弱贫户守之。差吏掌主，依客舍之例收钱。以逆旅为逐末废农，就是商君的见解。《左氏》僖公二年，晋人假道于虞以伐虢，说“虢为不道，保于逆旅，以侵敝邑之南鄙”。可见晋初的人，说逆旅使奸淫亡命，多所依凑，也是有的。但以大体言之，则逆旅之设，实所以供商贾之用，乃是随商业之盛而兴起的。看潘岳的驳议，便可明白。无法废绝商业，就无法废除逆旅。若要改为官办，畀差主之吏以管理之权，一定要弊余于利的。潘岳之言，亦极有理。总而言之：（一）交通既已兴盛，必然无法遏绝，且亦不宜遏绝。（二）官吏经营事业，其秩序必尚不如私人。两句话，就足以说明逆旅兴起的原因了。汉代的亭，还是行人歇宿之所。甚至有因一时没有住屋，而借居其中的。见《汉书·息夫躬传》。魏晋以后，私人所营的逆旅，日益兴盛，此等官家的事业，就愈益废坠，而寖至于灭绝了。

接力赛跑，一定较诸独走长途，所至者要远些，此为邮驿设置的原理。《说文》：“邮，境上行书舍也。”是专以通信为职的。驿则所以供人物之往来。二者设置均甚早。人物的往来，并不真要靠驿站。官家的通信，却非有驿站不可。在邮政电报开办以前，官家公文的传递，实利赖之。其设置遍于全国。元代疆域广大，藩封之地，亦均设立，以与大汗直辖之地相连接。规模不可谓不大。惜乎历代邮驿之用，都止于投递公文，未能推广之以成今日的邮政。民间寄书，除遣专使外，就须辗转托人，极为不便。到清代，人民乃有自营的信局。其事起于宁波，逐渐推广，几于遍及全国。而且推及南洋。其经营的能力，亦不可谓之不伟大了。

铁路、轮船、摩托车、有线与无线电报的发明，诚足使交通、通信焕然改观。这个，诚然是文明进步之赐，然亦看用之如何。此等文明利器，能用以开发世界上尚未开发的地方，诚足为人类造福。若只在现社会机构之下，为私人所有，用以为其图利的手段，则其为祸为福，诚未易断言，现代的物质文明，有人歌诵他，有人咒诅他。其实物质文明的本身，是不会构祸的，就看我们用之是否得当。中国现在的开发西南、西北，在历史上，将会成为一大事。交通起于陆地，进及河川、沿海，再进及于大洋，回过来再到陆地，这是世界开发必然的程序。世界上最大最未开发的地方，就是亚洲的中央高原，其中又分为两区：一为蒙古、新疆等沙漠地带，一为西康、青海、西藏等高原。中国现在开发西南、西北，就是触着这两大块未开辟之地。我们现在还不觉得，将来这两件事的成功，会使世界焕然改观，成为另一个局面。

第十三讲　教　育

现在所谓教育，其意义，颇近乎从前所谓习。习是人处在环境中，于不知不觉之间，受其影响，不得不与之俱化的。所谓入芝兰之室，久而不闻其香；居鲍鱼之肆，久而不知其臭。所以古人教学者，必须慎其所习。孟母教子，要三次迁居，古训多重亲师取友，均系此意。因此，现代所谓教育，要替学者另行布置出一个环境来。此自非古人所及。古人所谓教，只是效法的意思。教人以当循之道谓之敩；受教于人而效法之，则谓之学；略与现在狭义的教育相当。人的应付环境，不是靠生来的本能，而是靠相传的文化。所以必须将前人之所知所能，传给后人。其机关，一为人类所附属的团体，即社团或家庭，一为社会中专司保存智识的部分，即教会。

读史的人，多说欧洲的教育学术和宗教的关系深，中国的教育学术和宗教的关系浅。这话诚然不错。但只是后世如此。在古代，中国的教育学术和宗教的关系，也未尝不密切。这是因为司高等教育的，必为社会上保存智识的一部分，此一部分智识，即所谓学术，而古代的学术，总是和宗教有密切关系的缘故。古代的太学，名为辟雍，与明堂即系同物。所以所谓太学，即系王宫的一部分。蔡邕《明堂论》引《易传》说："太子旦入东学，昼入南学，暮入西学。在中央曰太学，天子之所自学也。"脱北学一句。又引《礼记·保傅》篇说："帝入东学，上亲而贵仁，入西学，上贤而贵德。入南学，上齿而贵信。入北学，上贵而尊爵。入太学，承师而问道。"所指的，都是此种王宫中的太学。后来文化进步，一切机关，都从王宫中分析出来，于是明堂之外，别有所谓太学。此即《礼记·王制》所说的"太学在郊"。《王制》又说"小学在公宫南之左”。案小学亦是从王宫中分化出来的。古代门旁边的屋子唤做塾。《礼记·学记》说：“古之教者家有塾。”可见贵族之家，子弟是居于门侧的。《周官》教国子的有师氏、保氏。师氏居虎门之左，保氏守王闱。蔡邕说南门称门，西门称闱。汉武帝时，公玉带上《明堂图》，水环宫垣，上有楼，从西南入。可见古代的明堂，只西南两面有门，子弟即居于此。子弟居于门侧，似由最初使壮者任守卫之故。后来师氏、保氏之居门闱，小学之在公宫南之左，地位方向，还是从古相沿下来的。师氏所教的为三德、一曰至德，以为道本。二曰敏德，以为行本。三曰孝德，以知逆恶。案至德，大概是古代宗教哲学上的训条，孝德是社会政治上的伦理训条。三行，一曰孝行，以亲父母。二曰友行，以尊贤良。三曰顺行，以事师长。保氏所教的为六艺，一曰五礼，二曰六乐，三曰五射，四曰五御，五曰六书，六曰九数。六仪，一曰祭祀之容，二曰宾客之容，三曰朝廷之容，四曰丧纪之容，五曰军旅之容，六曰车马之容。这是古代贵族所受的小学教育。至于太学，则《王制》说“春秋教以礼乐，冬夏教以诗书”。此所谓礼乐，自与保氏所教六艺中的礼乐不同，当是宗教中高等的仪式所用。诗即乐的歌辞。书当系教中的古典。古代本没有明确的历史，相沿的传说，都是和宗教夹杂的，印度即系如此。然则此等学校中，除迷信之外，究竟还有什么东西没有呢？有的：（一）为与宗教相混合的哲学。先秦诸子的哲学、见解，大概都自此而出。（二）为涵养德性之地。梁启超是不信宗教的。当他到美洲去时，每逢星期日，却必须到教堂里去坐坐。意思并不是信他的教，而是看他们礼拜的秩序，听其音乐，以安定精神。这就是子夏说“学而优则仕，仕而优则学”之理。《论语·子张》篇。仕与事相通，仕就是办事。办事有余力，就到学校中去涵养德性。一面涵养德性，一面仍应努力于当办之事，正是德育、智育并行不悖之理。管大学的官，据《王制》是大乐正，据《周官》是大司乐。俞正燮《癸巳类稿》有《君子小人学道是弦歌义》，说古代乐之外无所谓学，尤可见古代大学的性质。古代乡论秀士，升诸司徒，司徒升之于学，学中的大乐正，再升诸司马，然后授之以官。又诸侯贡士，天子试之于射宫。其容体比于礼，其节比于乐，而中多者，则得与于祭。这两事的根源，是同一的。即人之用舍，皆决之于宗教之府。“出征执有罪，反释奠于学”，《礼记·王制》。这是最不可解的。为什么明明是用武之事，会牵涉到学校里来呢？可见学校的性质，决不是单纯的教育机关了。然则古代所以尊师重道，太学之礼，虽诏于天子，无北面，《礼记·学记》。养老之礼，天子要袒而割牲，执酱而馈，执爵而酳，《礼记·乐记》。亦非徒以其为道之所在，齿德俱尊，而因其人本为教中尊宿之故。凡此，均可见古代的太学和宗教关系的密切。贵族的小学教育，出于家庭；平民的小学教育，则仍操诸社团之手。《孟子》说：“夏曰校，殷曰序，周曰庠，学则三代共之。”学指太学言，校、序、庠都是民间的小学。平民住居之地，在其中间立一个校室，十月里农功完了，公推有年纪的人，在这里教育未成年的人，就是校的制度。所以《孟子》说“校者教也”。又说“序者射也，庠者养也”，这是行乡射和乡饮酒礼之地。孔子说：“君子无所争，必也射乎？揖让而升，下而饮，其争也君子。”《论语·八佾》篇。又说一看乡饮酒礼，便知道明贵贱，辨隆杀，和乐而不流，弟长而无遗，安燕而不乱等道理。所以说：“吾观于乡，而知王道之易易也。”《礼记·乡饮酒义》。然则庠序都是行礼之地，使人民看了，受其感化的。正和现在开一个运动会，使人看了，知道武勇、刚毅、仁侠、秩序等等的精神，是一样的用意。行礼必作乐，古人称礼乐可以化民，其道即由于此。并非是后世的王礼，天子和百官行之于庙堂之上，而百姓不闻不见的。汉朝人所谓庠序，还系如此。与现在所谓学校，偏重智识传授的，大不相同。古代平民的教育，是偏重于道德的。所以兴学必在生计问题既解决之后。孟子说庠序之制，必与制民之产并言。见《梁惠王·滕文公上》篇。《王制》亦说：“食节事时，民咸安其居，乐事劝功，尊君亲上，然后兴学。”生计问题既解决之后，教化问题，却系属必要。所以又说：“饱食暖衣，逸居而无教，则近于禽兽。”《孟子·滕文公上》篇。又说：“君子如欲化民成俗，其必由学乎？”《学记》。

以上是古代社会，把其传统的所谓做人的道理，传给后辈的途径。贵族有贵族立身的方法，平民有平民立身的方法，其方法虽不同，其为立身之道则一。至于实际的智识技能，则得之必由于实习。实习即在办理其事的机关里，古称为宦。《礼记·典礼》说“宦学事师”，《疏》引熊氏云：“宦谓学仕官之事。”官就是机关，仕官就是在机关里办事。学仕官之事，就是学习在机关里所办的事。这种学习，是即在该机关中行之的，和现在各机关里的实习生一般。《史记·秦始皇本纪》：昌平君发卒攻，战咸阳，斩首数百，皆拜爵。及宦者皆在战中，亦拜爵一级。《吕不韦列传》：诸客求宦为嫪毐舍人千余人。《汉书·惠帝纪》：即位后，爵五大夫，吏六百石以上，及宦皇帝而知名者，有罪当盗械者，皆颂系。此所谓宦，即系学仕于其家。因为古代卿大夫及皇太子之家，都系一个机关。嫪毐之家，食客求宦者至千余人，自然未必有正经的事情可办，亦未必有正经的事情可以学习。正式的机关则不然。九流之学，必出于王官者以此。子路说："有民人焉，有社稷焉，何必读书，然后为学？"《论语·先进》篇。就是主张人只要在机关里实习，不必再到教会所设的学校里，或者私家教授，而其宗旨与教会教育相同的地方去学习。《史记·孔子世家》说，孔子以诗、书、礼、乐教，可见孔子的教育，与古代学校中传统的教育相近。并不是说不要学习，就可以办事。

古代的平民教育，有其优点，亦有其劣点。优点是切于人的生活；劣点则但把传统的见解，传授给后生，而不授以较高的智识。如此，平

孔子（前551—前479），字仲尼，儒家学派创始人。孔子提出了"有教无类"的教育思想。图为后人所绘孔子讲学情景。

民就只好照着传统的道理做人，而无从再研究其是非了。太学中的宗教哲学，虽然高深，却又去实际太远。所以必须到东周之世，各机关中的才智之士，将其（一）经验所得的智识，及（二）太学中相传的宗教哲学，合而为一，而学术才能开一新纪元。此时的学术，既非传统的见解所能限，亦非复学校及机关所能容，乃一变而为私家之学。求学问的，亦只得拜私人为师。于是教育之权，亦由官家移于私家，乃有先秦诸子聚徒讲学之事。

社会上新旧两事物冲突，新的大概都是合理的。因为必旧的摇动了，然后新的会发生，而旧的所以要摇动，即由于其不合理。但此理是不易为昔人所承认的，于是有秦始皇和李斯的办法："士则学习法令辟禁。""欲学法令，以吏为师。"这是想恢复到政教合一之旧。所以要恢复政教合一，则因他们认为"人善其所私学，以非上之所建立"，是天下所以不治；而当时的人，所以要善私学以非上所建立，全是出于朋党之私，所谓"饰虚言以乱实"。《史记·秦始皇本纪》三十四年。这固然不无相当的理由。然古代社会矛盾不深刻，政治所代表的，就是社会的公意，自然没有人出来说什么话。后世社会复杂了，各方面的矛盾，渐渐深刻，政治总只代表得一方面，其（一）反对方面，以及（二）虽非站在反对方面，而意在顾全公益的人，总不免有话说。这正是（一）有心求治者所乐闻，（二）即以手段而论，防民之口，甚于防川，亦是秉政者所应希望其宣泄的。而始皇、李斯不知"天下有道，则庶人不议"。《论语·季氏》篇。误以为庶人不议，则天下有道；至少庶人不议，天下才可以走上有道的路，这就和时势相反了。人的智识，总不免于落后，这也无怪其然。但社会学的公例，是不因人之不知，而加以宽恕的，该失败的总是要失败，而秦遂因之倾覆。秦朝的灭亡，固非儒生所为，然人心之不平，实为其最大原因之一，而儒生亦是其中的一部分。

汉朝的设立学校，事在武帝建元五年。此时并未立学校之名，仅为五经博士置弟子。在内由太常择补；在外由县、道、邑的长官，上所属二千石、二千石察其可者，令与所遣上计之吏，同诣京师。这就是公孙弘所说的"因旧官而兴焉"。不另设新机关。但因博士弟子，都有出身，所以传业者浸盛。以上见《史记》《汉书·儒林传》。至后汉，则光武帝下车即营建太学。明、章两代，屡次驾幸。顺帝又增修校舍。至其末年，游学诸生，遂至三万余人，为至今未曾再有的盛况。案赵翼《陔余丛考》有一条，说两汉受学者都诣京师，其实亦不尽然。后汉所立，不过十四博士，而《汉书·儒林传》说："大师众至千余人。"《汉书·儒林传》，不能证明其有后人增窜之迹，则此语至少当在东汉初年。可见民间传业，亦并非不盛。然汉代国家所设立的太学，较后世为盛；事实上比较的是学问的重心；则是不诬的。此因（一）当时社会，学问不如后世的广布，求学的自有走集学问中心地的必要。（二）则利禄使然。前汉时，博士弟子虽有出路，究系平流而进。后汉则党人劫持选举，而太学为私党聚集、声气标榜之地。又此时学术在社会上渐占重要地位。功臣外戚及官吏等，亦多遣子弟入学。于是纨袴子弟，搀杂其中，不能认真研究，而易与政治接近，就成《后汉书·儒林传》所说的"章句渐疏，多以浮华相尚"了。汉末丧乱，既不能研究学问，而以朋党劫持选举的作用亦渐失。魏文帝所立的太学，遂成学生专为避役而来，博士并无学问可以教授的现状。详见《三国·魏志·王肃传》注引《魏略》。

魏晋以后，学校仅为粉饰升平之具。所谓粉饰升平，并不是学校能积极地替政治上装饰出什么东西来，而是消极的，因为倘使连学校都没有，未免说不过去。所以苟非丧乱之时，总必有所谓学校。至其制度，则历代又略有不同。晋武帝咸宁二年，始立国子学。案今文经说，只有太学。大司乐合国之子弟，是出于《周官》的，是古文经说。两汉的政治制度，大抵是根据今文学说的。东汉之世，古学渐兴，魏晋以后，今文传授的统绪遂绝，所以此时的政治制度，亦渐采用古文学说了。自此以后，元魏国子、太学并置。周只有太学。齐只有国子学。隋时，始令国子学不隶太常，独立为一监。唐有国子学、太学、四门学、律学、书学、算学，都属国子监。后律学改隶详刑，书学改隶兰台，算学改隶秘阁。律学、书学、算学专研一种学问艺术，系专门学校性质。国子学、太学、四门学，则系普通性质。国子学、太学，都只收官吏子弟，只有四门学收一部分庶人，成为阶级性质了。这都是古文学说的流毒。四门学在历史上，有两种性质：有时以为小学。此时则模仿《礼记·王制》之说：王太子、王子、群后的太子、卿大夫元士的适子，都可以直接入学，庶人则须节级而升，因令其先入四门小学。然古代所谓学校，本非研究学问之地。乡论秀士，升诸司徒，司徒升之于学，大乐正再升诸司马，不过是选举的一途。贵族世袭之世，得此已算开明。后世则用人本无等级，学校为研究学问之地，庶人的学问，未必劣于贵族，而令其节级而升，未免不合于理。将庶人及皇亲、国戚、官吏子弟所入的学校分离，那更是造出等级来了。又有弘文馆属门下省，是专收皇亲的。崇文馆属东宫，是收皇太后、皇后亲属兼及官吏子孙的。总之，学校只是政治上的一个机关，学生只是选举上的一条出路，和学术无甚关系。学校中未必真研究学术，要研究学术，亦不一定要入学。

把学校看作提倡学术，或兴起教化之具，其设立，是不能限于京师的。汉武帝时，虽兴起太学，尚未能注意地方。其时只有贤长官如文翁等，在其所治之地，自行提倡。见《汉书·循吏传》。到元帝令郡国皆设五经百石卒史，才可算中央政府，以命令设立地方学校的权舆。但汉朝人眼光中，所谓庠序，还不是用以提倡学术，而是用以兴起教化的。所以元帝所为，在当时的人看起来，只能算是提倡经学，并不能算是设立地方学校。这个，只要看《汉书·礼乐志》的议论，便可知道。隋唐时，各州县都有学。隋文帝曾尽裁太学、四门学及州县学，仅留国子生七十人。炀帝时恢复。然只法令如此。在唐时，大概只有一笔释奠之费，以祭孔子。事见《唐书·刘禹锡传》。案明清之世，亦正是如此。所谓府、州、县学，寻常人是不知其为学校，只知其为孔子庙的。所以有人疑惑："为什么佛寺、道观，都大开了门，任人进去，独有孔子庙却门禁森严？"当变法维新之初，有人想把孔子抬出来，算作中国的教主，以和基督教相抗；还有主张把文庙开放，和教堂一样的。殊不知中国本无所谓孔子庙。孔子乃是学校里所祭的先圣或先师。《礼记·文王世子》："凡入学，必释奠于先圣、先师。"先圣是发明家。先师是把发明家的学问，流传下来的人。此项风气，在中国流行颇广。凡百事业，都有其所崇奉的人，如药业崇奉神农，木匠崇奉鲁班，都是把他认作先圣。儒家是传孔子之道的，所以把孔子认作先圣，传经的人，认作先师。古文学说既行，认为孔子所传的，只是古圣王之道，尤其直接模范的是周公。周朝集古代治法的大成，而其治法的制定，皆由于周公。所以周公可以看作发明家的代表。于是以周公为先圣，孔子为先师。然孔子为中国所最尊的人，仅仅乎把他看作传述者，不足以餍足宗教心理。于是仍改奉孔子为先圣。自宋学兴起以后，所谓孔子之道者又一变。认为汉唐传经儒生，都不足以代表孔子之学。宋代诸儒，崛起于千载之后，乃能遥接其道统。于是将宋以后的理学家，认为先师。此即所谓从祀。汉至唐传经诸儒，除品行恶劣者外，亦不废黜。是为历代所谓先圣、先师者的变迁。寺庙可以公开，学校是办不到的。现在的学校，从前的书院、义塾，又何尝能大开其门，任人出入呢？然令流俗之人，有此误会，亦可见学校的有名无实了。

魏晋以后，看重学校的有两个人：一个是王安石，一个是明太祖。王安石的意思，是人才要由国家养成的。科举只是取人才，不是养人才，不能以此为已足。照安石的意思，改革科举，只是暂时的事；论根本，是要归结到学校养士的。所以于太学立三舍之法，即外舍、内舍、上舍，学生依次而升。到升入上舍，则得免发解及礼部试，而特赐之以进士第。哲宗元符二年，令诸州行三舍法。岁贡其上舍生，附于外舍。徽宗遂特建外学，以受诸州贡士；并令大学内的外舍生，亦出居外学。遂令取士悉由学校升贡，其州郡发解及礼部试并停。后虽旋复，然在这一时期中的立法，亦可谓很重视学校了。按（一）凡事都由国家主持，只有国小而社会情形简单的时代，可以办到。国大而社会复杂，根本是不可能的，因为（甲）国家不但不能胜此繁重的职务；（乙）并不能尽知社会的需要。因（甲）则其所办之事，往往有名无实，甚或至于有弊。因（乙）则其所办之事，多不能与社会趋势相应，甚或顽固守旧，阻碍进步。所以许多的事情，根本是不宜于国家办的。现在政治学上，虽亦有此项主张，然其理论漏洞甚多，至多只可用以应急，施诸特殊的事务，断非可以遍行常行的道理。这话太长了，现在不能详论。然可用以批评宋时的学校，总是无疑的。所以当时的学校，根本不会办得好。（二）而况自亡清以前，学堂奖励章程废止以前。国家把学校科举，都看作登庸官吏之法，入学者和应科举者一样，都是为利禄而来，又何以善其后呢？其中固有少数才智之士。然亦如昔人论科举的话，“乃人才得科举，非科举得人才”。此等人在学校中，并不能视为学校所养成。安石变科举法后，感慨道：“本欲变学究为秀才，不料变秀才为学究。”秀才是科举中最高的一科，学究则是最低的。熙宁贡举法所试，较诸旧法，不能不说是有用些。成绩之所以不良，则由学问的好坏，甚而至于可以说是有无，都判之于其真假，真就是有，假就是无。真假不是判之于其所研究的门类、材料，而是判之于其研究的态度、方法的。态度和方法，判之于其有无诚意。所以以利用为目的，以学习为手段，学到的，至多是技术，决不是学问。此其原理，在学校与科举中，并无二致。以得奖励为目的的学校，其结果，只能与科举一样。

凡国家办的事，往往只能以社会上已通行的，即大众所公认的理论为根据。而这种理论，往往是已经过时的，至少是比较陈旧的。因为不如此，不会为大众所承认。其较新鲜的，方兴的，则其事必在逐渐萌芽，理论必未甚完全，事实亦不会有什么轰轰烈烈的，提给大众看，国家当然无从依据之以办事。所以政治所办理的事情，往往较社会上自然发生的事情为落后。教育事业，亦是如此。学问是不宜于孤独研究的。因为（一）在物质方面，供给不易完全；（二）在精神方面，亦不免孤陋寡闻之诮。所以研究学问的人，自然会结成一种团体，这个团体，就是学校。学校的起源，本是纯洁的，专为研究学问的；惜乎后来变为国家养成人才之所。国家养成人材，原是很好的事；但因（一）事实上，国家所代表的，总是业经通行、已占势力的理论。所以公家所立的学校，其内容，总要比较陈旧些。社会上新兴的，即在前途有真正需要，而并非在过去占有势力的学科，往往不能尽力提倡。（二）而且其本身，总不免因利禄关系而腐化。于是民间有一种研究学问的组织兴起来，这便是所谓书院。书院是起于唐五代之间的。宋初，有所谓四大书院者，朝廷咸赐之额。曰白鹿，在庐山白鹿洞，为南唐升元中所建。曰石鼓，唐元和中衡州守李宽所建。曰应天，宋真宗时，府民曹诚所建。曰岳麓，宋开宝中，潭州守朱洞所建。此系据《通考》。《玉海》有嵩阳而无石鼓。嵩阳，在登封县太室山下，五代时所建。此外赐额、赐田、赐书的还很多。但书院并不靠朝廷的奖励和补助。书院之设，大概由（一）有道德学问者所提倡，（二）或为好学者的集合，（三）或则有力者所兴办。他是无所为而为之的，所以能够真正研究学问，而且真能跟着风气走。在理学盛行时代，则为讲学的中心；在考据之学盛行的时代，亦有许多从事于此的书院；即其确证。新旧两势力，最好是能互相调和。以官办的学校，代表较旧的、传统的学术；以私立的学校，代表较新的、方兴的学术；实在是最好的办法。

宋朝国势虽弱，然在文化上，不能说是没有进步的。文化既进步，自然觉得有多设学校的必要。元朝的立法，就受这风气的影响。元朝的国子监，本是蒙古、色目和汉人，都可以进的。蒙古人试法从宽，授官六品；色目人试法稍密，授官七品；汉人试法最密，授官从七品；则系阶级制度。然在京师，又有蒙古国子学。诸路有蒙古字学。仁宗延祐元年，又立回回国子学，以肄习其文字。诸路、府、州、县皆有学。世祖至元二十八年，又令江南诸路学及各县学内设小学，选老成之士教之。或自愿招师，或自受家学于父兄者，亦从其便。其他先儒过化之地，名贤经行之所，与好事之家，出钱米赡学者，并立为书院。各省设提举二员，以提举学校之事。官家竭力提倡，而仍承认私家教育的重要，不可谓非较进步的立法。此项法令，能否真正实行，固未可知，然在立法上，总是明朝的前驱。

明朝的学校，立法是很完密的。在昔时把学校看作培植人才、政治上的人才。登庸官吏的机关，而不视为提高文化、普及教育的工具，其立法不过如此而止，其扩充亦只能到这地步了。然而其法并不能实行，这可见法律的拗不过事实。明朝的太学，名为国子监。太祖看国子监是极重的。所用的监官，都是名儒，规则极严，待诸生甚厚。又创历事之法，使在各机关中实习，曾于一日之间，擢用国子生六十余人为布、按两司官。其时国子诸生，扬历中外者甚众，可谓极看重学校的了。然一再传后，科举积重，学校积轻，举贡的选用，遂远不能与进士比。而自纳粟入监之例开后，且被视为异途。国子生本是从府县学里来的。府县学学生升入国子监的，谓之贡生。有岁贡、按年依定额升入，选贡、选拔特优的，恩贡、国家有庆典时，特许学生升入国学，即以当充岁贡者充之，而以其次一名充岁贡，纳贡府州县学生纳粟出学。之别。举人亦可入监。后又取副榜若干，令其入监读书。府州县学，府有教授，州有学正，县有教谕，其副概称训导。学生各有定额。初设的都由学校供给饭食，后来增广学额，则不能然。于是称初设的为廪膳生员，增广的为增广生员。后又推广其额，谓之附学生员。于是新取入学的，概称附学生员。依考试的成绩，递升为增广、廪膳。廪膳生资格深的，即充岁贡。入学和判定成绩的考试，并非由教谕、训导举行，而是另行派员主持的。入学之试，初由巡按御史或布、按两司及府、州、县官，后特置提督学政，巡历举行。僻远之地，为巡历所不能至者，或仍由巡按御史及分巡道。学政任期三年。三年之中，考试所属府州县学生两次：一次称岁考，是用以判定成绩优劣的；一次称科考，在举行科场之年，择其优者，许应乡试。国子监生毕业后可以入官的，府州县学生则无所谓毕业。其出路，只有（一）应科举中式，（二）贡入国子监。如其不然，则始终只是一个学生。要到五十岁之后，方许其不应岁试。未满五十而不应岁试，试时亦可请假，但下届须补。清制，阙至三次者，即须斥革。其学籍，是要取消掉的。非府州县学生不能应科举，府州县学生除贡入太学外，亦非应科举不能得出路，这是实行宋以来学校、科举相辅而行的理想的。在当时，确是较进步的立法。然而法律拗不过事实。事实上，国家所设的学校，一定要人来读书，除非（一）学校中真有学问，为在校外所学不到的。（二）法令严切，不真在校学习，即不能得到出路。但当时的学校，即使认真教授，其程度，亦不会超过民间的教育，而况并不教授？既然并不教授，自无从强迫学生在学。于是除国子监在京师首善之地，且沿明初认真办理之余，不能竟不到监，乃斤斤和监官计较“坐监”的日数外，府州县学，皆阒无其人，人家仍只目它为文庙。学校的有名无实，一方面，固表现政治的无力；一方面，也表示社会的进步。因为社会进步了，到处都有指导研究的人，供给研究的器，人家自然无庸到官立的学校里来了。我们现在，如其要读中国的旧书，并不一定要进学校。如其要研究新学问，有时非进学校不可，甚至有非到外国去不可的，就因为此种学术，在社会上还未广布。

清朝的学制，是和明朝大同的。所不同的，则明朝国子监中的荫生，分为官生、恩生。官生是限以官品的；学生父兄的官品。恩生则出自特恩，不拘品级。清制分为难荫及恩荫。恩荫即明代的官生；难荫谓父兄殉难的，其条件较恩荫为优。又清制，除恩副岁贡生外，又有优、拔两贡。优贡三岁一行：每一督学使者，岁科两试俱讫后，就教官所举优行生，加以考试，再择优送礼部考试，许其入国子监读书。拔贡十二年举行一次：合岁科两试优等生，钦命大臣会同督抚复试，送吏部再应廷试，一二等录用，三等入监。但入监都是有名无实的。

以上所述的，大体都是官办的学校，为政治制度的一部分，和选举制度有关。其非官办的，亦或具有学校的性质，如书院是。至于不具学校形式的，则有（一）私人的从师读书，（二）或延师于家教授。其教授的内容，亦分为两种：（一）是以应科举为目的的，可谓士人所受的教育。（二）又一种，但求粗知文义，为农、工、商家所受。前者既不足以语于学问，后者又不切于实用。这是因为从前对于教育，无人研究，不过模模糊糊，蹈常习故而行之而已。至清末变法以来，才有所谓新式的教育，就是现行的制度。对于文化的关系，人所共知，不烦深论。学校初兴时，还有所谓奖励。大学毕业视进士，大学豫科、高等学堂视举人，中等学校以下，分别视贡生及附生等。这还带有政治的性质。民国时代，把奖励章程废去，才全和科举绝缘。

第十四讲　语　文

语言文字的发明，是人类的一个大进步。（一）有语言，然后人类能有明晰的概念。（二）有语言，然后这一个人的意思，能够传达给那一个人。而（甲）不须人人自学，（乙）且可将个人的行为，化作团体的行为。单有语言，还嫌其空间太狭，时间太短，于是又有文字，赋语言以形，以扩充其作用。总之，文字语言，是在空间上和时间上，把人类联结为一的。人类是非团结不能进化的，团结的范围愈广，进化愈速，所以言语文字，实为文化进化中极重要的因素。

以语言表示意思，以文字表示语言，这是在语言文字发达到一定阶段之后看起来是如此。在语言文字萌芽之始，则并不是如此的。代表意思多靠身势，其中最重要的是手势。中国文字中的“看”字，义为以手遮目，最能表示身势语的遗迹。与语言同表一种意象的，则有图画。图画简单化，即成象形文字。图画及初期的象形文字，都不是代表语言的。所以象形文字，最初未必有读音。图画更无论了。到后来，事物繁复，身势不够表示，语言乃被迫而增加。语言是可以增加的，（一）图画及象形文字，则不能为无限的增加，且其所能增加之数极为有限；（二）而凡意思皆用语言表示，业已成为习惯；于是又改用文字代表语言。文字既改为代表语言，自可用表示声音之法造成，而不必专于象形，文字就造得多了。

中国文字的构造，旧有六书之说，即（一）象形，（二）指事，（三）会意，（四）形声，（五）转注，（六）假借。六者之中，第五种为文字增加的一例，第六种为文字减少的一例，只有前四种是造字之法。许慎《说文解字·序》说：“黄帝之史仓颉，见鸟兽蹄迒之迹，知分理之可相别异也，初造书契。”又说：“仓颉之初作书，盖依类象形，故谓之文。其后形声相益，即谓之字。”按许氏说仓颉造字，又说仓颉是黄帝之史，这话是错的；其余的话，则大概不错。字是用文拼成的，所以文在中国文字中，实具有字母的作用。旧说谓之偏旁。象形、指事、会意、形声四种中，只有象形一种是文，余三种都是字。象形就是画成一种东西的形状，如☉、☽、山、巛，此字须横看。人、《说文》：“象臂胫之形。”按此所画系人的侧面，而又略去其头未画。子、上系头，中系两臂，小孩不能自立，故下肢并而为一。大《说文》：“象人形。”按此系人的正面形，而亦略画其头。只有子字是连头画出的。按画人无不画其头之理，画人而不画其头，则已全失图画之意矣。于此，可悟象形文字和图画的区别。等字是。（一）天下的东西，不都有形可画。（二）有形可画的，其形亦往往相类。画得详细了，倒足以表示其异点，就图画也不能如此其繁。于是不得不略之又略，至于仅足以略示其意而止。倘使不加说明，看了它的形状，是万不能知其所指的；即或可以猜测，亦必极其模胡。此为象形文字与图画的异点。象形文字所以能脱离图画而独立者以此。然如此，所造的字，绝不能多。指事旧说是指无形可象的事，如人类的动作等。这话是错的。指，就是指定其所在。事物两字，古代通用。指事，就是指示其物之所在。《说文》所举的例，是上下两字。卫恒《四体书势》说“在上为上，在下为下”，其语殊不可解。我们看《周官·保氏》疏说“人在一上为上，人在一下为下”，才知道《四体书势》，实有脱

仓颉像

仓颉，号史皇氏，为轩辕黄帝左史官。传说他创造了我国原始象形文字、官吏制度和姓氏。

文。《说文》中所载古文丄丅两字，乃系省略之形。其原形当如篆文作上下。一画的上下系人字，借人在一画之上，或一画之下，以表示上下的意思。这一画，并非一二的一字，只是一个界画。《说文》中此例甚多。用此法，所造的字，亦不能多。会意的会训合。会意，就是合两个字的意思，以表示一个字的意思。如《说文》所举人言为信，止戈为武之类。此法所造的字，还是不能多的。只有形声字。原则上是用两个偏旁，一个表示意义，一个表示声音。凡是一句话，总自有其意义，亦自有其声音的。如此，造字的人，就不必多费心思，只要就本语的意义，本语的声音，各找一个偏旁来表示它就够。造的人既容易，看的人也易于了解。而且其意义，反较象形、指事、会意为确实。所以有形声之法，而“文字之用，遂可以至于无穷”。转注：《说文》所举的例，是考、老两字。声音相近，意义亦相近。其根源本是一句话，后来分化为两句的。语言的增加，循此例的很多。文字所以代表语言，自亦当跟着语言的分化而分化。这就是昔人的所谓转注。夥、多两字，与考、老同例。假借则因语言之用，以声音为主。文字所以代表语言，亦当以声音为主。语文合一之世，文字不是靠眼睛看了明白的，还要读出声音来。耳朵听了，等于听语言。而明白其意义。如此，意义相异之语，只要声音相同，就可用相同的字形来代表它。于是（一）有些字，根本可以不造。（二）有些字，虽造了，仍废弃不用，而代以同音的字。此为文字之所以减少。若无此例，文字将繁至不可胜识了。六书之说，见于许《序》及《汉书·艺文志》；作象形、象事、象意、象声、转注、假借。《周官·保氏》注引郑司农之说。作象形、会意、转注、处事、假借、谐声。昔人误以为造字之法，固属大谬。即以为保氏教国子之法，亦属不然。教学童以文字，只有使之识其形，明其音义，可以应用，断无涉及文字构造之理。以上所举六书之说，当系汉时研究文字学者之说。其说是至汉世才有的。《周官》保氏，教国子以六书，当与《汉书·艺文志》所说太史以六体试学童的六体是一，乃系字的六种写法，正和现在字的有行、草、篆、隶一样。《汉书·艺文志》说：“古者八岁入小学，故《周官》保氏，掌养国子，教之六书。谓象形、象事、象意、象声、转注、假借，造字之本也。汉兴，萧何草律，亦著其法，曰：太史试学童，能讽书九千字以上，乃得为吏。又以六体试之。课最者以为尚书、御史、史书、令史。吏民上书，字或不正，辄举劾。六作者，古文、奇字、篆书、隶书、缪篆、虫书，皆所以通知古今文字，摹印章，书幡信也。”“谓象形、象事、象意、象声、转注、假借造字之本也”十八字，定系后人窜入。唯保氏六书和太史六体是一，所以说亦著其法，若六书与六体是二，这亦字便不可通了。以六书说中国文字的构造，其实是粗略的，读拙撰《字例略说》可明，商务印书馆本。然大体亦尚可应用。旧时学者的风气，本来是崇古的；一般人又误以六书为仓颉造字的六法；造字是昔时视为神圣事业的，更无人敢于置议，其说遂流传迄今。《荀子·解蔽》篇说：“故好书者众矣，而仓颉独传者，壹也。”可见仓颉只是一个会写字的人。然将长于某事的人，误认作创造其事的人，古人多有此误。如暴辛公善埙，苏成公善篪，《世本·作篇》即云：暴辛公作埙，苏成公作篪，谯周《古史考》已驳其缪。见《诗·何人斯》疏。因此，生出仓颉造字之说。汉代纬书，皆认仓颉为古代的帝皇。见拙撰《中国文字变迁考》第二章，商务印书馆本。又有一派，因《易经·系辞传》说“上古结绳而治，后世圣人易之以书契”，蒙上“黄帝、尧、舜，垂衣裳而天下治”，认为上古圣人，即是黄帝。司记事者为史官，因以仓颉为黄帝之史。其实二者都是无稽的。还有《尚书》伪孔安国《传序》，以三坟为三皇之书，五典为五帝之典，而以伏羲、神农、黄帝为三皇，就说文字起于伏羲时，那更是无据之谈了。

文字有形、音、义三方面，都是有变迁的。形的变迁，又有改变其字的构造和笔画形状之异两种，但除笔画形状之异一种外，其余都非寻常人所知。字之有古音古义，每为寻常人所不知。至于字形构造之变，则新形既行，旧形旋废，人并不知有此字。所以世俗所谓文字变迁，大概是指笔画形状之异。其大别为篆书、隶书、真书、草书、行书五种。

（一）篆书是古代的文字，流传到秦汉之世的。其文字，大抵刻在简牍之上，所以谓之篆书。篆就是刻的意思。又因其字体的不同，而分为（甲）古文，（乙）奇字，（丙）大篆，（丁）小篆四种。大篆，又称为籀文。《汉书·艺文志》，小学家有《史籀》十五篇。自注：“周宣王太史作。”《说文解字·序》：“《史籀》者，周时史官教学童书也。”又说：“《仓颉》七章者，秦丞相李斯所作也。《爰历》六章者，车府令赵高所作也。《博学》七章者，太史令胡毋敬所作也。文字多取《史籀》篇，而篆体复颇异，所谓秦篆者也。”然则大篆和小篆，大同小异。现在《说文》所录籀文二百二十余，该就是其相异的；其余则与小篆同。小篆是秦以后通行的字。大篆该是周以前通行的字。至于古文，则该是在大篆以前的，即自古流传的文字，不见于《史籀》十五篇中的。奇字即古文的一部分。所不同者，古文能说得出它字形构造之由，奇字则否。所谓古文，不过如此。《汉书·艺文志》《景十三王传》《楚元王传》载刘歆《移让大常博士书》，都说鲁共王坏孔子宅，在壁中得到许多古文经传。其说本属可疑。因为（一）秦始皇焚书，事在三十四年。自此至秦亡，止有七年。即下距汉惠帝四年除挟书律，亦只有二十三年。孔壁藏书，规模颇大，度非一二人所为，不应其事遂无人知，而有待于鲁恭王从无意中发现。（二）假使果有此事，则在汉时实为一大事，何以仅见于《汉书》中这三处，而他书及《汉书》中这三处以外，绝无人提及其事。凡历史上较重大之事，总和别的事情有关系的，也总有人提及其事，所以其文很易散见于各处。此三处：《鲁恭王传》，不将坏孔子宅之事，接叙于其好治宫室之下，而别为数语，缀于传末，其为作传时所无有，传成之后，再行加缀于末。显而易见。《移让大常博士》，本系刘歆所说的话；《艺文志》也是以刘歆所作的《七略》为本的。然则这两篇，根本上还是刘歆一个人的话。所以汉代得古文经一事，极为可疑。然自班固以前，还不过说是得古文经；古文经的本子、字句，有些和今文经不同而已，并没有说古文经的字，为当时的人所不识。到王充作《论衡》，其《正说篇》，才说鲁共王得百篇《尚书》，武帝使使者取视，莫能读者。《尚书伪孔安国传序》，则称孔壁中字为科斗书。谓科斗书废已久，时人无能知者。孔安国据伏生所传的《尚书》，考论文义，意谓先就伏生所传各篇，认识其字，然后再用此为根据，以读其余诸篇。才能多通得二十五篇。这纯是以意揣度的野言，古人并无此说。凡文字，总是大众合力，于无形中逐渐创造的；亦总是大众于无形之间，将其逐渐改变的。由一人制定文字，颁诸公众，令其照用，古无此事；亦不会两个时代中，有截然的异同，至于不能相识。

（二）篆书是圆笔，隶书是方笔。隶书的初起，因秦时“官狱多事”，《汉志》语。官指普通行政机关，狱指司法机关。“令隶人佐书”，四体书势语。故得此名。徒隶是不会写字的人，画在上面就算，所以笔画形状，因此变异了。然这种字写起来，比篆书简便得多，所以一经通行，遂不能废。初写隶书的人是徒隶，自然画在上面就算，不求美观。既经通行，写的人就不仅徒隶了，又渐求其美观，于是变成一种有挑法亦谓之波磔的隶书。当时的人，谓之八分书。带有美术性质的字，十之八九都用它。

（三）其实用的字，不求美观的，则仍无挑法，谓之章程书。就是我们现在所用的正书。所以八分书是隶书的新派，无挑法的系隶书的旧派。现在的正书，系承接旧派的，所以现在的正书，昔人皆称为隶书。王羲之，从来没有看见他写一个八分书，或者八分书以前的隶字，而《晋书》本传，却称其善隶书。

（四）正书，亦作真书，其名系对行草而立。草书的初起，其作用，当同于后来的行书，是供起草之用的。《史记·屈原列传》说：楚怀王使原造宪令，草稿未上，上官大夫见而欲夺之。所谓草稿，就是现在所谓起草。草稿是只求自己认得，不给别人看的，其字，自然可以写得将就些。这是大家都这样做的，本不能算创造一种字体，自更说不上是谁所创造。到后来，写的人，不求其疾速，而务求其美观。于是草书的字体，和真书相去渐远，导致只认得真书的人，不能认得草书。于是草书距实用亦渐远。然自张芝以前，总还是一个一个字分开的。到张芝出，乃“或以上字之下，为下字之上”，其字竟至不可认识了。后人称一个一个字分开的为章草，张芝所创的为狂草。

（五）狂草固不可用，即章草亦嫌其去正书稍远。（甲）学的人，几乎在正书之外，又要认识若干草字。（乙）偶然将草稿给人家看，不识草字的人，亦将无从看起。事务繁忙之后，给人家看的东西，未必一定能誊真的。草书至此，乃全不适于实用。然起草之事，是绝不能没有的。于是另有一种字，起而承其乏，此即所谓行书。行书之名，因“正书如立，行书如行”而起。其写法亦有两种：（子）写正书的人，把它写得潦草些，是为真行。（丑）写草书的人，把它写得凝重些，是为行草。见张怀瓘《书议》。从实用上说，字是不能没有真草两种，而亦不能多于真草两种的。因为看要求其清楚，写要求其捷速；若多于真草两种，那又是浪费了。孟森说。中国字现在书写之所以烦难，是由于都写真书。所以要都写正书，则由于草书无一定的体式。草书所以无一定的体式，则因字体的变迁，都因美术而起。美术是求其多变化的，所以字体愈写愈纷歧。这是因向来讲究写字的人，多数是有闲阶级；而但求应用的人，则根本无暇讲究写字之故。这亦是社会状况所规定。今后社会进化，使用文字的地方愈多。在实用上，断不能如昔日仅恃潦草的正书。所以制定草体，实为当务之急。有人说：草体离正书太远了，几乎又要认识一种字，不如用行书。这话，从认字方面论，固有相当的理由。但以书写而论，则行书较正书简便得没有多少。现在人所写潦草的正书，已与行书相去无几。若求书写的便利，至少该用行草。在正书中，无论笔画如何繁多的字，在草书里，很少超过五画的。现在求书写的便利，究竟该用行书，还该用草书，实在是一个有待研究的问题。至于简笔字，则是不值得提倡的。这真是徒使字体纷烦，而书写上仍简便得有限。书写的烦难，亦由于笔画形状的工整与流走，不尽由于笔画的多少。

中国现在古字可考的，仍以《说文》一书为大宗。此书所载，百分之九十几，系秦汉时通行的篆书。周以前文字极少。周以前的文字，多存于金石刻中，即昔人刻在金石上的文字。但其物不能全真，而后人的解释，亦不能保其没有错误。亡清光绪二十四五年间，河南安阳县北的小屯，发见龟甲、兽骨，其上有的刻有文字。据后人考证，其地即《史记·项羽本纪》所谓殷墟。认其字为殷代文字。现在收藏研究的人甚多。但自民国十七年中央研究院和河南省合作发掘以前所发现之品，伪造者极多。详见《安阳发掘报告书》第一期所载《民国十七年十月试掘安阳小屯报告书》，及《田野考古报告》第一期所载《安阳侯家庄出土之甲骨文字》；又吴县所出《国学论衡》某册所载章炳麟之言，及《制言杂志》第五十期章炳麟《答金祖同论甲骨文第二书》。所以在中央研究院发掘所得者外，最好不必信据，以昭谨慎。

古人多造单字，后世则单音语渐变为复音，所增非复单音的字，而是复音的辞。大抵春秋战国之时，为增造新字最多的时代。《论语·卫灵公》篇，子曰：“吾犹及史之阙文也”，“今亡矣夫”！这就是说：从前写字的人，遇见写不出的字，还空着去请教人，现在却没有了，都杜造一个字写进去。依我推想起来，孔子这种见解，实未免失之于旧。因为前此所用的文字少，写来写去，总是这几个字；自己不知道，自然可问之他人。现在所用的字多了，口中的语言，向来没有文字代表它的，亦要写在纸上。既向无此字，问之于人何益？自然不得不杜造了。（一）此等新造的字，既彼此各不相谋。（二）就旧字也有（甲）讹，（乙）变。一时文字，遂颇呈纷歧之观。《说文解字·序》说七国之世，“文字异形”，即由于此。然（子）其字虽异，其造字之法仍同；（丑）而旧有习熟的字，亦绝不会有改变；大体还是统一的。所以《中庸》又说：“今天下”，“书同文”。《史记·秦始皇本纪》：二十六年，“书同文字”。此即许《序》所说：“秦始皇帝初兼天下，丞相李斯乃奏同之，罢其不与秦文合者。”此项法令，并无效验。《汉书·艺文志》说：闾里书师，合《仓颉》《爰历》《博学》三篇，断六十四字以为一章，凡五十五章，并为《仓颉》篇。这似乎是把三书合而为一，大体上把重复之字除去。假定其全无复字，则秦时通行的字，共得三千三百。然此三书都是韵文，除尽复字，实际上怕不易办到，则尚不及此数。而《说文》成于后汉时，所载之字，共得九千九百一十三。其中固有籀文及古文、奇字，然其数实不多；而音义相同之字，则不胜枚举。可见李斯所奏罢的字，实未曾罢。如此下去，文字势必日形纷歧。这是一个很严重的问题。幸得语言从单音变为复音，把这种祸患，自然救止了。用一个字代表一个音，实在是最为简易之法。因为复音辞可以日增，单音字则只有此数。识字是最难的事，过时即不能学的。单音无甚变迁，单字即无甚增加，亦无甚改变。读古书的，研究高深文学的，所通晓的辞类及文法，虽较常人为多，所识的单字，则根本无甚相异。认识了几千个字，就能读自古至今的书，也就能通并时的各种文学，即由于此。所以以一字代表一音，实在是中国文字的一个进化。至此，文字才真正成了语言的代表。这亦是文字进化到相当程度，然后实现的。最初并非如此。《说文》：犙，三岁牛。马八，马八岁。犙从参声，马八从八声。笔之于书，则有牛马旁，出之于口，与“三八”何异？听的人焉知道是什么话？然则“犙”绝非读作参，“馬八”绝非读作八；犙、馬八两字，绝非代表参八两个音，而系代表三岁牛、马八岁两句话。两句话只要写两个字，似乎简便了，然以一字代表一音纯一之例破坏，总是弊余于利的。所以宁忍书写之烦，而把此等字淘汰去。这可见自然的进化，总是合理的。新造的氯氮等字，若读一音，则人闻之而不能解，徒使语言与文字分离；若读两音，则把一字代表一音的条例破坏，得不偿失。这实在是退化的举动。所以私智穿凿，总是无益有损的。

语言可由分歧而至统一，亦可由统一而至分歧。由分歧而至统一，系由各分立的部族，互相同化。由统一而至分歧，则由交通不便，语音逐渐讹变；新发生的事物，各自创造新名；旧事物也有改用新名的。所以（一）语音，（二）词类，都可以逐渐分歧。只有语法，是不容易变化的。中国语言，即在此等状况下统一，亦即在此等状况下分歧。所以语音、词类，各地方互有不同，语法则无问题。在崇古的时代，古训是不能不研究的。研究古训，须读古书。古书自无所谓不统一。古书读得多的人，下笔的时候，自然可即写古语。虽然古语不能尽达现代人的意思，然（一）大体用古语，而又依照古语的法则，增加一二俗语；（二）或者依据古语的法则，创造笔下有而口中无的语言，自亦不至为人所不能解。遂成文字统一，语言分歧的现象。论者多以此自豪。这在中国民族统一上，亦确曾收到相当的效果。然但能统一于纸上，而不能统一于口中，总是不够用的。因为（一）有些地方，到底不能以笔代口。（二）文字的进化，较语言为迟，总感觉其不够用。（三）文字总只有一部分人能通。于是发生（一）语言统一，（二）文言合一的两个问题。

语言统一，是随着交通的进步而进步的。即（一）各地方的往来频繁。（二）（甲）大都会、（乙）大集团的逐渐发生。用学校教授的方法，收效必小。因为语言是实用之物，要天天在使用，才能够学得成功，成功了不致于忘掉。假使有一个人，生在穷乡僻壤，和非本地的人永无交接，单用学校教授的形式，教他学国语，是断不会学得好；学好了，亦终于要忘掉的。所以这一个问题，断不能用人为的方法，希望其在短时间之内，有很大的成功。至于言文合一，则干脆地只要把口中的语言写在纸上就够了。这在一千年以来，语体文的逐渐流行，逐渐扩大，早已走上了这一条路。但还觉得其不够。而在近来，又发生一个文字难于认识的问题，于是有主张改用拼音字的。而其议论，遂摇动及于中国文字的本身。

拼音字是将口中的语言，分析之而求其音素，将音素制成字母，再将字母拼成文字的。这种文字，只要识得字母，懂得拼法，识字是极容易的，自然觉得简便。但文字非自己发生，而学自先进民族的，可以用此法造字。文字由自己创造的民族，是绝不会用此法的。因为当其有文字之初，尚非以之代表语言，安能分析语言而求其音素？到后来进化了，知道此理，而文字是前后相衔的，不能舍旧而从新，拼音文字，就无从在此等民族中使用了。印度是使用拼音文字的，中国和印度交通后，只采用其法于切音，而卒不能改造文字，即由于此。使用拼音文字于中国，最早的，当推基督教徒。他们鉴于中国字的不易认识，用拉丁字母拼成中国语，以教贫民，颇有相当的效果。中国人自己提倡的，起于清末的劳乃宣。后来主张此项议论的，亦不乏人。以传统观念论，自不易废弃旧文字。于是由改用拼音字，变为用注音字注旧文字的读音。遂有教育部所颁布的注音符号。然其成效殊鲜。这是由于统一读音和统一语音，根本是两件事。因语音统一，而影响到读音，至少是语体文的读音，收效或者快些。想靠读音的统一，以影响到语音，其事的可能性怕极少。因为语言是活物，只能用之于口中。写在纸上再去读，无论其文字如何通俗，总是读不成语调的。而语言之所以不同，并非语音规定语调，倒是语调规定语音。申言之：各地方人的语调不同，并非由其所发的一个个音不同，以至积而成句，积而成篇，成为不同的语调。倒是因其语调不同，一个个音，排在一篇一句之内，而其发音不得不如此。所以用教学的方法传授一种语言，是可能的。用教学的方法，传授读音，希望其积渐而至于统一语言，则根本不会有这回事。果真要用人为的方法，促进语言的统一，只有将一地方的言语，定为标准语，即以这地方的人作为教授的人，散布于各地方去教授，才可以有相当的效果。教授之时，宜专于语言，不必涉及读书。语言学会了，自会矫正读音，至于某程度。即使用教学的方法，矫正读音，其影响亦不过如是而止，绝不会超过的。甚或两个问题，互相牵制，收效转难。注音符号，意欲据全国人所能发的音，制造成一种语言。这在现在，实际上是无此语言的。所以无论什么地方的话，总不能与国语密合。想靠注音符号等工具，及教学的方法，造成一种新语言，是不容易的。所以现在所谓能说国语的人，百分之九十九，总还夹杂土话。既然总不密合，何不拣一种最近于国语的言语，定为标准语，来得痛快些呢？

至于把中国文字，改成拼音文字，则我以为在现在状况之下，听凭两种文字同时并行，是最合理的。旧日的人视新造的拼音文字为洪水猛兽，以为将要破坏中国的旧文化，因而使中国人丧失其民族性；新的人，以为旧文字是阻碍中国进化的，也视其为洪水猛兽；都是一偏之见。认识单字，与年龄有极大的关系。超过一定年龄，普通的人，都极难学习；即使勉强学习，其程度也很难相当的。所以中国的旧文字，决不能施之成人。即年龄未长，而受教育时间很短的人，也是难学的。因为几千个单字，到底不能于短时间之内认识。如平民千字识字课等，硬把文字之数减少，也是不适于用的。怀抱旧见解的人，以为新文字一行，即将把旧文化破坏净尽，且将使中国民族丧失其统一性。殊不知旧文字本只有少数人通晓，兼用拼音字，这少数通晓旧文字的人，总还是有的。使用新文字的人，则本来都是不通旧文字的，他们所濡染的中国文化，本非从文字中得来，何致因此而破坏中国的旧文化，及民族的统一性？就实际情形平心而论，中国旧文化，或反因此而得新工具，更容易推广，因之使中国的民族性，更易于统一呢？吴敬恒说："中国的读书人，每拘于下笔千秋的思想，以为一张纸写出字来，即可以传之永久。"于是设想：用新文字写成的东西，亦将像现在的旧书一般，汗牛充栋，留待后人的研究，而中国的文化，就因之丧失统一性了。殊不知这种用新文字写成的东西，都和现在的传单报纸一般，阅过即弃。至于有永久性的著作，则必是受教育程度稍深的人然后能为，而此种人，大都能识得旧文字。所以依我推想，即使听新旧文字同时并行，也绝不会有多少书籍堆积起来。而且只能学新文字的人，其生活和文字本来是无缘的。现在虽然勉强教他以几个文字，他亦算勉强学会了几个文字，对于文字的关系，总还是很浅的，怕连供一时之用的宣传品等，还不会有多少呢，何能因此而破坏中国的文化和民族统一性？准此以谈，则知有等人说：中国现在语言虽不统一，文字却是统一的；若拼音字不限于拼写国语，而许其拼写各地方的方言，将会有碍于中国语言的统一，也是一样的谬见。因为（一）现在文字虽然统一，绝不能以此为工具，进而统一语言的。（二）而只能拼写方言的人，亦即不通国语的人，其语言，亦本来不曾统一。至于说一改用拼音文字，识字即会远较今日为易，因之文化即会突飞猛进，也是痴话。生活是最大的教育。除少数学者外，读书对于其人格的关系，是很少的。即使全国的人，都能读相当的书，亦未必其人的见解，就会有多大改变。何况识得几个字的人，还未必都会去读书呢！拼音文字，认识较旧文字为易是事实，其习熟则并无难易之分。习熟者的读书，是一眼望去便知道的，并不是一个个字拼着音去认识，且识且读的。且识且读，拼音文字是便利得多了。然这只可偶一为之，岂能常常如此？若常常如此，则其烦苦莫甚，还有什么人肯读书？若一望而知，试问Book与书有何区别？所以拼音文字在现在，只是供一时一地之用的。其最大的作用，亦即在此。既然如此，注音符号、罗马字母等等杂用，也是无妨的，并不值得争论。主张采用罗马字母的人，说如此我们就可以采用世界各国的语言，扩大我国的语言，这也是痴话。采用外国的语言，与改变中国的文字何涉？中国和印度交通以来，佛教的语言输入中国的何限？又何尝改用梵文呢？

语言和中国不同，而采用中国文字的，共有三法，即（一）径用中国文，如朝鲜是。（二）用中国文字的偏旁，自行造字，如辽是。（三）用中国字而别造音符，如日本是。三法中，自以第三法为最便。第二法最为无谓，所以辽人又别有小字，出于回鹘，以便应用。大抵文字非出于自造，而取自他族的，自以用拼音之法为便。所以如辽人造大字之法，毕竟不能通行。又文字所以代表语言，必不能强语言以就文字。所以如朝鲜人，所做华文，虽极纯粹，仍必另造谚文以应用。契丹文字，系用隶书之半，增损为之，见《五代史》。此系指契丹大字而言，据《辽史·太祖本纪》，事在神册五年。小字出于回鹘，为迭剌所造，见《皇子表》。

满、蒙、回、藏四族，都是使用拼音文字的。回文或说出于犹太，或说出于天主教徒，或说出于大食，未知孰是。见《元史译文证补》。藏

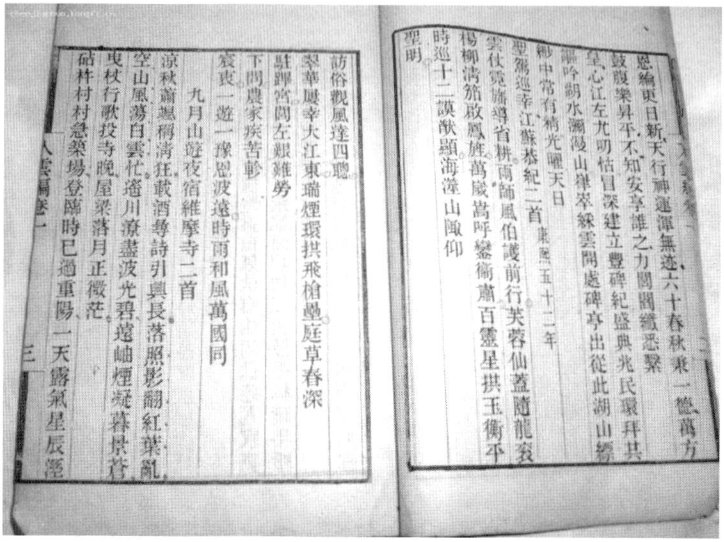

印刷术是中国古代四大发明之一，始于隋雕版印刷，经北宋毕昇发展，产生了活字印刷。图为清光绪年间木活字印刷作品。

文出于印度，是唐初吐蕃英主弃宗弄赞，派人到印度去留学，归国后所创制的。见《蒙古源流考》。蒙古人初用回文，见《元史·塔塔统阿传》。《脱卜察安》，《元秘史》，元朝人最早自己所写的历史。即系用回文所写。后来世祖命八思巴造字，则是根据藏文的。满文系太祖时额尔德尼所造。太宗时，达海又加以圈点，一种符号。又以蒙文为根据。西南诸族，唯倮㑩有文字，却是本于象形字的。于此，可见文字由于自造者，必始象形，借自他族者，必取拼音之理。

文字的流传，必资印刷。所以文字的为用，必有印刷而后弘；正和语言之为用，必得文字而后大一样。古人文字，要保存永久的，则刻诸金石。此乃以其物之本身供众览，而非用以印刷，只能认为印刷的前身，不能即认为印刷事业。汉代的石经，还系如此。后来就此等金石刻，加以摹拓。摹拓既广，觉得所摹拓之物，不必以之供众览，只须用摹拓出来的东西供览即可。于是其雕刻，专为供印刷起见，就成为印刷术了。既如此，自然不必刻金石，而只要刻木。刻板之事，现在可考的起于隋。陆深《河汾燕闲录》说，隋文帝开皇十三年，敕废像遗经，悉令雕版。其时为民国纪元前一千三百十九年，西历五百九十三年。《敦煌石室书录》有《大隋永陀罗尼本经》，足见陆说之确。唐代雕本，宋人已没有著录的，唯江陵杨氏，藏有《开元杂报》七叶。日本亦有永徽六年唐高宗年号。民国纪元前一千二百五十七年，西历六百五十五年。《阿毗达磨大毗婆娑论》。后唐明宗长兴三年，民国纪元前九百八十年，西历九百三十二年。宰相冯道、李愚，请令判国子监田敏，校正九经，刻板印卖，是为官刻书之始。历二十七年始成。周太祖广顺三年。宋代又续刻义疏及诸史。书贾因牟利，私人因爱好文艺而刻的亦日多。仁宗庆历中，民国纪元前八百七十一至八百六十四年，西历一千零四十一至一千零四十八年。毕昇又造活字。系用泥制。元王祯始刻木为之。明无锡华氏始用铜。清武英殿活字亦用铜制。于是印刷事业，突飞猛进。宋以后书籍，传于后世的，其数量，就远非唐以前所可比了。此节据孙毓修《中国雕板源流考》，其详可参考原书，商务印书馆本。

第十五讲　学　术

学术思想，是一个民族的灵魂。看似虚悬无薄，实则前进的方向全是受其指导。中国是一个学术发达的国家，几千年来，学术分门别类，各致其精。如欲详述之，将数十百万言而不能尽。现在所讲的，只是思想转变的大略，及其和整个文化的关系。依此讲，则中国的学术思想，可分为三大时期：

（一）自上古至汉魏之际。

（二）自佛学输入至亡清。其中又分为（甲）佛学时期，（乙）理学时期。

（三）自西学输入以后。

现在研究先秦诸子的人，大都偏重于其哲学方面。这个实在是错误的。先秦诸子的学术，有两个来源：其（一）从古代的宗教哲学中，蜕化而出。其（二）从各个专门的官守中，孕育而成。前者偏重玄学方面，后者偏重政治社会方面。《汉书·艺文志》说诸子之学，其原皆出于王官。《淮南要略》说诸子之学，皆出于救时之弊。一个说其因，一个说其缘，都不及古代的哲学。尤可见先秦诸子之学，实以政治社会方面为重，玄学方面为轻。此意，近人中能见得的，只有章炳麟氏。

从古代宗教中蜕化而出的哲学思想，大致是如此的：（一）因人有男女，鸟有雌雄，兽有牝牡，自然界又有天地日月等现象，而成立阴阳的概念。（二）古代的工业，或者是分作水、火、木、金、土五类的。实际的生活影响于哲学思想，遂分物质为五行。（三）思想进步，觉得五行之说，不甚合理，乃认万物的原质为一个，而名之曰气。（四）至此，遂并觉阴阳两力，还不是宇宙的根源。因为最后的总是唯一的，也只有唯一的能算最后的。乃再成立一个唯一的概念，是即所谓太极。（五）又知质与力并非两物，于是所谓有无，只是隐显。（六）隐显由于变动，而宇宙的根源，遂成为一种动力。（七）这种动力，是颇为机械的。一发动之后，其方向即不易改变。所以有谨小、慎始诸义。（八）自然之力，是极其伟大的。只有随顺，不能抵抗。所以要法自然。所以贵因。（九）此种动力，其方向是循环的。所以有祸福倚伏之义。所以贵知白守黑，知雄守雌。（十）既然万物的原质，都是一个，而又变化不已，则万物根本只是一物。天地亦万物之一，所以惠施要提倡泛爱，说天地万物一体，而物论可齐。论同伦，类也。（十一）因万物即是一物，所以就杂多的现象，仍可推出其总根源。所谓"穷理尽性，以至于命"。此等思想，影响于后来，极为深刻。历代的学术家，几乎都奉此为金科玉律。诚然，此等宽廓的说法，不易发见其误缪。而因其立说的宽廓，可以容受多方面的解释，即存其说为弘纲，似亦无妨。但有等错误的观念，业已不能适用的，亦不得不加以改正。如循环之说，古人大约由观察昼夜寒暑等现象得来。此说施诸自然界，虽未必就是，究竟还可应用；若移用于社会科学，就不免误谬了。明明是进化的，如何说是循环？

先秦诸子，关于政治社会方面的意见，是各有所本的，而其所本亦分新旧。依我看来：（一）农家之所本最旧，这是隆古时代农业部族的思想。（二）道家次之，是游牧好侵略的社会的反动。（三）墨家又次之，所取法的是夏朝。（四）儒家及阴阳家又次之，这是综合自上古至西周的政治经验所发生的思想。（五）法家最新，是按切东周时的政治形势所发生的思想。以上五家，代表整个的时代变化，其关系最大。其余如名家，专讲高深玄远的理论。纵横家、兵家等，只效一节之用，其关系较轻。

怎说农家是代表最古的思想的呢？这只要看许行的话，便可明白。许行之说有二：（一）君臣并耕，政府毫无威权。（二）物价论量不论质。如非根据于最古最简陋的社会的习俗，绝不能有此思想。见《孟子·滕文公上》篇。

怎说道家所代表的，是游牧好侵略的社会的逆反思想呢？汉人率以黄、老并称。今《列子》虽系伪书，然亦有其所本。此凡伪书皆然，不独《列子》。故伪书既知其伪之后，在相当条件下，其材料仍可利用。此书《天瑞》篇有“黄帝书”两条，其一同《老子》。又有黄帝之言一条。《力命》篇有“黄帝书”一条。与《老子》亦极相类。《老子》书（一）多系三四言韵语。（二）所用名词，极为特别。如有雌雄牝牡而无男女字。（三）又全书之义，女权皆优于男权。足征其时代之古。此必自古口耳相传之说，老子著之竹帛的，绝非老子所自作。黄帝是个武功彪炳的人，该是一个好侵略的部族的酋长。侵略民族，大抵以过刚而折。如夷羿、殷纣等，都是其适例。所以思想上发生一种反动，要教之以守柔。《老子》书又主张无为。无为两字的意义，每为后人所误解为训化。《礼记·杂记》：子曰：“张而不弛，文武不能也。弛而不张，文武不为也。”此系就农业立说。言弛而不张，虽文武亦不能使种子变化而成谷物。贾谊《谏放民私铸疏》：“奸钱日多，五谷不为”，今本作“五谷不为多”，多字系后人妄增。正是此义。野蛮部族往往好慕效文明，而其慕效文明，往往牺牲了多数人的幸福。（一）因社会的组织，随之变迁。（二）因在上的人，务于淫侈，因此而刻剥其下。所以有一种反动的思想，劝在上的人，不要领导着在下的人变化。在下的人，“化而欲作”，还该“镇之以无名之朴”。这正和现今人因噎废食，拒绝物质文明一样。

怎样说墨家所代表的，是夏代的文化呢？《汉书·艺文志》说墨家之学，“茅屋采椽，是以贵俭。古人的礼，往往在文明既进步之后，仍保存简陋的样子，以资纪念。如既有酒，祭祀仍用水，便是其一例。汉武帝时，公玉带上明堂图，其上犹以茅盖，见《史记·封禅书》。可见《汉志》此说之确。养三老五更，是以兼爱。三老五更，乃他人的父兄。选士大射，是以尚贤。平民由此进用。宗祀严父，是以右鬼。人死曰鬼。顺四时而行，是以非命。命有前定之义。顺四时而行，即《月令》所载的政令。据《月令》说：政令有误，如孟春行夏令等，即有灾异。此乃天降之罚。然则天是有意志，随时监视着人的行动，而加以赏罚的。此为墨子天志之说所由来。他家之所谓命，多含前定之义，则近于机械论了。以孝视天下，视同示。是以上同。”都显见得是明堂中的职守。所以《汉志》说他出于清庙之官。《吕览·当染》篇说：“鲁惠公使宰让请郊庙之礼于天子。天子使史角往，惠公止之。其后在鲁，墨子学焉。”此为墨学出于清庙之官的确证。清庙中能保存较古之学说，于理是可有的。墨家最讲究实用，而《经》，《经说》，大、小《取》等篇，讲高深的哲学，为名家所自出的，反在墨家书中，即由于此。但此非墨子所重。墨子的宗旨，主于兼爱。因为兼爱，所以要非攻。又墨子是取法乎夏的，夏时代较早，又值水灾之后，其生活较之殷、周，自然要简朴些，所以墨子的宗旨，在于贵俭。因为贵俭，所以要节用，要节葬，要非乐。又夏时代较早，迷信较深，所以墨子有天志、明鬼之说。要讲天志、明鬼，即不得不非命。墨家所行的，是凶荒札丧的变礼。其所教导的，是沦落的武士。其实行的精神，最为丰富。

怎样说儒家、阴阳家是西周时代所产生的思想呢？荀子说："父子相传，以持王公，三代虽亡，治法犹存，官人百吏之所以取禄秩也。"《荣辱》篇。国虽亡而治法犹存，这是极可能的事。然亦必其时代较近，而后所能保存的才多。又必其时的文化，较为发达，然后足为后人所取法。如此，其足供参考的，自然是夏、殷、周三代。所以儒家有通三统之说。封本朝以前、两代之后以大国，使之保存其治法，以便与本朝之治，三者轮流更换。《史记·高祖本纪赞》所谓"三王之道若循环"，即是此义。这正和阴阳家所谓五德终始一样。五德终始有两说：旧说以所克者相代。如秦以周为火德，自己是水德；汉又自以为土德是。前汉末年，改取相生之说。以周为木德，说秦朝是闰位，不承五行之运，而自以为是火德。后来魏朝又自以为是土德。《汉书·严安传》载安上书，引邹子之说，说"政教文质者，所以云救也。当时则用，过则舍之，有易则易之"。可见五德终始，乃系用五种治法，更迭交换。邹衍之学，所以要本所已知的历史，推论未知；本所已见的地理，推所未见；正是要博观众事，以求其公例。治法随时变换，不拘一格，不能不说是一种进步的思想。此非在西周以后，前代的治法，保存的已多，不能发生。阴阳家之说，缺佚已甚，其最高的蕲向如何，已无可考。儒家的理想，颇为高远。《春秋》三世之义，据乱而作，进于升平，更进于太平，明是要将乱世逆挽到小康，再逆挽到大同。儒家所传的，多是小康之义。大同世之规模，从升平世进至太平世的方法，其详已不可得闻。几千年来，崇信儒家之学的，只认封建完整时代，即小康之世的治法，为最高之境，实堪惋惜。但儒家学术的规模，是大体尚可考见的。它有一种最高的理想，企图见之于人事。这种理想，是有其哲学上的立足点的。如何次第实行，亦定有一大体的方案。儒家之道，具于六经。六经之中，《诗》《书》《礼》《乐》，乃古代大学的旧教科，《易》《春秋》则为孔门最高之道所在。《易》言原理，《春秋》言具体的方法，两者互相表里，所以说“《易》本隐以之显，《春秋》推见至隐”。儒家此等高义，既已隐晦；其盛行于世，而大有裨益于中国社会的，乃在个人修养部分。（一）在理智方面，其说最高的是中庸。其要在审察环境的情形，随时随地定一至当不易的办法。此项至当不易的办法，是随时随地，必有其一，而亦只能有一的，所以贵择之精而守之坚。（二）人之感情，与理智不能无冲突。放纵感情，固然要撞出大祸；抑压感情，也终于要溃决的，所以又有礼乐，以陶冶其感情。（三）无可如何之事，则劝人以安命。在这一点，儒家亦颇有宗教家的精神。（四）其待人之道，则为絜矩。两字见《大学》。消极的“己所不欲，勿施于人”；积极的则“所求乎子以事父，所求乎臣以事君，所求乎弟以事兄，所求乎朋友先施之”。我们该怎样待人，只要想一想，我们希望他怎样待我即得，这是何等简而该。怎样糊涂的人，对这话也可以懂得，而圣人行之，亦终身有所不能尽，这真是一个妙谛。至于（五）性善之说，（六）义利之辨，（七）知言养气之功，则孟子发挥，最为透彻，亦于修养之功，有极大关系。儒家之遗害于后世的，在于大同之义不传，所得的多是小康之义。小康之世的社会组织，较后世为专制。后人不知此为一时的组织，而认为天经地义，无可改变，欲强已进步的社会以就之，这等于以杞柳为杯棬，等于削足以适屦，所以引起纠纷，而儒学盛行，遂成为功罪不相掩之局。这只可说是后来的儒家不克负荷，怪不得创始的人。但亦不能一定怪后来的任何人。因儒学是在这种社会之中，逐渐发达的。凡学术，固有变化社会之功，同时亦必受社会的影响，而其本身自起变化。这亦是无可如何的事。

怎样说法家之学，是按切东周时代的情形立说的呢？这时候，最要紧的，是（一）裁抑贵族，以铲除封建势力。（二）富国强兵，以统一天下。这两个条件，秦国行之，固未能全合乎理想，然在当时，毕竟是最能实行的，所以卒并天下。致秦国于富强的，前有商鞅，后有李斯，都是治法家之学的。法家之学的法字，是个大名。细别起来，则治民者谓之法，裁抑贵族者谓之术，见《韩非子·定法》篇。其富国强兵之策，则最重要的，是一民于农战。《商君书》发挥此理最透，而《管》《韩》两子中，亦有其理论。法家是最主张审察现实，以定应付的方法的，所以最主张变法而反对守旧。这确是法家的特色。其学说之能最新，大约即得力于此。

以上所述五家，是先秦诸子中和中国的学术思想及整个的文化最有关系的。虽亦有其高远的哲学，然其所想解决的，都是人事问题。而人事问题，则以改良社会的组织为其基本。粗读诸子之书，似乎所注重的，都是政治问题。然古代的政治问题，不像后世单以维持秩序为主，而整个的社会问题，亦包括在内。所以古人说政治，亦就是说社会。

诸家之学，并起争鸣，经过一个相当时期之后，总是要归于统一的。统一的路线有两条：（一）淘汰其无用，而存留其有用的。（二）将诸家之说，融合为一。在战国时，诸家之说皆不行，只有法家之说，秦用之以并天下，已可说是切于时务的兴，而不切于时务的亡了。但时异势殊，则学问的切于实用与否，亦随之而变。天下统一，则需要与民休息；民生安定，则需要兴起教化。这两者，是大家都会感觉到的。秦始皇坑儒时说：“吾前收天下书不中用者尽去之。悉召文学方术士甚众。欲以致太平。方士欲练，以求奇药。”兴太平指文学士言。可见改正制度，兴起教化，始皇非无此志，不过天下初定，民心未服，不得不从事于镇压；又始皇对外，颇想立起一个开拓和防御的规模来；所以有所未遑罢了。秦灭汉兴，此等积极的愿望，暂时无从说起；最紧要的，是与民休息。所以道家之学，一时甚盛。然道家所谓无为而治，乃为正常的社会说法。社会本来正常的，所以劝在上的人，不要领导其变化；且须镇压之，使不变化。这在事实上虽不可能，在理论上亦未必尽是，然尚能自成一说。若汉时，则其社会久已变坏，一味因循，必且迁流更甚。所以改正制度，兴起教化，在当时，是无人不以为急务的。看贾谊、董仲舒的议论，便可明白。文帝亦曾听公孙臣的话，有意于兴作；后因新垣平诈觉，牵连作罢。这自是文帝脑筋的糊涂，作事的因循，不能改变当时的事势。到武帝，儒学遂终于兴起了。儒学的兴起，是有其必然之势的，并非偶然之事。因为改正制度，兴起教化，非儒家莫能为。论者多以为武帝一人之功，这就错了。武帝即位时，年仅十六，虽非昏愚之主，亦未闻其天禀夙成，成童未几，安知儒学为何事？所以与其说汉武帝提倡儒学，倒不如说儒学在当时自有兴盛之势，武帝特顺着潮流而行。

董仲舒像

董仲舒（前179—前104），汉代思想家、政治家，著名的唯心主义哲学家和今文经学大师，对儒家思想的兴盛起了重要作用。

儒学的兴起，虽由社会情势的要求，然其得政治上的助力，确亦不少。其中最紧要的，便是为五经博士置弟子。所谓“设科射策，劝以官禄”，自然来者就多了。儒学最初起的，是《史记·儒林传》所说的八家：言《诗》，于鲁，自申培公；于齐，自辕固生；于燕，自韩太傅。言《书》，自济南伏生。言《礼》，自鲁高堂生。言《易》，自菑川田生。言《春秋》，于齐、鲁自胡毋生，于赵自董仲舒。东汉立十四博士：《诗》齐、鲁、韩，《书》欧阳、大小夏侯，《礼》大小戴，《易》施、孟、梁丘、京，《春秋》严、颜。见《后汉书·儒林传》。《诗》齐、鲁、韩下衍毛字。大体仍是这八家之学。唯京氏《易》最可疑。但是在当时，另有一种势力，足以促令学术变更。在当时，急须改正的，是社会的经济制度。要改正社会经济制度，必须平均地权，节制资本。而在儒家，是只知道前一义的。后者之说，实在法家。当时儒家之学，业已成为一种权威，欲图改革，自以自托于儒家为便，儒家遂不得不广采异家之学以自助，于是有所谓古文之学。但是学术的本身，亦有促令其自起变化的，那便是由专门而趋于通学。

先秦学术，自其一方面论，可以说是最精的。因为他各专一门，都有很高的见解。自其又一方面说，亦可以说是最粗的。因为他只知道一门，对于他人的立场，全不了解。譬如墨子所主张，乃凶荒札丧的变礼，本不谓平世当然。而荀子力驳他，说天下治好了，财之不足，不足为患，岂非无的放矢？理论可以信口说，事实上，是办不到只顾一方面的。只顾一方面，一定行不通。所以先秦时已有所谓杂家之学。《汉志》说：杂家者流，出于议官。可见国家的施政，不得不兼顾到各方面了。情势如此，学术自然不得不受其影响，而渐趋于会通。古文之学初兴时，实系兼采异家之说，后来且自立新说，实亦受此趋势所驱使。倘使当时的人，痛痛快快，说儒家旧说不够用了，我所以要兼采异说；儒家旧说，有所未安，我所以要别立新说；岂不直捷？无如当时的思想和风气，不容如此。于是一方面说儒家之学，别有古书，出于博士所传以外；其中最重要的，便是孔壁一案。一方面，自己研究所得，硬说是某某所传；如《毛诗》与《小序》为一家言。《小序》明明是卫宏等所作，而毛公之学，偏要自谓子夏所传。纠纷就来得多了。流俗眩于今古文之名，以为今古文经，文字必大有异同，其实不然。今古文经的异字，备见于《仪礼》郑《注》，从今文处，则出古文于注。从古文处，则出今文于注。如古文位作立，仪作义，义作谊之类，于意义毫无关系。他经度亦不过如此。有何关系之可言？今古文经的异同，实不在经文而在经说。其中重要问题，略见于许慎的《五经异义》。自大体言之：今文家说，都系师师相传；古文家说，则自由研究所得。不为古人的成说所囿，而自出心裁，从事研究，其方法似觉进步。但（一）其成绩并不甚佳。又（二）今文家言，有传讹而无臆造。传讹之说，略有其途径可寻，所以其说易于还原。一经还原，即可见古说的真相。其未曾传讹的，自然更不必说。古文家言，则各人凭臆为说，其根源无可捉摸。所以把经学当作古史的材料看，亦以今文家言价值较高。

然古学的流弊，亦可说仍自今学开之。一种学术，当其与名利无关时，治其学者，都系无所为而为之，只求有得于己，不欲炫耀于人，其学自无甚流弊。到成为名利之途则不然，治其学者，往往不知大体，而只斤斤计较于一枝一节之间；甚或理不可通，穿凿立说；或则广罗异说，以自炫其博，引人走入旁门，反致抛荒正义。从研究真理的立场上言，实于学术有害。但流俗的人，偏喜其新奇，以为博学。此等方法，遂成为哗世取宠之资。汉代此等风气，由来甚早。《汉书·夏侯胜传》说："胜从父子建，师事胜及欧阳高，左右采获。又从五经诸儒问与《尚书》相出入者，牵引以次章句，具文饰说。胜非之曰：建所谓章句小儒，破碎大道。建亦非胜为学疏略，难以应敌。"专以应敌为务，真所谓徇外为人。此种风气既开，遂至专求闻见之博，不顾义理之安；甚且不知有事理。如郑玄，遍注群经，在汉朝，号称最博学的人，而其说经，支离灭裂，于理决不可通，以及自相矛盾之处，就不知凡几。此等风气既盛，治经者遂多变为无脑筋之徒。虽有耳目心思，都用诸琐屑无关大体之处。而于此种学问，所研究的，究属宇宙间何种现象？研究之究有何益？以及究应如何研究？一概无所闻见。学术走入此路，自然只成为有闲阶级，消耗日力精力之资，等于消闲遣兴，于国家民族的前途，了无关系了。此等风气，起于西汉中叶，至东汉而大盛，直至南北朝、隋唐而未改。汉代所谓章句，南北朝时所谓义疏，都系如此。读《后汉书》及《南北史》《儒林传》，最可见得。古学既继今学而起，到汉末，又有所谓伪古文一派。据近代所考证：王肃为其中最重要的一个人。肃好与郑玄立异，而无以相胜。乃伪造《孔子家语》，将己说窜入其中，以折服异己，经学中最大的《伪古文尚书》一案，虽不能断为即肃之所造，然所谓《伪孔安国传》者，必系与肃同一学派之人所为，则无可疑。《伪古文尚书》及《伪孔安国传》之伪，至清阎若璩作《古文尚书疏证》而其论略定。伪之者为哪一派人，至清丁晏作《尚书余论》而其论略定。此即由当时风气，专喜广搜证据，只要所搜集者博，其不合理，并无人能发觉，所以容得这一班人作伪。儒学至此，再无西汉学者经世致用的气概。然以当时学术界的形势论，儒学业已如日中天。治国安民之责，在政治上，在社会上，都以为唯儒家足以负之。这一班人，如何当得起这个责任？他们所想出来的方案，无非是泥古而不适于时，专事模仿古人的形式。这个如何足以为治？自然要激起有思想的人的反对了。于是魏晋玄学，乘机而起，成为儒佛之间的一个过渡。

魏晋玄学，人多指为道家之学。其实不然。玄学乃儒、道两家的混合。亦可说是儒学中注重原理的一派，与拘泥事迹的一派相对立。先秦诸子的哲学，都出自古代的宗教哲学，大体无甚异同，说已见前。

儒家之书，专谈原理的是《易经》。《易》家亦有言理、言数两派。言理的，和先秦诸子的哲学，无甚异同；言数的，则与古代术数之学相出入。《易》之起源，当和术数相近；孔门言易，则当注重于其哲学；这是通观古代学术的全体，而可信其不诬的。今文《易》说，今已不传；古文《易》说，则无一非术数之谈。《汉书·艺文志》：易家有《淮南·道训》两篇。自注云："淮南王安，聘明《易》者九人，号九师说。"此书，当即今《淮南子》中的《原道训》。今《淮南子》中，引《易》说的还有几条，都言理而不及数，当系今文《易》说之遗。然则儒家的哲学，原与道家无甚出入。不过因今文《易》说失传，其残存的，都被后人误认为道家之说罢了。如此说来，则魏晋玄学的兴起，并非从儒家转变到道家，只是儒家自己的转变。不过此种转变，和道家很为接近，所以其人多兼采道家之学。观魏晋以后的玄学家，史多称其善《易》《老》可知。儒学的本体，乃以《易》言原理，《春秋》则据此原理，而施之人事。魏晋的玄学家，则专研原理，而于措之人事的方法，不甚讲求。所以实际上无甚功绩可见，并没有具体可见之施行的方案。然经此运动之后，拘泥古人形式之弊遂除。凡言法古的，都是师其意而不是回复其形式。泥古不通之弊，就除去了，这是他们摧陷廓清莫大的功绩。玄学家最重要的观念，为重道而遗迹。道即原理，迹即事物的形式。

从新莽改革失败以后，彻底改变社会的组织，业已无人敢谈。解决人生问题的，遂转而求之个人方面。又玄学家探求原理，进而益上，其机，殊与高深玄远的哲学相近。在这一点上，印度的学术，是超过于中国的。佛学遂在这种情势之下兴起。

佛，最初系以宗教的资格输入中国的。但到后来，则宗教之外，别有其学术方面。

佛教，普通分为大、小乘。依后来详细的判教，则小乘之下，尚有人天；专对人天说法，不足以语四圣。见下。大乘之中，又分权实。所谓判教，乃因一切经论，佛所说谓之经，菩萨以下所说谓之论。僧、尼、居士等所应守的规条谓之律。经、律、论谓之三藏。立说显有高低，所以加以区别，说佛说之异，乃因其所对待的人不同而然。则教外的人，不能因此而诋佛教的矛盾；教中的人，亦不必因此而起争辩了。依近来的研究：佛教在印度的兴起，并不在其哲学的高深，而实由其能示人以实行的标准。缘印度地处热带，生活宽裕，其人所究心的，实为宇宙究竟、人生归宿等问题。所以自古以来，哲学思想即极发达。到佛出世时，各家之说，所谓外道。已极高深，而其派别亦极繁多了。群言淆乱，转使人无所适从。释迦牟尼出，乃截断无谓的辩论，而教人以实行修证的方法。从之者乃觉得所依归，而其精神乃觉安定。故佛非究竟真理的发见者，中国信佛的人，视佛如此。而为时代的圣者。佛灭后百年之内，其说无甚异同。近人称为原始佛教。百年之后而小乘兴，五六百年之后而大乘出，则其说已有改变附益，而非复佛说之旧了。然则佛教的输入中国，所以前后互异，亦因其本身的前后，本有不同，并非在彼业已一时具足，因我们接受的程度，先后不同，而彼乃按其深浅，先后输入的了。此等繁碎的考据，今可勿论。但论其与中国文化的关系。

佛教把一切有情，分为十等，即（一）佛，（二）菩萨，（三）缘觉，（四）声闻，是为四圣。（五）天，（六）人，（七）阿修罗，（八）畜生，（九）饿鬼，（十）地狱，是为六凡。辗转于六凡之中，不得超出，谓之六道轮回。佛不可学，我们所能学的，至菩萨而止。在小乘中，缘觉、声闻，亦可成佛，大乘则非菩萨不能。所谓菩萨，系念念以利他为主，与我们念念都以自己为本位的，恰恰相反。至佛则并利他之念而亦无之，所以不可学了。缘觉、声闻鉴于人生不能离生、老、病、死诸苦，死后又要入轮回；我们幸得为人，尚可努力修持，一旦堕入他途便难了。畜生、饿鬼、地狱亦称三途，不必论了。阿修罗神通广大，易生嗔怒；诸天福德殊胜，亦因其享受优越，转易堕落；所以以修持论，皆不如人。所以觉得生死事大，无常迅速，实可畏怖，生前不得不努力修持。其修持之功，固然坚苦卓绝，极可佩服；即其所守戒律，亦复极端利他。然根本观念，终不离乎自利，所以大乘斥其不足成佛。此为大、小乘重要的异点，亦即大乘教理，较小乘为进化之处。又所谓佛在小乘即指释迦牟尼其人。大乘则佛有三身：（一）佛陀其人，谓之报身，是他造了为人之因，所以在这世界上成为一个人的。生理心理等作用，一切和我们一样。不吃也要饿，不着也要冷，置诸传染病的环境中，也会害病；饿了，冷了，病重了，也是会死的。（二）至于有是而无非，威权极大。我们动一善念，动一恶念，他都无不知道。善有善报，恶有恶报，丝毫不得差错。是为佛之法身，实即自然力之象征。（三）一心信佛者，临死或在他种环境中，见有佛来接引拯救等事，是为佛之化身。佛在某种环境中，经历一定的时间，即可修成。所以过去已有无数的佛，将来还有无数的佛要成功，并不限于释迦牟尼一人。大乘的说法，当他宗教信，是很能使人感奋的。从哲学上说，其论亦圆满具足，无可非难。宗教的进化，可谓至斯而极。

佛教的宇宙观，系以识为世界的根本。有眼、耳、鼻、舌、身、意，即有色、声、香、味、触、法。此为前六识，为人人所知。第七识为末那，第八识为阿赖耶，其义均不能译，故昔人唯译其音。七识之义，为“恒审思量，常执有我”。我们念念以自己为本位，一切现象，都以自己为本位而认识。一切利害，都以自己为本位而打算。即七识之作用。至八识则为第七识之所由生，为一切识的根本。必须将他灭尽，才得斩草除根。但所谓灭识，并不是将他铲除掉，至于空无所有。有无，佛教谓之色空。色空相对，只是凡夫之见。佛说则“色即是空，空即是色”。如在昼间，则昼为色，夜为空。然夜之必至，其确实性，并不减于昼之现存。所以当昼时，夜之现象，虽未实现，夜之原理，业已存在。凡原理存在者，即与其现象存在无异。已过去之事，为现在未来诸现象之因。因果原系一事。所以已过去的事，亦并未消灭。所以所谓灭识，并非将识消灭，而系“转识成智”。善恶同体。佛说的譬喻，是如水与波。水为善，动而为波即成恶。按照现在科学之理，可以有一个更妙的譬喻，即生理与病理。病非别有其物，只是生理作用的异常。去病得健，亦非把病理作用的本体消灭，只是使他回复到生理作用。所以说“真如无明，同体不离”。真如为本体，无明为恶的起点。行为的好坏，不是判之于其行为的形式的，而是判之于其用意。所以所争的只在迷悟。迷时所做的事，悟了还是可以做的。不过其用意不同，则形式犹是，而其内容却正相反，一为恶业，一为净业了。喻如母亲管束子女，其形式，有时与厂主管理童工是一样的。所以说：“共行只是人间路，得失谁知霄壤分。”佛教为什么如此重视迷悟呢？因为世界纷扰的起因，不外乎（一）怀挟恶意，（二）虽有善意，而失之愚昧。怀挟恶意的，不必论了。失之愚昧的，虽有善意，然所做的事，无一不错，亦必伏下将来的祸根。而愚昧之因，又皆因眼光只限于局部，而不能扩及全体。兼时间、空间言。所以佛说世俗之善，“如以少水而沃冰山，暂得融解，还增其厚”。此悟之所以重要。佛教的人生问题，依以上所说而得解答。至于你要追问宇宙问题的根源，如空间有无界限，时间有无起讫等，则佛教谓之“戏论”，置诸不答。外道以此为问，佛不答，见《金七十论》。这因为：我们所认识的世界，完全是错误的。其所以错误，即因我们用现在的认识方法去认识之故。要把现在的认识方法放下，换一种方法去认识，自然不待言而可明。若要就现在的认识方法，替你说明，则非我的不肯说，仍系事之不可能。要怎样才能换用别种认识方法呢？非修到佛地位不可。佛所用的认识方法，是怎样的呢？固非我们所能知。要之是和我们现在所用，大不相同的。这个，我们名之曰证。所以佛教中最后的了义，“惟佛能知”，探求的方法，“惟证相应”。这不是用现在的方法，所能提证据给你看的。信不信只好由你。所以佛教说到最后，总还是一种宗教。

佛教派别很多，然皆小小异同，现在不必一一论述。其中最有关系的，（一）为天台、唯识、华严三宗。唯识宗亦称相宗，乃就我们所认识的相，阐发万法唯识之义。天台亦称性宗，则系就识的本身，加以阐发。实为一说的两面。华严述菩萨行相，即具体的描写一个菩萨的样子给我们看，使我们照着他做。此三宗，都有很深的教理，谓之教下三家。（二）禅宗则不立文字，直指心源，专靠修证，谓之教外别传。（甲）佛教既不用我们的认识，求最后的解决，而要另换一种认识方法，所谓转识成智。则一切教理上的启发、辩论，都不过把人引上修证之路，均系手段而非目的。所以照佛教发达的趋势，终必至于诸宗皆衰，禅宗独盛为止。（乙）而社会上研究学问的风气，亦是时有转变的。佛教教理的探求，极为烦琐，实与儒家的义疏之学，途径异而性质相同。中唐以后，此等风气，渐渐衰息，诸宗就不得不衰，禅宗就不得不独盛了。（三）然（甲）禅宗虽不在教义上为精深的探讨，烦琐的辩论，而所谓禅定，理论上也自有其相当的高深的。（乙）而修习禅定，亦非有优闲生活的人不能。所以仍为有闲阶级所专有。然佛教此时的声势，是非发达到普及各阶层不可的。于是适应大众的净土宗复兴。所谓净土宗，系说我们所住的世界，即娑婆世界的西方，另有一个世界，称为净土。诸佛之中，有一个唤作阿弥陀佛的，与娑婆世界特别有缘。曾发誓愿：有一心皈依他的，到临终之时，阿弥陀佛便来接引他，往生净土。往生净土有什么利益呢？原来成佛极难，而修行的人，不到得成佛，又终不免于退转。如此示人以难，未免使人灰心短气。然（子）成佛之难，（丑）以及非成佛则不能不退转，又经前此的教义，说得固定了，无可动摇。于是不得不想出一个补救的方法，说我们所以易于退转，乃因环境不良使然。倘使环境优良，居于其中，徐徐修行，虽成佛依旧艰难，然可保证我们不致中途堕落。这不啻给与我们以成佛的保证，而且替我们祛除了沿路的一切危险、困难，实给意志薄弱的人以一个大安慰、大兴奋。而且净土之中，有种种乐，无种种苦，也不啻给与祈求福报的人以一个满足。所以净土宗之说，实在是把佛教中以前的某种说法取消掉了的。不过其取消之法很巧妙，能使人不觉得其立异罢了。其修持之法，亦变艰难而归简易。其法为（A）观，（B）想，（C）持名，三者并行，谓之念佛。有一佛像当前，而我们一心注视着他，谓之观。没有时，心中仍想象其有，谓之想。口诵南无阿弥陀佛，自然心也要想着他。谓之持名。佛法贵止观双修。止就是心住于其所应住之处，不起妄念。观有种种方法。如（A）我们最怕死，乃设想尖刀直刺吾胸，血肉淋漓；又人谁不爱女人，乃设想其病时的丑恶，死后的腐朽，及现时外观虽美，而躯壳内种种污秽的情形；以克服我们的情意。（B）又世事因缘复杂，常人非茫无所知，即认识错误，必须仔细观察。如两人争斗，粗观之，似由于人有好斗之性。深观之，则知其实由教化的不善；而教化的不善，又由于生计的窘迫；生计的窘迫，又由于社会组织的不良。如此辗转推求，并无止境。要之观察得愈精细，措施愈不至有误。这是所以增长我们的智识的。止观双修，意义诚极概括，然亦断非愚柔者所能行，净土宗代之以念佛，方法简易，自然可普接利钝了。所以在佛教诸宗皆衰之后，禅宗尚存于上流社会中，净土宗则行于下流社会，到现在还有其遗迹。

佛教教义的高深，是无可否认的事实。在他，亦有种种治国安民的理论，读《华严经》的五十三参可知。又佛学所争，唯在迷悟。既悟了，一切世俗的事情，仍无有不可做的，所以也不一定要出家。然佛教既视世法皆非了义，则终必至于舍弃世事而后止。以消灭社会为解决社会之法，断非社会所能接受。于是经过相当的期间，而反动又起。

佛教反动，是为宋学。宋学的远源，昔人多推诸唐之韩愈。然韩愈辟佛，其说甚粗，与宋学实无多大关系。宋学实至周、张出而其说始精，二程继之而后光大，朱、陆及王阳明又继之，而其义蕴始尽。

哲学是不能直接应用的。然万事万物，必有其总根源；总根源变，则对于一切事情的观点，及其应付的方法，俱随之而变。所以风气大转变时，哲学必随之而变更。宋儒的哲学，改变佛学之处安在呢？那就是抹杀认识论不谈，而回到中国古代的宇宙论。中国古代的哲学，是很少谈到认识论的。佛学却不然，所注重的全在乎此。既注重于认识论，而又参以宗教上的悲观，则势必至于视世界为空虚而后止。此为佛教入于消极的真原因。宋学的反佛，其最重要的，就在此点。然从认识论上驳掉佛说，是不可能的。乃将认识论抹杀不谈，说佛教的谈认识论便是错。所以宋学反佛的口号，是“释氏本心，吾徒本天”。所谓本心，即是佛家万法唯识之论。所谓本天，则是承认外界的实在性。万事万物，其间都有一个定理，此即所谓天理。所以宋学的反佛，是以唯物

周敦颐像

周敦颐（1017—1073），字茂叔，号濂溪。他是北宋思想家、理学家、哲学家，是儒家理学的开拓人物之一，提出了“无极、太极”等诸多哲学范畴。

论反对唯心论。

宋学中自创一种宇宙观和人生观的，有周敦颐、张载、邵雍三人。周敦颐之说，具于《太极图说》及《通书》。他依据古说，假定宇宙的本体为太极。太极动而生阳，静而生阴。动极复静，静极复动。如此循环不已，因生水、火、木、金、土五种物质。此五种物质，是各有其性质的。人亦系此五种物质所构成，所以有智、水。礼、火。仁、木。义、金。信土。五种性质。及其见诸实施，则不外乎仁、义二者。所以配阴阳。仁义的性质，都是好的，然用之不得其当，则皆可以变而为恶，如寒暑都是好的，不当寒而寒，不当暑而暑则为恶。所以要不离乎中正。所以配太极。不离乎中正谓之静。所以说："圣人定之以仁义中正而主静，立人极焉。"张载之说，具于《正蒙》。其说：亦如古代，以气为万物的原质。气是动而不已的，因此而有聚散。有聚散则有疏密。密则为吾人所能知觉，疏则否。是为世俗所谓有、无，其实则是隐显。隐显即是幽明。所以鬼神之与人物，同是一气。气之运动，自有其一定的法则。在某种情形之下，则两气相迎；在某种情形之下，则两气相距；是为人情好恶之所由来。此说将精神现象的根源，归诸物质，实为极彻底的一元论。然此等自然的迎距，未必得当。好在人的精神，一方面受制于物质，一方面仍有其不受制于物质者存。所以言性，当分为气质之性受制于物质的。与义理之性。不受制于物质的。人之要务，为变化其气质，以求合乎义理。此为张氏修己之说。张氏又本其哲学上的见地，创万物一体之说，见于其所著的《西铭》。与惠施泛爱之说相近。邵雍之说，与周、张相异。其说乃中国所谓术数之学。中国学术，是重于社会现象，而略于自然现象的。然亦有一部分人，喜欢研究自然现象。此等人，其视万物，皆为物质所构成。既为物质所构成，则其运动，必有其定律可求。人若能发见此定律，就能知道万物变化的公例了。所以此等人的愿望，亦可说是希冀发见世界的机械性的。世界广大，不可遍求，然他们既承认世界的规律性，则研究其一部分，即可推之于其余。所以此一派的学者，必重视数。他们的意思，原不过借此以资推测，并不敢谓所推之必确，安敢谓据此遂可以应付事物？然（一）既曾尽力于研求，终不免有时想见诸应用。（二）又此学的初兴，与天文历法关系极密，古人迷信较深，不知世界的规律性不易发现，竟有谓据此可以逆臆未来的。（三）而流俗之所震惊，亦恒在于逆臆未来，而不在乎推求定理。所以此派中亦多逆臆未来之论，遂被称为术数之学。此派学者，虽系少数，著名的亦有数家，邵雍为其中之最善者。雍之说，见于《观物内外篇》及《皇极经世书》。《观物篇》称天体为阴阳，地体为刚柔，又各分太少两者，日为太阳。月为太阴。星为少阳。辰为少阴。火为太刚。水为太柔。石为少刚。土为少柔。其说曰：阳燧取于日而得火，火与日相应也。方诸取于月而得水，水与月一体也。星陨为石；天无日月星之处为辰，地无山川之处为土；故以星与石，辰与土相配。其余一切物与阴阳刚柔相配，皆准此理。以说明万物的性质及变化。《皇极经世书》以十二万九千六百年为一元。日之数一为元。月之数十二为会。星之数三百六十为运。辰之数四千三百二十为世。一世三十年。以三十乘四千三百二十，得十二万九千六百。他说："一元在天地之间，犹一年也。"这和扬雄作《太玄》，想本一年间的变化，以窥测悠久的宇宙一样。邵雍的宗旨，在于以物观物。所谓以物观物，即系除尽主观的见解，以冀发见客观的真理，其立说精湛处甚多。但因术数之学，不为中国所重视，所以在宋学中不被视为正宗。

经过周、张、邵诸家的推求，新宇宙观和新人生观可谓大致已定。二程以下，乃努力于实行的方法。大程名颢，他主张"识得此理，以诚敬存之"。但何以识得此理呢？其弟小程名颐，乃替他补充，说"涵养须用敬，进学在致知"。致知之功，在于格物。即万事而穷其理，以求一旦豁然贯通。这话骤听似乎不错的。人家驳他，说天下之物多着呢，如何格得尽？这话也是误解。因为宋儒的所求，并非今日物理学家之所谓物理，乃系吾人处事之法。如曾国藩所谓："冠履不同位，凤皇鸱鸮不同栖，物所自具之分殊也。鲧湮洪水，舜殛之，禹郊之，物与我之分际殊也。"天下之物格不尽，吾人处事的方法，积之久，是可以知识日臻广博，操持日益纯熟的。所以有人以为格物是离开身心，只是一个误解。问题倒在（一）未经修养过的心，是否能够格物？（二）如要修养其心，其方法，是否以格物为最适宜？所以后来陆九渊出，以即物穷理为支离，要教人先发其本心之明，和赞成小程的朱熹，成为双峰并峙之局。王守仁出，而其说又有进。守仁以心之灵明为知。即人所以知善知恶，知是知非。此知非由学得；无论如何昏蔽，亦不能无存；所以谓之良知。知、行即是一事。《大学》说“如恶恶臭，如好好色”。知恶臭之恶，好色之好，是知一方面事；恶恶臭，好好色，是行一方面事。人们谁非闻恶臭即恶，见好色即好的？谁是闻恶臭之后，别立一心去恶？见好色之后，别立一心去好？然则“知而不行，只是未知”。然因良知无论如何昏蔽，总不能无存，所以我们不怕不能知善知恶，知是知非，只怕明知之而不肯遵照良心去做。如此，便要在良知上用一番洗除障翳的功夫，此即所谓致知。至于处事的方法，则虽圣人亦有所不能尽知。然苟得良知精明，毫无障翳，当学时，他自会指点你去学；当用人时，他自会指点你去求助于人；正不必以此为患。心之灵明谓之知，所知的自然有一物在。不成天下之物都无了，只剩一面镜子，还说这镜子能照？所以即物穷理，功夫亦仍是用在心上。而心当静止不动时，即使之静止不动，亦即是一种功夫。所以“静处体悟，事上磨炼”，两者均无所不可。程朱的涵养须用敬，进学在致知，固然把道德和知识，分成两截。陆九渊要先发人本心之明，亦不过是把用功的次序倒转了，并没有能把两者合而为一。王守仁之说，便大不相同了。所以理学从朱陆到王，实在是一个辩证法的进步。但人之性质，总是偏于一方面的，或喜逐事零碎用功夫，或喜先提挈一个大纲。所以王守仁之说，仍被认为近于陆九渊，并称为陆王。人的性质，有此两种，是一件事实，是一件无可变更的事实。有两种人自然该有两种方法给他用，而他们亦自然会把事情做成两种样子。所以章学诚说：“朱陆为千古不可无之同异，亦为千古不能无之同异。”见《文史通义·朱陆》篇。其说最通。

以一种新文化，替代一种旧文化，此新文化，必已兼摄旧文化之长，此为辩证法的真理。宋学之于佛学，亦系如此。宋学兼摄佛学之长，最显著的有两点：（一）为其律己之严。（二）为其理论的彻底。论治必严王霸之辨，论人必严君子小人之分，都系由此而出。此等精严的理论，以之律己则可，以之论事，则不免多所窒碍。又宋学家虽反对佛教的遗弃世事，然其修养的方法，受佛教的影响太深了。如其说而行之，终不免偏于内心的修养，甚至学问亦被抛荒，事为更不必说，所以在宋代，宋学中的永嘉、永康两派，就对此而起反动。永嘉派以叶适、陈傅良为魁首，反对宋学的疏于事功，疏于实学的考究。永康派以陈亮为魁首，对于朱熹王霸之辨，持异议颇坚，亦是偏于事功的。到清代，颜元、李塨一派，亦是对此力加攻击的。然永嘉、永康两派和朱陆，根本观念上，实无甚异同，所争的只是程度问题，无关宏指。颜李一派，则专讲实务，而反对在心上用功夫，几乎把宋学根本取消了。近来的人，因反对中国的学者多尚空言而不能实行，颇多称道颜李的。然颜、李的理论，实极浅薄，不足以自成一军。因为世界进步了，分工不得不精。一件事，合许多人而分工，或从事于研究，或从事于实行，和一个人幼学壮行，并无二致。研究便是实行的一部。颜李之说，主张过甚，势必率天下人而闭目妄行。即使主张不甚，亦必变精深为浅薄。所以其说实不能成立。从理论上反对宋儒的，还有戴震。谓宋儒主张天理人欲之辨太过，以致（一）不顾人情。视斯民饮食男女之欲，为人生所不能无的，都以为毫无价值而不足恤。（二）而在上者皆得据理以责其下，下情却不能上达，遂致有名分而无是非，人与人相处之道，日流于残酷。此两端：其前一说，乃宋学末流之弊，并非宋学的本意。后一说则由宋学家承认封建时代的秩序为社会合理的组织之故。戴氏攻之，似得其当。然戴氏亦不知其病根之所在，而说只要舍理而论情，人与人的相处，就可以无问题，其说更粗浅牵强了。在现在的文化下所表现出来的人情，只要率之而行，天下就可以太平无事么？戴氏不是盲目的，何以毫无所见？

所以宋学衰敝以后，在主义上，能卓然自立，与宋学代兴的，实无其人。梁启超说：清代的学术，只是方法运动，不是主义运动，见所著《清代学术概论》。可谓知言了。质实言之，清代考证之学，不过是宋学的一支派。宋学中陆王一派，是不讲究读书的，程朱一派本不然。朱子就是一个读书极博的人。其后学如王应麟等，考据尤极精审。清学的先驱，是明末诸大儒。其中顾炎武与清代考证之学，关系尤密，也是程朱一派。其喜言经世，则颇近永嘉。清代所谓纯汉学，实至乾嘉之世而后形成，前此还是兼采汉、宋，择善而从的；其门径，和宋学并无区别。清学的功绩，在其研究之功渐深，而日益趋于客观。因务求古事的真相，觉得我们所根据的材料，很不完全，很不正确；材料的解释，又极困难。乃致力于校勘；致力于辑佚；对于解释古书的工具（即训诂），尤为尽心。其结果，古书已佚而复见的，古义已晦而复明的不少，而其解决问题的方法，亦因经验多了，知道凭臆判断，自以为得事理之平，远不如调查其来路，而凭以判断者之确。于是折中汉、宋，变为分别汉、宋；其主意，亦从求是变而为求真了。非不求是，乃以求真为求是。清学至此，其所至，已非复宋儒所能限；然仍是一种方法的转变，不足以自成一军。

清学在宗旨上，渐能脱离宋学而自立，要到道咸时今文之学兴起以后。西汉经师之说，传自先秦，其时社会的组织，还和秦汉以后不同。有许多议论，都不是东汉以后人所能了解的。自今文传授绝后，久被搁置不提了。清儒因分别学派，发见汉儒亦自有派别，精心从事于搜剔，而其材料始渐发见，其意义亦渐明白。今学中有一派，专务材料的搜剔，不甚注意于义理。又一派则不然，常州的庄、存与。刘，逢禄。号称此学的开山，已渐注意于汉儒的非常异义。龚自珍。魏源。两氏继之，其立说弥以恢廓。到廖平、康有为出，就渐渐地引上经世一路，非复经生之业了。

廖平晚岁的学说，颇涉荒怪。然其援据纬说，要把孔道的规模，扩充到无限大，也仍是受世变的影响的。但廖氏毕竟是个经生，其思想，虽亦受世变的影响，而其所立之说，和现代的情形，隔膜太甚。所以对于学术界，并不能发生多大的影响。康氏就不然了。康氏的经学远不如廖氏的精深，然其思想，较之廖氏，远觉阔大而有条理。他怀抱着一种见解，借古人之说为材料而说明之。以《春秋》三世之义，说明进化的原理，而表明中国现在的当改革，而以孔子托古改制之说辅之。其终极的目的，则为世界大同。恰和中国人向来怀抱的远大的思想相合，又和其目前急须改革的情形相应，所以其说能风靡一时。但康有为的学说，仍只成为现代学术思想转变的一个前驱。这是为什么呢？因为学术是利于通的，物穷则变，宋明以来的文化，现在也几乎走到尽头了。即使没有西学输入，我们的学术思想，也未必不变。但既与西洋学术相值，自然乐得借之以自助。何况现在西洋的科学方法，其精密，确非我们之所及呢？所以近数十年来，中国学术思想的变化，虽然靠几个大思想家做前驱，而一经发动之后，其第二步，即继之以西洋学术的输入。和中国学术思想的转变最有关系的人是梁启超。梁氏的长处：在其（一）对于新科学，多所了解。（二）最能适应社会的程度，从事于介绍。（三）且能引学说以批评事实，使多数人感觉兴味。即此趋势的说明。

西洋学术输入以来，中国人对之之态度，亦经数变。（一）其初是指采用西法者为用夷变夏，而极力加以排斥的。（二）继则变为中学为体，西学为用。（三）再进一步，就要打倒孔家店，指旧礼教为吃人，欢迎德谟克拉西先生、赛因斯先生，并有主张全盘西化的了。其实都不是这么一回事。欧美近代，最初发达的是自然科学。因此引起的整个学术思想的变化，即对于一切事情的观点及其应付方法。较诸旧说，都不过是程度问题。后来推及社会科学亦然。现在文化前途的改变，乃是整个社会组织的改变，并非一枝一节的问题。这个问题，乃中国与西洋之所同，而非中国之所独。具体言之，即是中国与西洋，以及全世界的各民族，都要携手相将，走上一条新的径路。其间固无一个民族，能够守旧而不变，也断非哪一个民族，尽弃其所固有，而仿效别一个民族的问题。因为照现状，彼此都是坏的，而且坏得极相像。然则各种学术，能指示我们以前途，且成为各学之王，而使他种学术，奔走其下，各尽其一枝一节之用的，必然是社会学。一切现象，都是整个社会的一枝一节，其变化，都是受整个社会的规定的。唯有整个社会，能说明整个社会；亦唯有整个社会，能说明一枝一节的现象的所以然。人们向来不知，只是把一枝一节的现象，互相说明，就错了。这是因为从前的人，不知道整个社会，可成为研究的对象，所以如此。现在便不同了。所以只有最近成立的社会学，为前此之所无。亦只有整个的社会学，能够说明文化之所由来，而评判其得失，而指示我们以当走的路径。即如文明愈进步，则风俗愈薄恶，这是一件众所周知的事实，而亦是向来所视为无可如何的事实。毁弃文明固不可，亦不能。任社会风俗之迁流，而日趋于薄恶，也不是一回事。提倡道德、改良政治等，则世界上无论哪一个文明国，都已经努力了几千年，而证明其无效的了。人道其将终穷乎？从社会学发明以来，才知道风俗的薄恶，全由于社会组织的不良，和文明进步，毫无关系。我们若能把社会组织彻底改良，则文明进步，就只有增加人类的福利了。这是社会学指示给我们前途最大的光明。而社会学之所以能发明，则和现代各地方蛮人风俗的被重视，以及史前史的发见，有极大的关系。因此，我们才知道社会的组织，可以有多种。目前的组织，只是特种事实所造成，并非天经地义，必不可变。变的前途，实有无限的可能。变的方法，我们所知道的，亦与前人迥异了。

以上论中国学术思想转变的大概，以下再略论中国的文学和史学。

文学的发达，韵文必先于散文，中国古代，亦系如此。现存的先秦古书，都分明包含着两种文字：一种是辞句整齐而有韵的；一种则参差不齐，和我们的口语一样。前者是韵文，后者是散文。散文的发达，大约在东周之世，至西汉而达于极点。散文发达了，我们的意思，才能够尽量倾吐，因为到这时候，文字和语言，才真正一致。所以是文学的一个大进步。西汉末年，作文章的，渐渐求其美化。其所谓美是：（一）句多偶俪。（二）不用过长过短之句。（三）用字务求其足以引起美感。其结果，逐渐成汉魏体的骈文。汉魏体的骈文，只是字句修饰些，声调啴缓些，和散文相去，还不甚远。以后一直向这趋势发达，至齐梁时代，遂浮靡而不能达意了。此时供实用之文，别称为笔。然笔不过参用俗字俗语；用字眼、用典故，不及文来得多；其语调还和当时的文相近，与口语不合，还是不适于用。积重之势，已非大改革不可。改革有三条路可走：（一）径用口语。这在昔日文字为上中流社会所专有的时代，是不行的。（二）以古文为法。如苏绰的拟《大诰》是。这还是不能达意。只有第（三）条路，用古文的义法，即文字尚未浮靡时的语法。以运用今人的言语，是成功的。唐朝从韩柳以后，才渐渐的走上这条路。散文虽兴，骈文仍自有其用，骈散自此遂分途。宋朝为散文发达的时代。其时的骈文，亦自成一格，谓之宋四六。气韵生动，论者称为骈文中的散文。

诗歌另是一体。文是导源于语言，诗是导源于歌谣的。所以诗体，当其发生之时，即非口语之调。近人以随意写来的散文，亦称为诗，新诗。这至少要改变向来诗字的定义然后可。古代的诗，大抵可歌，传于后世的，便是《诗经》和《楚辞》。到汉朝，风尚变了。制氏雅乐虽存，不为人之所好。汉武帝立新声乐府，采赵、代、秦、楚之讴，使李延年协其律，司马相如等为之辞，是为汉代可歌的诗。古代的诗，则变为五言诗，成为只可吟诵之物。论者多以此为诗体的退化，这是为尊古之见所误。其实凡事都到愈后来愈分化。吟诵的诗和合乐的诗的判而为二，正是诗体的进化。歌唱的音调，和听者的好尚的变迁，是无可如何的事。隋唐时，汉代的乐府，又不为人之所好，而其辞亦渐不能合乐了。听者的好尚，移于外国传来的燕乐，按其调而填词，谓之词，极盛于两宋之世。至元以后，又渐成为但可吟诵、不能协律之作，而可歌的限于南北曲。到清朝，按曲谱而填词的，又多可诵而不可歌了。中国的所谓诗，扩而充之，可以连乐府、词、曲，都包括在内。因为其起源，同是出于口中的歌的。一个民族的歌谣，不容易改变。试看现代的山歌，其音调，还与汉代的乐府一样，便可知道。所以现在，非有新音乐输入，诗体是不会变化的。现在万国交通，新音乐输入的机会正多。到我国人的口耳与之相习，而能利用之以达自己的美感时，新诗体就可产生了。

文学初兴之时，总是与语言相合的。但到后来，因（一）社会情形的复杂，受教育的程度，各有不同；（二）而时间积久了，人的语言，不能不变，写在纸上的字，却不能再变；言文就渐渐的分离了。合于口语的文字，是历代都有的。如（一）禅宗和宋儒的语录，（二）元代的诏令，（三）寒山、拾得的诗，（四）近代劝人为善的书都是，（五）而其用之，要以平话为最广。这是非此不可的。从前文言、白话，各有其分野，现在却把白话的范围推广了。这因（一）受教育的人

［明］陈洪绶·《屈子行吟图》

楚辞，是战国后期以屈原为代表的诗人，在楚国民歌基础上开创的一种新诗体。图为《屈子行吟图》里屈原的形象。

渐多，不限于有闲阶级；而所受的教育，亦和从前不同；不能专力于文字。（二）世变既亟，语言跟着扩充、变化，文字来不及相随，乃不得不即用口语。此乃事势的自然，无人提倡，也会逐渐推广的。守旧的人，竭力排斥白话，固然是不达；好新的人，以此沾沾自喜，也是贪天之功，以为己力的。所谓古文，大部分系古代的言语。其中亦有一部分，系后人依据古代的语法所造的，从未宣诸唇吻，只是形之楮墨。然楮墨之用，亦系一种广义的语言，既有其用，自不能废；而况纸上的言语，有时亦可为口语所采用。所以排斥文言，也是偏激之论。

文以载道、文贵有用之说，极为近人所诋毁。此说固未免于迂，然亦不能谓其全无道理。近人袭西洋文学的理论，贵纯文学而贱杂文学，这话固然不错。然以为说理论事之作，必是杂文学，必写景言情之作，而后可以谓之纯文学，则是皮相之谈。美的原质，论其根柢，实在还是社会性。社会性有从积极方面流露的，如屈原、杜甫的忠爱是；有从消极方面流露的，如王维、孟浩然的闲适是。积极的人人所解，消极的似乎适得其反，其实不然。积极的是想把社会改好，消极的则表示不合作。虽然无所作为，然（一）使人因此而悟现社会之坏，（二）至少亦使社会减少一部分恶势力，其功效也还是一样的。文字上的所谓美，表面上虽若流连风景，其暗中深处，都藏有这一个因素在内。诗词必须有寄托，才觉得有味，真正流连风景的，总觉得浅薄，就是为此。然则文字的美恶，以及其美的程度，即视此种性质之有无多寡以为衡，其借何种材料而表现，倒是没有关系的。忧国忧民，和风花雪月，正是一样。以说理论事，或写景言情，判别文学的为纯、为杂，又是皮相之谈了。文以载道、文贵有用等说，固然不免于迂腐。然载道及有用之作，往往是富于社会性的，以此为第一等文字，实亦不为无见；不过抛荒其美的方面，而竟以载道和有用为目的，不免有语病罢了。

中国的有史籍甚早。《礼记·玉藻》说："动则左史书之，言则右史书之。"郑《注》说："其书，《春秋》《尚书》其存者。"《汉书·艺文志》说"右史记事，左史记言"是错的。《礼记·祭统》说"史由君右，执策命之"，即右史记言之证。这大约是不错的。《周官》还有小史，记国君及卿大夫的世系，是为《帝系》及《世本》。我国最古的史籍《史记》，其本纪及世家，似系据《春秋》和《系》《世》编纂而成。列传则源出记言之史。记言之史，称为《尚书》。乃因其为上世之书而得此名，其原名似称为语。语之本体，当系记人君的言语，如现在的训辞、讲演之类。后来扩充之，则及于一切嘉言。嘉言的反面是莠言，间亦存之以昭炯戒。记录言语的，本可略述其起因及结果，以备本事。扩充之则及于一切懿行，而其反面即为恶行。此体后来附庸蔚为大国，名卿大夫，及学术界巨子，大抵都有此等记录，甚至帝王亦有之。其分国编纂的，则谓之《国语》。关于一人的言行，分类编纂的，则谓之《论语》。记载一人的大事的，则如《礼记·乐记》，述武王之事，谓之《牧野之语》都是。《史记》的列传，在他篇中提及多称为语，如《秦本纪》述商鞅说孝公变法事曰："其事在《商君语》中。"可见其源出于语，推而广之，则不名为语的，其实亦系语体。如《晏子春秋》及《管子》中的大、中、小《匡》等是。八书是记典章经制的，其源当亦出于史官，不过不能知其为何官之史罢了。史官以外，还有民间的传述。有出于学士大夫之口的，如魏绛、伍员述少康、羿、浞之事是；见《左氏》襄公四年、哀公元年，及《史记·吴太伯世家》。亦有出于农夫野老之口的，如孟子斥咸丘蒙所述为齐东野人之语是。古史的来源，大略如此。秦始皇烧书，《史记·六国表》说"诸侯史记尤甚"，大约史官所记载，损失极多。流行民间之书，受其影响当较少。口耳相传，未著竹帛的，自然更不必说了。

有历史的材料是一事，有史学上的见地又系一事。古代史官，虽各有专职，然大体不过奉行故事。民间传述，或出惊奇之念，或出仰慕之忱，所谓多识前言往行，以蓄其德。亦说不上什么史学上的见地。到司马谈、迁父子出，才网罗当时所有的史料，编纂成一部大书。这时的中国，在当时人的眼光中，实已可谓之天下。因为所知者限于此。在所知的范围中，并没有屏斥异国或异族的史料不载。所以《太史公书》，这是《史记》的本名。《汉书·艺文志》著录即如此。《史记》乃史籍通名，犹今言历史。《太史公书》，为史部中最早的著述，遂冒其一类的总名。实自国别史进于世界史，为史体一大进步。

从此以后，国家亦渐知史籍的重要了。后汉以后，乃有诏兰台、东观中人述作之事。魏晋以后，国家遂特设专官。此时作史的，在物力上，已非倚赖国家不行。一因材料的保存及搜辑，一因编纂时之费用。至于撰述，则因材料不多，还为私人之力所能及。所以自南北朝以前，大率由国家供给材料及助力，而司编撰之事的，则仍系一二人，为私家著述性质。唐以后史料更多，不徒保存、搜辑，即整理、排比，亦非私人之力所及，于是独力的著述，不得不变为集众纂修之局了。私家著述及集众纂修，昔人的议论，多偏袒前者，这亦是一偏之见。姑无论材料既多，运用为私人之力所不及。即舍此勿论，而昔时的正史，包括的门类很多，亦非一人所能兼通。所以即就学术方面论，两者亦各有长短。唐修《新晋书》，即今正史中的《晋书》。其志非前人所能及，即其一证。关于正史的历史，可参看《史通》的《六家》《二体》《古今正史》《史官建置》各篇，及拙撰《史通评》中这几篇的评。商务印书馆本。

从前的历史，系偏重于政治方面的。而在政治方面，则所注重的，为理乱兴衰、典章经制两类。正史中的纪传，是所以详前者的，志则所以详后者。已见《绪论》中。编年史偏详前者，《通典》《通考》一类的书，则偏详后者，都不如纪传表志体的完全。所以后来功令，独取纪传表志体为正史。然编年体和政书，《通典》《通考》等。在观览上亦各有其便，所以其书仍并为学者所重。这是中国旧日所认为史部的重心的。纪传体以人为单位，编年史以时为系统，欲勾稽一事的始末，均觉不易。自袁枢因《通鉴》作《纪事本末》后，其体亦渐广行。

中国的史学，在宋时，可谓有一大进步。（一）独力著成一史的，自唐以后，已无其事。宋则《新五代史》出欧阳修一人；《新唐书》虽出修及宋祁两人，亦有私家著述性质；事非易得。（二）编年之史，自三国以后，久已废阙。至宋则有司马光的《资治通鉴》，贯串古今。朱熹的《通鉴纲目》，叙事虽不如《通鉴》的精，体例却较《通鉴》为善。《通鉴》有目无纲，检阅殊为不便。司马光因此，乃有《目录》之作，又有《举要》之作。《目录》既不与本书相附丽。举要则朱子《答潘正叔书》，讥其“详不能备首尾，略不可供检阅”，亦系实情。所以《纲目》之作，确足以改良《通鉴》的体例。（三）讲典章经制的书，虽起于唐杜佑的《通典》，然宋马端临的《文献通考》，搜集尤备，分类亦愈精。又有会要一体，以存当代的掌故，并推其体例，以整理前代的史实。（四）郑樵《通志》之作，网罗古今。其书虽欠精审，亦见其魄力之大。（五）当代史料，搜辑綦详。如李焘《续资治通鉴长编》、李心传《建炎以来系年要录》、徐梦莘《三朝北盟会编》、王偁《东都纪略》等都是。（六）自周以前的古史，实系别一性质。至宋而研究加详。如刘恕《通鉴外纪》、金履祥《通鉴纲目前编》、苏辙《古史考》、胡宏《皇王大纪》、罗泌《路史》等都是。（七）研究外国史的，宋朝亦加多。如叶隆礼《契丹国志》、孟珙《蒙鞑备录》等是。（八）考古之学，亦起于宋时。如欧阳修的《集古录》、赵明诚的《金石录》等，始渐求材料于书籍之外。（九）倪思的《班马异同评》、吴缜的《新唐书纠缪》等，皆出于宋时。史事的考证，渐见精核。综此九端，可见宋代史学的突飞猛进。元明时代复渐衰。此因其时之学风，渐趋于空疏之故。但关于当代史料，明人尚能留心收拾。到清朝，文字之狱大兴，士不敢言当代的史事；又其时的学风，偏于考古，而略于致用；当代史料，就除官书、碑传之外，几乎一无所有了。但清代考据之学颇精。推其法以治史，能补正前人之处亦颇多。

研究史法之作，专著颇少。其言之成理，而又有条理系统的，当推刘知几的《史通》。《史通》是在大体上承认前人的史法为不误，而为之弥缝匡救的。其回到事实上，批评历代的史法是否得当，以及研究今后作史之法当如何的，则当推章学诚。其识力实远出刘知几之上。此亦时代为之。因为刘知几之时，史料尚不甚多，不虑其不可遍览，即用前人的方法撰述已足。章学诚的时代，则情形大不同，所以迫得他不得不另觅新途径了。然章氏的识力，亦殊不易及。他知道史与史材非一物，保存史材，当务求其备，而作史则当加以去取；以及作史当重客观等，见《文史通义·史德》篇。实与现在的新史学，息息相通。不过其时无他种科学，以为辅助，所以其论不如现在新史学的精审罢了。然亦不过未达一间而已，其识力亦很可钦佩了。

第十六讲　宗　教

宗教的信仰，是不论哪一个民族都有的。在浅演之时固然，即演进较深之后，亦复如此。这是因为：学问之所研究，只是一部分的问题，而宗教之所欲解决，则为整个的人生问题。宗教的解决人生问题，亦不是全不顾知识方面的。它在感情方面，固然要与人以满足。在知识方面，对于当时的人所提出的疑问，亦要与以一个满意的解答。所以一种宗教，当其兴起之时，总是足以解决整个人生问题的。但既兴起之后，因其植基于信仰，其说往往不易改变；而其态度亦特别不宽容；经过一定时期之后，遂成为进化的障碍，而被人斥为迷信。

宗教所给与人的，既是当下感情上和知识上的满足，其教义，自然要随时随地而异。一种宗教，名目未变，其教义，亦会因环境而变迁。原始的人，不知道自然界的法则。以为凡事都有一个像人一般的东西，有知识，有感情，有意志，在暗中发动主持着。既不知道自然界的法则，则视外界一切变化，皆属可能。所以其视环境，非常之可畏怖。而其视其所祈求的对象，能力之大，尤属不可思议。有形之物，虽亦为其所崇拜，然其所畏怖而祈求的，大概非其形而为寓于其中的精灵。无形可见之物，怎会令人深信不疑呢？原来古人不知道生物与无生物之别，更不知道动物与植物、人与动物之别，一切都看作和自己一样，而人所最易经验到而难于解释的，为梦与死。明明睡在这里没有动，却有所见，有所闻，有所作为；明明还是这个人，而顷刻之间，有知已变为无知了；安得不相信人身之中，别有一物以为之主？既以为人是如此，就推之一切物，以为都是如此了。这是我们现在，相信人有灵魂；相信天地、日月、山川等，都有神为之主；相信老树、怪石、狐狸、蛇等等，都可以成为精怪的由来。虽然我们现在，已知道自然界的法则了；知道生物与无生物、动物与植物、人与其他动物之别了；然此等见解，根株仍未拔尽。

人类所崇拜的灵界，其实是虚无缥缈的，都是人所想象造作出来的。所以所谓灵界，其实还是人间世界的反映。人类社会的组织变化了，灵界的组织，也是要跟着变化的。我们现在所看得到的，其第一步，便是从部族时代进于封建时代的变化。部族的神，大抵是保护一个部族的，和别一个部族，则处于敌对的地位。所以《左氏》僖公十年说："神不歆非类，民不祀非族。"孔子也说："非其鬼而祭之，谄也。"《论语·为政》。到封建时代，各个神灵之间，就要有一个联系。既要互相联系，其间自然要生出一个尊卑等级来。在此时代，宗教家所要做的工作就是：（一）把神灵分类。（二）确定每一类之中及各类之间尊卑等级的关系。我们在古书上看得见的，便是《周官·大宗伯》所分的（一）天神，（二）地祇，（三）人鬼，（四）物魅四类。四类相互之间，自然天神最尊，地祇次之，人鬼次之，物魅最下。天神包括日月、星辰、风雨等。地祇包括山岳、河海等。但又有一个总天神和总地祇。人鬼：最重要的，是自己的祖宗。其余一切有功劳、有德行的人，也都包括在内。物魅是列举不尽的。天神、地祇、人鬼等，都是善性居多。物魅则善恶无定。这是中国人最普通的思想，沿袭自几千年以前的。宗教发达到这一步，离一般人就渐渐地远了。"天子祭天地，诸侯祭其境内名山大川"，《礼记·王制》。和一般人是没有关系的。季氏旅于泰山，孔子就要讥其非礼了，《论语·八佾》。何况平民？昊天上帝之外，还有主四时化育的五帝：东方青帝灵威仰，主春生；南方赤帝赤熛怒，主夏长；西方白帝白招拒，主秋成；北方黑帝汁光纪，主冬藏；中央黄帝含枢纽，则兼主四时化育。每一朝天子的始祖，据说实在是上帝的儿子。譬如周朝的始祖后稷，他的母亲姜嫄，虽说是帝喾之妃，后稷却不是帝喾的儿子。有一次，姜嫄出去，见一个大的足印。姜嫄一只脚，还不如他一个拇指大。姜嫄见了，觉得奇怪。把自己的脚，在这足印里踏踏看呢。一踏上去，身体就觉得感动。从此有孕了。生了一个儿子，就是后稷。又如商朝的始祖契。他的母亲简狄，也是帝喾之妃，然而契也不是帝喾的儿子。简狄有一次，到河里去洗澡，有一只玄鸟，掉下一个卵来。简狄取来吞下去，因此有孕了。后来就生了契。这个谓之“感生”。见《诗》之《生民》及《玄鸟》。《史记·殷周本纪》述契、后稷之生，即系《诗说》。《周官》大宗伯，以禋祀祀昊天上帝。小宗伯，兆五帝于四郊。郑玄谓天有六，即五帝和昊天上帝耀魄宝。可看《礼记·祭法》疏，最简单明了。五帝之名，虽出纬候，然其说自系古说。所以《礼记·礼运》“因名山以升中于天，因吉土以飨帝于郊”已经把天和帝分说了。契、稷等因系上帝之子，所以其子孙得受命而为天子。按诸“神不歆非类，民不祀非族”之义，自然和平民无涉的，用不着平民去祭。其余如“山林、川谷、丘陵，能出云，为风雨，见怪物”，而且是“民所取材用”的，《礼记·祭法》。虽和人民有关系，然因尊卑等级，不可紊乱之故，也就轮不着人民去祭了。宗教发达到此，神的等级愈多，上级的神，威权愈大，其去一般人却愈远，正和由部族之长，发展到有诸侯，由列国并立的诸侯，进步到一统全国的君主，其地位愈尊，而其和人民相去却愈远一样。

人，总是讲究实际的。所敬畏的，只会是和自己切近而有关系的神。日本田崎仁义所著《中国古代经济思想及制度》说：古代宗教思想，多以生物之功，归之女性；又多视日为女神。中国古代，最隆重的是社祭。《礼记·郊特牲》说：“惟为社事，单出里。惟为社田，国人毕作。惟社，丘乘共粢盛。”单同殚。而这所谓社，则只是一地方的土神，据《礼记·祭法》，王、诸侯、大夫等，均各自立社。并不是与天神相对的后土。《易经·说卦传》：离为日，为中女。《山海经》和《淮南子》，以生日驭日的羲和为女神。《山海经·大荒南经》：“东南海之外，甘水之间，有羲和之国。有女子，名羲和，方浴日于甘渊。羲和者，帝俊之妻，生十日。”《淮南子·天文训》：“至于悲泉，爰止其女，爰息其马，是谓县车。”而《礼记·郊特牲》说，郊之祭，乃所以迎“长日之至”。可见以郊祭为祭天，乃后起之事，其初只是祭日；而祭日与祭社，则同是所以报其生物之功。后来虽因哲学观念的发达，而有所谓苍苍者天，抟抟者地，然这整个的天神和整个的地神，就和人民关系不切了，虽没有政治上“天子祭天地”的禁令，怕也不会有什么人去祭他的。日月星辰风雨等，太多了，祭不胜祭；亦知道其所关涉者广，用不着一地方去祭它。只有一地方的土神，向来视为于己最亲的，其祭祀还相沿不废。所以历代以来，民间最隆重的典礼是社祭，最热闹的节场是作社。还有所谓八蜡之祭，是农功既毕之后，举凡与农事有关之神，一概祭飨他一次。见《郊特牲》。又古代视万物皆有神，则有所谓中霤，有所谓门，有所谓行，有所谓户，有所谓灶，均见《祭法》。此等崇拜，倒也有残留到后世的。又如古代的司命，是主人的生死的。司命亦见《祭法》。《庄子·至乐》云："庄子之楚，见髑髅而问之。夜半，髑髅见梦。庄子曰：吾使司命复生子形，为子骨肉肌肤。"知古谓人生死，皆司命主之。后世则说南斗主生，北斗主死，所以南北斗去人虽远，倒也有人崇拜它。诸如此类，悉数难终。总之于人有切近的关系的，则有人崇拜，于人无切近的关系的，则位置虽高，人视之，常在若有若无之间。现在人的议论，都说一神教比多神教进化，中国人所崇拜的对象太杂，所以其宗教，还是未甚进化的。其实不然。从前俄国在专制时代，人民捐一个钱到教堂里去，名义上也要以俄皇的命令允许的。这和佛教中的阿弥陀佛有一个人皈依他，到临死时，佛都自己来接引他到净土去一样。中国的皇帝，向来是不管小事的，所以反映着人间社会而成的灵界组织，最高的神，亦不亲细务。假使中国宗教上的灵界组织，是以一

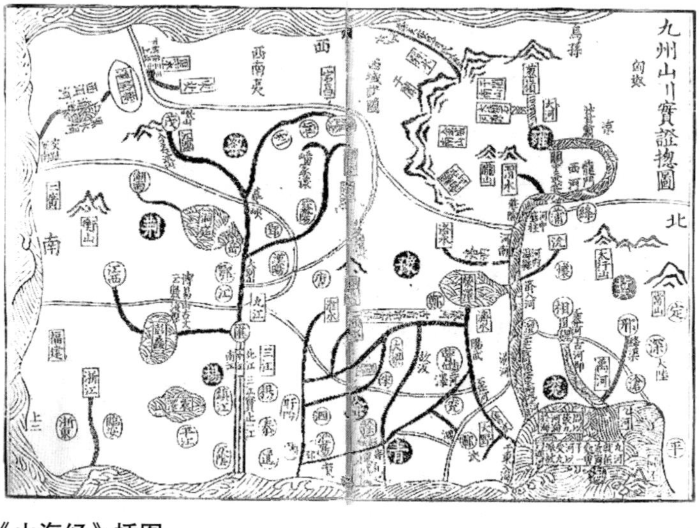

《山海经》插图

《山海经》是先秦古籍。书中主要记述了古代地理、物产、宗教、古史、民俗、民族等内容，同时记载了大量神话传说。

个大神，躬亲万事的，中国人也何尝不会专崇拜这一个神？然而崇拜北斗，希冀长生，和专念阿弥陀佛，希冀往生净土的，根本上有什么区别呢？若说一神教的所谓一神，只是一种自然力的象征，所以崇拜一神教的，其哲学上的见地，业已达于泛神论了，要比多神教高些。则崇拜一神教的，都是当他自然力的象征崇拜的么？老实说：泛神论与无神论，是一而二，二而一的。真懂得泛神论的，也就懂得无神的意义，不会再有现在某些宗教家的顽固见解了。

较神的迷信进一步的，则为术。术数两字，古每连称，其实两者是不同的，已见上章。术之起源，由于因果的误认。如说做一个木人，或者束一个草人，把他当作某人，用箭去射他，就会使这个人受伤。又如把某人贴身之物，加以破坏，就能使这个人受影响之类。苌弘在周朝，把狸首象征不来的诸侯去射他，以致为晋人所杀。见《史记·封禅书》。豫让为赵襄子所擒，请襄子之衣，拔剑三跃而击之，衣尽出血，襄子回车，车轮未周而亡。就是此等见解。凡厌胜咒诅之术，均自此而出。又有一种，以为此地的某种现象，与彼地的某种现象；现在的某种现象，和将来的某种现象；有连带关系的。因欲依据此时此地的现象，以测知彼时彼地的现象。是为占卜之术所自始。此等都是所谓术。更进一步则为数。《汉书·艺文志》说形法家之学道："形人及六畜骨法之度数，器物之形容，以求其声气贵贱吉凶，犹律有长短，而各征其声，非有鬼神，数自然也。"全然根据于目可见、身可触的物质，以说明现象的原因，而否认目不可见的神秘之说，卓然是科学家的路径。惜乎这种学派中人，亦渐渐地枉其所信，而和术家混合为一了。《汉志·术数略》，共分六家：曰天文，曰历谱，曰五行，曰蓍龟，曰杂占，曰形法。蓍龟和杂占，纯粹是术家言。天文、历谱、五行、形法都饶有数的意味，和术家混合了，为后世星相之学所自出。

中国古代所崇拜的对象，到后世，都合并起来，而被收容于道教之中。然所谓道教，除此之外，尚有一个元素，那便是神仙家。当春秋战国时，就有所谓方士者，以不死之说，诳惑人主。《左氏》昭公二十年，齐景公问于晏子，说"古而无死，其乐何如"。古代无论哲学、宗教，都没有持不死之说的，可见景公所问，为受神仙家的诳惑了。此后齐威宣王、燕昭王亦都相信他，见于《史记·封禅书》；而秦始皇、汉武帝信之尤笃，其事为人人所知，无烦赘述了。事必略有征验，然后能使人相信。说人可不死，是最无征验的。齐景公等都系有为之主，何以都为所蛊惑呢？以我推测，因燕齐一带，多有海市。古人明见空中有人物、城郭、宫室，而不知其理，对于神仙之说，自然深信不疑了。神仙家，《汉志》列于方技，与医经、经方、房中并列。今所传最古的医书《素问》，中亦多载方士之言。可见方士与医药，关系甚密。想借修炼、服食、房中等术，以求长生，虽然误谬，要不能视为迷信。然此派在汉武时，就渐渐地和古代的宗教混合了。汉武时，所谓方士，实分两派：一派讲炼丹药，求神仙，以求长生；一派则从事祠祭以求福。其事具见于《史记·封禅书》《汉书·郊祀志》。《郊祀志》所载各地方的山川，各有其当祭之神，即由献其说的方士主持。此乃古代各部族的宗教，遗留到后世的。《山海经》所载，某水某山有某神，当用何物祠祭，疑即此等方士所记载。此派至元帝后，多被废罢；求神仙一派，亦因其太无效验，不复为时主所信；乃转而诳惑人民。其中规模最大的，自然是张角。次之则是张鲁。他们也都讲祠祭。但因人民无求长生的奢望，亦无炼金丹等财力，依《抱朴子》讲，当时方士炼丹，所费甚巨。葛洪即自憾无此资财，未能从事。所以不讲求神仙，而变为以符咒治病了。符咒治病，即是祝由之术，亦古代医术中的一科。其牵合道家之学，则自张鲁使其下诵习《老子》五千言始。张鲁之道，与老子毫无干涉，何以会使人诵习《老子》呢？依我推测，大约因汉时以黄、老并称，神仙家自托于黄帝，而黄帝无书，所以牵率及于老子。张鲁等的宗教，有何理论可讲？不过有一部书，以资牵合附会就够了，管什么实际合不合呢？然未几，玄学大兴，老子变为时髦之学，神仙家诳惑上流社会的，亦渐借其哲理以自文。老子和所谓方士，所谓神仙家，就都生出不可分离的关系来了。此等杂多的迷信，旁薄郁积，毕竟要汇合为一的。享其成的，则为北魏时的寇谦之。谦之学张鲁之术，因得崔浩的尊信，言于魏明元帝而迎之，尊之为天师，道教乃成为国家所承认的宗教，俨然与儒释并列了。此事在民国纪元前一千四百八十九年，公元四二三年。刘宋少帝景平元年，魏明元帝泰常八年。后世谈起道教来，均奉张陵为始祖。陵乃鲁之祖父。据《后汉书》说：陵客蜀，学道于鹄鸣山中。受其道者，辄出米五斗，故谓之米贼。陵传子衡，衡传于鲁。然其事羌无证据。据《三国志》注引《典略》，则为五斗米道的，实系张修。修乃与鲁并受命于刘焉，侵据汉中，后来鲁又袭杀修而并其众的。鲁行五斗米道于汉中，一时颇收小效。疑其本出于修，鲁因其有治效而沿袭之，却又讳其所自出，而自托之于父祖。历史，照例所传的，是成功一方面的人的话，张陵就此成为道教的始祖了。

从外国输入的宗教，最有权威的，自然是佛教。佛教的输入，旧说都以为在后汉明帝之世。说明帝梦见金人，以问群臣，傅毅对以西方有圣人，乃遣郎中蔡愔、博士弟子秦景等使于天竺。得佛经《四十二章》，及释迦立像，与沙门摄摩腾、竺法兰，以白马负经而至。因立白马寺于洛城西。此乃因其说见于《魏书·释老志》，以为出于正史之故。梁启超作《佛教之初输入》，考此说出于西晋道士王浮的《老子化胡经》，其意乃欲援释入道，殊为妖妄。然《魏书》实未以金人入梦，为佛教入中国之始。据《魏书》之意，佛教输入，当分三期：（一）匈奴浑邪王降，中国得其金人，为佛教流通之渐。（二）张骞至大夏，知有身毒，行浮屠之教。哀帝元寿元年，博士弟子秦景宪，受大月氏使伊存口授浮屠经。（三）乃及明帝金人之梦。金人实与佛教无涉。大月氏使口授浮屠经，事若确实，当可称为佛教输入之始。元寿元年，为民国纪元前一千九百十三年，即西历公元前二年。然则佛教输入中国，实在基督诞生后两年了。基督降生，在纪元前四年。西人因纪年行用已久，遂未改正。据《后汉书》所载，光武帝子楚王英业已信佛，可见其输入必不在明帝之世。秦景宪与秦景，当即一人。此等传说中的人物，有无尚不可知，何况确定其名姓年代？但大月氏为佛教盛行之地；汉与西域，交通亦极频繁；佛教自此输入，理有可能。梁启超以南方佛像涂金；《后汉书·陶谦传》，说谦使笮融督广陵、下邳、彭城运粮，融遂断三郡委输，大起浮屠寺，作黄金屠像；疑佛教本自南方输入。然此说太近臆测。即谓其系事实，亦不能断定其输入在北方之先。梁氏此文，破斥旧说之功甚大，其所建立之说，则尚待研究。柳诒徵《梁氏佛教史评》，可以参看。佛教的特色，在于（一）其说轮回，把人的生命延长了，足以救济中国旧说，（甲）限善报于今世及其子孙，及（乙）神仙家飞升尸解等说的太无征验，而满足人的欲望。（二）又其宗旨偏于出世，只想以个人的修养，解脱苦痛，全不参加政治斗争。在此点，佛教与张角、张鲁等，大不相同。所以不为政治势力所摧残，而反为其所扶植。（三）中国是时，尚缺乏统一全国的大宗教。一地方一部族之神，既因其性质偏狭而不适于用，天子所祭的天地等，亦因其和人民相去远了，而在若无若有之间。张角、张鲁等的宗教运动，又因其带有政治斗争性质；且其教义怕太浅，而不足以餍上中流社会之望；并只适于秘密的结合，而不宜于平和的传布；不能通行。只有佛教，既有哲理，又说福报，是对于上中下流社会都适宜的。物我无间，冤亲平等，国界种界尚且不分，何况一国之中，各地方各民族等小小界限，其能风行全国，自然无待于言了。

把一个中空的瓶抛在水中，水即滔滔注入，使其中本有水，外面的水就不容易进去了。这是先入为主之理，一人如是，一国亦然。佛教输入时，中国的宗教界，尚觉贫乏，所以佛教能够盛行。佛教输入后，就不然了。所以其他外教，输入中国的虽多，都不能如佛教的风行无阻。其和中国文化的关系亦较浅。

佛教以外，外国输入的宗教，自以回教为最大。此教缘起，人人知之，无待赘述。其教本名伊斯兰，在中国则名清真，其寺称清真寺。其经典名《可兰》。原本

张道陵像

道教是中国主要宗教之一，形成于东汉。道教徒尊称创立者之一张道陵为天师，所以又叫“天师道”，后分化为许多派别。

为阿剌伯文，非其教中有学问的人不能读；而其译本及教中著述，流布于社会上的很少；所以在中国，除教徒外，罕有了解回教教义的。又回教教规，极为严肃。教徒生活，与普通人不甚相合。所以自元代盛行输入以来，已历七百年，仍不能与中国社会相融化。现在中国信奉回教的人约有五千万。其中所包含的民族实甚多，然人皆称为回族，俨然因宗教而结合成一个民族了。因宗教而结合成一个民族，在中国，除回教之外，是没有的。

中国人称伊斯兰教为回教，乃因其为回纥人所信奉而然。然回纥在漠北，实本信摩尼教。其信伊斯兰教，乃走入天山南路后事。摩尼教原出火教。火教为波斯国教，中国称为胡天。又造祆字，称为祆教。其字从示从天，读他烟切。或误为从夭，读作于兆切，就错了。火教当南北朝时，传至葱岭以东，因而流入中国。然信奉它的，只有北朝的君主。唐朝时，波斯为大食所灭，中亚细亚亦为所据，火教徒颇有东行入中国的，亦未和中国社会，发生甚么影响。摩尼教则不然。唐朝安史乱后，回纥人多入中国，其教亦随之而入。自长安流行及于江淮。武宗时，回纥败亡，会昌五年，西历八四五年，民国纪元前一千零六十七年。中国乃加以禁断。然其教流行至南宋时仍不绝。其人自称为明教。教外人财谓之吃菜事魔，以其教徒均不肉食之故。案宗教虽似专给人以精神上的慰安，实则仍和现实生活有关系。现实生活，经济问题为大。流行于贫苦社会中的宗教，有教人团结以和现社会相斗争的，如太平天国所创的上帝教，实行均田和共同生活之法是。有教教徒自相救恤，对于现社会的组织，则取放任态度的，如张鲁在汉中，教人作义舍，置米肉其中，以便行人；令有小过者修路；禁酒，春夏禁杀；明教徒戒肉食，崇节俭，互相救恤是。入其教的，生活上既有实益，所以宋时屡加禁断不能尽绝。然社会秩序未能转变时，与之斗争的，固然不免灭亡；即欲自成一团体，独立于现社会组织之外的，亦必因其和广大的社会秩序不能相容，而终遭覆灭。所以到元朝以后，明教也就默默无闻了。张鲁之治汉中，所以能经历数十年，乃因其政治尚有规模，人民能与之相安，并非由其教义，则明教的流行较久，亦未必和其教义有甚关系了。火教及摩尼教流行中国的历史，详见近人陈垣所撰《火祆入中国考》。

基督教入中国，事在民国纪元前一千二百七十四年。西历六三八年，唐太宗贞观十二年。波斯人阿罗本（Olopen），始赍其经典来长安。太宗许其建寺，称为波斯，玄宗因其教本出大秦，改寺名为大秦寺。其教在当时，称为景教。德宗时，寺僧景净，立《景教流行中国碑》，明末出土，可以考见其事的始末。蒙古时，基督教又行输入。其徒谓之也里可温。陈垣亦有考。元时，信奉基督教的，多是蒙古人。所以元亡而复绝。直到明中叶后，才从海路复行输入。近代基督教的输入，和中国冲突颇多。推其源，实出于政治上的误解。基督教的教义，如禁拜天、拜祖宗、拜孔子等，固然和中国的风俗是冲突的。然前代的外教，教规亦何尝不和中国风俗有异同？况近代基督教初输入时，是并不禁拜天、拜祖宗、拜孔子的。明末相信基督教的，如徐光启、李之藻辈，并非不了解中国文化的人。假使基督教义和中国传统的风俗习惯实不相容，他们岂肯因崇信科学之故，把民族国家，一齐牺牲了？当时反对西教的，莫如杨光先。试看他所著的《不得已书》。他说：他们“不婚不宦，则志不在小”。又说：“其制器精者，其兵械亦精。”又说：“他们著书立说，谓中国人都是异教的子孙。万一他们蠢动起来，中国人和他相敌，岂非以子弟敌父兄？”又说：“以数万里不朝不贡之人，来不稽其所从来，去不究其所从去；行不监押，止不关防。十三省山川形势，兵马钱粮，靡不收归图籍。百余年后，将有知余言之不得已者。”因而断言：“宁可使中国无好历法，不可使中国有西洋人。”原来中国历代，军政或者废弛，至于军械，则总是在外国之上的。到近代，西人的船坚炮利，中国才自愧弗如。而中国人迷信宗教，是不甚深的。西洋教士艰苦卓绝的精神，又非其所了解。自然要生出疑忌来了。这也是在当日情势之下，所不能免的，原不足以为怪，然攻击西教士的虽有，而主张优容的，亦不在少数。所以清圣祖初年，虽因光先的攻击，汤若望等一度获罪，然教禁旋复解除。康熙一朝，教士被任用者不少。于中国文化，裨益实非浅鲜。此亦可见基督教和中国文化，无甚冲突了。教禁之起，实由一七〇四年，康熙四十三年。教皇听别派教士的话，以不禁中国教徒拜天、拜祖宗、拜孔子为不然，派多罗（Tourmon）到中国来禁止。此非但教义与中国相隔阂，亦且以在中国传教的教士，而受命于外国的教皇，亦非当时中国的见解所能容许。于是有康熙五十六年重申教禁之事。世宗即位后，遂将教徒一律安置澳门；各省的天主堂，尽行改为公廨了。自此以后，至五口通商后教禁解除之前，基督教在中国，遂变为秘密传播的宗教。中国人既不知道它的真相，就把向来秘密教中的事情，附会到基督教身上。什么挖取死人的眼睛咧，聚集教堂中的妇女，本师投以药饵，使之雉鸣求牡咧，种种离奇怪诞之说，不一而足，都酿成于此时。五口通商以后，（一）中国人既怀战败之忿，视外国的传教，为借兵力胁迫而成。（二）教民又恃教士的干涉词讼为护符，鱼肉乡里。（三）就是外国教士，也有倚势妄为，在中国实施其敲诈行为的。见严复译英人宓克所著《中国教案论》。于是教案迭起，成为交涉上的大难题了。然自庚子事变以后，中国人悟盲目排外之无益，风气翻然一变，各省遂无甚教案。此亦可见中国人对于异教的宽容了。

基督教原出犹太。犹太教亦曾输入中国。谓之一赐乐业教。实即以色列的异译。中国谓之挑筋教。今存于河南的开封。据其教中典籍所记，其教当五代汉时，民国纪元前六百六十五至九百六十二，西历九四七至九五〇年。始离本土，至宋孝宗隆兴元年，民国纪元前七百四十九，西历一一六三年。始在中国建寺。清圣祖康熙四十一年，有教徒二三千人。宣宗道光末，存者止三百余。宣统元年二百余。民国八年，止有一百二十余人。初来时凡十七姓，清初，存者止有七姓了。详见陈垣《一赐乐业教考》。

社会变乱之际，豪杰之士，想结合徒党，有所作为的，亦往往借宗教为工具。如前代的张角、孙恩，近代的太平天国等都是。此特其荦荦大者，其较小的，则不胜枚举。此等宗教，大率即系其人所创造，多借当时流行之说为资料。如张角讹言“苍天已死，黄天当立”，苍，疑当作赤，为汉人所讳改。系利用当时五行生胜之说；白莲教依托佛教；上帝教依托基督教是。然此实不过借为资料，利用其业已流行于社会。其教理，实与其所依附之说，大不相同。其支离灭裂，往往使稍有智识之人，闻之失笑。上帝教和义和团之说，因时代近，传者较多，稍一披览，便可见得。然非此不足以扇动下流社会中人。我们现在的社会，实截然分为两橛。一为上中流知识阶级，一为下流无知识阶级。我们所见，所闻，所想，实全与广大的为社会基础的下层阶级相隔绝。我们的工作，所以全是浮面的，没有真正的功效，不能改良社会，即由于此。不可不猛省。

中国社会，迷信宗教，是不甚深的。此由孔教盛行，我人之所祈求，都在人间而不在别一世界之故。因此，教会之在中国，不能有很大的威权。因此，我们不以宗教问题和异族异国，起无谓的争执。此实中国文化的一个优点。现今世界文化进步，一日千里。宗教因其性质固定之故，往往成为进化的障碍。若与之争斗，则又招致无谓的牺牲，欧洲的已事，即其殷鉴。这似乎是文化前途一个很大的难题。然实际生活，总是顽强的观念论的强敌。世界上任何宗教，其教义总有几分禁欲性的，事实上，却从没看见多数的教徒，真能脱离俗生活。文化愈进步，人的生活情形，变更得愈快。宗教阻碍进步之处，怕更不待以干戈口舌争之了。这也是史事无复演，不容以旧眼光推测新变局的一端。